Friedrich Strehlke

Wörterbuch zu Goethe's Faust

Friedrich Strehlke

Wörterbuch zu Goethe's Faust

ISBN/EAN: 9783741124853

Hergestellt in Europa, USA, Kanada, Australien, Japan

Cover: Foto ©Andreas Hilbeck / pixelio.de

Manufactured and distributed by brebook publishing software (www.brebook.com)

Friedrich Strehlke

Wörterbuch zu Goethe's Faust

Wörterbuch

zu

Goethe's Faust.

Von

Fr. Strehlke.

Deutsche Verlags-Anstalt.
Stuttgart, Leipzig, Berlin, Wien
1891.

Vorwort.

Die Notwendigkeit eines besonderen Wörterbuchs für Goethe's Faust ergibt sich aus verschiedenen Gründen. Es ist für die Herstellung eines solchen nicht allein die Fülle des Wissens und der Anschauungen, aus denen die Dichtung hervorgegangen ist, von bestimmender Einwirkung gewesen, sondern auch der Umstand, daß beides zusammen fast alle Gebiete des menschlichen Erkennens umfaßt. Alle Fakultätswissenschaften berührt die Dichtung, wenn auch Philosophie und Naturwissenschaft mit besonderer Vorliebe in ihr Bereich gezogen werden. Ueberdies werden wir auch zu den Truggestaltungen und Mißbildungen der Wissenschaft geführt, wie sie aus der Magie, Alchymie und Astrologie hervorgegangen sind. Die Dichtung versetzt uns ferner in die verschiedensten Perioden der geschichtlichen Entwickelung der Menschheit, indem sie uns Altertum und Mittelalter darstellt und dann auch wieder auf Erscheinungen und Probleme eingeht, die erst in neuerer Zeit beobachtet oder aufgestellt sind. Zu alledem kommt noch der bedeutende Umfang des Gedichtes, den vielleicht nur noch der von Dantes Göttlicher Komödie oder der der Ilias übertrifft, ferner seine trotz der Schwierigkeiten des Verständnisses schon jetzt außerordentliche, aber noch immer zunehmende Popularität. Schon aus der letzteren kann man schließen, wie vielen es wünschenswert sein muß, die ihrer Erinnerung vorschwebende Stelle mit Leichtigkeit im Augenblicke zu finden. Endlich aber ist auch die Sprache im Faust so eigentümlich und charakteristisch, so reich an Neubildungen von Worten und Wortbedeutungen, daß schon allein von diesem Standpunkte aus eine Zusammenstellung des hieher gehörigen Materials als geboten erscheint.

Wenn demnach der Verfasser des Wörterbuchs ebenso das Sprachliche wie die Realien zu sammeln und zu ordnen hatte, so war doch bei dem Reichtum des Stoffes eine gewisse Beschränkung geboten. Worin dieselbe für das erste Gebiet besteht, ist bereits

oben angedeutet, und es ist dem nur noch hinzuzufügen, daß auch
die Abweichung der Lesarten, soweit sie von Interesse sein konnte,
Berücksichtigung gefunden hat. Aber auch die Bemerkungen für
die Realien sind in möglichst bescheidenem Umfange gehalten und
nur in seltenen Fällen hat der Verfasser es sich nicht versagen
mögen, wichtigere Fragen, die sich an sie knüpfen, in ausführ=
licherer Darstellung zu behandeln. Dieses Maßhalten war um
so mehr geboten, als die einzelnen Artikel zur Erklärung vieler
Stellen nötigten, deren Sinn Schwierigkeiten darbietet. Doch
ist daraus nicht zu schließen, daß dies mit allen hätte geschehen
müssen; denn ein erschöpfender Kommentar kann nicht Aufgabe
eines Wörterbuchs sein.

Für die Art der Herstellung desselben kommt noch ein
besonderer Umstand in Betracht. In neuester Zeit hat sich das
Material alles dessen, was als zu der Faustdichtung gehörig an=
zusehen ist, außerordentlich vermehrt. Zu den bereits früher
bekannten Fragmenten ist eine große Anzahl von Schriftstücken
hinzugekommen, die zuerst in der kritischen Weimarer Ausgabe von
Goethes Werken meistens, wenn auch nicht ausschließlich aus dem
Goethe=Archiv in Weimar veröffentlicht sind. Der Herausgeber
selbst hat soeben diese und alles übrige auf denselben Gegenstand
Bezügliche in einer besonderen Schrift behandelt und ist oft in der
Lage gewesen, im Wörterbuche sich auf diese zu beziehen. Ueber=
dies bringt die Weimarer Ausgabe noch den Entwurf der Helena
von 1800. Von viel größerem Interesse aber war der von Erich
Schmidt 1887 herausgegebene Abdruck der Göchhausenschen Ab=
schrift des Faust, welche das Gedicht nach einer seiner frühsten
Gestaltungen enthält.

Alles dies ist gleichmäßig in den Inhalt des Wörterbuchs
hineingezogen, dessen Hauptaufgabe allerdings dem Texte des
eigentlichen Gedichtes gelten mußte, wie derselbe von Goethe her=
gestellt und herausgegeben ist.

Die Verszahlen bei den einzelnen Artikeln sind nach der
Weimarer Ausgabe gegeben; die Abkürzungen, die beim Citiren
der bereits genannten und anderer Schriften angewendet sind,
gibt das umseitige Verzeichnis.

Berlin. Januar 1891. **Fr. Strehlke.**

Abkürzungen.

A. **Fauſt.** Eine Tragödie von Goethe. Tübingen in der J. G. Cottaſchen Buchhandlung 1808 (übereinſtimmend mit dem achten Band der Geſamtausgabe von Goethes Werken in dreizehn Bänden [1806—1810], der auch noch anderes enthält).

B. **Fauſt.** Eine Tragödie von Goethe. Neunter Band. Goethes Werke. Stuttgart und Tübingen in der J. G. Cottaſchen Buchhandlung 1817. (Dieſer Ausgabe geht eine vom Dichter ſelbſt revidirte Sonderausgabe von Fauſt voran mit der Jahreszahl 1816, die aber keine nennenswerten Abweichungen zeigt. Einige ſolche finden ſich dagegen in dem Drucke „Goethes Werke. Originalausgabe. Neunter Band. Wien 1817. Bey Chr. Kaulfuß und C. Armbruſter. Stuttgart in der J. G. Cottaſchen Buchhandlung.")

C. 4, 12, 41. **Fauſt.** Eine Tragödie. Goethes Werke. Vollſtändige Ausgabe letzter Hand. Zwölfter Band. 1828. (Enthält den erſten Teil und vom zweiten V. 4613—5986). — Dieſelbe Ausgabe. Vierter Band. 1828, enthält die Helena. — Goethes nachgelaſſene Werke, Fortſetzung der Ausgabe letzter Hand. 20 Bände. 1832—1842. Stuttgart und Tübingen in der J. G. Cottaſchen Buchhandlung. Darin in Bd. 41: Fauſt der Tragödie zweyter Theil in fünf Acten. 1832. Alle Citate aus dieſer Ausgabe in ihrer Geſamtheit beziehen ſich alſo auf Bd. 4, 12 und 41. Einen Unterſchied zwiſchen der Taſchenausgabe und der unmittelbar auf ſie folgenden Oktavausgabe (C^1) zu machen, iſt nur in wenigen Fällen nötig geweſen.

Ca. **Fauſt.** Eine Tragödie von Johann Wolfgang von Goethe. Mit Einleitung und Erläuterungen herausgegeben von Moriz Carriere. Zwei Theile. Leipzig. F. A. Brockhaus. 1869. (Bibliothek der deutſchen Nationalliteratur des achtzehnten und neunzehnten Jahrhunderts.)

C^{ff}. Geſamtbezeichnung für die zahlreichen Ausgaben der Cotta'ſchen Buchhandlung ſeit 1840.

d. Bezeichnung der in der eigentlichen Dichtung auftretenden Perſonen (dramatis personae).

D. Goethes Werke. Zwölfter Theil. **Fauſt.** Herausgegeben von H. Düntzer. Berlin und Stuttgart. Verlag von W. Spemann. Ohne Jahreszahl. (Deutſche Nationalliteratur. Hiſtoriſch-kritiſche Ausgabe. Unter Mitwirkung von . . . herausgegeben von Joſeph Kürſchner. 93 Bd.)

F. **Fauſt.** Ein Fragment. Von Goethe. Aechte Ausgabe. Leipzig bey Georg Joachim Göſchen 1790 (identiſch wenigſtens der Abſicht nach mit dem ſiebenten Bande der erſten Geſamtausgabe von Goethes Schriften 1787 bis 1790).

Abkürzungen.

GH. Hempels Klassiker-Ausgaben. — Darin „Goethes sämmtliche lyrische Gedichte. 3 Theile. Herausgegeben und mit Anmerkungen begleitet von Fr. Strehlke. 1866—1888. Ferd. Dümmlers Verlagshandlung." — Diese Ausgabe ist im Allgemeinen nur dann citirt, wenn das zu citirende Gedicht nicht in C. steht.

GJ. Goethe-Jahrbuch. Herausgegeben von Dr. Ludwig Geiger. 11 Bände. 1880—1890. Frankfurt a. M. Literarische Anstalt. Rütten und Loening.

He. Entwurf der Helena von 1800 in W.-A. Bd. 15 b, S. 72—81.

K. Goethes Werke. Vierter Band. Faust. Eine Tragödie. Erster und zweiter Theil. Hildburghausen. Verlag des Bibliographischen Instituts. 1868. (Bibliothek der deutschen Nationalliteratur. Herausgegeben von Heinrich Kurz.)

L.[1] Goethes Werke. Zwölfter und dreizehnter Theil. Faust. Herausgegeben und mit Anmerkungen begleitet von G. von Loeper. Berlin. Gustav Hempel (1870).

L.[2] Faust. Eine Tragödie von Goethe. Mit Einleitung und erklärenden Anmerkungen von G. von Loeper. Zweite Bearbeitung. Erster und zweiter Theil. Berlin 1879. Verlag von Gustav Hempel (Bernstein und Frank).

P. Paralipomena. Die Quellenangaben sind sowohl nach der eigenen Schrift des Herausgebers (siehe unter St.) als auch nach der Weimarer Ausgabe (siehe unter W.-A.) gemacht. In der letzteren sind dieselben numerirt und in Band 14, S. 287—313 sowie in Band 15, S. 171 bis 241 zusammengestellt, so daß in den meisten Fällen die Bezeichnung P. mit der betreffenden Zahl ausreichend ist. Wo dies aus diesem oder jenem Grunde nicht ausreicht, ist die Angabe von Band und Seitenzahl als Form für das Citat gewählt.

Q. Goethes poetische und prosaische Werke in zwei Bänden. — Stuttgart und Tübingen. Verlag der J. G. Cotta'schen Buchhandlung 1836—1837. (Lexikonformat.)

Sch. Faust von Goethe. Mit Einleitung und fortlaufender Erklärung herausgegeben von K. J. Schröer. Erster Theil. Zweite, durchaus revidirte Auflage. 1886. Zweiter Theil. Desgl. 1888. Heilbronn. Verlag von Gebr. Henninger.

St. Paralipomena zu Goethes Faust. Entwürfe, Skizzen, Vorarbeiten und Fragmente geordnet und erläutert von Fr. Strehlke. Deutsche Verlags-Anstalt. Stuttgart, Leipzig, Berlin, Wien. 1891.

U. Goethes Faust in ursprünglicher Gestalt nach der Göchhausenschen Abschrift herausgegeben von Erich Schmidt. Erster Abdruck 1887, zweiter 1888. Weimar. Hermann Böhlau.

W.-A. Goethes Werke. Herausgegeben im Auftrage der Großherzogin Sophie von Sachsen. 14. Band. 1887. 15. Band. Erste und zweite Abtheilung. 1888. Weimar. Hermann Böhlau. — Vergl. auch P.

A.

A! tara lara da (di), 2088 f., U. S. 20 Z. 7. — Präludium zu dem Liede „Das liebe heil'ge Röm'sche Reich."

Aas, n., 2479, Anrede des Mephistopheles an die Hexe in ihrer Küche.

abe = herunter, herab. — U. 1254 f. „Wenn — uns Nachts die Mutter nicht n'abe ließ"; 11911 Wasserstrom der abestürzt — Mittelhochdeutsch, aber auch später bei Luther, Opitz, Schiller u. A. vorkommend.

Abece (A. B. C.), n., 5551, des Liebens.

Abenteuer, n., 11783, verfluchtes A. — Mephistopheles Begegniß mit den Engeln; 7065 Unternehmung, 7691, 8483 wunderbare Erscheinungen und Begebenheiten in der klassischen Walpurgisnacht; 11073, 11319 Ereignisse, nämlich der frühere Schiffbruch des Wanderers und das Verbrennen der Hütte von Philemon und Baucis; 160 Liebesabenteuer.

aber, 8451 als Adverbium = wieder „schon und a. schon"; 4719 f., 8325, 10212 in Verbindung mit „tausend".

d. **Abgemagerte,** der, 5646 ff., Mephisto in der Mummenschanz als Geiz, dabei zugleich als Hanswurst und eine Art Hausnarr des Plutus. Vergl. auch P. 105, st. S. 58.

abgeschmackt, 2387 — sind für Faust die Thiere in der Hexenküche und 2534 die Hexe selbst, 3372 für Mephist. ein Teufel, der verzweifelt, 7794 Volt und Poeten im Norden und Süden. — W.-A. 14, S. 225, Z. 15. U. S. 80, Z. 11 die Zerstreuungen (Freuden), in die sich Faust von Mephist. soll einwiegen lassen. P. 81. St. S. 63 — das, warum man sich müht und plackt, z. B. das tägliche Brod, desgl. der Tod.

Abgeschmacktheit, f., P. 22, St. S. 16 Vortheile der A. bei der studentischen Jugend — nicht zur Ausführung gekommen.

abgetrieben, 3300 = abgehetzt, ermattet.

Abglanz, m., 4727, der farbige A., d. h. der Widerschein des Regenbogens, als Bild des menschlichen Lebens. In Wilhelm Meister C. 22, S. 127 spricht Goethe von den Schattirungen, mit denen das Himmelslicht sein Firmament und von da See und Erde freigebigst überspende und sich im „Abglanz" verherrliche, so daß dort der Abglanz schöner als der Glanz des Lichtes selbst erscheint. — Es ist das eine verwandte, wenn auch mit der obigen Stelle nicht ganz übereinstimmende Anschauung.

abhängig, P. 181. Z. 5, St. S. 124: „Der Boden ist a.", d. h. er bildet Abhänge, ist ungleich.

Abkündigung, f., GJ. 9, 5. W.-A. 15a, S. 344, St. S. 46. — Ueberschrift des zweiten Theils eines Epilogs zu Faust, dessen Abfassung in das Jahr 1800 gesetzt wird.

abnehmen, P. 27, Nr. 4, St. S. 28 Nr. 4. Die Elben (s. d.), welche die Hexen in den Körper derjenigen, die sie schädigen wollen, durch Zauberei hineingebracht haben, können von denselben auch wieder entfernt (abgenommen) werden.

Abram, 12046. Den Namen Abraham erhielt er nach 1. Mos. 17, 5 erst, als Gott ihm verhieß, daß er der Vater vieler Völker werden sollte.

abründen, 10098 — ebenso mit Umlaut wie 8339 das einfache „ründen".

Abschied, m. GJ. 9, 5 f. W.-A. 15a, S. 344, St. S. 44 f. — Ueberschrift des ersten Theils des unter „Abkündigung" erwähnten Epilogs, der wohl spätestens 1797 verfaßt ist. S. Epilog.

abschläglich, 6045 = auf Abschlag, als Abschlagszahlung.

absolut, 6735 f., bezeichnet in dem Wortspiel mit „resolut" zugleich den Kahlköpfigen und den Anhänger der Lehre vom

Strehlke, Wörterbuch zu Goethes Faust. 1

Absoluten im Sinne Hegels u. Schellings. S. **Wortspiele.**

absolvirt, P. 65, S. 179, St. S. 61 = freigesprochen.

abspazieren, 6097 = die Terrassen auf und ab gehen; scheint außerdem nicht nachgewiesen zu sein.

Abstrakta im Plural, W.-A. 15, S. 314, St. S. 44: Barbareien, 6226, 6552, 10039 Einsamkeiten, 6823 Finsternisse, 10913 Heiterkeiten, 32, 6553 Wirklichkeiten, 9592 Wirksamkeiten.

abstruse, W.-A. 15b, S. 204, St. S. 75 — Faust richtet die abstrusesten (schwer zu beantwortenden) Fragen an die Sphinx — später verändertes Motiv eines Entwurfes von 1826. Man vergl. 7114—7137.

absurd, 6813 — so, d. h. heftig, unvernünftig gebärdet sich der Most; 7792 a., d. h. abgeschmackt, widersinnig findet Mephisto die Welt auf klassischem Boden und im Norden und ebenso bezeichnet er 11838 seine Liebschaft mit den Engeln.

abzwacken, 1417, ist hier vom kleinlichen Vorenthalten des Versprochenen gebraucht.

Achaja, 9468, in altgriechischer Zeit, an die hier gedacht wird, die nördliche gebirgsreiche Landschaft des Peloponnes, bei den Römern Gesamtname für den größten Teil Griechenlands, im Mittelalter, an das die Dichtung auch hätte anknüpfen können, Name eines besondern Herzogtums, dessen Besitz und Umfang mehrfach gewechselt hat.

Achill (Achilles, Achilleus), 8855 als Pelide bezeichnet, 7435 als Geliebter Helenas: „Hat doch A. auf Pherä sie gefunden"; desgl. 8876 f.: „Aus hohlem Schattenreich herauf geselle sich inbrünstig noch A. zu dir." Vergl. dazu P. 163, St. S. 102 die Worte: „Geist Achilleus". An den übrigen Stellen P. 99 S. 190, St. S. 72, P. 123, S. 211 f., St. S. 80 wird die Insel Leute im Pontus Euxinus als der Ort ihrer Vereinigung bezeichnet.

achtzig, 2360 f., „Das ist das beste Mittel … auf achtzig Jahr dich zu verjüngen" = so daß du bis zum achtzigsten Jahre jung bleibst.

Adam, 7711, „Von A. her verführte Hansen," wodurch zugleich die Zeit und das Beispiel ausgedrückt wird.

Adepten, m., 1038 die, welche den Stein der Weisen (s. d.) erlangt zu haben glaubten oder danach strebten.

Adler, m., 8121, die des Pindus, symbolischer Ausdruck für die Griechen, indem sie sich auf den Riesenleichnam des gefallenen Ilion stürzen. 8371 Symbol der Römischen Herrschaft. 10624 ff. Daß der Adler den Greif besiegt, wird als günstiges Vorzeichen für den Sieg des rechtmäßigen Kaisers gedeutet.

Adverbien — zum Teil neugebildet: nach 9818 felsauf, 10384 felsenab, 5674 frischan; vor 11844 gebirgauf, 11169 glückan, 5853 glückauf, 7092 glückzu; 11144 hafenein, 9023 himmelan, 7392 himmelein, 8706 He. 154 mauerwärts, 11129 meerab, 3753 seitab, 4688 thalaus, thalein, 9993 wurzelauf.

Adverbien st. Adjektiven. Das hierin liegende Verfahren, das im zweiten Teil an sehr vielen Stellen angewendet wird, erscheint als eine Vergewaltigung der Sprache; denn die Adverbia verlieren ihren Sinn als Adjektiva nicht und es wird zunächst nur eine unrichtige Auffassung des Ausdrucks hervorgerufen. Ob man, wie es in W.-A. und anderen Ausgaben an einzelnen Stellen geschehen ist, einen Apostroph oder ein Verbindungszeichen zwischen die betreffenden Worte setzt oder nicht, ändert an der Sache nichts. — Auswahl von Beispielen: 3917 ein morgenröthlich trüber Schein, 4624 des Vorwurfs glühend bittre Pfeile, 4724 duftig kühle Schauer, 6017 farbig goldbeschuppte Drachen, 6766 Ich suchte nach verborgen goldnem Schatze, 7555 in prächtig reinem Aetherblau, 7557 zu malerisch entzückter Schau, 7876 andre thätig kleine Dinge, 7893 Schafft grausam blutigen Rachesegen, 7921 in frevelnd magischem Vertrauen, 8220 irden schlechte Töpfe, 8249 f. Ihm fehltes … am greiflich Tüchtighaften, 8492 auf sträubig hohem Rücken (des Meeres), 8809 schlecht besittigt schnatterhafte Gänse, 8943 Den Teppich breitet köstlich hier am Staube hin, 9127 vorschnell und thöricht, echt wahrhaftes Weibsgebild, 9999 an dieser Felsenwände weithin leuchtend glattem Spiegel, 10016 das treu gemeinte Volk, 11657 das bübisch mädchenhafte Gestümper, 11722 mit giftig klaren Flammen, 12096 f. Blicket auf zum Retterblid, alle reuig Zarten. — Zweifelhaft könnte 775 „ein unbegreiflich holdes Sehnen" sein, da immerhin die Möglichkeit, wenn auch nicht die Wahrscheinlichkeit vorliegt, daß „unbegreiflich" die verkürzte Adjektivform ist; aber wir glauben dieselbe weder hier noch 4106 in „verzehrend heißes Gift" annehmen zu dürfen. Der umgekehrte Fall, daß ein Adjektiv statt des Adverbiums eintritt, ist selten; 11577 f. Und so verbringt — hier Kindheit, Mann und Greis sein tüchtig Jahr.

Adverbien fl. Substantiven. 9546 f. mütterlich quillt laue Milch (Muttermilch), 6478 atmosphärisch (in der Atmosphäre) rings umher verbreitet, 7510 zu dem seeisch heitern Feste (Seefest), 8240 Zeige dich auf menschlich beiden Füßen (als Mensch). 9541 Baum an Baum erhebt sich zweighaft (mit seinen Zweigen). — 6445 wird ein Adjektiv ähnlich behandelt: „Aus luftigen Tönen quillt ein Weiß nicht wie" = „aus Tönen in der Luft".

Affe, m., 2400 der Meerkater.

affenjung, 3313, siehe Zusammensetzungen B.

Aegäisches Meer, n. 8034—8487 sind die Felsbuchten desselben Schauplatz der Handlung. Vergl. auch P. 125, S. 216, Z. 21, St. S. 84. 7501.

Agathe, 876, Name eines Bürgermädchens, die als stumme Person auftritt.

Aglaia, 5299, s. Grazien.

Aegypten, 7241, Heimat der Sphinxe. 8873 Helena wird dort gesehen.

Aegypterin, P. 84, St. S. 99 f. Während im Fragmente „Helena" von 1800 bereits Phorkyas in der auch später beibehaltenen Weise auftritt, wird hier die Rolle der Schaffnerin noch durch eine Aegypterin vorgestellt. Diese sagt von sich, sie sei Christin und getauft; sie zeigt sich ebenso aufsätzig und beleidigend gegen Helena wie Phorkyas, sollte aber gleichfalls nachher deren Verbindung mit Faust vermitteln.

Aegyptisches, P. 176, V. 14—16. St. S. 115: „Man wittert wohl Mysterien, vielleicht wohl gar Mystificationen, Indisches und auch Aegyptisches." — Das ganze Fragment bezieht sich auf Euphorion (s. d.). Daß man in ihm Aegyptisches finden könnte, scheint auf das Verweilen Helenas in diesem Lande hinzudeuten (8873), von dem vielleicht noch ein weiterer Gebrauch gemacht werden sollte.

ähneln, 5079 = ähnlich machen.

Ahnen, die — 1117 hohe A. = die hervorragenden Männer der Vorzeit überhaupt, 7557 die ältesten Gestaltungen der griechischen Mythologie — die Nacht und das Chaos — als Personen gedacht, sind also auch Ahnen des Seismos (s. d.).

Ajax, 9030 f., Sohn des Telamon und Kämpfer vor Troja. Auf seinem berühmten Schilde hatte er als Emblem eine geschlungene Schlange, was hier dazu benutzt wird, um dem Chor eine Vorstellung von mittelalterlichen Wappen zu geben. Eine antike Vase, auf der der Raub der Kassandra und Ajax mit einem solchen Schilde dargestellt ist, war Goethe bekannt; bei Homer und den Tragikern wird in Beziehung auf den Schild des Ajax nichts der Art erwähnt, so ausführlich er sonst beschrieben wird.

ajourniren, P. 105, St. S. 57. — Da das Wort nur in der Verbindung: „Plutus anred (?) ajournirt" steht, so könnte es zweifelhaft sein, ob es den Sinn von „vorladen" oder „vertagen", „aufschieben" hat; letzteres ist jedoch nach dem ganzen Zusammenhang wahrscheinlicher.

akkurat, 3114, U. 966, sparsam, 11667 sicher, mit Sicherheit.

Akkusativ (griechischer) — 11898 f.: „Knaben... Halb erschlossen Sinn und Geist." 2713 f. „Das Kind, mit warmem Leben den zarten Busen angefüllt." 6282 „Die Brust erweitert hin zum großen Werke." 7536 ff. „Er (Seismos), Arme straff, gekrümmt den Rücken, hebt er Boden, Rasen, Erde." 9585 „Kaum die Augen ausgerieben, Kinder, langeweilt ihr schon."

Alceste, P. 99 Nr. 17, St. S. 72, P. 123 S. 211, St. S. 80. — Tochter des Pelias und Gattin des Admetos, König von Pherä in Thessalien — dient als Beispiel von Gestorbenen, die aus der Unterwelt wieder auf die Erde zurückgekommen sind. Im

Drama des Euripides indessen kämpft Herakles dem Thanatos die Gestorbene schon auf dem Wege zur Unterwelt ab und bringt sie dem Admetos zurück.

Alcides, 7219, Hercules als Enkel des Alcaeus, der Vater des Amphitryon war.

d. **Alekto** (Alletto), 5357—5364 — s. **Furien**.

Alff (Alp) **Hinckepinck**, P. 27, 3, St. S. 27, 3, ist entnommen aus B. Carpzov, Practica nova Imperialis Saxonica rerum criminalium. 1635. S. 343. Er war zur Benutzung für die erste Walpurgisnacht bestimmt. Schon sein Name weist auf die bekannte Eigenschaft des Teufels hin. Von ihm berichtet Carpzov: „Ein Mann (er wird nur mit PW bezeichnet) bekennt beim gerichtlichen Verhör, daß er den Alff Hinckepinck genannt von PA um ein neu Dütgen erkaufft, von deme er Gefangener in deß Teufels Namen umbgetauffet und Hans Prick genannt worden — habe auch sein erstes Weib durch den Alff umbringen lassen." Demnach ist an der betreffenden Stelle P. 27, 3 zu lesen, was auch handschriftlich sicherer ist „Tauft d. PW." (nicht „Kauft").

alle und **all**, 5753, und vor 8484 All Alle. Ebenso C. 3, S. 74 B. 21 in dem Gedichte „Dank des Sängers" überall, all überall. Vergl. auch **Doppelungen**.

allbereits, 9148 = bereits — jetzt veraltend, aber noch bei Lessing, Schiller, Claudius, Tieck u. A. nachzuweisen.

allbezwingend, 8523, als Eigenschaft der Schönheit scheint dem Griechischen πανδαμάτωρ nachgebildet, das als Beiwort für den Schlaf, die Zeit und den Blitz gebraucht wird.

alle 5721, unflektirt „alle mein Begehr".

Allegorien f., allegorisch, 5531. Der „Knabe Wagenlenker" sagt in Beziehung auf sich, Plutus und den Abgemagerten, die die Poesie, den Reichthum und den Geiz repräsentiren, zum Herold: „Wir sind Allegorien und so solltest du uns kennen." 10329 ähnlich Mephistopheles von den drei Gewaltigen: „allegorisch, wie die Lumpen sind, Sie werden nur um desto mehr behagen." Mit ihnen, die zugleich in drei verschiedenen Altersstufen, der Jugend, der Männlichkeit und des Greisenalters, auftreten, werden die drei Hauptthätigkeiten des Krieges, der Kampf, das Beutemachen und das Festhalten des Erbeuteten bezeichnet. Allegorisch sind außerdem die „vier grauen Weiber, Mangel, Schuld, Noth und Sorge (11384—11497), die Klugheit, welche den Elephanten leitet, sowie Furcht und Hoffnung, welche demjelben zur Seite gehen (5407—5456). Vollständig indessen festzustellen, was in den ganzen Gedichte allegorisch gefaßt werden muß, ist Sache eines fortlaufenden Kommentars und bekanntlich in vielen Fällen zweifelhaft. Von einer Sammlung muß daher hier Abstand genommen werden, und es ist eben auf die einzelnen Artikel zu verweisen.

alleine, 3505, U. 1197, 3605, U. 1296, 5028, 5432 schwache Form für „allein"; ebenso 688, 1196 helle; 251, 3971 schnelle; 8467, 11532 süße; 1602 zurechte; 141, 3689, 8727, 12056 zurücke; 6408 zweie.

alleinzeln, 9478, d. h. jeder einzeln und alle insgesammt — Neubildung an unusquisque erinnernd.

allemsig, 7598, Neubildung.

allen, 2847, U. 701: „Versprach ihnen a. himmlischen Lohn" — ist als Akkusativ Sing. zu fassen.

aller Orten, 3462, U. 1154. S. Genitiv des Orts.

Allerhalter, m., 3489, U. 1181 — Bezeichnung Gottes in seiner Thätigkeit.

allermeist, 6414 = am allermeisten.

allerseitig, 5957 als Adjektiv, 5452 allerseits, 9141 allseits = nach allen Seiten.

allerwegs, 3014 (U. 868 allewegs) = überall.

alles, 2800: „Allein man läßt's auch a. sein" (weniger deutlich in U. 652 „läßt") — Schönheit und Jugend allein helfen nichts, gewinnen die Menschen nicht für uns, wenn nicht Reichthum dazu kommt.

Allgesang, m., vor 8217 -- Gesang aller im Gegensatz zu dem Einzelner.

Allliebste, f., 8289, Anrede der Telchinen (s. d.) an Luna.

Allumfasser, m., 3438, U. 1130, s. **Allerhalter**.

allunverändert, 6571, f. Zusammen-setzungen B.

Allverein, m., 11807 = Verein aller.

allverwahrt, 5018, i. altverwahrt.

allwärts, 9262, statt des sonst üblichen „allerwärts"; Grimm erklärt das erste für sprachlich richtiger.

allweise, P. 65 S. 179, St. S. 61, wird vom Bischof die Kirche genannt.

allwißbegierig, 6647, f. Zusammen-setzungen B.

allzugänglich, 10353 — die meisten Ausgaben bringen „allzu gänglich". Man möchte gleichwohl das letztere beanstanden, weil in dem vorliegenden Falle ein Fehler des Schreibers leicht möglich war und derselbe beim Druck ebenso leicht übersehen werden konnte. Die Verbindung zu einem Worte erscheint am natürlichsten, wenn auch durch die alsdann nothwendige Betonung der zweiten Silbe eine metrische Härte eintritt. Indessen war einmal die Zusammensetzung mit „all" dem Dichter mehr als geläufig. Ferner wird das, was der Feldherr von dem Terrain aussagen will, durch „allzugänglich" am besten ausgedrückt und drittens hat das erst durch Campe (1808) wieder in die Sprache eingeführte „gänglich" (f. Grimm), wo es früher vorkommt, die ganz abweichende Bedeutung „vergänglich".

allzugleich, 8899, Verstärkung von „zugleich", von Grimm auch bei Fischart nachgewiesen.

allzumal, 11208 = insgesammt.

allzusamm, U. 270, sonst allzusammen, z. B. 11816 und nach 10344.

Alp, m., P. 29, St. S. 30: „Alp Rahmen zu brauchen Weise Frau. Trutten Schu Alpfuß." Auch bei J. Praetorius Anthropodemus Plutonicus. Das ist eine neue Weltbeschreibung u.s.w. Magdeburg 1666. S. 3) werden eine Anzahl Namen für den Alp gegeben: Eloe, Incubus, Lamia, Lilith, Nachtmäre, Nachthängst, Trutte oder Frau Trutte. Welche Verwendung indessen der Alp weiter finden sollte, ist nicht möglich zu bestimmen.

Alpenfeld, n., 3353, U. 1419. Faust vergleicht sich mit einem Wassersturze, der über ein einsames, hoch im Gebirge liegendes Feld und die Hütte auf demselben, in der Gretchen als wohnend gedacht wird, gewaltsam dahin braust und Alles mit sich fort zum Abgrund reißt.

Alphabet, n., 6081. Alles, was mit den sämmtlichen Buchstaben desselben geschrieben werden kann, d. h. alle sonstigen Schriftstücke sind überzählig (überflüssig), seit man die kaiserlichen Bankscheine hat.

Alraun, m. u. f., 4979, 7972, P. 10, V. 9, St. S. 10, die Wurzel der breitblättrigen und gelbblumigen Pflanzen Mandragora vernalis und autumnalis, im südl. Europa heimisch. Aus den fleischigen Wurzeln derselben schnitt man menschliche Gestalten, denen ein hoher Werth beigelegt wurde, da ihr Besitz nach der herrschenden Vorstellung den Menschen alles Glück bringen konnte. Man grub die Pflanze unter dem Galgen eines Gehenkten, wo sie angeblich allein vorkommen konnte, unter großen Vorsichtsmaßregeln, namentlich mit Hilfe eines schwarzen Hundes, aus der Erde. Meph. legt übrigens an den drei obigen Stellen den Alraunen keinen besondern magischen Werth bei, er ist über diese Art Aberglauben erhaben.

als — ist fortgelassen: 6922 „So klein du bist, so groß bist du Phantast." 8527 „Komm' ich eine Königin?" 9270 f. „Laß mich ... dich Herrin anerkennen." 9462 Herzoge soll je euch begrüßen, 9625 f. „Und so regt er sich gebärdend, sich als Knabe schon verkündend künft'gen Meister alles Schönen," 10152 f. „wenn ich führe, wenn ich ritte, erschien' ich immer ihre Mitte." — als = wie, 6895 „So fest sich halten als um mie zu scheiden". — als wie = gleichwie 2214, U. S. 25 Z. 2, 2293, U. S. 29 Z. 2, 2435, 3673, 8162 (wie wenn).

also = ebenso, 4704 „So ist es also, wenn ein sehnend Hoffen u.s.w.", 9266 f. „Also fürcht' ich schon, mein Herr gehorcht der siegend unbesiegten Frau."

alsobald = alsbald — nach 8936, 9611, 9666, 11006.

alsofort, 8023 = verstärktes „sofort".

Alte, der, 350, „Von Zeit zu Zeit seh' ich den Alten gern" — die Bezeichnung vielleicht nach der biblischen Vorstellung Daniel 7, 13.

d. **Alte**, die, 872—875 als Wahrsagerin und Kupplerin, 4140—4143 die Hexe in der Walpurgisnacht.

d. **Altmayer**, 2195 ff., Name des einen Studenten in „Auerbachs Keller", U. S. 20 ff. „Alten".

altverwahrt, 5108, neue Lesart in W.-A. statt des früheren „allverwahrt", wofür namentlich die Stelle C. 4, S. 201 Z. 15: „Das altverborgne Gold" als Beleg angeführt wird. Die Vorzüge der früheren Lesart sind leicht zu erkennen.

Altwälder, m., 9542 = Urwälder, wenigstens Wälder mit alten Bäumen.

altwürdig, 7988, die vorolympischen Götter, die er mit den Phorkyaden vergleicht.

Amazonen, f., 9861, „Frauen werden A." — mit Beziehung auf den neugriechischen Befreiungskrieg.

Ambrosia, f., 6477. Die Vorstellung von der schön duftenden Speise der Götter, die sie unsterblich macht, ist benutzt, um den Jugendduft zu bezeichnen, der von Paris und den blondgelockten Germanen ausströmt (9046). Goethe kannte wohl die Stelle in Plutarchs Lebensbeschreibung Alexanders des Großen (Kap. 4) von dem Wohlgeruch, der aus dessen Körper sich entwickelte und sich auch allen von ihm getragenen Gewändern mittheilte. Riemer citirt auch eine ähnliche Stelle aus „La vieille fille" von Balzac: «il exhalait comme un parfum de jeunesse qui vous rafraîchissait.»

d. **Ameisen** (von der kolossalen Art), 7104 ff., nach der Beschreibung von Herodot 4, 27 und Plinius Nat. hist. 11, 31 von der Farbe der Katzen und der Größe der Aegyptischen Wölfe. — P. 124, St. S. 82, P. 123 S. 204, St. S. 76. An der letzten Stelle ist nur von einer kolossalen, gleichfalls goldscharrenden Ameise die Rede, die mit dem goldhütenden Greif in Verbindung gebracht wird. 7568—7601 Chor der A.; 7634 werden sie dialektisch „Imsen" genannt.

Ameiswimmelhaufen, m., 10151, f. Zusammensetzungen A.

d. **Amor**, m., siehe W.-A. 14, S. 241 ff. und St. S. 18—23 in der Scene „Zwei Teufelchen und A."

amortisirt — wird 6126 das von Mephisto erfundene Papiergeld durch die aus der Erde gegrabenen Metalle und die in ihr früher aufbewahrten Schätze, die den etwa ungläubigen Zweiflern als Garantie für die Einlösung angeboten werden.

Anachoreten, m., vor 11844 — die Einsiedler in den Bergschluchten.

Anapäste, m., P. 164, St. S. 102 im Schema angekündigt, sind ausgeführt 9152 bis 9164. Für andere Stellen, an denen sie vorkommen, f. **Metrisches**.

Anaxagoras, 7851—7959, P. 123 S. 207, St. S. 77, P. 125, St. S. 84. Der griechische Philosoph (c. 500—428 vor Chr.) ist zum Vertreter des Vulkanismus gemacht, den Goethe selbst verwarf. So muß auf das Anrufen des A. ein Felsen aus dem Monde auf die Erde stürzen. Allerdings liegt auch in dem, was man von seiner Lehre weiß, manche Veranlassung, ihm diese Rolle zu übertragen. Bekannt ist, wie er vorhergesagt hat, daß Steine vom Himmel fallen würden. Auch die Sterne waren nach seiner Ansicht steinerne Massen, welche der Aether in der heftigen Wirbelbewegung um die Erde aufgehoben habe; durch die schnelle Bewegung sei dieser, selbst feuriger Natur sei, sie zu leuchtenden Wesen gemacht. In den Fragmenten P. 153, St. S. 148 werden auch die Worte „Hier von Scotusa bis zum Peneus dort wo" in W.-A. vermutungsweise für ihn in Anspruch genommen.

anbeginnen, 8260 = beginnen, auch bei Bürger vorkommend.

anblasen, P. 27, 2, St. S. 27, 2, Mittel der Hexen, um den Menschen ein Unheil zu bereiten. Auch „die Sorge" (vor 11499) haucht Faust an, damit er erblinde.

Andreasnacht, f., 878. Der Nacht vom 29. zum 30. November, in welcher Andreas, der Bruder des Petrus, den Märtyrertod erlitt, ist von Alters her eine mystische Bedeutung beigelegt. Hier ist wohl nur an die gedacht, daß ein Mädchen in ihr nach gewissen Vorbereitungen seinen künftigen Geliebten sehen kann. — P. 25 und St.

Anfall — anschwimmen 7

S. 18 enthält das Schema einer nicht aus=
geführten Scene, die schwer in das Ganze
einzufügen ist. Jedenfalls ist sie indessen
in den Anfang der Bekanntschaft zwischen
Gretchen und Faust zu setzen und aus der
Absicht hervorgegangen, auch jene dem be=
kannten Aberglauben folgen zu lassen.

Anfall, m., 10942 — Besitzanspruch oder
Besitz, den jemand durch Erbschaft erhält.

angebunden, kurz, 2617, U. 469.
(Grimm erklärt den Ausdruck, für den er
Beispiele aus Thümmel und Tieck bei=
bringt, damit, daß man unruhige Thiere
kurz anzubinden pflegt, wodurch sie dann
gegen die etwa Herankommenden um so
wilder werden.

angedrungen, 10660, s. dringen.

angefrischt, 8637 — ist Helena durch ihr
Wiedererscheinen auf der Oberwelt, da sie
durch dasselbe wieder in ihre Jugend zu=
rückversetzt wird.

angegrünt, 9528, mit jungem Grün
bewachsen; sonst kommt „angrünen" auch
intransitiv vor als „grün werden".

angehüpft, 9511 — wird der Peloponn=
nes ringsum von Wellen.

angejahrt, 6362, nicht mehr ganz jung,
in die Jahre kommend. Die Uebersetzung,
vergere annis (Grimm), deutet schon mehr
auf das Greisenalter hin.

angemäst't, 2128, U. S. 21 V. 28
angemäst't = angemästet.

angemessen, 12068, „Gönn' auch dieser
guten Seele dein Verzeihen a." — Dafür
ist „ungemessen" vorgeschlagen (L²) und
von vielen gebilligt worden, es wird aber
nicht durch die Handschriften bestätigt. Der
entgegengesetzte Fall liegt in dem Gedichte
„Metamorphose der Thiere" vor (C. 3, S.
97, B. 8), wo „ungemessen" gegen das
frühere „angemessen" als richtige Lesart
erwiesen ist.

angeraucht, 405, U. 52, 678 — Papiere,
Bücherrollen sind von Rauch geschwärzt.

angesichts, 7558, als Präposition mit
dem Genitiv, s. rechts und links.

angesprüht, 5633, Flämmchen, die der
Knabe Lenker (i. d.) a. hat, als Symbol für
die Einwirkung der Poesie auf die Menschen.

angestrengtest, 7544, Adverbium im

Superlativ, wie 7590 behendest. U. 293
fordersamst, 10016 fördersamst, 7388 herr=
lichst, 6929 schnörkelhaftest. — Für die er=
weiterte Form des Adverbs s. 6384 be=
quemlichstens, 6477 reichlichstens, 7919
tiefstens.

angeweibt, 10531, durch die Ehe ver=
bunden.

angrinsen, 1294, 8795, bezeichnet den
Gesichtsausdruck des Mephistopheles so=
wohl als Hund wie als Phorkyas.

ängsten, 3792, ebenso C. 9 S. 372 V.
21, dafür in Cff. ohne Grund „ängstigen".

Aengstesprung, m., 2138, U. S. 21
Z. 38 — Neubildung, siehe Zusammen=
setzungen A.

angstumschlungen, 8720 — ist der Geist
des Chors der Troerinnen; die Metapher
rechtfertigt sich dadurch, daß die Angst nach
der Analogie von Furcht, Sorge und ver=
wandten Begriffen gewissermaßen als Per=
son gedacht wird.

ankündigen, 11006 — amtlich erklären.
Der entweihte Raum, auf dem der frevel=
hafte Sieg gewonnen ist, wird durch kaiser=
liche Verfügung als Kirchengut angekün=
digt, ist also von Amtswegen zu einem
solchen gemacht.

anmessen, U. S. 25, B. 106 f., mit der
Imperativform „meß", wofür 2217 f.
„miß" steht. Vergl. **vermessen, nehmen**.

anpaaren, 5170, sich an andere an=
schließen, hier in der Weise, daß Gärtner
und Gärtnerinnen es thun, indem sie Paare
bilden.

ansaugen, 9239, transitiv, „sog ich an
den milden Glanz"; 484, U. 133 an etwas
saugen (an der Sphäre des Erdgeistes); in
dem Gedichte „Generalbeichte" C. 1 S. 140
B. 41, reflexiv „sich an etwas ansaugen".

anschießen, 6016, Ausdruck für die
schnelle Bewegung der Meerungethüme
(Meerwunder).

anschmausen, 10141, den Anfang mit
dem Schmausen (der fetten Braten) machen.

anschmunzen, St. S. 66 = anlächeln;
6100 „sie schmunzelt uns"; das erste mittel=
hochdeutsch und auch später vorkommend.

anschwimmen, 11649! = heranschwim=
men.

anspeien, P. 27, 2, St. S. 27, 2, Hexenmittel wie „anblasen" (f. d.).

anständig, 6369, der Etikette, der Hofordnung gemäß.

anstrahlen, 6508, „Von ihrer Schönheit ist er angestrahlt", auch bei anderen vorkommend.

anstreifen, 8986, „alles streift' er (Menelas) feindlich an" = auf seinen Streifzügen angreifen.

Antäus, 7077, 9611, Sohn des Poseidon und der Gäa (daher an der zweiten Stelle „Erdensohn" genannt), libyscher Gigante, der, wenn er die Erde während des Kampfes berührte, immer wieder neue Kräfte gewann. Herakles tödtete ihn, indem er ihn emporgehoben hielt, durch Ersticken. Vergl. Schillers Gedicht „Worte des Wahns" V. 11 und 12.

Anticipationen, f., 4871, Anleihen, die von später fälligen Einnahmen gedeckt werden.

antik, 6409, 7979, in gewöhnlicher Bedeutung.

antikisch, 6949, enthält einen leichten Spott: „mich widern schon antikische Kollegen". — Das schon bei Fischart nachgewiesene Wort bezeichnet die in der klassischen Walpurgisnacht von Mephisto erwarteten und ihm unbekannten Geister und Gespenster des Alterthums; er fühlt sich nur im Norden wohl.

Antipathie, f., 3501, U. 1193, unbegründete, nur im Gefühl liegende Abneigung.

Antonius, der heilige, 2926, U. 780, geboren in Lissabon, gestorben 1231 in Padua, über dessen später reich mit Statuen berühmter Meister geschmücktem Grabe die Kirche San Antonio, gewöhnlich il Santo genannt, erbaut wurde. Goethe hat die Kirche später auf seiner Reise in Italien selbst kennen gelernt, wenn er auch in seinem Berichte nur die oberhalb derselben gelegenen Scuola del Santo mit ihren Fresken von Tizian als Versammlungsort einer dem h. Antonius gewidmeten Brüderschaft erwähnt.

Aeolischer Dünste Knallkraft, 7866. Die Aeolischen oder Liparischen Inseln Lipari, Stromboli, Volcano u. s. w. sind vulkanischen Ursprungs.

Aeolsharfe, f. (Windharfe), 28, so genannt nach Aeolus, dem von den Göttern eingesetzten Herrscher der Winde. 4613 ff. wird der Gesang Ariels von Aeolsharfen begleitet.

Aeone, f., 11584, die Zeit vieler Menschenalter. Wenn Goethe im Maskenzug zum 18. Dezember 1818 eine männliche Gestalt als Aeon einführte, so berechtigte ihn dazu der griechische Sprachgebrauch, nach welchem das Wort auch männlichen Geschlechts ist.

Aepfel, m., 4130, die des Paradieses werden zu einem Vergleiche benützt.

apart, 1378, „Ich hätte nichts Apart's für mich", nichts, was mir allein angehört, mir eigentümlich ist.

Apfelgold, n., 9832, wohl nicht „goldne Aepfel", sondern wahrscheinlicher die Pomeranze, pomum aurantium.

Aphidnus, 8851, Freund des Theseus; seine Burg in Attika hieß Aphidnä.

Apollo, 9350 — in Hirtengestalt. Vergl. auch W.-A. 14, S. 244, St. S. 22; 7534 Hinweisung auf seine Geburt in Delos, 7566 A. im Verein mit dem Chor der Musen. Vergl. **Phoebus, Helios, Sol, Sonnengott.**

Appartinenzien, f., U. S. 20, Z. 19 f., das, was zu etwas anderm gehört (appartenance), „Hatt sie nicht mich — meinen Stuzbart und alle A. hinter die Thüre geworfen wie einen stumpfen Besen."

Appellation, f., P. 194, P. 195, St. S. 133. Nach dem älteren Schema für den fünften Akt des zweiten Theils wollte Mephisto an Gott appelliren, weil ihm durch die Entführung von Fausts Seele Unrecht geschehen sei. P. 195, St. S. 137, schließt mit den Worten „Gericht über Faust".

appetitlich, 7431, die appetitliche Gestalt der mythologischen Frau. 11800 die Racker (Engel) sind doch gar zu a.

d. **Architekt,** 6409 ff., Verehrer des gothischen Baustils.

Ares, 7384, 9669, St. S. 87 (Ars, Ares ic.) aus der Quart-Ausgabe von 1836). — Für „Kriegsgott" vgl. „Mars".

Argolis, 9473, wird bei der Vertheilung der Landschaften des Peloponnes den Normannen zugewiesen.

Argonauten, die, 7339, 7365, P. 23 S. 209 Z. 222, St. S. 78 — Jason, Herakles, Kastor, Pollur, Theseus, Peirithoos, die Boreaden, Lynteus u. a., die auf dem heiligen Schiffe Argo ausfuhren, um das goldne Vlies aus Kolchis zu holen.

d. **Ariel**, 4239, 4394, im Walpurgisnachtstraum als eine Art Stellvertreter des anders verwendeten Elfenkönigs Oberon; 4613—4678 der Luftgeist aus Shakespeares „Sturm", den dort der verbannte Herzog Prospero von der Hexe Sycorax befreit und sich dienstbar gemacht hatte.

d. **Arimaspen**, 7106—11, P. 124, St. S. 82, ein scythisches Volk im nördlichen Europa, das einäugig gedacht wird. Herodot (4, 13) hatte von demselben Kunde aus dem Epos des Aristeas ($A\rho\iota\mu\alpha\sigma\pi\epsilon\alpha$ $\epsilon\pi\eta$) und ihn benutzten wieder der ältere Plinius und Aulus Gellius. Die A. führten Krieg mit den goldgrabenden Ameisen (j. d.), denen sie ihr Gold raubten.

Arkadien, 9574—10038, Schauplatz für das Zusammenleben von Faust und Helena, für die Geburt und den Tod Euphorions. P. 169, St. S. 106 f. enthält das Schema für die namentlich 9526—9561 ausgeführte Schilderung des Landes.

armausbreitend, 8627, s. Zusammensetzungen C.

Arsch, m., P. 50 V. 111, St. S. 40, „Des Teufels A." Vgl. auch P. 50 V. 96 und St. S. 39.

ärschlings, 11738, ebenso C. 13 S. 59 V. 14 im „Fastnachtsspiel vom Pater Brey" — nach der Analogie von „blindlings, jählings, rücklings" gebildet.

artikuliren, P. 11, St. S. 11, einzelne Behauptungen aufstellen und diese beim Disputiren auseinanderhalten.

Asbest, m., 11956, eine unverbrennbare Flachsart, deren sich schon die Alten zu Tischtüchern und nach Plinius, Nat. hist. 19, 1, 4, zum Einhüllen der Leichen von Königen bedienten, um ihre Asche von der anderer Personen zu scheiden (Regum inde funebres tunicae corporis favillam ab reliquo separant cinere).

ascetisch, 7195, im Sinne des späteren Kirchengriechisch „enthaltsam", „mit Entsagung". Der fromme Mann macht nur Nebungen, Versuche mit dem Teufel, ohne sich allzu weit mit ihm einzulassen.

Aschenruh, f., 3804, U. 1339 = Todesruh. Zu dem Ausdruck haben (siehe L²) die Textworte der Messe «cor contritum quasi cinis» Veranlassung gegeben. Gretchen wird, wie ihr der böse Geist zuraunt, aus der Ruhe des Grabes durch die Posaune des jüngsten Gerichts „zu Flammenqualen wieder aufgeschaffen".

Aschermittwoch, m., 5058, vergl. das Schema P. 101 und St. S. 54, wo der nach dem Carneval „erwünschte A." bereits in Aussicht genommen ist.

Asklepische Kur, f., 7487, Behandlung durch den berühmten Arzt Asklepios (Aesculapius), Sohn des Apollo.

Asmodi, **Asmodeus**, 5378, 6961. An der ersten Stelle ist es der auch schon in dem Faustbuche von Widmann vorkommende Dämon und Eheteufel, der z. B. der Sara, Tochter Raguels und späteren Weibe des jüngeren Tobias, sieben Männer nacheinander, jeden in der Brautnacht getödtet hatte (vergl. Tob. 3, 8; 8, 1—8 und 6, 15). Im Talmud erscheint er wiederholt als der Satan selbst, und diesem Sinne entspricht auch die Erwähnung 6961.

Asphodeloswiesen, f., 9975, Asphodelus (luteus, ramosus, fistulosus bei Linné), Asphodill, von dem einige Arten auch in unseren Gärten gezogen werden. Auf den A. wandeln bei Homer die Seelen der Todten, so z. B. die des Achilles (Odyss. 11, 539).

assentiren, P. 107, St. S. 58. Der Kaiser assentirt, stimmt, wie es scheint, dem Vorschlage Fausts bei, Paris und Helena erscheinen zu lassen.

associiren, sich, 1789. Mephisto schlägt Faust vor, sich mit einem Poeten zu a., der dann durch seine Phantasie alle Güter des Lebens auf seine Person häufen könne.

d. **Astrolog**, 4948 f., 4955—4970, 5048—5056. Er ist ein Beamter des Kaisers und kennt, wie Mephisto von ihm sagt, „Stund und Haus", die erste durch die Stellung der Sterne gegen einander; das

„Haus" bezeichnet die Dreiecke, welche durch Theilung des Horoskops in zwölf Abschnitte entstehen. Alles, was er spricht, geschieht nur auf Einflüsterung des neben ihm sitzenden Mephisto. S. **einblasen**.

Atheisten, 4898 — sind nach der Erklärung des Kanzlers die, welche an „Natur" und „Geist" glauben.

Atlas, 6405, 7538, Sohn des Japetos und der Klymene, Titane, der den Himmel trägt.

Atropos, f., 5305—5316, s. **Parzen**.

Auerbachs Keller in Leipzig, 2073 bis 2336, U. S. 19—31, Lokalität für die Studentenscene. Vergl. auch P. 129, St. S. 16.

auf, 418 U. 65, „Flieh! Auf! Hinaus ins weite Land!" 7585 als Adverbium mit zu ergänzendem Verbum: „Imsen a."; 2361 = bis auf.

aufbauen, 8691 f., He. 139 f. — in übertragener Bedeutung: „das Wort bemüht sich nur umsonst Gestalten schöpfrisch aufzubauen."

aufbaumen, P. 123 S 205, St. S. 76, wird von den Sirenen gesagt und ist überhaupt Jägerausdruck bei Luchsen, Mardern und größeren Vögeln, die, wenn sie verfolgt werden, auf Bäume gehen.

aufbeben, 3807, U. 1342 — auch bei Klopstock, Wieland u. A.

aufbämmern, 4600, vom Morgen gesagt; ähnlich in „Werthers Leiden": „Wenn ich von schweren Träumen aufbämmere" (mir allmählig des Tageslichts bewußt werde). Das Wort findet sich auch bei Anderen.

auferbauen, 173, 10915 f.: „Der Trank, der alle Welt ... auferbaut" und ebenso in übertragener Bedeutung: „Die Jugend steht zu Männern auferbaut".

aufheben, 4416 f., U. S. 84: „Mein Schwesterlein hub auf die Bein" (verwahrte, verbarg die Gebeine).

aufnehmen, 5370, „Ich nehm' es auf", d. h. ich übernehme es.

aufputzen, nach 2881 und U. 737 = Jemandem Schmuck anlegen.

aufquellen, 10060, s. quillen, quellen.

aufreißen, sich, 8687, vom Boden = schnell sich erheben, aufstehen.

aufschaffen, 3806, U. 1341, ins Leben zurückbringen, ähnlich öfters bei Klopstock.

auftappen, nach 10066, von dem plumpen Auftreten der Siebenmeilenstiefel gesagt.

aufthürmen, sich, 11165 f., sich nach Art eines Thurmes erheben.

aufziehen, 8543 f., „ziehe des heiligen Eurotas fruchtbegabtem Ufer immer auf." Dagegen He. B. 47 f. „ziehe weiter an des h. befruchteten Eurotas Ufer immer fort". Der erste Text hat schon bei Riemer Anstoß erregt, der ihn durch verschiedene Vorschläge zu verbessern suchte. Allerdings kann das Emporfahren auf einem sich allmählig erhebenden Terrain naturgemäß durch „auf" ausgedrückt werden, aber der von „aufziehen" abhängige Dativ ist eine sprachliche Härte. — Vergl. Dativ, poetischer.

aufzieren, 6098 = ausschmücken „die Schönste, herrlich aufgeziert".

Auge, n., 7272 f., „Die unvergleichlichen Gestalten, wie sie dorthin mein Auge schickt". — Das Auge bringt selbst die Gestalten hervor, die es sieht.

äugeln, 1683, Lieblingswort Goethes. Vergl. das Gedicht „Frech und froh" (C. 2, S. 287), außerdem finden sich Stellen im West=Östlichen Divan, in der Achilleis, im Reineke Fuchs u. s. w.

Augenblitz, m., 9199, „Mit seltenem A.", d. h. mit einem Glanz des Auges, wie er selten ist. Aehnlich wie Lynkeus an dieser Stelle von Faust geschildert wird, sagt er 9279 von sich selbst: „Was hilft der Augen schärfster Blitz?"

Augenschmerz, m., 8746, He. B. 200 — bereitet „das Verwerfliche, ewig Unselige", welches hier im antiken Sinne dem Häßlichen gleichgestellt wird. Ebenso in dem Gedichte „Typus" (C. 3, S. 125): „Vor schlechtem Gebilde jedem graut, das ein Augenschmerz ihm ist", 4703 in rein physischem Sinne.

Augsburg, P. 63 S. 174, St. S. 51 - Reichstag und Anwesenheit des Kaisers das.

Aureole, f., nach 9902. Wir geben Goethes eigene Erklärung, die zugleich die Verse 9623 f. erläutert: „A. ist ein im

Französisches gebräuchliches Wort, welches den Heiligenschein um die Häupter göttlicher oder vergötterter Personen andeutet. Dieser kommt ringförmig schon auf alten pompejanischen Gemälden um die göttlichen Häupter vor. In den Gräbern der alten Christen fehlen sie nicht. Auch Kaiser Konstantin und seine Mutter erinnere ich mich so abgebildet gesehen zu haben. Hiedurch wird auf alle Fälle eine höhere geistige Kraft, aus dem Haupt gleichsam emanirend und sichtbar werdend, angedeutet, wie denn auch geniale u. hoffnungsvolle Kinder durch solche Flammen merkwürdig geworden. Und so heißt es auch in Helena (9623 f.):

> Denn wie leuchtet's ihm zu Häupten? Was
>   erglänzt, ist schwer zu sagen,
> Ist es Goldschmuck, ist es Flamme über-
>   mächtiger Geistestraft.

Und so kehrt denn diese Geistesflamme bei seinem Scheiden wieder in die höheren Regionen zurück." — Die Stelle ist entnommen aus einer Abschrift Riemers im Besitz der Cottaschen Buchhandlung, der die Briefkoncept-Alten Goethes vom 8.—15. Sept. 1827 als seine Quelle angiebt; sie ist auch abgedruckt W.-A. Bd. 15 b, S. 126.

Aurora, 10061. Die Beziehung auf Gretchen, Fausts erste Liebe, liegt nahe, wenn auch die vorangehenden Verse mehr die eigenen Empfindungen des Dichters auszudrücken bestimmt sind. Darauf weisen auch die Worte in P. 179, St. S. 119 hin, die das Schema für 10039 ff. geben: „Faust Wolke. Helena Gretchen". Demnach wird nicht etwa Gretchen selbst als Aurora eingeführt, sondern Aurorens Liebe ist die Liebe, die den Dichter, resp. Faust, in der Jugend beglückt hat.

ausblasen, U. S. 22 Z. 54, „sein Seelgen" (efflare animam), auch in der älteren Sprache nicht selten.

ausdauern, 4817, „(Sie) verschwuren sich, uns auszudauern", transitiv wie öfters, hier fast wie aushungern, Jemandem so lange zusetzen, bis man seinen Zweck erreicht hat.

ausgaukeln, 8414, zur Bezeichnung des Endes, welches eine Liebesneigung zu haben pflegt.

ausgeisten, W.-A. 15b, S. 206, St. S. 77 — Neubildung. „Ausgegeistete Persönlich-keiten" sind in der Erde zurückgebliebene Bestandtheile vor langer Zeit Gestorbener, hier die der Kämpfer in der Schlacht bei Pharsalus.

ausgepicht, 11839 — der Teufel, der an Pech gewöhnt ist und es liebt, vergl. 7954. 11744.

auskitten, 8975, die Mauern — bildlicher Ausdruck für das Erhalten des Hauses, das ruhige Verharren in ihm.

Auslassung. A. des Artikels. Auswahl von Beispielen: U. 280 Feines Mägdlein drinn aufwarten thut, 544, U. 191 Herz zu Herzen schaffen, U. 601 in Hörsaal 'nein, 2428 setz' dich in Sessel, 2962, U. 816 in letzten Zügen, 3448, U. 1140 nach Haupt und Herzen, 3895 aus Fels und Sande, 4673 Auge blinzt und Ohr erstaunet, 4688 Thalaus thalein ist Nebelstreif ergossen, 4693 Wo Blum' und Blatt von Zitterperlen triefen, 4896 Begabten Manns Natur- und Geisteskraft, 4935 in mächtiger Römer Zeit, 4966 Denn ist es heitre Zeit, 6060 Unzahl vergrabnen Guts, 6621 Treppe schwankt, 7665 See von ihrem Blut gerötet, 8037 ff. Blicke ... auf Zitterwogen milde blitzend Glanzgewimmel, 8046 Volk der Tiefe ruft, 8048 Wichen wir zu stillsten Gründen, 8108 So oft auch That sich grimmig selbst gescholten, 8161 f. Als wie nach Windes Regel anzögen weiße Segel, 8285 f. Euch, dem Helios Geweihten, Heitern Tags Gebenedeiten, 8370 Wir ... scheuen weder Adler noch geflügelten Leuen, 8522 f. Doch beugt sogleich hartnäckigster Mann ... den Sinn, 9449 Ostens blumenreiche Kraft, 9537 Zu hundert Höhlen wölbt sich Felsenwand, 9615 Mutter jammert, Vater tröstet, 9796 ff. Mir zur Wonne ... drück' ich widerspenstige Brust, küß' ich widerwärtigen Mund, 9800 f. In dieser Hülle ist auch Geistes Kraft und Muth, 9878 Heiterm Tag gegeben kaum, 10316 Den Kriegsrath gleich voraus formirt aus Urgebirgs Urmenschenkraft, 11456 Sonne geht nicht auf noch unter, 11690 (wie wir) Vernichtung sannen menschlichem Geschlecht. — In manchen Fällen ist die Absicht zu erkennen, daß der vorangestellte Genitiv mit dem nachfolgenden Hauptwort als ein Begriff gedacht werden soll, ohne daß dadurch eine sprachliche Verschmelzung vollzogen wird.

z. B. 244 Brudersphären Weltgesang, 378, U. 25 Durch Geistes Kraft und Mund, 4467 Geistes Ohren, 5892 Blitzes Knattern, 8615 zu Vaterhauses Herd. **Auslassung. B. des persönlichen Pronomens.** ich: 354, U. 1 „Habe nun ach Philosophie(en)", 2644, U. 495 brauchte den (kleinen) Teufel nicht dazu, 2913, U. 767 Verlange (Neugierde) sehr. — Ebenso 3413, U. 1105, 3876, 5006 und a. a. O. — Auch die Stellen 4420, U. S. 84 Z. 12 und 7040 „Fliege fort" und „Schwebe noch einmal die Runde" gehören hieher, da die betreffenden Verba nicht als Imperative zu fassen sind. — du: 422, U. 69 Erkennest dann der Sterne Lauf, 1246 hast freien Lauf, 2711 f., U. 563 f. Natur! hier bildetest... den eingebornen Engel aus. Ebenso 3052, 3428, U. 1120, 3592, U. 1283 6066, 7144, 7381, 7489, 10074. — er: 2843, U. 697 Strich darauf ein Spange, Kett' und Ring', 3649 soll nicht lebendig von der Stelle. — sie (als dritte Person Sing.): 7051 (Erichtho) Sah uns durch die Lüfte ziehn. — es: 1475 f. Stürzen in Bächen schäumende Weine, 6624 Springt das Estrich, 8172 Sind Götter, die wir bringen, 8311 Zerstörte sie ein Erdenstoß. (Ebenso 7604. — wir: 2825, U. 679 „Wollens der Mutter Gottes weihn", 7056 Wüßten's nicht zu sagen, 7206 Würden alles dir vertrauen. Ebenso 7606, 8058 und a. a. O. — ihr: 8408 Mögt euch des schönen Fanges freuen, 11757 f. Unglückliche Verliebte! die, verschmäht verdrehten Halses nach der Liebsten späht. — sie (als dritte Person Plur.): 7625 (die Kleinsten) finden auch ihresgleichen.

Auslassung. C. des hinweisenden Pronomens. 6185 f. Wem sie erscheint wird aus sich selbst enträth, wem sie gehörte ward zu hoch beglückt, 10671 Wen ihr beschützt ist nicht verloren, 11817 bis 11820 Heilige Gluthen, wen sie umschweben, fühlt sich im Leben selig mit Guten.

Auslassung. D. von Verben. 1022 Nur wenig Schritte noch hinauf zu jenem Stein, 1881, U. 262 Aufrichtig (gesagt oder zu sprechen), möchte schon wieder fort, 2081 Zur Thür hinaus, wer sich entzweit, 2583 Nur frisch hinunter! Immer zu! 2587 Nun frisch hinaus, 3208, U. 1058

Die Mutter würde mich), 3511 f., U. 1203 f. Drei Tropfen nur in ihren Trank, 3892 Sind das Molche durchs Gesträuche, 4020 Nur fest an mir! 4209 Wie immer diese Lust am Wahn, 4903 Uns (dürft ihr) nicht so (kommen), 5528 Herold, auf... uns zu schildern, 5674 Frisch an und dringt auf ihn herein, 6050 (Wie ist) das faltige Gesicht erheitert, 6222 Wohin der Weg! 6282 Die Brust erweitert (eil' ich) hin zum großen Werke, 6303 Und nun was (soll ich) jetzt (thun), 6636 Wie froh (bin ich), daß ihr mich kennt, 6983 f. Den Mantel her und um den Ritter umgeschlagen, 7057 Hier (ist sie) wahrscheinlich zu erfragen, 7074 Hier! durch ein Wunder hier (bin ich) in Griechenland, 7508 Niemand, dem das Wunder frommet, 7781 Zum letzten Mal gewagt, 8229 Einem Freund nicht eitle Worte, 8932 f. Die Menschen, die Gespenster sämmtlich gleich wie ihr (sind), entsagen auch nicht willig u. s. w., 10034 Nichts geschont — wo „wird" zu ergänzen, nicht aber die Worte als Imperativ zu fassen sind, 10543 Dem linken Flügel keine Sorge!

auspusten, 10081 „Die Teufel fingen an — von oben und von unten auszupusten", d. h. den Athem und Gase ausblasen. In W.-A. steht „aus zu pusten", so daß „aus" direkt zu „unten" bezogen wird; aber Goethe hat in der eigenhändigen, dort als H. 2 bezeichneten Handschrift nur ein Wort. Die etwas störende Verbindung „von unten aus" wird dann nicht nöthig.

ausrecken, 3034, U. 888 „ausgereckte Glieder" (jetzt gewöhnlich „ausstrecken").

ausschlagen — nach U. S. 25 Z. 107 — in ein Gelächter.

ausschreiten, 239 f. — transitiv — einen Raum von Anfang bis zu Ende mit Schritten durchmessen.

aussteigen, P. 178, St. S. 121, „Siebenmeilen Stiefeln. Mephisto steigt aus."

auswirthschafften, U. S. 81 Z. 31 f.: Warum machst du Gemeinschafft mit uns wenn du nicht mit uns auswirthschafften kannst. Dafür in den übrigen Ausgaben: „wenn du sie nicht durchführen kannst."

ausziehen, 10237, „Zu seinem Vortheil etwas auszuziehen." Neue Lesart in

W.-A. aus der Haupthandschrift eingesetzt, während bisher nach der Veränderung Riemers stand „Aus jedem Umstand seinen Vortheil ziehen."

Auszug, m., 694, A. aller tödtlich seinen Kräfte, früher sehr gewöhnlicher Ausdruck, jetzt durch „Extrakt", „Essenz" ersetzt.

d. **Autor**, 4088 ff. Man hat Wieland in ihm finden wollen; indessen sind die Worte, die ihm in den Mund gelegt werden, nicht bezeichnend genug, um sie irgend jemand zuzuweisen, wenn sie nicht auf einen bestimmten Vorfall oder Ausspruch zurückgeführt werden können.

Avaritia, f., (Geiz), 5649, P. 102 bis 106, St. S. 55—57. Der Abgemagerte (s. d.) entwickelt, warum das weibliche Geschlecht des Wortes für die Personifizirung nicht mehr zweckmäßig sei, daher er denn, indem er den notwendig gewordenen Geiz darstelle, als Mann auftrete.

B.

baar, 9327, „Ich glaubt' es würdig, hoch und b.", d. h. so gut wie baares Geld.

babylonisches, P. 158 V. 5, St. S. 92, „Wage sonst noch andres Babylonische mir zuzumuthen." Das Wort hat den Sinn des Gefährlichen, Abenteuerlichen; denn Manto (s. d.) giebt vorher für Faust die Mittel und Wege an, wie er in die Unterwelt gelangen werde.

d. **Baccalaureus**, 6689—6818, dieselbe Person wie der Schüler 1868—2048 und der Student in U. 249—442 nach Erlangung der ersten akademischen Würde. Das Studium der Lehre vom Absoluten, mit andern Worten der Philosophie Fichte's, Schelling's und Hegel's, hat ihn zu der Verirrung gebracht, daß er alle Erfahrungswissenschaft verachtet.

Bacchanal, n., 10030—10038 — Fest am Schluß der klassischen Walpurgisnacht zu Ehren des Bacchus.

Bäche des Lebens, 1200 f., die aus der Quelle des Lebens', der höheren über dem Menschen waltenden Macht, hervorströmen. Sie bezeichnen nicht etwa „das in frischer Thätigkeit hinfließende Leben" (Dünger) oder die Ströme der Begeisterung(Schröer), sondern die Wege der Forschung, auf denen Faust zu der Erkenntniß dessen gelangen möchte, was die Welt im Innersten zusammenhält (382 ff., U. 29 ff.).

Bacchus, 10017, s. Dionysos.

backenroth, 853, s. Zusammensetzungen B.

Backenstreich, m., 10834, s. Schlappe.

balanciren, P. 64, St. S. 49, ausgleichen, im Gleichgewicht halten. „Kühnheit sich in Besitz zu setzen balancirt allein die Möglichkeit der Unfälle."

bälder, 3723, die gewöhnlichere Form des Komparativs, während Goethe den Superlativ „auf das Baldeste" hat, vergl. den Brief an Lavater vom 7. Febr. 1780 in W.-A. IV, Bd. 4, S. 173.

Ball, m., 7558 ff.: „Als ich ... mit Pelion und Ossa als mit Ballen schlug..." — Man vergl. die Variante zu dieser Stelle in W.-A. 15b, S. 52: „Wenn wir die Gegend umgewühlt, mit Pelion und Ossa Ball gespielt" und die Stelle C. 10, S. 23: „Ich warf den Ballen weg, womit ich spielte." An das Wort „Ballen", wie man von „Waarenballen, Bücherballen" spricht, ist nicht zu denken.

balsamiren, P. 62, St. S. 147 = einbalsamiren.

Bammeln, n., 8959 (Baumeln ist Druckfehler in C ff.), 9432 bezeichnet die Bewegung der Gehängten.

bänglich, 10841, 10980, an beiden Stellen den Sinn von bang etwas abschwächend.

bangt's, 10979, neue, aber etwas bedenkliche Lesart in W.-A. statt „bangt".

d. **Bannerherrn**, zwei, 6149 f., d. h. Ritter, die das Recht und die Mittel haben, ein eigenes Banner (Feldzeichen) zu führen.

Barbareien, f., W.-A. 15a, S. 344, St. S. 44, siehe Abstrakta im Plural. Der Ausdruck bezieht sich auf die gröberen

Scenen des ersten Theils, "Hexenküche, Blocksberg u. s. w.":

Bärbelchen, 3544, V. 1236, Diminutiv für Barbara.

Baron, m., 2510, Titel, den Mephisto von den Hexen beansprucht.

Bart, weißer, 10615, vergl. 10439 ff. — Metonymie für den Nekromanten, den der Kaiser, nachdem er in Rom gekrönt war, vom Scheiterhaufen rettete.

Bärtigen, die, 6705, die Lehrer an der Universität, 9578 das ältere und gereistere Publikum im Theater.

baß, U. 316 = gut, 4352 = sehr.

Baubo, f., 3962 — B., deren Goethe auch sonst scherzhaft gedenkt, z. B. in den "Aufsätzen zur Morphologie" und im Römischen Karneval," ist aus der antiken Mythologie in die nordische Walpurgisnacht versetzt. Sie ist die Amme der Demeter, die diese, als sie über den Verlust der Proserpina klagt, durch sinnlich erregende Mittel zu erheitern sucht. Erzählungen über sie finden sich bei Hesychius und den Kirchenvätern Arnobius u. Clemens Alexandrinus.

bauchrednerisch, nach 8227, spricht Proteus, um bei seinen Verwandlungen nicht zu verrathen, wo er ist.

d. **Baucis**, 11059—11142, siehe **Philemon**.

d. **Bauer**, ein alter, 981—1006, in der Scene "Bauern unter der Linde".

Baum, der goldne des Lebens, U. 433, 2039, vergl. 1. Mos. 2, 9. Mephisto denkt bei seinem Worte an den Baum der Erkenntniß, der ein Sinnbild der ihm verhaßten Theorie u. Spekulation sein würde.

beängsten, 8471 = beängstigen, ebenso in "Zahme Xenien", "Bald beängstet, bald ergetzt" und an andern Stellen, ist in der älteren Sprache überhaupt häufig.

bebräunt, 6611, "im bebräunten Pergamen" — von Grimm und Sanders aus Lohenstein nachgewiesen.

bebuschen, 7578, s. **buschen, sich**.

bedeutend, 6903, 7469, 10572 = bedeutungsvoll.

Beding, n., 3001, P. 123 S. 213, St. S. 96 = Bedingniß, Bedingung, ebenso im Gedichte "Wandrer und Pächterin" (B. 50), im Prolog vom 6. August 1811 (B. 119). In U. steht an der ersten Stelle "Geding".

bedränglich, 9036 = bedrängend.

befangen, U. 678, 2824, U. 1333, 3818 = beunruhigen, beklemmen, 319 sich befangen = sich mit etwas abgeben, beschäftigen.

befestigen, 349 und 10302 sich b. — an beiden Stellen in übertragener Bedeutung = stärken, sichern.

beflaumen, 9161, das erste Sprossen des Bartes bezeichnend.

befleißen, sich, U. 393, 1962, 6314 und a. a. O. = sich befleißigen.

befrieden, 12008 = Frieden geben.

Begaffen, P. 104, St. S. 55, "Faunen kommen an. treisen umher. Begaffen."

Begehr, m. und n., bei Goethe wohl nur das letztere, 5721 alle mein B. — in dem Gedichte "Sendschreiben" B. 27 "Dein Herz hat viel und groß B." und a. a. O.

begierlich, 11775 = begehrlich. Ebenso in dem Aufsatze "Kupferstich nach Tizian" (GH. 22 S. 566 Z. 9), "ein kleiner beweglicher Drache begierlich nach der anlockenden Beute schauend".

begießen, P. 27, 2, St. S. 27, 2, Hexenmittel, s. **anspeien, anblasen**.

beglückt, 7276, "Schon einmal warst du so b." — mit Beziehung auf den Traum Fausts 6903—6920, den Homunkulus beschreibt.

begonnte, U. 1024, 3175 = begann.

begrüßen, 4157 = ganz im Sinne der von Grimm gegebenen Uebersetzung «adire et rogare», Jemanden ansprechen und befragen, bevor man etwas thut.

begüten, 8276 = begütigen; ebenso im 11ten Sonett (C. 2, S. 13 B. 5): "Obgleich Amor öfters mich begütet."

behäglich, 8268, 10157 (nur in W.-A.), ebenso a. a. O., aber auch häufig "behaglich", z. B. 81, 11566, 11773.

Behälter, n., 1473, ebenso auch in Prosa "sich selbst ein B. bilden" (C. 51, S. 19 Z. 9).

behemdet, 7082 = bekleidet, da von Gestalten des Alterthums gesprochen wird.

beharren, 1710, „Wie ich beharre, bin ich Knecht", d. h. ob ich in meinem alten Zustande bleibe oder den Vertrag mit dir eingehe.

behendest, 7590, s. angestrengtest.

behendig, 9659, selten vorkommend; auch mittelhochdeutsch ist behende und behendeclich üblicher.

beidrängen, U. 1401, 3653 „Finsterniß drängt ringsum bei" — wo man eher das intransitive „andringen" oder „beidringen" erwarten würde.

beihakeln, 11182, ein Schiff mit dem Enterhaken an ein anderes heranziehen.

Bein, n., U. S. 84 V. 9, 4417 = Gebein; ebenso P. 53, St. S. 33, „Bein zerbricht wie Glas" u. 417, U. 64 Todtenbein.

beipressen, 11554 = mit Gewalt oder Zwang anwerben.

Beisein, n., 8859 = Zusammensein; „aus ehlichem B. sproßte dann Hermione."

bekleiben, U. 316, von Speisen gebraucht, die schnell durch den Körper hindurchgehen, ohne Nahrungsstoff zu liefern. Sonst gewöhnlich im Sinne von „Wurzel fassen, gedeihen" und zugleich den verwandten Begriff des Klebens ausdrückend, z. B. im „Satyros": „So mögt ihr denn im Dreck b." u. i. Gedicht „Der neue Alkinoos": „ob sie alle (die Stämmchen) frisch b."

beknurren, 1209, bezeichnet die Laute Mephistos als Pudel.

bekräftigen, 10878, „Das Heer bekräftigt den Thron", d. h. verleiht ihm Kraft durch seine Anwesenheit und Stärke.

belecken, 2495, „Die Kultur, die alle Welt beleckt." Das Wort deutet an, daß die Kultur nur oberflächlich ist, nicht gründlich einwirkt.

Belehnung Faust's, W.-A.15a, S.342, 15b, S.242, St. S. 131. Die Scene enthält nur die Ertheilung des Ritterschlags. Auf die Absicht einer weiteren Ausführung weisen die nachfolgenden Schemata hin: P. 178 Z. 38 ff., St. S. 122: „Faust bringt seine Ansprüche vor an die unfruchtbaren Meeresufer. Man ist zufrieden, ihn so leicht abzufinden. Er wird damit beliehen und geht, um davon Besitz zu nehmen"(vom 16. Mai 1831). — P. 182 Z. 10 ff., St. S.125: „Die Getreuen versammeln sich um den Kaiser. Belohnungen. Beleihungen. Zuletzt mit dem Meeresstrande."

bemodert, 6928, mit Moder bedeckt. Grimm erklärt das Wort mit faulen (putrescere), nach Moder riechen.

bemoost, 6638, bemooster Herr. Das bekannte Studentenlied von G. Schwab: „Bemooster Bursche zieh' ich aus" ist schon von 1814, also viel älter als der zweite Theil von Faust.

bepissen, P. 67, St. S. 62.

beprägen, 1726 = ein Siegel auf ein Pergament aufdrücken.

bequemlichstens, 6384, neue Lesart der W.-A. statt „bequemlich sich". Für den Gebrauch des Wortes im Positiv, s. „Hermann und Dorothea" 1, 17 und 5, 158, für den von Adverbien im Superlativ „angestrengtest".

Bequemste, der, 6935 — so nennt sich Homunkulus, weil er bei seiner Körperlosigkeit sich überall hingewöhnen kann, überall seinen Platz findet.

Bereitung, f., 1445 = Vorbereitung. „Bereitung braucht es nicht voran", wo denn, was an der Bestimmtheit des Ausdrucks fehlt, nachträglich durch „voran" hinzugefügt wird.

Berg, m., 7601, „Den B. laßt fahren", d. h. die tauben Erd- oder Steinarten, die kein Erz enthalten (Grimm), im Gegensatz zu dem unmittelbar vorher erwähnten Golde.

Berggebäu, n., 7945 — ein Berg ist so-eben durch vulkanische Einwirkung entstanden und ein Fels aus dem Monde auf ihn gefallen, so daß derselbe dessen Spitze bildet.

Bergvolk, n., 10425—10436, „Bergtobolde in Natur- u. Felsenschrift studirt." — 10320, P. 178, Z. 16, P. 179 Z. 5, St. S. 119 und S. 122: Faust macht den Vorschlag, im Kampfe gegen den Gegenkaiser die Bergvölker aufzuregen. Mephisto findet dies anfangs lächerlich, indem er höheren Beistand — die Gewaltigen — herbeischafft, bringt es später aber doch zur

Ausführung. Darauf weisen die Worte P. 179 Z. 17, St. S. 120 Z. 17 „Mephistopheles als Werber" hin.

Berufung, f., 10946, (Appellation) geschieht dadurch, daß der Kläger sich in einer Rechtsfrage oder einem Rechtsstreite, wenn er von der ersten Instanz abgewiesen ist, an die höhere wendet.

berühmen, sich, U. 1373, 3621, 4789 mit und ohne nachfolgenden Genitiv.

beschäftigt, 10580, frühere Lesart, jetzt nach der Verbesserung von A. Rudolph, in den meisten Ausgaben „geschäftig". Der richtige Reim lag so nahe, daß Goethe, wie man meinen sollte, ihn selbst genommen haben würde, wenn er es gewollt hätte.

Bescheidenheit, f., 6659, s. **Wortspiele**.

Beschlagner, ein, 6642 = wohlgeübt, erfahren.

beschleunen, 6684 = beschleunigen. Von Sanders auch bei J. B. Michaelis (1746 bis 1772) nachgewiesen.

beschreiben, 5562, „Das Würdige beschreibt sich nicht" = läßt sich nicht b.

beschwätzen, 4151 = viel und unnöthig über eine Sache reden, auch a. a. O. 10747 beschwatzen = mit vielen Worten jemanden überreden, vergl. **schwatzen**, **schwätzen**.

beschwören, 9243, s. **schwören**.

Besem, W.-A. 14, 308, St. S. 39 = Besen. Satan zu den Hexen: „Ich seh, ihr kommt alle auf Besmen geritten".

besiegeln. Das Siegel bekräftigt dasjenige, worauf es gedruckt wird, oder verleiht ihm ein bestimmtes Recht. So 4648 „Tiefsten Ruhens Glück besiegelnd", 10417 „Selbstständig fühlt' ich meine Brust besiegelt", 11662 „Mit meinem Stempel will ich sie besiegeln (die ausgerupfte Seele)". Vergl. auch C. 1, S. 127: „Hunderttausend Siegel (Küsse) bekräftigten den Bund."

bestärken, 9362 = bestätigen. Vergl. 9384.

Bestaubte, der, P. 209, St. S. 142, ebenso 8702 „Das staubende Tosen" — sonst gewöhnlich mit Umlaut.

Bestialität, f., 2297.

Bestje, f., 4342, die Bestjen, welche der Leier des Orpheus folgen, 5493 die Gestalten in der Mummenschanz, 7147 Bezeichnung des Unterkörpers der Sphinx. — Die Schreibweise des Wortes stammt wenigstens an der ersten Stelle sicher von Goethe selbst her.

bestrebsam, W.-A. 15a, S. 342, St. S. 131, vereinigt in sich die Bedeutung von „bestrebt" und „strebsam", indem es zugleich den Willen und die That ausdrückt.

Beth, f., 10947, 11024 (Grimm verlangt die Schreibweise „Bede"), ursprünglich erbetene, also freiwillige Abgabe, wird später aber auch von festgesetzten, also gesetzlichen gebraucht.

bethören, U. 905, 3053, 3681 = verloden, verführen; U. 1239, 3547 sich bethören, sich zur Thörin machen, sich verführen lassen.

betragen, sich, 7558 f., „Als angesichts der höchsten Ahnen, der Nacht, des Chaos ich mich stark betrug." — Seismos drückt sich scherzhaft über seinen Beruf aus, der darin besteht, vulkanische Erderschütterungen hervorzubringen.

betrete, He. V. 53, 8549, schwache Imperativform, ebenso 10800 „nehm" und an anderen Stellen der Werke, „vergesse, messe, helfe".

Bettelsuppen, f., 2392. Die kraftlosen, wässrigen B., wie sie an den Thüren der Klöster für Arme vertheilt werden, dienen als Metapher für weitläufige, aber inhaltlose Schriften, die indessen nicht näher bezeichnet sind.

d. **Bettler**, m., 852—859.

betupfen, 1520, die Schwelle mit Oel; P. 63 S. 175, St. S. 52: das Gesichtchen mit den Fingern.

Beugung, f., 1459, Schwankende B., Ausdruck für den Wechsel der Bewegung, der vor Faust im Traume vorüberziehenden überirdischen Gestalten. Aehnlich C. 1, S. 121 Z. 5 f. „des Lebens wirrende Beugung".

Beutetheil, n., 10820.

bewitzeln, 5102.

bewußt, 1582, „viel ist mir bewußt" = ich weiß von vielem.

bezirken, 5959 = umzirken, kreisförmig

Bild in der Hexenküche   **Binnenraum**

begrenzen; ebenso im Festzuge zum 18. Dezember 1818 (Mahomet V. 8): „In diesem Sinn ist solch ein Bild bezirkt".

Bild in der Hexenküche, 2429—2447, 2599—2603. Faust hat keine Freude an dem wüsten Treiben in der Küche, während Mephistopheles sich so recht in seinem Elemente fühlt. Da wird seine Aufmerksamkeit auf einen Spiegel gelenkt, dem er sich im Umhergehen bald genähert, bald wieder von ihm entfernt hat, und in dem er plötzlich ein Bild gewahr wird. Seitdem ist er nur darauf bedacht, es immer wieder zu erblicken. Er muß es des Verjüngungstrankes wegen verlassen, aber noch beim Weggehen ruft er aus: „Laß mich nur schnell noch in den Spiegel schauen" ꝛc. Und Mephistopheles fügt die nicht für Fausts Ohren bestimmten Worte hinzu: „Du siehst mit diesem Trank im Leibe" u. s. w. Diese Scene, in der der Name Helenas zum ersten Male genannt wird, hat Goethe größtentheils im März 1787 in der Villa Borghese zu Rom geschrieben, aber die Absicht, Helena dichterisch zu verwenden, hat er schon von Anfang an gehabt, wie dieselbe ja denn auch in fast allen älteren Gestaltungen der Faustsage vorkommt. Sie wird dort die Geliebte Faust's und verschwindet mit ihrem Sohne Justus, ähnlich wie Goethe es später an Euphorion und ihr selber nachbildet. Auch nennt er Helena wiederholentlich eine seiner frühsten Konceptionen, und nach seinen Tagebuchnotizen hat er seine Dichtung dieses Namens bereits am 23. und 24. März 1780 bei der Herzogin Anna Amalie vorgelesen. Die Frage nun, was das Spiegelbild darstellt, erscheint nicht allein für das Verständniß des Ganzen, sondern auch selbst für die Aufführung von Bedeutung zu sein. Riemer sagt (handschriftliche Notizen in der Cotta'schen Bibliothek): „Aus der Hexenküche geht das Bild von Gretchen, aus der klassischen Walpurgisnacht das Helenas hervor"; er nimmt also an, daß Faust durch das Spiegelbild auf Gretchen vorbereitet, daß es eine Vorerscheinung derselben sein sollte. Andere sehen wieder darin eine beliebige üppige Frauengestalt, so daß man an Bilder wie die schlafende Venus von Titian oder ähnliche denken müßte. Aber wie sollte Goethe wohl dazu kommen, Helenas Namen nennen zu lassen, wenn darin nicht eine Vorbereitung für das Folgende läge? Die Frage nämlich, die man aufgeworfen hat, wie jenes Bild in die Hexenküche gewissermaßen als Inventar gekommen wäre, bedarf kaum der Antwort. Es ist ein schaffender Spiegel, wie aus den Fragmenten (P. 11, S. 291, St. S. 12) deutlich hervorgeht, der also jede Gestalt, Helena sowohl wie Gretchen oder eine beliebige andere hervorzuzaubern kann. Ist es da nun nicht natürlich, wenn er für Faust seine Wahl so trifft, daß dies Bild eine Bedeutung für die Zukunft hat? Schwerlich konnte aber auch Mephistopheles, dem klassischen Alterthum fremd, Veranlassung haben, den Namen Helenas zur Bezeichnung des Typus der Schönheit als Gattungsname zu gebrauchen, wie man einen besonders starken Mann einen Herkules oder einen vorzüglichen Maler einen Raphael nennt. — Helena kommt bekanntlich noch zweimal im Drama zur Erscheinung. Zuerst am Schlusse des ersten Aktes, wo Faust ihr Kommen aus dem Reiche der Mütter herbeigeführt hat, und dann ist sie die Hauptgestalt des ganzen, nach ihr benannten dritten Aktes. Im ersten Falle hat sie zwar körperliche Gestalt, Bewegung und die Fähigkeit, ihre Empfindungen auszudrücken; sie ist so, wie man ihre Person von den Müttern vorgestaltet sich denken mußte, ein Schemen ohne Sprache und Bewußtsein. Aber der Eindruck, den ihre Schönheit macht, ist doch ein gewaltiger, so daß Faust ausruft: (6495) „Die Wohlgestalt, die mich voreinst entzückte" u. s w. In vollständiger Menschlichkeit erscheint sie aber erst, als Proserpina sie aus dem Reiche der Schatten entlassen hatte. So wird denn diesen beiden späteren Erscheinungen der belebten Statue und des wirklichen Menschen in dem Bilde eine Vorstufe gegeben, um auf diese vorzubereiten.

Bildner, m., 7395 = Bildhauer.

Bim-Baum-Bimmel, n., 11263, siehe Zusammensetzungen A.

Binnenraum, m., 8667, „Des Königshauses ernsten B." (He. V. 115 „Des königlichen Hauses Tiefe".)

bisjeciren, P. 18, St. S. 14, „Bissecirt den Winkel". Die Theilung des Winkels durch zwei Linien in drei gleiche Theile ist ein mathematisches Problem.

Blachgefild, n., 8491 = Blachfeld. (Ebenso im Prolog vom 6. August 1811, B. 69. (In He. B. 3 „Gefild".)

blähen, sich, 5110, wird von den gefüllten Blumenkörben gesagt, welche die Gärtnerinnen am Arme tragen.

bläcken, entgegen, U. S. 81 Z. 35; dafür W.-A. 14, S. 226 Z. 42 fletschen. Das erste Wort wird sonst von den Lauten der Schafe gebraucht, so daß man die Uebertragung aus dem weiten Oeffnen des Mundes herleiten müßte.

blaulich, P. 125, St. S. 84. Ebenso ohne Umlaut in dem Gedichte „Frühzeitiger Frühling" (B. 9) „Blauliche Frische".

bleichen, 11717 = bleich werden, erbleichen.

Blend- und Schmeichelkräfte, 1590, alles, was den Menschen durch vorgespiegelte Täuschung an das Leben fesselt.

blicken, 5330, „Blicke freundlich diesem Ort". Ebenso im West-Oestlichen Divan, C. 5, S. 50: „Ja die Augen warens, ja der Mund, die mir blickten, die mich küßten." S. Dativ, poetischer.

blickschnell, 10751. S. Zusammensetzungen B.

blinzen (blinzeln), 4673 Auge blinzt, 9581 blinzt nicht so; 11443 Thor, wer dorthin die Augen blinzend richtet. Dafür in W.-A. „blinzelnd", was sich ebenso sehr dem Sinn nach empfiehlt, als es auch nach der Hs. sehr wahrscheinlich das Richtige ist.

Blitz, m., 828, als Interjektion: „Blitz, wie die wackern Dirnen schreiten". 9279 „Was hilft der Augen schärfster B.", 9475 „Nach außen richten Kraft und B." An letzter Stelle entweder Hendiadys, also die Kraft des Blitzes (der Speere oder Waffen überhaupt), wofür Habakuk 4, 11 spräche: „Deine Pfeile fuhren mit Glänzen dahin und deine Speere mit Blicken des Blitzes." Oder: Blitz als Metapher für die Waffen und zugleich für die Schnelligkeit, mit der sie bereit gehalten werden sollen.

Blitzeswink, 6087, m., s. Zusammensetzungen A.

Blocksberg, m., volksthümlicher Name für den „Brocken" im Harz (und einige andere Berge), 2113, 4221, 4317, 4329, 7678, 7810. Er ist Schauplatz der ersten Walpurgisnacht. P. 27, 2, St. S. 27, 2: „Fahrt auf den Blocksberg." 6970. Brockenstückchen — sind Belustigungen und Ausschweifungen im Sinne der Walpurgisnacht.

Blocksbergs-Kandidaten, Ueberschrift zu P. 47; vergl. St. S. 81 f. Goethe erzählte Freunden bisweilen von seinem „Walpurgissack", in dem er seine satirischen Gedichte aufbewahre, die erst nach seinem Tode bekannt werden würden. „Es ist," sagte er, „eine Art von infernalischem Schlauch, Behältniß, Sack oder wie Ihr's nennen wollt, ursprünglich zur Aufnahme einiger Gedichte bestimmt, die auf Hexenscenen im Faust, wo nicht auf den Blocksberg selbst, einen nähern Bezug hatten." (S. Johannes Falk, „Goethe aus näherem persönlichen Umgange dargestellt". 2. Aufl. S. 92 ff. Leipzig 1836). Fünf hieher gehörige Strophen, sind in den zu Faust gehörigen Papieren aufgefunden und werden an den betreffenden Stellen besprochen.

d. **Blondine**, 6319—6323. Weiter ausgeführt, P. 63 S. 175, St. S. 52: „Ein blondes Fräulein verschmäht nicht ihr Gesichtchen durch seine (Mephisto's) hagern und spitzen Finger betupfen zu lassen, indem der Taschenspiegel ihr sogleich, daß eine Sommersprosse nach der andern verschwinde, tröstlich zusagt."

bloß, 3584, U. 1275, mit abhängigem Dativ „(Ich) bin nun selbst der Sünde b." — von Grimm als ungewöhnlich bezeichnet, von Sanders durch einige Beispiele belegt; 4046 = entblößt: „junge Herzchen, nackt und b."

Blöße, f., 5199, eine leere oder abgeholzte Stelle im Walde.

bloßgeben, 7768. Die Lamien fordern sich unter einander auf, Mephistopheles ihr Wesen bloß zu geben, d. h. erkennen zu lassen, deutlich zu machen.

blühend, 8433, „wie ich mich b. freue" = in hohem Grade. Vergl. 64: „wo nur dem Dichter reine Freude blüht." Die Auffälligkeit des Ausdrucks an der ersten Stelle, für den sich übrigens auch Beispiele bei Jean Paul finden, hat zu der Konjektur „glühend"Veranlassung gegeben (Schröer), die sich indessen handschriftlich nicht bestätigt.

Blümchen, n., 3561, U. 1252, die Jungfernschaft, mhd. bluome, magettuom, Lateinisch flos.

Blümelei, f., 11713, spottender Ausdruck des Mephistopheles über das Blumenstreuen der Engel.

blumenreich, 9448 f. Faust redet die versammelten Heerführer an: „Ihr Nordens jugendliche Blüthen, Ihr Ostens blumenreiche Kraft." Sie sind sämmtlich aus dem Norden, so daß der zweite Satz trotz des wiederholten Pronomens als Apposition des ersten zu fassen ist und „blumenreiche" als Adjektiv zu „Ostens" gehört, also „die ihr des blumenreichen Ostens Kraft seid".

blumenstreifig, 9617, erscheint als Neubildung; das Wort bezeichnet die Streifen im Gewande des Euphorion, welche die Farben von Blumen wiedergeben.

Blumenwort, n., 3184, bezeichnet den Schluß, der aus dem Spiel Gretchens mit der Sternblume hervorgegangen ist.

Blut, n., 2636, U. 488, „das süße junge B.", 3313 „Das arme affenjunge B.", also in beiden Fällen als Bezeichnung für das ganze lebende Wesen. 1740 „B. ist ein ganz besonderer Saft." An diese Stelle schließt sich der Geisterchor mit dem neuen Texte an (W.-A. 14, S. 318, St. S. 9), wie ihn Goethe 1814 für die Komposition des Fürsten Radziwill verfaßt hat. — P. 50 S. 310, St. S. 40 f. Gleichfalls ein Chorgesang und zwar in den Satanscenen, in dem die mystische Bedeutung und die geheimnißvolle Wirkung des Blutes dargestellt wird. 5712 „(Es) wallt von goldnem Blute," d. h. das rothe Gold strömt scheinbar in den ehernen Kesseln, die in Bewegung gesetzt sind. 8821 Blut als Nahrung der Gestorbenen nach der Art der Vampyre, nicht wie in der Odyssee 11, 96 bis 153, wo die Schatten Blut trinken, um Gedächtniß und Bewußtsein wiederzugewinnen. 10860 „Dem Feinde regnet's B." — nach der bekannten Erscheinung des Blutthaus oder Blutregens.

Blutbann, m., 3715. Es liegt näher an die Bestimmungen zu denken, wie sie sich in der Halsgerichtsordnung des Kaisers Karl V. von 1532 (Carolina) finden, als an die des „Schwabenspiegels" vom Ende des 13ten Jahrhunderts.

Blutschuld, f., W.-A. 14, S. 227 Z. 67, U. S. 82 Z. 54 — liegt auf der Stadt, so lange der Tod Valentins nicht gestraft ist.

Blutstuhl, m., 4592 — der des vorsitzenden Richters bei der Hinrichtung.

Blüthentag, m., 7022 = Tag des Blühens.

Boden, m., 12029. Bis in das 17te Jahrhundert kommt noch die Form „Bodem" vor, wodurch denn der jetzt unrichtige Reim auf „Odem" erträglicher wird.

Bögelchen, n., 9028, kleine Bogen des gothischen Baustils.

Bogenstrahl, m., 10727, „Ein Strom nun wirst der B." — Die verschiedenen Bäche sind zu einem Strome vereinigt, der jetzt einen einzigen mächtigen B. wirft.

bohren, U. 372, „(Die Chimie) bohrt sich selbst einen Esel ..." Der Ausdruck wird 1941 ersetzt durch „Spottet ihrer selbst", worin zugleich die Erklärung des ersten liegt. Den älteren Wortlaut des Textes kannte schon J. Fall (Goethe aus näherem persönlichen Umgange dargestellt. S. 27.).

Bolognesisches Feuer, n., P. 11, St. S. 12 als Frage bei der Doktor-Promotion. — Die Erdfeuer, welche durch das Leuchten des Schwerspaths (Bononischer Stein) am Monte paterno zwischen Bologna und Pietramala zu entstehen scheinen. Goethe beschreibt die Erscheinung in der Italienischen Reise (C. 27 S. 173 f.).

Boreaden, die, 7372, Zetes und Kalais, Söhne des Boreas als Theilnehmer an der Argonautenfahrt.

borgnen, U. 1231, „Mein Mäskgen da weissagt ihr b. Sinn", 3539 verändert in „verborgnen".

Bovist, m., 7784, eine Pilzart, lyco

perdon vulgare, dient zum Vergleich mit einer Lamie.

d. **Brander**, 2073—2336, U. S. 19 bis 31, Student.

Brandschande, f., U. 1326, ist später weggelassen, ebenso wie das darauf folgende Wort „Maalgeburt" (f. d.). Beide Worte flüstert der böse Geist in der Domscene Gretchen zu, um ihr das, was ihr bevorsteht, noch schrecklicher erscheinen zu lassen. Jedes läßt sich einzeln erklären; in dem einen wird die Schande vor der Welt in höchstem Grade bezeichnet, in dem andern der Makel, den das zu erwartende Kind durch seine uneheliche Geburt schon in die Welt mitbringt. Der Vorstellung des Dichters scheint aber eine Hendiadys zu Grunde zu liegen, die durch eine chiastische Verschiebung der einzelnen Wortteile noch kühner wird; denn ausgedrückt soll doch werden, daß durch die schändende Geburt Gretchen ein Brandmal aufgedrückt ist, so daß man schließlich zu dem einen Begriff „Brandmal der Schandgeburt" gelangt.

Brauch, m., 2949, U. 803 = Sitte, Gewohnheit im Lande, 1165 Hundebrauch.

brauchen, 10763, unpersönlich: „Nun aber braucht's noch Schreckgetön."

d. **Braune**, f., 6329—6342, „Der erfrorne Fuß" im jetzigen Texte ist in dem Schema P. 63 S. 175, St. S. 52, durch ein Hühnerauge ersetzt, das Mephisto mit einem etwas „derbern" Tritt seines vermummten Pferdefußes kurirt. Der Komparativ bezieht sich auf die vorangehende, auch nicht in den Text gekommene Beseitigung einer Handwarze, gegen die eine leichte Berührung ausreichend war.

Brautgemach, n., 1015, Metapher für die Retorte, in welche zwei chemische Stoffe zum Zwecke der Vereinigung gebracht werden.

Bravo, als Hauptwort n., 2442 — das Lob, welches Gott seiner eigenen Schöpfung ertheilt nach 1. Mos. 1—25 und namentlich 31: „Gott sah an alles, was er gemacht hatte; und siehe da, es war sehr gut."

Brei, m., 2859, U. 713: „Sei Teufel doch nur nicht wie B.", d. h. schwerfällig, starr, unbeweglich.

brennen, 1218, wird von der Offenbarung im neuen Testament gesagt, so daß das Wort den Sinn von „leuchten, gläuzen" annimmt. Zahlreiche Beispiele für diesen Gebrauch, namentlich aus Jean Paul bei Grimm.

Brevier, n., 6106, wird von Mephisto als Geldtasche für die neuen Kassenscheine vorgeschlagen.

Brimborium, n., 2650, U. 502, scheint den Sinn von „Umschweifen, Vorbereitungen" zu haben. Das Französische «brimborion» bedeutet nach dem Wörterbuch der Akademie colifichet, babiole, überhaupt chose de peu de valeur.

britische Bühne, f., P. 176 B. 8 und 9, St. S. 114, „wo ein kleines Kind sich nach und nach heraus zu einem Helden wächst". Aehnlich sagt Boileau (Art poétique 3, 41 f.) von der spanischen Bühne mit besonderer Beziehung auf das Drama „Valentin und Orson" von Lope de Vega:

Là, souvent le héros d'un spectacle grossier
Enfant au premier acte, est barbon au dernier.

Brocken, Brockenstückchen, s. Blocksberg.

Broden, m., 11717, sonst auch „Brodem" = Dampf. Goethe scheint nur das erste anzuwenden. S. z. B. in der Kantate (Ballade) die erste Walpurgisnacht B. 89 (C. 1, S. 236) „Höllen—Broden" und C. 9, S. 339 Z 23 „gift'gen Brodens".

Bronn, Bronnen, m., 566, U. 213, 12045 = Born, Brunnen. An der zweiten Stelle ist der Jakobs-Brunnen (Ev. Joh. 4, 6) gemeint.

Bröselein, n., 7592, wie in dem Gedicht „Hochzeitslied" C. 1, S. 196 Z. 4.

brozzeln, U. 1432, später 3366 durch „sieden" ersetzt. Die in den Wörterbüchern (Schmeller, Frisch, Grimm) gegebenen Deutungen «iracunde tacere, schmollen, zanken", passen daher nicht für diese Stelle. Richtig stellt dagegen Sanders das Wort mit „bräteln" und „brutzeln" zusammen, indem er aus Gutzkow anführt: „(Es) brotzelte die gebackne Leber."

Brüder, die, 3226 f.: „(Du) lehrst mich meine Brüder im stillen Busch, in Luft und Wasser kennen" — schon im Sinne der modernen Naturwissenschaft, da durch diesen Ausdruck das ganze belebte Naturreich bezeichnet werden soll.

Brüderschaft, die grau' u. schwarze, P. 30 S. 310, St. S. 40 — vermuthlich Bezeichnung der Dominikaner, da die vorangehenden Verse auf die Inquisition hinweisen. Allerdings ist die Tracht dieses Ordens „weiß und schwarz", so daß möglicherweise auch alle Mönchsorden zusammen gemeint sein könnten.

Brudersphären, f., 244 — der Sonne sind die Umlaufskreise des Mondes und der Planeten.

Brüllgesang, m., 5956, brüllender, d. h. wilder, unmelodischer Gesang.

brünstig, 774, 2972, U. 826, 11011 = inbrünstig (andächtig); 10499 = begierig zum Kampfe, 8344, 8846 (Liebesbrünstige) von der geschlechtlichen Begierde gebraucht.

brüsten, sich, 11133, „Wie er sich als Nachbar brüstet", dagegen intransitiv 7649 „Hochmüthig brüstende (Reiher)" und 7301 f.: „Einer aber scheint vor allen brüstend kühn sich zu gefallen," wo wir „sich" gegen Grimm als zu „gefallen" gehörig ansehen.

Bube, m., 1841, Student, Schüler — zur Bezeichnung des Unreifen, 3339 Bub = und Mädchen, 9045 Bubenschaar, die goldgelockte, frische der Germanen.

Buch, n., mit sieben Siegeln, 576, U. 223. Vergl. Offenbar. Joh. 5, 1.

Bücher, 390, U. 37, frühere Lesart vieler Ausgaben war „Büchern".

Bücherhauf, m., 402, U. 49, s. Hauf.

Bücherkruste, f., 6707, ein altes werthloses Buch, nach Grimm = bouquin, Startete (s. d.).

Buffet, n., 10918, Kredenztisch.

Buffone, m., P. 102, St. S. 55, Possenreißer, Spaßmacher — als solche 5215 die Pulcinelle.

Bügel, m., 669, augenscheinlich Vorrichtung an physikalischen Instrumenten. Grimm erklärt das Wort mit Bogen (βιός), wodurch indessen nichts für die hier zu erklärende Bedeutung des Wortes gewonnen wird. Schröer: „steigbügelartige Handhaben."

Buhle, m. u. f., 2761, 3565, 3671, U. 613, U. 1256.

Buhlerin, f., 6525.

Buhne, f., 11545, ein Damm, der als Einbau in einen Fluß gezogen wird, um den Lauf desselben zu reguliren.

bunte Vögel, m., 11217 = „die bunten Schiffe" wie 11163 „der bunte Kahn" steht (v. Loeper); das tolle ausgelassene Matrosenvolk (Dünker). Richtiger „die Dirnen, welche dem Schiffsvolk die Zeit vertreiben sollen." Die letzte Erklärung, welche schon öfters gegeben ist, entspricht am meisten dem Zusammenhange.

Burgemeister, m., 846 (sonst Bürgermeister). Dieselbe Form auch in „Hermann und Dorothea" (C. 40 S. 265 Z. 10).

d. **Bürger,** 846—871, drei.

d. **Bürgermädchen,** 876—883, zwei.

Bürgernahrungsgraus, m., 10137, s. Zusammensetzungen A.

buschen, sich, 4654 f., „Thäler grünen, Hügel schwellen, Buschen sich zu Schattenruh." Grimm erklärt: in fruticem formari, die Gestalt von Büschen annehmen; Schmidt, Schwäbisches Wörterbuch, „sich ins Gebüsch verstecken". Man wird der ersten Erklärung den Vorzug geben, da durch dieselbe auch der Ausdruck „bebuschter Wald" 7578 mit erklärt wird.

Busen, m., 3406, U. 1098, Schooß.

d. **Büßerinnen,** die, 12031—12036, als Chor der B.; 12084—12090 die eine Büßerin (Gretchen).

Büste, f., 7547, der Oberkörper des den Boden unten aufwühlenden und durchbrechenden Seismos (s. d.).

C.

Caesar, Gajus Julius, 7023, im Kampfe gegen Pompejus in der Schlacht bei Pharsalus.

Centauren, sollten nach P. 99 ad 13. St. S. 72 mehrere auftreten, in Wirklichkeit geschieht es nur mit Chiron.

Ceres Gaben, f., 5128, Aehrenkränze.

centralisch Feuer, n., 10077 f., nach

der Vorstellung des Athanasius Kircher (1601—1680), Verfasser des Werkes «Mundus subterraneus», der eine Feuerbewahrungsstätte (Pyrophylakium) im Mittelpunkte des Erdballs annahm.

Ceremonienmeister, W.-A. 14, S. 308, St. S. 39, der des Satans, der die einzelnen Personen zur Audienz bei demselben einführt.

Chaos, n., wird bei den Griechen theils als Person — und zwar als das erste existirende Wesen, theils als der ursprüngliche Zustand des Weltalls gedacht. Hesiod (Theogonie 123 ff.) hält die erste Vorstellung fest, indessen mit einer gewissen Beschränkung. Das erste aller Wesen war Chaos, dann folgten — ohne daß ihre Abstammung bezeichnet wird, die Erde (Gäa, s. d.) und Eros, der Gott der Liebe. Kinder des Chaos, wieder ohne daß ihre Mutter genannt wird, sind Erebus und die Nacht, von denen beiden dann wieder der Aether und der Tag gezeugt werden. — Diese Genealogie benutzt Goethe seinerseits ziemlich frei. So nennt 7559 Seismos (s. d.) „Nacht" und „Chaos" als die höchsten Ahnen, 7990 wird Chaos allerdings wohl nur wegen vorausgesetzter innerlicher Verwandtschaft von Mephistopheles zum Bruder der Parzen und Phorkyaden gemacht. Dann verbindet er diese Vorstellungen zur Verwerthung für jenen noch) mit den mittelalterlichen vom Teufel. Dieser giebt zuerst seine allerdings nur symbolisch zu fassende Abstammung 1350 ff., wo er sich „einen Theil der Finsterniß" nennt, „die anfangs alles" war; 1384 redet ihn Faust an: „Des Chaos wunderlicher Sohn." 8025 sagt er von sich selbst, als er die Gestalt der Phorkyaden angenommen hat: „Da steh' ich schon, des Chaos vielgeliebter Sohn." Indessen waren noch weitere Verwandlungen in Aussicht genommen, in denen das Chaos wieder als Totalität erscheint. So P. 1, St. S. 3, „Epilog im Ch. auf dem Wege zur Hölle." P. 29, St. S. 30 „Ch., festes durch welches die Geister durchgehen." Hienach sollten offenbar die bei den Alten herrschenden Vorstellungen vom Erebos als dem Raum zwischen Erde und Hades gleichfalls aufgenommen werden.

Charlatan, m., 5641. Die Weiber in der Mummenschanz halten Mephisto, der als Hanswurst oder Hofnarr oben auf dem Wagen sitzt, zugleich für einen Wunderdoktor. P. 67, St. S. 62 „Ein Ch. bedarf nur Ruhm zu haben" — weist mehr auf die Bedeutung des Wortes als „Betrüger" hin.

Charybdis, f., P. 11, St. S. 12. Die Erklärung des bekannten Strudels in der Sicilischen Meerenge wird als Doktorfrage aufgestellt.

Chelone, 8170, „Chelonens Riesenschild". Ch. ist ursprünglich Name einer Nymphe, die in eine Schildkröte verwandelt wurde, weil sie allein bei der Hochzeit von Zeus und Here fehlte; hier steht der Name für die Schildkrötenschale, auf der die Kabiren (s. d.) von den Nereiden und Tritonen herbeigetragen werden. 8237: Proteus verwandelt sich in eine Riesenschildkröte.

chemisch Weiblein, W.-A. 15b, S. 205, St. S. 76 f. Danach sollte Homunkulus (s. d.) noch weiter verwerthet werden, ohne daß es in Wirklichkeit zur Ausführung gekommen ist. „Das chemische Menschlein an der Erde hinschleichend, klaubt aus dem Humus eine Menge phosphorescirender Atome auf, deren einige blaues, andere purpurnes Feuer von sich strahlen. Er vertraut sie gewissenhaft Wagnern in die Phiole, zweifelnd jedoch, ob daraus künftig ein chemisch Weiblein zu bilden sei. Als aber Wagner, um sie näher zu betrachten, sie stark schüttelt, erscheinen zu Kohorten gedrängt, Pompejaner und Cäsareaner, um zu legitimer Auferstehung sich die Bestandtheile ihrer Individualitäten vielleicht wieder zuzueignen."

Cherub, m., 618 „Ich, mehr als Cherub". Eine höhere Stufe als die „Cherubim" repräsentiren die „Seraphim". Jene stellen „das von Gott geheiligte, in die tiefsten Tiefen möglicher Erkenntniß dringende Denken", diese die inbrünstige Liebe zu Gott dar. Den ersten Grad glaubte Faust bereits erreicht zu haben, ja über ihn hinaus zu sein, als ihn das Donnerwort des Erdgeistes ins ungewisse Menschenloos zurückstößt. Vergl. F. Kern, Johann Schefflers cherubinischer Wandersmann. 1866. S. 37 ff.

Chimären, f., P. 99, St. S. 72, W.-A. 15 b, S. 204, St. S. 76. Die beabsichtigte Einführung derselben in die klassische Walpurgisnacht ist unterblieben. In der alten Mythologie erscheint nur eine Chimära, schon Ilias 6, 179 ff.: vorn ein Löwe, in der Mitte eine Ziege, hinten eine Schlange — ein Ungethüm, das von Bellerophontes getödtet wird.

Chimie, f., U. 371 und F. — dafür 1940 Chemie.

d. **Chiron**, 7199 f., 7212, 7325—7487, P. 123 S. 208, P. 124, St. S. 78, 80 — Sohn des Kronos und der Philyra, der gerechteste unter den Centauren (Ilias 11, 832), als Arzt berühmt und als Erzieher des Asklepios, Achilles, Aktäon u. a. Seine Bedeutung für Faust besteht darin, daß er ihn zur Seherin Manto führt, die ihm dann weiter den Weg in die Unterwelt bereiten soll.

Choc, m., P. 50 S. 309, St. S. 42. „Veränderung ist schon alles, Krankheit das Mittel, ein Choc (Anstoß), damit die Natur nicht unterliege." — Die Worte lassen sich nicht mit Sicherheit in eine Verbindung mit dem Text bringen.

Chor, m. und n., 11008, Stelle für die Sänger in der Kirche. Sonst auch eine zusammengehörende Schaar wie P. 11 Chor u. Halbchor der Studenten, 2575 f. ein ganzes Ch. von hunderttausend Narren, 4331 Da kommt ja wohl ein neues Ch., 5083 (Es) schließt sich Ch. an Ch. — Meistens eine Vereinigung zum Zwecke des Gesanges: 737—807 Ch. der Engel, der Weiber und der Jünger beim Osterfest, 884—902 Ch. der Soldaten, 3956—4015 Ch. der Hexen, die zum Theil zusammen, zum Theil in zwei Halbchören auftreten, 4634—4665 Ch. der Elfen (s. die scenarische Anweisung daselbst), 5291—5294 Ch., der den Refrain beim Liede des Trunkenen singt, 5819, P. 103, St. S. 57 Ch. der Faunen, nur an der letzten Stelle als Chor bezeichnet. 5872—5897 Nymphen im Ch., 6592 bis 6603 Ch. der Insekten. — 7156-8216. Auch die Gesänge der Sirenen sind Chorgesänge, da gegen die Ueberlieferung des Alterthums mehr als zwei oder drei angenommen werden. Ihnen antworten dazwischen auch die Sphinxe im Chor (7161—7165).

7586—7661 Ch. der Ameisen, 7696 bis 7790 Ch. der Lamien, die vorher (7693) „der galante Ch." genannt werden. 8275 bis 8302 Ch. der Telchinen.—8488-10037. Viele Verse, die im Texte die Ueberschrift „Chor" haben, können nur einer einzelnen Person des Chors oder der Chorführerin Panthalis zugewiesen werden. Am Schlusse des dritten Aktes tritt der Ch. in vier Abtheilungen auf. 11517—11611 Ch. der Lemuren, durch einige Solos und Dialog unterbrochen, 11676—11684 Ch. der himmlischen Heerschaar, 11801—11824 Ch. der Engel, 11844—11853 Ch. der Anachoreten, 11894—12082 Ch. seliger Knaben, 11934—11980 Ch. der Engel, später in zwei Chöre, die jüngeren und die vollendeteren, geschieden. 12032—12068, P. 196, St. S. 141 Chor der Büßerinnen; 12104—12111 Chorus mysticus. — In übertragener Bedeutung 86 „Phantasie mit allen ihren Chören."

d. **Choretide**, 8812—8821, Bezeichnung der gefangenen Troerinnen im Gefolge der Helena, von denen außer der Chorführerin sechs als redend eingeführt werden.

Chorgesang, n., P. 123 S. 207, St. S. 77, während des Streites von Thales und Anaxagoras in der klassischen Walpurgisnacht.

Chorus, m. — vor 2133, 2198, 2239, U. S. 21—25 — vom gemeinsamen Gesange der Studenten gebraucht. 7232 Ch. der Lamien; 11167—11171, wo der Ch. aus Mephistopheles und den drei gewaltigen Gesellen besteht.

Christ, 737, 756 f. im Osterliede = Christus; 2699, U. 551 „dankbar für den heil'gen Ch." als Bezeichnung für die Weihnachtsgeschenke; P. 195, St. S. 137 „Christus, Mutter, Evangelisten u. alle Heiligen. Gericht über Faust." Die Worte weisen auf den abweichenden Schluß des letzten Aktes hin, der früher beabsichtigt war.

Chrysalide, f., 6729, die goldfarbige Puppe des Schmetterlings.

Chymisterei, f., 4974 = Alchymie, wie Justerei mit verächtlichem Nebensinne gebraucht.

Ci-devant Genius der Zeit, 4315. G.

d. 3. ist der Name einer Zeitschrift, die von A. A. F. v. Hennings schon seit 1794 herausgegeben wurde. In dem Schiller=Goetheschen Xenienalmanach angegriffen, trat er auch selbst gegen diesen feindselig auf. Vergl. Hennings und Musaget.

Cikade, f., **Cikadenschwarm,** m., 288, He. 242, 8779 = Heuschrecken.

cimmerische Nacht, f., 9000. Nach Odyss. 11, 14 wohnen die Kimmerier am Oceanos, wo derselbe an die Unterwelt grenzt, und sind stets in Nebel und Wolken eingehüllt.

Circe, 8123, Tochter des Helios und der Perse, zauberkundige Nymphe auf der Insel Aeaea.

Cirkel, m., P. 18, St. S. 14, s. quadriren.

Copernikus, P. 47, St. S. 32, s. Kopernikus.

Cyklop, m., 8123, „des Cyklopen Graus". Der Schrecken, den er erregen würde, war dem Ulysses von Nereus vorausgesagt.

cyklopisch, 9020, meint Mephisto, haben die Alten gebaut, d. h. plump und ungeschickt im Vergleich mit der Gothischen Baukunst, deren Charakter dann im Folgenden bezeichnet wird.

Cymbel, f., 10030 (Κύμβαλον, cymbalum), Instrumente in Gestalt von metallenen Becken, die aneinander geschlagen wurden.

Cypern, 8359, wird zum Wohnsitz der Phyllen und Marsen gemacht, während die ersten eigentlich nach Libyen, die anderen nach Mittelitalien gehören.

Cypria (Cypris), 8146, 8365, 9677, P. 174, St. S. 111 — Beiname der Venus wegen ihrer Verehrung auf Cypern. In der Dichtung wird angenommen, daß sie sich in späterer Zeit von dort weggewendet habe, wobei der Dichter die Absicht hat, eine Grundlage für die Feier der Galatee zu schaffen.

Cythere, 8511, He. 23 (eigentlich Cythereia oder Cytherea), Beiname der Venus nach ihrem berühmten Tempel auf der Insel Cythera an der lakonischen Küste.

D.

da, 268 „Da keiner dich ergründen mag," nicht causal, sondern mehr örtlich zu fassen, wie „da wo", wodurch dann zugleich die Menge der Fälle bezeichnet wird, in denen die Gottheit nicht zu ergründen ist. Diese Auffassung stimmt auch zu dem hypothetischen „wenn" (248).

dabrinne(n), auch in zwei Worten geschrieben U. 637, 3303, 9070, 9588, 9594. **drinn,** 9824 „mitten der Insel d."; **drinnen,** 1957, 6174, 8987, 11458.

da- und dort wohin, 4934 = da- und dorthin. Der Zusatz von „wo" verstärkt den Ausdruck des Zufälligen und Willkürlichen.

d. **Daktyle,** m., 7622 ff., 7654 ff. Imsen und Daktyle. P. 124, St. S. 83 — Daktyle, sonst Däumchen genannt; 7875 nennt sie Anaxagoras Däumerlinge. Nach der antiken Mythologie sind sie Dämonen in Phrygien, auch Erz- und Bergarbeiter in Creta, die im Dienst der Cybele stehen; Goethe hat indessen wohl mehr an die Däumlinge der germanischen Mythen gedacht.

d. **Dame,** f., 6343 ff. · von ihrem Geliebten verlassen sucht ein sympathetisches Mittel, um ihn wieder zu gewinnen.

d. **Damen,** 6453—6530, wie es scheint, nicht weniger als zwölf, urtheilen über die Schönheit von Paris und Helena.

Dämmer, m., 395, U. 42, althochdeutsch demar, Ausdruck zur Bezeichnung des gedämpften Lichtes. Ebenso **Dämmerschein,** m., 2687, U. 539, 4686.

Dämon, m., 9252, „Halbgötter, Helden, Götter, ja Dämonen haben Helena in die Irre geführt"; mit den letzteren ist Phorkyas gemeint; 9946 f. D. zupfen an dem in Faust's Armen zurückbleibenden Gewande Helena's; 11491 „D., weiß ich, wird man schwerlich los." — Sie sind also hier überall eine den Menschen feindliche Macht, was mehr der christlichen als der antiken Auffassung entspricht. Wenn 9662 ff. Merkur ein den Dieben und Schälken günstiger Dämon genannt wird, so ist das Wort nicht in seiner eigentlichen Bedeutung gebraucht, sondern nur im Sinne von Beschützer. Merkur ist selbst ein Gott und steht als solcher über den Dämonen.

darein, 10561: „Gar manch Geschöpf hat sich darein (in die Harnische der alten Waffensäle) geputzt." 1455 f. „Mildere Sonnen scheinen darein."

darnach, 543, U. S. 20, W.-A. 14, S. 242, St. S. 20 = danach, auch sonst häufig bei Goethe. Vergl. **wornach**.

daruneben, 4525, in der älteren Sprache gewöhnlich; 11029 „daneben" im Sinne von „außerdem".

Das, 8306: „D. bildet schmelzend, unverdrossen" — das Pronomen bezeichnet die Telchinen (s. d.) in ihrer Gesamtheit.

Dativ (ethischer), 341: „Er liebt sich bald die unbedingte Ruh." (Ebenso 6142, 10327, 11603, 11688 — U. 386: Nehmt euch der besten Ordnung wahr; 2151 Es ist mir eine rechte Kunst, 2970 Er hat euch (U. 824 recht) herzlich dran gedacht, 5019 Von goldnen Humpen ... sieht er sich Reihen aufgestellt, 8679 die Schaffnerin mir vermuthend, 11453 Wen ich einmal mir besitze.

Dativ (poetischer Gebrauch) zum Ersatz von Präpositionen, namentlich: bei, in, zu, an, auf, für, vor, von, nach. 3231 „(Wenn) ihrem (der Riesenfichte) Fall der Himmel donnert", 3579 f., U. 1270 f. „Kömnt ich nicht Worte g'nug der Zunge finden", 4721 „diesem Sturm ersprießend", 4803 f. „ein wohlgesinnter Mann neigt sich dem Schmeichler", 4903 f. „Kaisers alten Landen sind zwei Geschlechter nur entstanden", 4909 f. „Dem Pöbelsinn verworrner Geister entwickelt sich ein Widerstand", 5271 „Mein Weibchen ... rümpfte diesem bunten Rock, 5330 „(Ich) blicke freundlich diesem Ort", 5761 f. „solcher Ordnung Unterpfand zieh' ich ein unsichtbares Band" — wo Unterpfand nicht als Akkusativ zu fassen ist; 5992 f. „Dem und jenem Schlund aufwirbelten vieltausend wilde Flammen", 6100 „Sie (die Schönste) schmunzelt uns", 6630 f. „Seinen Blicken, seinem Winken möcht' ich in die Kniee sinken", 6681 „So lechzt er jedem Augenblick", 6914 ff. „Die Königin ... sieht ... der Schwäne Fürsten ihrem Knie sich schmiegen", 8116 f. „Trojas Gerichtstag, Jahrtausenden so schrecklich als getaunt", 8543 f. „Ziehe des heiligen Eurotas fruchtbegabtem Ufer immer auf", 8853 „Umworben standst du ausgesuchter Heldenschaar", 9458 ff. „Trängt ungesäumt ... Menelas dem Meer zurück", 9512 f. „Nichtinsel dich, mit leichter Hügelkette Europens letztem Bergast angeknüpft", 9750 f. „Führe die Schönen an künstlichem Reihn" (wo die beiden letzten Worte nicht von „an" abhängig sind; 9931 „Trübe Frage, der das Schicksal sich vermummt", 9967 f. „Ihrer (Helena's) Sohle sei unmittelbar getreuer Mägde Schritt gefügt", 10525 „dem Heldenmuth der Kaiserschaaren soll sich der Durst nach Beute paaren", 10858 „Am Ende haben wir uns nur allein gefochten", 10962 „Stehn Fürsten dir gebeugt", 11234 „Das eben, leidig lastet's mir", 11290 f. „Dem Thurme geschworen, gefällt mir die Welt".

Daube, f., 5025, Seitenbrett an einem hölzernen Faß.

däuchten, 7753, ohne Kasus, 4513, 6762, 8584, 11532 mit Akkusativ, 2334, 4187, 8949 mit Dativ.

Dauerstern, m., 11864, ein Stern, der wie die ewige Liebe niemals schwindet, wird zum Symbol derselben gemacht.

Dau'rbarkeit, f., 1796 — eigene Wortbildung.

Definition, f., 3045, U. 899 philosophische Bestimmung eines Begriffs.

Dein, n., 9733. Ueber den substantivischen Gebrauch des Wortes s. Mein.

Deiphobus, 9054, 9430, P. 163, St. S. 102, Bruder des Paris und nach dessen Tode Gatte der Helena, wird von Menelaus verstümmelt.

Delos, 7533, Insel im Aegäischen Meere. Die Sage, daß D. früher eine schwimmende Insel gewesen und erst festgeworden sei, damit Leto dort Apollo und Artemis gebären könne, wird hier so gewendet, daß Seismos (s. d.), der Gott oder Dämon des

Erdbebens, sie aus der Tiefe des Meeres emporhebt.

Demokrat, m., W.-A. 14, S. 308, St. S. 139. Eine unbekannte Person (X) man könnte an den Komponisten J. F. Reichardt denken — erklärt sich, obschon sie sich zugleich als Demokraten kundgiebt, freiwillig bereit, dem Satan die Klauen zu küssen, und erfüllt auch noch die weiteren Anforderungen, die an sie gestellt werden.

Deputat, n., 4859, Abgabe in Naturprodukten.

Deputation, f., V. 179, St. S. 120, dahinter noch „Deputation der Stände" — Die Worte beziehen sich offenbar auf eine andere Fassung, die dem Kampfe zwischen Kaiser und Gegenkaiser im vierten Akte des zweiten Theils gegeben werden sollte.

derweil, 2946, V. 800 = inzwischen. Ebenso im Gedichte „Johanna Sebus" C. 2 S. 87 V. 9: „harret derweil".

Diana, 7905, wird von Anaxagoras in ihrer dreifachen Gestalt, zugleich als Luna und Hekate, angerufen.

d. **Dichter**, 59—197, im „Vorspiel auf dem Theater". Die Worte, die ihm in den Mund gelegt werden, haben eine entschieden persönliche Färbung. Die ganze Auffassung der Poesie, der Werth, der für sie beansprucht wird, die Darstellung des Verhältnisses zum Publikum, Alles ist ganz im Sinne der „Zueignung" gehalten, da die dort ausgesprochenen Gedanken nur weiter entwickelt werden.

Dickteufel, m., vor 11656, das Wort ist wohl wie Türrteufel vor 11170 eigene Bildung; und ebenso scheint die Vorstellung dieser beiden Arten von Teufeln, wenn auch durch bildliche Darstellungen vermittelt, Goethe anzugehören.

Liebsgeschmeiß, n., 10824, werden Habebald, einer der Gewaltigen, und die Marketenderin Eilebeute von den kaiserlichen Trabanten genannt, als sie das Zelt des Gegenkaisers ausplündern.

d. **Dienstmädchen**, 820—827, zwei, in der Scene „Vor dem Thor".

Dies irae. 3798—3838, V. 1333 bis 1370, Stellen aus dem Kirchengesange des Thomas von Celano im dreizehnten Jahrhundert.

dieweil, 6888, „Dieweil ich bin, muß ich auch thätig sein" — mehr in kausalem Sinn als von der Zeit zu fassen, während eine andere von Grimm angeführte Stelle (C. 13, 279) entschieden nur die erste Bedeutung hat: „Bin der gefährlichste von allen, dieweil man mich für nichtig hält."

Dilettant, dilettiren, 4217—4220. Beide Ausdrücke werden zu einer Wortspielerei benutzt, so daß „mich dilettirt's" nicht bedeutet „mich ergötzt es", sondern es macht mir ein Dilettanten (Liebhaber)-Vergnügen. Vergl. **Wortspiele**.

Dionysos, 10031. „Es hat sich D. aus Mysterien enthüllt." Die Worte bezeichnen allerdings zunächst nur das persönliche Hervortreten und Eingreifen des Gottes in die Festfeier, weisen aber auch auf seine Geburt durch Semele, seine Erziehung durch Silenus und überhaupt auf den ganzen geheimnißvollen Ursprung seines Kultus hin.

Dioskuren, die, 7369 f., Kastor und Pollux — durch Jugendfülle und Schönheit alle übertreffend; 7415 befreien sie Helena aus den Händen des Theseus und des Pirithous, die sie geraubt hatten. 10600 Die St. Elmsfeuer auf den Lanzen der Krieger erklärt Faust dem Kaiser als einen Widerschein der D., die überhaupt als Beschützer der Seefahrer gelten.

d. **Diplomat**, m., 6504 f., urtheilt über die Schönheit der Helena.

d. **Direktor**, m., 33—242, im „Vorspiel auf dem Theater" vertritt den Standpunkt der praktischen Nützlichkeit, d. h. der Einnahme und des Erfolgs dem Dichter gegenüber. Der Erfolg eines Stücks sei nicht von der Vorzüglichkeit und dem inneren Zusammenhang abhängig, sondern von dem Eindruck auf das Publikum, dessen ästhetischem Urtheil er andrerseits wieder keinen Werth beilegt.

Dirne, f., 828, 960, die wackern Dirnen, die frische D.; 126, 2116, 3173, V. 1022, 6048 in mehr oder minder verächtlichem Sinne.

disparat, P.1, St.S.3, „Streit zwischen Form und Formlosen ... Diese Widersprüche statt sie zu vereinigen disparater zu machen." — Die Worte stehen in einem wohl erst später entstandenen Ueberblick über den ersten Theil; aber es ist nicht recht zu erkennen, ob oder wie die hier ausgesprochene Absicht zur Ausführung gekommen ist.

Disputations=Scenen. P. 11, P. 12, St. S. 11—13 sind theils im Schema, theils auch in wirklicher Ausführung vorhanden, die aber nicht in den Text des Gedichtes gekommen ist. Ursprünglich war außerdem der auf die eigentliche Promotion folgende Doktorschmaus (1712) in Aussicht genommen.

d. **Dogmatiker,** m., 4343—4346, im Walpurgisnachtstraum — Philosoph der alten Schule, Anhänger etwa von Christian Wolf (1679—1754), des Repräsentanten der streng mathematischen Methode in der Philosophie.

Doktor, m., 299, 360, 941, 981, 3277 und a. a. O. als die gewöhnliche Bezeichnung für Faust; 2129 Doktor Luther, während in U. S. 21 V. 29 der Name nicht niedergeschrieben ist, sondern sich nur durch den Reim ergiebt. 11988 ff., 12096 ff. Doktor Marianus, s. **Marianus.**

Dom, m., 5995. im Sinne des französischen dôme = Kuppel, der höchste Raum eines Gewölbes, das hier nur als von Flammen gebildet gedacht wird.

Dommel, f., 4333 f. "es sind im Rohr die unisonen Dommeln". Das sonst nicht übliche Wort rechtfertigt sich dadurch, daß im vorangehenden Verse "Rohr" steht.

Donnergang, m., 246, vergl. 4666 ff. — auch bei Klopstock, Schiller, Uhland vorkommend. Das Tönen der Sonne beim Aufgange, das zuerst Pythagoras behauptet hat, und das auch den Vorstellungen der nordischen Mythologie nicht fremd ist, wird hier auf die ganze "Reise" ausgedehnt, die sie zurückzulegen hat. Ueberhaupt werden in Faust die Lehren des Ptolomäus und des Kopernikus je nach Bedürfniß angewendet. — In den obigen Stellen ist übrigens auch an das Mittönen der sich bewegenden Planeten, an die Harmonie der Sphären überhaupt, zu denken.

Donnrer, m., 8277, s. **Zeus.**

Doppelblasen, n., 5244 f. "Das Doppelblasen, das wärmt und kühlet." Auch der von Goethe benutzte Practorius, I. 438, hat den Ausdruck "kalt und warm blasen". Grimm führt denjelben auf die bekannte Aesopische Fabel zurück, in der die Stelle: «ex eodem ore calidum et frigidum efflare» vorkommt. Weniger nahe liegt das in L.² zu dieser Stelle citirte biblische Wort: "Aus einem Munde gehet Loben und Fluchen" (Epist. Jacobi 3, 10).

Doppelflügelpaar, n., 5679, s. **Zusammensetzungen** A.

doppelhaft, 8872, "Du erscheinst ein d. Gebild." Nach der von Herodot (2, 120) berichteten Sage wurde die wirkliche Helena durch Hermes nach Aegypten entführt, während Paris nur ein Scheinbild (εἴδωλον, Idol) mit sich nach Troja nahm.

Doppelmütze, f., 7564. Die beiden Gipfel des Parnassus, an der Grenze von Phocis und Lokris, an dessen Fuß Delphi liegt, nimmt Seismos (s. d.) als seine That in Anspruch, da er in Verbindung mit den Titanen den Pelion und Ossa auf den ursprünglichen Berg gesetzt habe.

Doppelnacht, f., 11309 — die wirkliche Nacht und das durch die belaubten Linden hervorgebrachte Dunkel.

Doppelreich, n., 6555, das der Wirklichkeit und dasjenige, welches die Geister durch ihr Eintreten in das wirkliche Leben eröffnen.

Doppelte Verneinung (Negation). — V. 495 Braucht keinen Teufel nicht dazu (dafür 2644 Brauchte den Teufel nicht dazu), 3198, U. 1047 Es ist, als hätte niemand nichts zu treiben, 3488, U. 1180 Man sieht, daß er an nichts keinen Antheil nimmt, 3695 f. Thut keinem Dieb nur nichts zu Lieb'.

Doppelstein, n., W.-A. 15 b, S. 175, St. S. 53. Der Schluß des ersten Aktes im zweiten Theil wird nach dem älteren Plane folgendermaßen herbeigeführt: "Es entstehen sonderbare Verhältnisse, bis endlich Theater und Phantome (Paris und Helena) zugleich verschwinden. Der wirkliche Faust, von drei Lampen beleuchtet, liegt im Hintergrunde ohnmächtig. Mephistopheles macht sich aus dem Staube; man ahndet etwas von dem Doppeltsein (dem scheinbar menschlichen und in Wirklichkeit dämonischen), niemanden ist wohl bei der Sache zu Muthe."

Doppelung (geminatio) — allgemein üblich bei Liedern, besonders im Refrain, so auch 954, 962 „Juchhe! Juchhe!", 5267 f. „Trinke, trinke" — „Tinte, tinte", aber auch sonst von Goethe angewendet, meistens in der Weise, daß eine Steigerung des Eindrucks hervorgebracht wird, z. B. in dem Liede „Um Mitternacht" C. 3, S. 52 V. 2 „Klein kleiner Knabe". — Ebenso V. 166 „Nun werd ich tiefer tief zu nichte" (wofür später 519 „Es wird mein schönstes Glück zu nichte"), 634 f. „Dem Herrlichsten ... drängt immer fremd= und fremder Stoff sich an" (für die Auffassung der Stelle, s. unter „fremd"), 1420 „hoch und höchst", 3788 „zur langen langen Pein". 4676 „tiefer tiefer, still zu wohnen", 4755 „Mein alter Narr ging . . . . weit ins Weite", 5012 „(Er) findet golden goldne Rolle", 5758 „Verloren sind wir all und all", 6676 „Lebt er im allerstillsten Stillen", 6846 f. „So muß der Mensch — doch künftig höhern, höhern Ursprung haben" (früher „reinern, höhern"), indessen in W.-A. geändert; 6856 „die Ueberzeugung wahrer wahrer", vor 8484 scenarisch „All Alle", 9172 „Ueber überwaltet", 10780 „wider = widerwärtig panisch", 11499 „tiefer tief", 11776 „mit jedem Blick aufs neue schöner schön".

Doppelzwerggestalt, f., 5474, s. Boilo-Thersites und Zusammensetzungen A.

d. **Doriden**, die, 8137 ff., 8385—8419 — haben ihren Namen von ihrer Mutter Doris, der Tochter des Oceanos und der Thetis. Doris war die Gattin des Nereus, weshalb die Töchter auch Nereiden heißen. Abweichend von der antiken Mythologie macht Goethe einen Unterschied zwischen Doriden und Nereiden, der demnach auch hier berücksichtigt werden muß. Siehe Nereiden.

dort, 2315, s. hier und d.

dorten, 8816 = dort.

Drachen m., 5520, 5666—5684, sind die geflügelten Rosse vor Plutus Wagen, die von dem Knaben Lenker geleitet werden. Da oben auf demselben Mephistopheles als Abgemagerter und Hanswurst sitzt, zugleich den Geiz vorstellend, so erklärt sich Vers 5666 „Mit Drachen mag der Drache geizen" leicht dahin, daß in ihm die Gemeinschaft ausgedrückt wird, in der jener mit dem Drachen steht. — In P. 124, P. 125, St. 83 f. weisen die Worte „Drachen und Meerpferde" auf das Scenarium vor 8275 hin, wo die Telchinen von Rhodus auf Hippokampen (s. d.) und Meerdrachen erscheinen.

drängen — nur selten nach dem jetzt gewöhnlichen Gebrauch, z. B. 2802 ff., U. 654 ff. „Nach Golde drängt . . . alles", 3504, U. 1196 „Seel' an Seele drängen". Für die übrigen Fälle s. **bringen** und vergl. **beidrängen**.

dräuen (dräun), 4960, 5671, 8682, He. 130, 9441, häufiger als drohen (drohn), 8751, 8800, He. 263.

draus', 2754 (U. 606 draus), 4538 = draußen.

drechseln, 216 — Komplimente.

drehen, 3908, intransitiv: „Alles, alles scheint zu drehen", ebenso zahme Xenien (C. 4 S. 385): „Alles dreht im Kreis".

Drei, n., 8001 „Unser D. (die Phorkyaden) hat noch nie daran gedacht", 8030 „im neuen D. der Schwestern".

dreieinig, 11188 — sind Krieg, Handel und Piraterie.

Dreieinigkeit, f., 2561 f. Die beiden Verse enthalten einen Angriff, der vorzugsweise die Schwierigkeit im Auge hat, sich die D. oder Dreifaltigkeit als einen Begriff zu denken. Man vergl. die zahlreichen Stellen in „Dichtung und Wahrheit", in denen über denselben gesprochen wird.

Dreifuß, m., 8370, 8921, zur Herstellung der Opfer; 6283, 6423 dient er als Symbol des Kultus der Mütter; er folgt Faust, nachdem dieser ihn mit dem glühenden Schlüssel berührt hat.

Dreigethüm, n., 7975 — Kollektivum zur Bezeichnung der Phorkyaden. Das Wort selbst ist eine Neubildung nach der Analogie von „Ungethüm". Siehe auch **Windgethüm**.

dreiköpfiger Hund, 8889 s. = der Cerberus der späteren Mythe; denn bei Hesiod genannten (Theogon. 311 f.) werden fünfzig Köpfe gegeben.

drein, U. 587, 3669 = darin; U. 55, 408, 2748, U. 600, 2797, U. 649.

drein sehen, U. 1178, 3486, 6914 — eine besondere Miene bei einer Sache machen.

dreißig Jahr, 6787. Die frühe Grenze, welche der Baccalaureus für die Möglichkeit geistigen Fortschritts im Menschen annimmt, erinnert sowohl an eine viel citirte Aeußerung Fichte's in diesem Sinne als auch an Goethes eigene Worte in den Venetianischen Epigrammen (C. 1, 363) „Jeden Schwärmer schlagt mir ans Kreuz im dreißigsten Jahre."

dreschen, 1839 — Stroh d. — Ausdruck für etwas Unnützes, Erfolgloses, das jemand thut. 4973 gedroschner Spaß = abgedroschner.

dressiren, 1912, U. 343 „Da wird der Geist euch wohl dressirt", 1173 · Dressur des Hundes.

dringen — sehr häufig im Sinne des jetzt mehr üblichen „drängen"; 495, U. 143: „(Du), der sich an mich mit allen Kräften drang", 1805 „(Der Menschheit Krone), nach der sich alle Sinne dringen", 2722, U. 574 „Mich drang's so grade zu genießen". — W.-A. 14, S. 226, U. S. 81: „Drangen wir uns dir auf?", 4488 f. „Wenn sonst ein ganzer Himmel... mich überdrang (dafür U. S. 86 über mich eindrang. Der umgekehrte Fall liegt 5806 vor: „(Sie) drängen in den leeren Kreis". Zweifelhaft ist 10659: „Der Feind, immer näher angedrungen, hat vielleicht den Paß errungen".

drinn, drinne, drinnen, s. dadrinne.

dritter Mann, 5194, Gesellschaftsspiel, auch „Dreimannhoch" und „der Plumpsack geht 'rum" genannt — wird ausführlich in Grimm's Wörterbuch beschrieben.

Drudenfuß, m., 1395. Vergl. P. 29, St. S. 30 die gleichbedeutenden Worte Trutten Schu, Alpfuß.

drunten, 10107, da drunten (bisweilen als ein Wort geschrieben).

d. **Dryas,** f., 7959 — 7968, Baumnymphe.

du und du, 2585 „Bist mit dem Teufel d. u. d." — auch französisch: «être à tu et toi avec quelqu'un».

ducken — sowohl intransitiv als reflexiv gebraucht 3527, U. 1219, 3568, U. 1259, 11710 = sich beugen, sich unterwerfen.

Dudelsack, m., gilt als Hauptinstrument für die Tänze in der Walpurgisnacht. 4255 „Seht, da kommt der D." P. 44, St. S. 34 „Musik nur her und wärs ein D."

d. **Duenna,** f., 6512, Ehrendame am kaiserlichen Hofe.

Duft, goldner, m., 1120 — Bezeichnung des sonnenerleuchteten Raums zwischen Himmel und Erde.

duften, 9046 f. „Goldgelockte frische Bubenschaar (der Germanen), die duften Jugend. Paris duftete einzig so". Siehe **Ambrosia.**

dumpf, Dumpfheit (f.) — Lieblingsausdruck Goethes, namentlich in der ersten Weimarischen Zeit zur Bezeichnung einer unklaren, aber dabei angenehmen Gemüthsstimmung. So P. 1, St. S. 3 „Dumpfes, warmes wissenschaftliches Streben Schüler. Lebensgenuß der Person von außen gesehn. In der Dumpfheit Leidenschaft." 3352 „sie (Gretchen) mit kindlich dumpfen Sinnen"; 11606 „dumpfer Gast". In dieser Anrede des Chors der Lemuren an einen seiner Genossen, ist die obige Bedeutung nicht mehr zu finden.

dunkelgränlich, 9123, s. Zusammensetzungen B.

dunkelhelle, 6712, siehe Zusammensetzungen B. und **Oxymoren.**

dünkeln, 2630 f., U. 482 f. = anmaßlich glauben; „(Es) dünkelt ihm, es wär' kein Ehr' und Gunst, die nicht zu pflücken wär'." Ebenso 6748: „Dann dünkeln sie, es käm' aus eignem Schopf."

dünken, 7772, wie das Vorige — sich etwas einbilden. Die Lamien zu Mephisto: „Verdienst du's besser? Dünk' es nicht."

Dunst und Nebel, 6, s. Hendiadys.

Dunstkreis, m., 2671, U. 521 „Indessen tönnt ihr in ihrem (Gretchens) D. satt euch weiden", 1127, 8270 dem entsprechend die wirkliche Atmosphäre.

durch, V. 1264 „Er (der Liebhaber von Bärbelchen) ist auch durch", d. h. „fort", wie 3573 steht. — 8977 = hindurch: „dem wird es wohlgehn lange Lebenstage durch".

durch und durch, 11762: „Hat mich ein Fremdes d. u. d. gedrungen". — 5384 einfach „Hat Verderben dich durchdrungen". Vergl. 7189.

durchaus, 358, V. 4, 4780, 10012 = ganz und gar, völlig.

durchbrennen, sich, 10077 f. „Da wo — ein ewig Feuer flammend sich durchbrannte", d. h. bis zu seinem Erlöschen, so daß die Betonung (f. Sanders) auf der zweiten Silbe liegt.

durcherwarmen, V. 1412, dafür 3364 „erwarmen".

Durchgang, m., 716 — der enge, der vom Leben zum Tode führt.

durchheucheln, sich, P. 68, St. S. 62 —

durch Heuchelei sich in der Welt forthelfen, eine Anerkennung erringen.

durchschauern, 6820 „Die Glocke durchschauert die Mauern".

durchschmaruzen, 2052 f. „— den Cursum durch die kleine und die große Welt", d. h. Alles in derselben genießen. Das Wort wird auch von Neueren gebraucht (Th. Fontane „Vor dem Sturm").

durchs Gesträuche, 3892, f. Auslassung D.

durchstudiren, V. 406, 2012: „Ihr durchstudirt die groß' und kleine Welt".

durchwettern, 11861, wie „durchzucken" — von den Blitzen gebraucht.

Duft, m., 1116, 6758 = Dunst, als Gegensatz zu „reiner Luft" und übertragen auch als solcher zu „höherer Erkenntniß" gebraucht.

Dürrteufel — vor 11670, siehe Dickteufel.

E.

e' Wein, 6814 „Es giebt zuletzt doch noch e' Wein" — Abkürzung von „einen", nach W.-A., bisher „n" oder „nen".

ebben, 698 „Des Geistes Fluthstrom ebbet nach und nach" = abnehmen, schwächer werden.

eben, 11063 „Bist du's eben", d. h. keine andere.

d. Echo, f. und n. — 8444. In Erinnerung daran, daß in der antiken Mythe Echo eine Person ist, eine Oreade und Geliebte des Pan, wird das Echo in gewisser Weise auch hier persönlich gedacht, indessen als eine Art Kollektivum, als Chorus der sämmtlichen Kreise beim Seefest; denn ihm wird ein voller Vers, der allerdings den vorangehenden nahezu wiederholt, zugewiesen: „Du bifts, dem das frischeste Leben entquellt." — An den übrigen Stellen 3887, 5391, 8830, 10494 = Wiederhall.

echoen, 9598 = wiederhallen — von Goethe gebildet und auch von Neueren angewendet.

edel-stumm, 10095 — bleibt die Gebirgsmasse, die das Geheimniß ihres Entstehens weder erkennen läßt noch selber verräth und durch ihr Incognito gewissermaßen ihre hohe Abkunft und ihr Alter andeutet.

Ehrenmann, 1034, ein dunkler — das Wort, welches Faust von seinem Vater braucht, ohne irgend welchen Tadel auszusprechen, ist zum „geflügelten" geworden, hat aber dabei seinen Sinn verändert.

ehrenwürdig, 8957, schon früher von Bürger gebraucht = ehrwürdig; 12010 Ehren würdig.

eigen, 8075 „(Die Kabiren) sind Götter, wunderfam eigen", d. h. eigenartig.

eignen, sich, 11417 „Es eignet sich", d. h. es kündet sich geisterhaft und geheimnißvoll an; 5140 sich Jemandem zu eigen geben, hingeben, wie in den „Römischen Elegien" (C. 1, S. 261) „des Manns, dem sie sich eignete". Aehnlich 11021 „der Kirche etwas e.", zum Eigenthum geben.

d. Eilebeute, f., 10531—10536, 10783 bis 10832, P. 178, P. 182, St. S. 122 und

125 — Marketenderin neben den drei Gewaltigen. Ihr Name ist aus Jesaias 8, 1 und 3 entnommen, wo er indessen männlich und noch mit dem Namen „Raubebald" verbunden ist.

eilen, sich, 3984 — bei Goethe nicht selten.

Eilgebot, n., 8506, wofür He. 18 „das Gebot", s. Zusammensetzungen C.

Eiligthun, n., 8671, wofür He. 119 „Eilen", s. Zusammensetzungen C.

Eilmantel, m., W.-A. 15 b, S. 203, St. S. 75 — der Zaubermantel des Mephisto, den Homunkulus 6985 verächtlich „Lappen" nennt.

ein, U. 258, zusammengezogen aus „einem", U. 1372 'em aus „einem", U. 401 'ein aus „einen" — alles in der älteren Sprache nachweisbar. Ebenso 6001 „Von meinem Hof erkant' ich ein= und andern", dies allerdings nach dem durchgehenden Sprachgebrauch Goethes. Siehe Inn= und Aeußeres.

Eimer, m., 449 f., U. 76 f. „Wie Himmelskräfte auf und nieder steigen und sich die goldnen Eimer reichen". Welche Vorstellung dem Bilde zu Grunde liegt, scheint nicht ermittelt zu sein. Was Düntzer bemerkt, gewährt nur eine entfernte Analogie, ist aber noch keine Lösung der Frage. Er meint, daß das schöne Bild der auf= und niedersteigenden Eimer an die Vorstellung der Manichäer erinnere, nach welcher die Seelen der Verstorbenen durch Schöpfgefäße zum reinen Lichtquell zurückgeführt würden.

einblasen, Einbläserei, f. — vor 4955, 6400 — an beiden Stellen im Sinne von vorsagen, suffliren, aber zugleich mit der Vorstellung, daß etwas Unwahres oder Verderbliches eingeblasen wird.

eine andre, 2736 „Ich that euch Sächelchen hinein, um eine andre zu gewinnen". U. 588 eine Fürstin. — Durch das letztere wird unbedingt deutlich, was gemeint ist.

einfassen, 6086: „Unmöglich wärs die Flüchtigen einzufassen", d. h. die Besitzer der neuen Bankscheine einzufangen, um sie ihnen wieder abzunehmen.

Einfühlen, n., — das in die Natur, P. 1, St. S. 3 (sonst ist Hineinfühlen üblich).

eingeboren, 1092 f. „Doch ist es jedem e., daß sein Gefühl hinauf und vorwärts dringt." In demselben Sinne sagt Faust von Gretchen 2711 f., U. 563 f. „Natur! Hier bildest in leichten Träumen ein eingebornen Engel aus." Gretchen ist ein Wesen, welches das Engelartige von Geburt an in seiner Natur als etwas ihm Eingeborenes, mit ihm Geborenes hat. Ob sie gerade an diesem Orte, in diesem Hause geboren ist, erscheint als nebensächlich, wenn es auch vorausgesetzt wird.

eingefaltet, 8681, He. 129 — in Gewänder gehüllt, welche Falten bilden.

eingehen, 3367, U. 1433, ohne weiteren Zusatz = hineingehen.

eingeschifft, U. S. 28 Z. 176: „Sie sind nun e.", d. h. in ihrem richtigen Elemente, in ihrem Fahrwasser — auf dem Wege sich gehörig zu betrinken.

eingeteufelt, 3371 (frz. endiablé) — an den Teufel und sein Verfahren gewöhnt.

einkommen, 4758: „Wie kam er ein." = hinein, nach älterem Sprachgebrauch, ebenso, nur daß noch außerdem „kommen" zu ergänzen ist, 11386: „Wir können nicht ein."

einlügen, sich, 4886 — sich durch Lügen Jemandes Gunst oder Vertrauen erwerben.

einrammeln, 7104 f. = eingraben. „Wir (die Ameisen) hatten viel gesammelt, in Fels und Höhlen heimlich eingerammelt."

einrosten, 5771 = altern, stumpf, kraftlos werden.

eins, 2336 = jemand: „Nun sag mir eins, man soll kein Wunder glauben", 7195 Anrede an die Sphinze: „Hat eins der euren Helena gesehen?", 9145 f. eins werden = zu einem werden: „im Labyrinth der wundersam aus vielen eins gewordnen Burg." 1921, U. 352 Eins! Zwei! Drei! — zur Bezeichnung der drei Sätze, in die der Ober=, Mittel= und Unterbegriff gebracht werden, also des Syllogismus in der formalen Logik.

Einsamkeiten, f., 6552, 10039, siehe Abstrakta im Plural.

einschmeißen, 2118, U. S. 20 Z. 22 — die Fenster.

einschneien, 11713 f. „Sie (die Engel) denken wohl . . . die heißen Teufel einzuschneien". — Der etwas seltsame Ausdruck dafür, daß die Engel die Teufel mit Rosen überschütten, um sie kampfunfähig zu machen, erklärt sich aus dem Gegensatz zu heiß.

einsuckeln, V. S. 24 Z. 95 = einsaugen, einlutschen.

einstweilen, P. 123 S. 199 Z. 39 und S. 212 Z. 287, St. S. 80 = einstweilen.

eintrippeln, 5840 = hereintrippeln.

einverleiben, 10507 ff. „Erlaube denn, daß dieser junge Held ... sich deinen Reihen innigst einverleibt," — also im eigentlichen Sinn des Worts, in übertragenem 8992 „Ist dir denn so das Schelten einverleibt" u. s. w.

einweil, V. 185 (538 durch „nur immer" ersetzt) fehlt in den Wörterbüchern, hat indessen seine Analogien in „dieweil", „derweil", „mittlerweile".

einzig, 4121 „Der Schmuck, mit dem sie e. prangt", d. h. hervorragend, alle anderen übertreffend. 5085 ff. „Es bleibt doch endlich nach wie vor . . . die Welt ein einzig großer Thor". So die Lesart in W.-A., die sich allerdings auf Handschriften und den ersten Druck C. 12 S. 272 stützt, aber doch des Sinnes wegen ihre Bedenken hat. In den „Nachgelassenen Werken" (C. 41, S. 23) steht „einz'ger".

einzigste, 7439, Helena die e. Gestalt.

eitel, 6839, adverbiell „eitel Possen".

Elasticität, f., P. 22, St. S. 16 als Eigenschaft der Jugend.

Elben, die, P. 27, St. 27—29. Sie kommen nicht in der Dichtung selbst vor, sondern nur in den Notizen, aus denen das citirte Stück besteht, das augenscheinlich einer Vorarbeit für die Walpurgisnacht und für dessen Verständniß Folgendes nothwendig ist. — Die E. entstehen aus dem Verkehr des Teufels mit den Frauen; mit Verhüllung ihres Ursprungs werden sie auch „gute Kinder", „reisende gute Kinder", „fahrende Dinger", „gute Holden", „Gutelben" genannt. Sie sind ziemlich identisch mit den Kielkröpfen, gleichfalls Teufelskindern, die den Wöchnerinnen in der sechsten Woche statt ihrer eigenen untergeschoben werden. Auf ihren Ursprung vom Teufel deutet auch der Name „Hufdinger", den J. Grimm allerdings wenigstens gegen die Schreibweise bei Carpzow als Hüfdinger (Hüftdinger) deutet. Diese Elben nun, die schon wenige Wochen nach dem Verkehr mit dem Teufel zur Welt kommen, haben gelbe spitzige Schnäbel und schwarze, nach anderen Berichten auch weiße Köpfe. Sie sind bei der Geburt einen Finger lang und buntstreifig wie die Raupen; nach anderen wiederum sehen sie aus wie schwarz- und graue Fliegen. Sie selbst thun nichts Böses, aber man kann sie den Menschen zu ihrem großen Schaden „zubringen" und will man diesen nicht dauernd wirken lassen, wieder abnehmen. Die Frauen nämlich, welche sich dem Teufel ergeben haben, werden dadurch zu Hexen und er lehrt sie die Zauberei; dazu gehört auch das „Zubringen und Abnehmen der Elben". Hiezu wenden sie z. B. ein Geschoß an, das er ihnen angiebt: „Werg und Lumpen, dazu Gänsefedern und Stecknadeln, alles in ein schwarz Lederlein gebunden." Gegen eine Sechswöchnerin, deren Kind bezaubert werden soll, dient außerdem der nachstehende Spruch, dessen Wortlaut allerdings noch auf einen auszuübenden Nachsakt hindeutet: „Du hast mich geschossen, ich schieße dich wieder in dieses und jenes Namen". Eine andere Hexe dagegen hatte selbst drei Paar „böse Dinger" zur Welt gebracht und zaubert sie auf ähnliche Weise ihrer Feindin (Justine Sellin) ins linke Bein.

Element, n., 5942 das Feuer, 8142 das Wasser, 8487 alle vier Elemente, 6990 Lebenselemente, d. h. Bestandtheile. Stoffe, um ein menschliches Leben hervorzubringen. 11784 Liebeselement, 11754 ein überteuflisch E. (s. **überteuflisch**), 3698 Beim E. — als Schwur, nach der Analogie von „Potz Element", 11628 f. „Die Elemente, die sich hassen, die treiben sie (die Seele) am Ende schmählich fort". Hier scheint die Vorstellung zu Grunde zu liegen, daß die Erde die Seele als ihr nicht mehr angehörig auch nicht mehr haben will und die Luft mit ihrer Bewegung als Wind sie forttreibt.

Elend, vor 3835 Dorf im Harze unterhalb des Brockens; 7682 um die Bedeu-

Elephant — Engel

tung des Wortsinns hervorzuheben, mit dem Artikel verbunden.

Elephant, m., 5395 ff. — in der Mummenschanz Allegorie des Staates, wird von der „Klugheit" geleitet, während „Hoffnung" und „Furcht" als gefährliche Mächte gekettet ihm zur Seite gehen.

Elephantenkälber, n., 4388 — mit solchen werden die Umsturzmänner (die Massiven) verglichen, weil sie mastig auftreten und mit ihren Füßen das Gras ringsumher vernichten.

d. **Elfen**, f., 4634—4665. Chor- und Einzelgesang. Sie erscheinen hier ähnlich wie in Shakespeares „Sturm" und seinem „Sommernachtstraum" als Naturgeister, die ausführen, was ihnen geboten wird (s. Ariel und Oberon), die aber ohne eigenes seelisches Leben zu denken sind. — Auch im Walpurgisnachtstraum 4223—4398 ist ein Elfenchor als anwesend zu denken.

Elfenbeinartige Gesichtsfarbe, W.-A. 15 b, S. 200, St. S. 59 „Helena tritt auf; die Männer sind außer sich, die Frauen betrachten sie aufmerksam und wissen spöttisch den plumpen, heroischen Fuß (6503), eine höchst wahrscheinlich angemalte e. G. hervorzuheben". — Die letztere ist von den Gemälden des Alterthums bekannt; auch die kürzlich öffentlich ausgestellten, in Aegypten ausgegrabenen, von griechischen Künstlern gemachten Portraits zeigten sie deutlich.

Elis, 9470, Landschaft im westlichen Peloponnes.

empfahn, 7985, 11064, älteres, jetzt nur dichterisches Wort für „empfangen".

empfangen, 1061, ohne Objekt = Lehren oder Belehrung erhalten.

empfänglich, 8576, mit nachfolgendem Genitiv.

Emporgebürgte, das, 7575 = emporgebaut, wofür Grimm „das Emporgeburgte" wünscht. S. auch Zusammensetzungen C.

d. **Empusa**, 7736—7747, Ungeheuer des Erebus aus der Umgebung der Hekate, mit einem Eselsfuße und dem zweiten von Mist, nach einer andern Vorstellung überhaupt einfüßig. P. 123 S. 204, St. S. 76 — „Empusa tritt hervor, die, sich immer umgestaltend, zwar die übrigen Gebilde nicht zur Verwandlung, aber doch zu steter Ungeduld aufregt". — Die hier beabsichtigte Umgestaltung ist nicht zur Ausführung gekommen.

'**en**, U. S. 23 Z. 65 = ihnen.

Enceladus, P. 123 S. 206, St. S. 77 — einer der hundertarmigen Riesen, war früher statt des Seismos (s. d.) in Aussicht genommen. „Ein Gebirgsreihen bildet sich aufwärts bis Skotusa abwärts bis an den Peneus, bedrohlich sogar den Fluß zu hemmen: Haupt und Schultern des Enceladus wühlen sich hervor, der nicht ermangelte, unter Meer und Land heranschleichend, die wichtige Stunde zu verherrlichen."

Encheiresis naturae, 1940, U. 371. Der Ausdruck bezeichnet schon nach altgriechischem Sprachgebrauch das Indiehandnehmen, Sichzueigenmachen einer Sache und wird nicht selten von der Behandlung des Kranken durch die Aerzte angewendet. Auch die Chemiker verstehen unter ihm und dem gleichbedeutenden ἐγχείρια nichts anderes. Goethes Spott, der in dem ältesten Text noch drastischer ausgedrückt ist „die Chimie . . . bohrt sich selbst einen Esel", geht also einfach darauf, daß diese ihr Ziel nicht erreicht. Die Natur läßt sich nicht nach Belieben in die Hand nehmen.

endlich, 10067 = „Das heiß' ich e. vorgeschritten" = rasch, schnell — nach älterem Gebrauch.

Endymion, 6509. Sohn des Aethlios oder des Zeus und der Kalyke, Geliebter der Selene (Luna, Diana). Zeus verlieh ihm ewige Jugend und Unsterblichkeit.

d. **Engel**, m., 11699, 11823 (vergl. den Artikel Chor). Chöre der Engel . . . Rosen streuend, 11934 ff. Faustens Unsterbliches tragend, 11942 ff. die jüngeren E., 11954 die vollendetern E. Vergl. auch P. 194, P. 195, P. 205, St. S. 133 und 140. — An der letzteren Stelle steht dem Sinne nach mit 11770 und 11772 übereinstimmend: „Du tu[ä]mst mir eben recht, langweilig weich Geschlecht."

Engelsblut, n., U. 667 f., zwei später nicht wieder aufgenommene Verse: „Hätt' einer auch Engelsblut im Leibe, er würde da zum Heringsweibe."

Engelsschatz, m., 2659, U. 511 — wird Gretchen von Faust genannt.

englisch, 1141, wie die Engel: „(Die Geister) lispeln e., wenn sie lügen", 11983 f. „Also erlangen wir englisches Unterpfand."

Enkel, m., 1977: „Weh dir, daß du ein E. bist" — drückt den Gegensatz zwischen Naturrecht und positivem Recht aus. Der späteren Generationen Angehörige leidet unter dem, was die früheren als Gesetz aufgestellt haben.

Entathmen, n., 8969 — das Verlieren des Athems.

Entbundene, m., 8622 = der Befreite.

entdecken, 8088 = aufdecken, enthüllen. „Doch ist die Zukunft ihm (Nereus) ent= deckt."

entfalten, 5506 f. = erklären (explicare). „Die Bedeutung der Gestalten möcht' ich amtsgemäß e."

entfernen, 1878, U. 259 = in die Ferne gehen lassen.

entflammen, 5935, in Flammen auf= gehn, sich entzünden.

entfremdet, 7081 = fremde. „So find' ich mich doch ganz und gar e." „Der klas= sische Boden ist für Mephisto nicht geeignet, und es ist doch nicht anzunehmen, daß er ihn schon früher gekannt hat.

entgegnen, 8750, sonst entgegnen; hier und W.-A. 14. S. 227 Z. 61, des= gleichen U. S. 82 Z. 50 = begegnen, 7721 = entgegen gehn. „Entgegnet ihm, daß er euch nicht entgeht".

entglänzen, 8171 mit abhängigem Da= tiv bedeutet „aus etwas hervorglänzen."

enthauchen, 8885 f. desgl. im Sinne von „hervorkommen aus etwas": was „ent= haucht wohl solchem furchtbaren Greuel= schlund". (Ebenso in dem Gedicht „Im Gegenwärtigen Vergangnes" C. 5, S. 18 V. 14 f.: „Wo das Jagdlied aus den Bü= schen Fülle runden Tons enthauchte".

entquellen, 8444, siehe **quellen** und **quillen**.

entrücken, 4592, „Zum Blutstuhl bin ich schon entrückt". 9251 f. „hin und her entrückend" wird durch die nachfolgenden Worte erklärt: „sie führten mich (Helena) im Irren her und hin."

entschmeicheln, 9488, durch Schmei= cheln abgewinnen.

entsiegeln, 6626 f., in übertragener Be= deutung: „Die Thüre, fest verriegelt, ist durch Wunderkraft entsiegelt". Ebenso 11704 knospentsiegelte (Rosen), sowohl nach der bisherigen Schreibweise, als auch nach W.-A. „Knospen, entsiegelte".

entsprossen, 4690, ist Präsens, nicht Particip und hat den Sinn „sichtbar wer= den" (aus dem duft'gen Abgrund).

entsündigen, 11018 = von der Sünde befreien.

entwast, P. 103, St. S. 57: „Faust den Heroldstab fassend. Entwast das Ganze". Das Wort harrt noch der Erklärung, wenn sich auch vermuthen läßt, daß es den Sinn von „enthüllen", „entwirren" haben wird. — Das Niederdeutsche „entwassen" vom Abnehmen des Mondes gebraucht, erscheint in ganz verschiedener Bedeutung.

entwirken, sich, 2715 f., U. 567 f. „Hier mit heilig reinem Weben entwirkte sich das Götterbild." Die Vorstellung des langsam vorschreitenden Gewebes hat eine Verwandtschaft mit dem allmähligen Her= anwachsen und Reifen des Kindes zur Jungfrau.

entwohnt, 4405: „Mich faßt ein längst entwohnter Schauer" (statt dessen U. S. 83 Z. 1 „verwohnter"). „Entwohnt" ist das= jenige, dessen man sich entwohnt hat oder wovon man entwohnt ist, wie 25 „ein längst entwöhntes Sehnen".

Enyo, P. 99, St. S. 72, I'. 123, S. 208, St. S. 78, beides Skizzen, so weit sie sich auf E. beziehen, fast mit gleichem Wort= laut. „Mephistopheles hat ... mit Enyo Bekanntschaft gemacht, deren grandiose Häßlichkeit ihn beinahe aus der Fassung gebracht und zu unhöflichen, beleidigenden Interjektionen aufgeschreckt hätte. Doch nimmt er sich zusammen und in Betracht ihrer hohen Ahnen und bedeutenden Einflusses sucht er ihre Gunst zu erwerben. Er versteht sich mit ihr und schließt ein Bündniß ab, dessen offenkundige Bedingungen nicht viel heißen wollen, die geheimen aber desto merkwürdiger und folgereicher sind." — Enyo, in der Homerischen Dichtung (Ilias 5, 333, 592) Gefährtin des Ares, ist eine der Graien, die ebenso wie die Phorkyaden oder Gorgonen Töchter des Phorkys und der Keto sind. Der Uebergang von Enyo auf die Phorkyade, deren Maske Mephistopheles sich zu eigen macht, war demnach leicht und ist für die Dichtung selbst kaum von einer Bedeutung.

entzückt, 7557, „zu malerisch entzückter Schau". Die Wirkung, die der Anblick hervorbringen soll, ist proleptisch vorweg genommen, sonst würde „entzückend" stehn. Vergl. außerdem Adverbien st. Adjektiven.

Epilog, P. 1, St. S. 3: „E. im Chaos auf dem Weg zur Hölle" — beabsichtigte, aber nicht zur Ausführung gekommene Scene. Siehe Chaos — E. zum Faust um 1800. W.-A. 15 a, S. 344, St. S. 44 f. — zwei Gedichte mit den Ueberschriften „Ankündigung" und „Abschied", auf den ersten Theil bezüglich, früher schon mit etwas abweichendem Texte gedruckt in GJ. 9, 5.

er, 10622: „Mich däucht, er will ein Zeichen senden". Gemeint ist der Nekromant von Norcia, der 10615 angedeutet wird.

„**Er ist behend, reißt alles mit sich fort**," 10524. — Vers, der in W.-A. nach einer Handschrift neu in den Text gesetzt ist.

erathmend, 486, U. 134 = schwer aufathmend, wie in dem Gedichte „An Schwager Kronos" C. 2, S. 68 V. 10 f. „Den erathmenden Schritt mühsam Berg hinauf".

eräugnen, sich, 5917, 7750 (während früher in vielen Ausgaben an der letzten Stelle „ereignen" stand) = sich offenbaren, in Erscheinung treten.

erbangen, 6668 = bange werden. „Gemäuer scheint mir zu e."

erbauen, 7340, „alle, die des Dichters Welt erbauten", d. h. den Stoff für dieselbe bereiteten.

erbeten, 2898, U. 752 — absichtlich feierlich höflicher Ausdruck statt „erbitten".

erblitzen, 8279, „wie auch von oben es zackig erblitzt", ebenso in dem Gedichte „Wiegenlied an den jungen Mineralogen Wolfgang von Goethe" C. 4, S. 41 V. 24: „Farbig erblitzt der edelste Stein".

erbosen, sich, 10565 = böse werden.

erbrüsten, sich, 6588 = sich in die Brust werfen.

Erde-Beben, n., 7516 — nur an dieser Stelle statt des gewöhnlichen „Erdbeben" und wohl mit dem Unterschiede des Sinnes, daß durch das erste mehr die augenblickliche Bewegung im Innern der Erde bezeichnet werden soll als diese Naturerscheinung in ihrer Gesammtheit.

Erden, f. — als Genitiv oder Dativ Singularis 1374, 1899, U. 336, 3022, U. 876, ebenso wie 9221, 9588 Frauen, 2883, U. 739 Gassen, 8760 Jammereden, 3752 Leichen, 6679 Rasen.

Erdengeist, m., W.-A. 14, S. 321 und St. S. 6. S. Erdgeist.

Erdenkreis, m., 11441 — sonst Erdkreis.

Erdenrest, m., 11954 — die irdischen Bestandtheile, die noch an der von den Engeln emporgetragenen Seele Fausts hafteten.

Erdestoß, m., 8311 = Erdbeben.

Erdetreiben, n., 8313.

Erdentag, m., 11449, die Zeit des Lebens auf der Erde.

erdgebeugt, 8588 — ist das Thier, welches zum Opfern bestimmt ist. Vielleicht schwebte dem Dichter auch der Vers aus Ovid (Metam. 1, 84) vor, wo das Blicken zur Erde als allgemeine Eigenschaft der Thiere hervorgehoben wird.

d. **Erdgeist**, m., vergl. 482—521, U. 130—166, P. 1, St. S. 1, 622—629, W.-A. 14, S. 321, St. S. 4, 3217—3250, U. S. 80—81 Z. 14—19. Die Deutung des Erdgeistes und der Beziehungen, in die er zu Faust gebracht ist, hat der Erklärung viele Schwierigkeiten gemacht, und man kann mit ziemlicher Sicherheit sagen, daß sie bis jetzt nicht vollständig überwunden sind. Ebenso wenig steht es fest, welche Quelle Goethe benutzt und nach welchem Vorbilde er ihn geschaffen hat. Jedenfalls aber ist es möglich, genau zu bestimmen, welche Stellung er in dem Gedichte einnimmt, sei es bei seinem persönlichen Auftreten oder wo sein Verhalten und seine Wirksamkeit wieder erwähnt wird. Wenn diese Frage zuerst beantwortet ist, muß auch auf das Vorangehende wenigstens einiges Licht fallen. Der historische Weg, scheint es, ist für diesen Zweck der beste, um so mehr, da es leicht möglich ist, die in Betracht kommenden Stellen nach chronologischer Reihenfolge zu prüfen.

Schon „Faust in ursprünglicher Gestalt" (nach unsrer Bezeichnung U.), der 1887 nach der Abschrift der Hofdame Luise von Göchhausen veröffentlicht ist, bringt den Erdgeist als persönlich im ersten Monologe auftretend. Die Scene zeigt hier keine wesentlichen Abweichungen von den späteren Bearbeitungen. Die Zurückweisung Faust's geschieht mit den gleichen Worten und ebenso stimmen diejenigen mit dem späteren Texte überein, in denen der Geist sein Wesen und seine Thätigkeit zum Ausdruck bringt (501—509). Neu ist für uns nur die scenarische Bestimmung, daß er „in widerlicher Gestalt" erscheinen solle. Bekanntlich ist Goethe später von dieser Auffassung abgegangen; seine Anordnung für die erste Aufführung lautete in Betreff des Erdgeistes: „Riesiges, hinter Nebel auftauchendes, den ganzen Hintergrund anfüllendes Antlitz".

Außerdem enthält der älteste Faust auch bereits die Prosascene, die seit 1808 scenarisch mit „Trüber Tag, Feld" bezeichnet wird. Aus dieser sind zwei Stellen von Bedeutung. „Wandle ihn" (Mephistopheles), sagt Faust, „du unendlicher Geist, wandle den Wurm wieder in die Hundsgestalt, in der er sich nächtlicher Weile oft gefiel, vor mir herzutrotten, dem harmlosen Wandrer vor die Füße zu kollern und dem Umstürzenden sich auf die Schultern zu hängen, wandl' ihn wieder in seine Lieblingsbildung, daß er vor mir im Sand auf dem Bauch krieche ꝛc." Und später: „Großer herrlicher Geist, der du mir zu erscheinen würdigtest, der du mein Herz kennst und meine Seele, warum mußtest du mich an den Schandgesellen schmieden, der sich am Schaden weidet und am Verderben sich letzt!"

Nach alledem ist man jedenfalls zur Aufstellung der nachstehenden Sätze berechtigt. Erstens der Erdgeist steht im Dienste und unter der Herrschaft Gottes, denn er wirkt „der Gottheit lebendiges Kleid". (U. 156.) Er gebietet ferner über Mephistopheles, den er beliebig verwandeln und zu seinem Dienste verwenden kann, wie er es denn auch ist, der ihn Faust zum Gefährten gegeben hat. Und darin liegt auch zugleich das Dritte. Während man nach dem Verschwinden des Erdgeistes in der früheren Scene annehmen mußte, er hätte Faust vollständig abgewiesen, sieht man aus der zweiten, er hat sich seiner angenommen, wenn auch in einer Weise, mit der dieser unter Umständen unzufrieden ist.

Eigentümlich ist alsdann Goethes weiteres Verfahren. Als er 1790 das Fragment „Faust" in der ersten eignen Sammlung seiner Werke herausgab, brachte er das Auftreten des Erdgeistes im ersten Monologe, abgesehen von unwesentlichen Veränderungen, gerade so wie früher, ließ aber die eben besprochene Prosascene aus. Dagegen gab er für sie die neue Scene „Wald und Höhle", der er aber seltsamer Weise ihre Stelle erst nach der Brunnenscene, also nach der Verführung Gretchens anwies. Diese, mit den Worten beginnend „Erhabner Geist, du gabst mir alles", ist mit der fortgelassenen sehr nahe verwandt. Neu ist nur der Dank, den Faust in Beziehung auf den Erdgeist ausspricht, daß er ihn auf der Bahn der Erkenntniß weiter geführt, daß er ihm Natur, Geschichte und sein eigenes Selbst zum Verständniß gebracht habe. Dann aber folgt wieder die Klage über den ihm zugewiesenen Gefährten, der ihn vor sich selbst erniedrige und die wirklich ihm verliehenen Gaben in nichts verwandle. Eine Aenderung der gegenseitigen Verhältnisse ist nicht versucht, und es liegt demnach nahe, anzunehmen, daß die neue Scene nichts mehr als ein Ersatz für die alte sein sollte. Dafür hätte vielleicht schon der äußerliche Grund gesprochen, daß das Ganze dann keine in Prosa geschriebenen Bestandtheile enthalten hätte.

Wie dem aber auch sein mag, Goethe hat jedenfalls hieran nicht mehr gedacht, als er 1808 den vollendeten ersten Theil des Faust erscheinen ließ; denn dieser enthält alles bisher Erwähnte. Er bringt aber außerdem noch zwei neue Erwähnungen. In dem neu eingefügten zweiten Monologe, unmittelbar nach dem Gespräche mit Wagner, klagt Faust, daß er durch die Abweisung des Erdgeistes von der Höhe seiner Hoffnungen auf Erkenntniß herabgestürzt sei. „Ein Donnerwort", heißt es daselbst, „hat mich hinweggerafft" (622) und einige Verse später:

Du stießest grausam mich zurücke
Ins ungewisse Menschenloos.

Es ist wohl zu beachten, daß alles dies vor sich geht, ehe Faust noch in irgend eine Beziehung zu Mephistopheles getreten ist. Der Erdgeist hätte also in gewisser Weise die Schuld davon getragen, wenn Faust seinem bald darauf entstehenden Gedanken zu Selbstmord zur Ausführung gebracht hätte.

Die zweite Erwähnung geschieht unmittelbar nach dem Abschluß des Vertrages und ist der vorigen ihrem Inhalte nach nahe verwandt (1846 ff.):

Der große Geist hat mich verschmäht,
Vor mir verschließt sich die Natur.
Des Denkens Faden ist zerrissen
Mir ekelt lange vor allem Wissen.

Man sieht, Faust entschuldigt sich vor sich selber über das, was er gethan hat, man sieht aber auch zugleich, daß diese Stellen zu keiner Lösung der ausgesprochenen Zweifel beitragen können. Faust weiß hier nicht, wie später von ihm ausgesprochen wird, daß Mephistopheles ein Sendling des Erdgeistes ist, sondern sieht ihn einfach als Teufel an. Dieser bekennt sich allerdings auch später nicht als im Dienste des Erdgeistes stehend, es müßte sich denn darin liegen, daß er gegen diese Voraussetzung, von der Faust ausgeht, keine Einwendung macht.

So weit kommt der Erdgeist in der wirklich ausgeführten Dichtung vor; er findet sich aber noch in einigen Versen, die einem Paralipomenon angehören. Goethe hatte eine Zeit lang den Plan, einen Theil seines Werkes als Monodrama zu behandeln. Er schrieb am 1. Mai 1815 an den Theaterintendanten Grafen Brühl in Berlin: „Ich habe die beiden ersten großen Monologe von Faust ins Engere gezogen und überdies die Scene zwischen ihm und Wagner herausgeworfen, so daß vom Anfang ‚Habe nun ach!' Philosophie' bis zu den Schlußworten des Chors ‚Euch ist der Meister nah, Euch ist er da' das Monodram in einem fortgeht und nur durch die Erscheinung des Geistes unterbrochen wird." Von dieser Bearbeitung haben sich zwölf Verse erhalten, die sich augenscheinlich unmittelbar an V. 629 anschließen sollten:

Hier soll ich bangen, soll ich wähnen
Und hoffen in erneuter Pein,
Soll an Verzweiflung mich gewöhnen
Und größer als Verzweiflung sein!
Du Erdengeist, kennst du die Macht,
Was eine Menschenbrust vermag?
Ich breche durch. Nach dieser Nacht,
Was kümmert mich ein neuer Tag?
Ich sollte wohl im Jammer weilen,
Nachdem ich einmal dich geschaut,
Sieh mich entschlossen, sieh mich eilen,
Das Ende such ich, keine Braut.

Aber auch diese lange nach der Beendigung des ersten Theils geschriebenen Worte helfen nichts für die Lösung der Schwierigkeiten. Sie wiederholen nur, daß der Erdgeist Faust verschmäht hat, und geben keinen Hinweis darauf, daß es später anders werden sollte.

Faßt man diese verschiedenen Stellen ihrem Inhalte nach zusammen, so kommt man zu dem Schlusse, daß Goethe früher dem Erdgeiste eine größere und bestimmtere Einwirkung zugedacht hatte. Wie es indessen bei einer öfters durch viele Jahre unterbrochenen Fortsetzung des Gedichtes leicht geschehen konnte, verlor er ihn wieder aus den Augen oder wußte sich nicht in geeigneter Weise auf ihn zu beziehen. Denn bekanntlich ist ja auch der erste Theil des Faust nicht nach einem von vornherein festgesetzten Plane gedichtet worden, sondern in demselben sind im Laufe der Zeit manche Aenderungen eingetreten. An ein Mittel, welches leicht die fehlende Motivirung der Stellung des Erdgeistes zu Faust und Mephistopheles hätte geben können, hat Goethe nicht gedacht. Der Prolog im Himmel hätte offenbar eine

38 Erdgeist — erfunden

geeignete Stelle und Gelegenheit dazu geboten. Andrerseits wäre es auch möglich gewesen, die ganze Erscheinung des Geistes aufzugeben oder sie wenigstens auf sein einmaliges Auftreten zu beschränken, ohne durch die späteren Beziehungen auf ihn die unleugbaren Inkonsequenzen herbeizuführen, welche jetzt unsre Auffassung seiner Bedeutung stören. Der Erdgeist ist immerhin eine Gestalt, bei der der Dichter vollständiges Recht über Leben und Tod hatte, da sie kaum der Tradition, sondern ihren Hauptzügen nach seiner eignen Phantasie angehört.

Allerdings ist man bemüht gewesen, zu ermitteln, wie Goethe auf den Gedanken des Erdgeistes gekommen, welches seine Quelle für ihn gewesen ist. Die Geister bei Marlowe, im Puppenspiel, in dem alten Faustbuche des christlich Meinenden zeigen wenig Verwandtschaft, und ebenso ist es mit dem Dämon der altorphischen Lehre, dem Archaios, dessen auch Paracelsus gedenkt, der in der Mitte der Erdkugel haust und auf diesen durch untergeordnete Geister die Elemente des Wachsthums und des Lebens regiert. Ueberdies wissen wir von diesem nicht einmal mit Sicherheit, ob Goethe von ihm Kunde gehabt hat. Alle anderweitigen Deutungen beruhen nur auf dem unmittelbaren Eindruck, den seine Worte und sein Auftreten machen. Nach der einen, mit der allerdings wenig gesagt ist, ist er überhaupt als eine Manifestation Gottes, nach einer andern als der Geist der elementarischen Welt oder wieder als Personifikation des Erduniversums oder endlich als Geist der Geschichte zu fassen. Einmal hat sich indessen auch Goethe selbst über das ausgesprochen, was er mit dem Erdgeiste beabsichtigt hat. Es geschieht in einem erst durch die Weimarer Ausgabe bekannt gewordenen Schema (P. 1, St. S. 3), in welchem in kurzen Worten das Verhältniß des ersten Theils von Faust zum zweiten dargelegt werden sollte. Dasselbe stammt ohne Zweifel aus einer Zeit, da der erste Theil schon beendigt war, und Goethe macht sich eigentlich mehr nachträglich klar, was er aus dem Erdgeist hätte machen können oder sollen. Diesen Charakter tragen wenigstens die aus dem Schema in Betracht kommenden Worte an sich. Vielleicht hat er,

als er schrieb „Erscheinung des Geistes als Welt- und Thaten-Genius", noch daran gedacht, ihm auch für den zweiten Theil einen Einfluß oder eine Bedeutung zu verleihen, was bekanntlich bei der Ausführung unterblieben ist.

erdreusten, sich, 6688, auch sonst übliche Nebenform für „erdreisten", welches sich 6299 mit abhängigem Genitiv und außerdem 4662, 7287 und P. 113 findet.

Erebus, m., 8812. S. Chaos.

Ereigniß, n., 10146, 12109. An der letzten Stelle hat man einen Schreibfehler für „Erreichniß" vermuthet. Aber abgesehen davon, daß man eine Verbesserung füglich nicht durch eine Neubildung herstellen kann, erscheint gerade das gewählte Wort sehr passend. Es bezeichnet, daß etwas in die Wirklichkeit tritt, was eigentlich für dieselbe noch nicht reif ist. Faust's Verwandlung ist noch „unzulänglich", und doch wird er erlöst.

ererben, 682 f. „Was du ererbt von deinen Vätern hast, erwirb es, um es zu besitzen." — Der scheinbar in den Worten liegende Widerspruch löst sich, wenn man „erwerben" im prägnantesten Sinn faßt. Man soll sich das Ererbte, den Reichthum, den guten Namen, die Stellung in der Welt, durch Thätigkeit und zweckmäßige Benutzung zu seinem eigenen und Anderer Besten vollständig zu eigen machen, gerade so, als wenn es erst alles von Neuem erworben werden müßte.

erfinden, 6655, ohne Objekt = eine Erfindung, eine wissenschaftliche Entdeckung machen. „Er (Wagner) ist es, der allein erfand." Ebenso in den „Zahmen Xenien" (C. 4, S. 360): „Das ist eine von den alten Sünden, sie meinen, rechnen das sei erfinden".

erfrischen, 9935, transitiv „Erfrischet neue Lieder", d. h. „Schafft Lieder von Neuem" (recreare).

Erfüllungspforten, f., 4706. — die Pforte als Metapher für die Eröffnung des Weges, auf dem man zur Erfüllung seiner Wünsche gelangen wird.

erfunden, 11691 f. „Das Schändlichste, was wir erfunden, ist ihrer Andacht eben recht" — vermutlich die ältere Form des Imperfektums, nicht Particip mit der Ergänzung von „haben". Jenes bringt dann den Sinn hinein, daß die Engel jedesmal das Schlechte, was die Teufel neu erfanden, mit Begierde erwarteten und sich zu eigen machten.

ergrauen, 1142, „Ergraut ist schon die Welt" — durch das Hereinbrechen des Abends.

erheitern, 5544. Schwarze Augen und Locken werden durch die hellen Farben eines in die letzteren eingeflochtenen Juwelenschmucks in ihrer Wirkung gemildert.

d. **Erichtho,** 7005—7015 — die thessalische Zauberin, deren sich Sextus Pompejus bediente, um den Ausgang der bevorstehenden Schlacht von Pharsalus zu erfahren. Die Hauptquelle für sie ist der römische Dichter Lucan, der Pharsal. 6, 507 ff. eine grauenhafte Schilderung von ihrer Person und Thätigkeit macht, eine gelegentliche Erwähnung in Ovids Heroiden (15, 139) kommt nicht in Betracht. Um Pompejus zu willfahren, belebt sie einen Leichnam, den sie an ihre Höhle bringen läßt, und dieser muß dann die den Pompejanern Unheil bringende Verkündigung aussprechen. Auch Dante wußte von E. Bei ihm erzählt Virgil (Inferno 9, 22 f.), daß er schon einmal, beschworen von dieser grausamen Erichtho (conjurato da quella Eriton cruda), in der Hölle gewesen sei. — P. 99, St. S. 71. Ueber den Inhalt f. **Erichthonius.** — P. 123 S. 203, St. S. 75. Hier wird erzählt, daß Erichtho mit Faust, Wagner und Homunkulus zusammentrifft und begierig den untilgbaren Modergeruch der pharsalischen Felder einzieht. — P. 125, St. S. 84, ein Schema vom 6. Februar 1830, beweist, daß Goethe noch so spät daran gedacht haben muß, sie in ausgedehnterer Weise zu benutzen: „E. führt sich ein, commentirt die Erscheinung. Anrede." In der Dichtung selbst hält E. nur einen Monolog und meidet alle Beziehung zu Andern.

Erichthonius, P. 99, St. S. 71. „Erichtho macht die Honneurs (der klassischen Walpurgisnacht) und Erichthonius zu ihr gesellt." Für das Erste vergl. den vorigen Artikel, das Uebrige wird aus dem Wortlaut von P. 123 S. 127, St. S. 75 klar: „Zu ihr (Erichtho) hat sich E. gesellt und nun wird beider nahe Verwandtschaft, von der das Alterthum nichts weiß, etymologisch bewiesen; leider muß sie ihn, da er nicht gut zu Fuße ist, öfters auf dem Arme tragen und sogar, als das Wunderkind eine seltsame Leidenschaft zu dem chemischen Männlein (Homunkulus) darthut, diesen auch auf den andern Arm nehmen, wobei Mephistopheles seine bösartigen Glossen keineswegs zurückhält." Daß Erichtho den Erichthonius trägt, hängt wohl mit den Vasengemälden zusammen, in der Athene von der Gäa den kleinen E. mit mütterlicher Sorgfalt entgegennimmt. Dieser selbst wird in Schlangengestalt geboren — daher die symbolische Verwandtschaft mit Erichtho — und wird von den Göttern als Geheimniß den Kekropiden anvertraut. Nach einer Fassung der Sage ist er identisch mit Erechtheus, dem mythischen Könige von Athen, nach andrer dessen Enkel. — Der letzteren folgt Euripides, indem er in seinem Drama „Jon" diesen selbst an die Stelle des Erichthonius setzt. Daß Goethe schließlich diese mythologisch immerhin interessante Gestalt ganz aufgegeben hat, mag seinen Grund darin haben, daß dieselbe vielleicht dem Homunkulus in gewisser Weise ähnlich geworden wäre.

er kam zu sterben, 2767 im „König in Thule"; U. 619 „es kam 2c."

erkannt, 6559 — neue Lesart der W.-A. statt „erkennt".

erlängen, 11010 = länger machen, schon bei Opitz und auch sonst bei Goethe.

erlauben, 9319: „Erlaube mich auf deiner Bahn" = dulden, eine Bewegung gestatten.

erneuen, 11651, „sie e. ängstlich heiße Bahn" = sie versuchen noch einmal auf derselben Bahn weiter zu kommen, so daß eigentlich der Weg, aber nicht die Bahn erneut wird.

erniedern, 6110 = erniedrigen, auch bei Andern.

Eros, 8479: „So herrsche denn E., der alles begonnen". Der Gott der Liebe ist der älteste aller Götter. S. **Chaos;** 9675 f.

E. wird durch die List des Hermes im Ringkampf besiegt. S. auch **Amor**.

erpflegen, 66, durch Pflege behüten und fördern.

erproben, 5000, 6968, etwas durch Proben versuchen oder bewähren.

erschaffen, 685: „Nur was der Augenblick erschafft, das kann er nützen." Das Wort ist hier gleichbedeutend mit „erwerben" im vorangehenden Verse. Vergl. Dr. Kreyßigs Vorlesungen über Goethes Faust. Zweite Auflage. Neu herausgegeben von Franz Kern, S. 259, wo der Herausgeber sagt: „Es ist hier auch von dem Aneignen eines bereits Vorhandenen die Rede. War das einmal mit ungewöhnlichem, aber treffendem Ausdruck als ein Erwerben bezeichnet, so ist es eine gerechtfertigte Steigerung, wenn es nur ein Erschaffen genannt wird."

erschranzen, 4371, eigentlich = „durch Hofdienst gewinnen": „Sonst haben wir manchen Bissen erschranzt". Die „Unbehülflichen", denen diese Verse in den Mund gelegt werden, sind wenigstens nicht ausschließlich im Hofdienst zu denken; daher paßt denn die Deutung des Wortes von Grimm «aulicorum more mereri» vollständig.

erschrecklich, 11653=furchtbar, Schrecken einflößend.

erschwellen, 493, U. 141, auch bei Andern.

ersprießen, 4721, mit abhängigem Dativ, wie sonst „entsprießen", in der älteren Sprache häufig. S. auch **Dativ (poetischer Gebrauch)**.

erspulen, 5660, durch die Spule gewinnen, erwerben.

Erstarren, n., 6271 — würde die höchste Wirkung sein, welche das Schaudern (6272) bei Faust hervorbringen könnte. Vor dieser will er sich schützen und nur den Eindruck des Ungeheuren auf den Geist gelten lassen.

erstreben, 5436 — ohne Objekt.

ertödten, 7664 = tödten, auch bei Tieck vorkommend — älterer Sprachgebrauch.

erwarmen, 5376: „Die Sonne flieht er, will den Frost c." Der transitive Gebrauch des Worts wird von Grimm beanstandet.

erwiedern, 7716: „Nichts haben sie (die Lamien) Gesundes zu e.", d. h. dem Liebenden als Gegengabe zu bieten.

erwühlen, sich, 477 ff., U. 125 ff. „wie ... zu neuen Gefühlen all' meine Sinnen sich e." — Ausdruck für die gewaltsame Bewegung, die in Faust's Innerem vorgeht. Verwandt ist die Bedeutung des Worts in dem Gedicht „Der untreue Knabe" (C. I S. 182): „und wie er tappt und wie er fühlt, sich unter ihm die Erd' erwühlt".

d. **Erzbischof** — **Erzkanzler**, 4772 bis 4942, 10931—11041. S. **Kanzler**.

d. **Erzengel**, 243-270 — nach Dionysius Areopagita „Ueber die himmlische Hierarchie" und nach den Satzungen der katholischen Kirche — drei; der Rangstufe nach ist Michael der höchste, Gabriel der zweite und Raphael der unterste, so daß sie also im „Prolog" in umgekehrter Reihenfolge auftreten.

Erzgetön, n., 10030 — das Getön der ehernen Becken beim Bacchanal.

erzfest, P. 65, St. S. 60. In der nur flüchtig hingeworfenen Scene, die eine theatralische Aufführung vor dem Kaiser darstellt, sagt Mephisto von einem Könige, vermuthlich von dem am Anfang vorkommenden Fortinbras: „Es ist ein Erzvester König".

d. **Erzkämmerer**, 10889—10896 — nach der goldenen Bulle des Kaisers Karl IV. der Markgraf von Brandenburg.

d. **Erzmarschall**, 10877—10882 — der Herzog von Sachsen; nach 10345 ff. identisch mit dem „Obergeneral".

d. **Erzschenk**, 10915—10924, „der König von Böhmen".

d. **Erztruchseß**, 10903—10908, der Kurfürst von der Pfalz. — Es läge nahe, den Träger dieses Amtes, desgleichen den Erzkämmerer und den Erzschenken als dieselben Personen wie den Heermeister, den Schatzmeister und den Marschall im ersten Akte zu denken; indessen ist diese Identität, die bei einer Aufführung jedenfalls festgestellt werden muß, nirgends deutlich ausgesprochen, und die Annahme derselben führt sogar zu Widersprüchen.

erzplutonisches Gelichter, W.-A. 14, S. 214, St. S. 21 — nennt Amor die zwei Teufelchen.

Eselsfuß, 7737. S. Empuse; P. 27, 1—2, St. S. 27, 1—2 „Esels=Pferde=Fuß, lange Nägel" — sind Worte auf den Teufel bezüglich, dem auch bei anderen Gelegenheiten ein Bären= oder Ochsenfuß zugeschrieben wird.

Eselsköpfchen, n., 7738, 7747. s. **Empuse**.

Estrich, n., 4891, 6627 = Pilaster, schon im Mittelhochdeutschen eingeführtes Fremdwort.

d. **Euphorion**, 9599—9906. — E. ist der Mythe nach der geflügelte Sohn des Achilles und der Helena, der geboren wurde, als sie, aus der Unterwelt entlassen, mit ihm auf der Insel Leuke lebte. Späteren Ursprungs scheint die Erzählung des Mythographen Ptolemäus Chennus, eines Zeitgenossen der Kaiser Trajan und Hadrian, zu sein, nach welcher Euphorion von Zeus wegen Verschmähung seiner Liebe auf der Insel Melos durch einen Blitz getödtet wird. In der Skizze P. 63, S. 176, St. S. 94 f., ist der Name noch nicht genannt, wenn die Person auch ganz der späteren Darstellung gleicht, ohne daß dies mit der eigentlichen Erzählung der Fall ist. „Es ist," heißt es dort, „ihm alles erlaubt, nur verboten, über einen gewissen Bach zu gehen. Eines Festtags aber hört er drüben Musik und sieht die Landleute und Soldaten tanzen. Er überschreitet die Linie, mischt sich unter sie und kriegt Händel, verwundet viele, wird aber zuletzt durch ein geweihtes Schwert erschlagen." Auf diese Stelle bezieht sich offenbar P. 115, St. S. 116, das aus den nachfolgenden Worten besteht: „Seht ihr die Quelle da? Lustig sie sprudelt ja, wie viel sehe ich, Kostete gern"; desgleichen P. 148, St. S. 117: „Auch die Gesunden will ich den Todten gleich, Wüthender Streich Gräßlich zu nennen Will ich verwunden." In der Ausführung des Faust gewann Euphorion dann eine bestimmtere Bedeutung, die Goethe selbst Eckermann gegenüber aus- spricht (Gespräche 2, 109 f. 3. Aufl.): „Der E. ist kein menschliches, nur ein allegorisches Wesen. Es ist in ihm die Poesie personificirt, die an keine Zeit, an keinen Ort und an keine Person gebunden ist. Derselbe Geist, dem es später beliebt, Euphorion zu sein, erscheint jetzt als „Knabe Lenker" (s. d.), und er ist darin den Gespenstern ähnlich, die überall gegenwärtig sind und zu jeder Stunde hervortreten können." Erst zuletzt, als die ganze Zeichnung der Figur schon feststand, ist dem Dichter in den Sinn gekommen, dieselbe mit Lord Byron in Verbindung zu bringen. Auch P. 176, St. S. 114, wo Mephisto dem Parterre in einem langen Monolog die ganze Gestalt Euphorions entwickelt, hat keinen Bezug auf ihn. Wenn dort V. 8 und 9 die britische Bühne erwähnt wird, „wo ein kleines Kind sich nach und nach heraus zum Helden wächst", so ist nur an den eigentlichen Euphorion zu denken. Daß der Griechische Chor mit dem Trauergesange auf Byron (9907—9938) vollständig aus seiner Rolle heraustritt, hat Goethe selbst anerkannt. „Der Chor," sagt er, „verleugne hier seine Mädchennatur und spreche Dinge aus, an die er nie gedacht habe und auch nicht habe denken können." — Die Erwähnungen des Namens in P. 166 bis P. 170, St. S. 104—106 haben keine weitere Bedeutung.

Europens letzter Bergast, 9513 — die Ausläufer der Macedonischen Gebirge nach Korinth hin.

Eurotas, m., 8538, 8544, He. 42 He. 48, 8997 und a. a. O., Fluß bei Sparta, der sich in den Lakonischen Meerbusen ergießt.

Eurydice, P. 99, St. S. 72, P. 123, S. 211, St. S. 80, Dryade und Gattin des Orpheus — dient an beiden Stellen als Beispiel der Entlassung aus dem Hades Proserpina gegenüber. „Sie (Manto) beruft sich zuerst auf die Kraft der Beispiele, führt die Begünstigung des Protesilaus, der Alceste und Eurydice umständlich vor."

Eurystheus, 7389, älterer Bruder des Herakles.

Eutiner, der, P. 47, St. S. 32 — Johann Heinrich Voß, der von 1782 bis 1802 in Eutin lebte: „Mit Fleiß und Tücke webt' ich mir Ein eignes Ruhmgespinste; Doch ist's mir unerträglich hier, Auch hier find' ich Verdienste." Seine Unzufriedenheit war durch die Gedichtsammlung „Des Knaben Wunderhorn" veranlaßt, die Achim von Arnim und Klemens Brentano 1806 bis 1808 herausgegeben hatten.

Evangelisten, die, P. 195, St. S. 137. — Ihr Auftreten war für die Schlußscene bestimmt, in der nach dem früheren Plane das Gericht über Faust abgehalten werden sollte. Daher im Schema die Worte: „Himmel. Christus. Mutter. Evangelisten und alle Heiligen. Gericht über Faust."

exaltirt, P. 123 S. 200, St. S. 74: „Faust aus einer schweren langen Schlafsucht, während welcher seine Träume sich vor den Augen des Zuschauers sichtbar umständlich begeben, ins Leben zurückgerufen, tritt exaltirt hervor und fordert, von dem höchsten Anschauen (Helenas) ganz durchdrungen, den Besitz heftig von Mephistopheles.

Exuvien, f., vor 9955 — die Gewänder und die Lyra Euphorions, die auf der Erde zurückbleiben.

F.

fabelhaft, 7030 = der Mythe oder Fabel angehörig: „alter Tage f. Gebild." So nennt Klopstock (im Gedicht „Der Lehrling der Griechen" V. 4) die Tauben Anatreons, „fabelhafte Gespielinnen" und Schiller („die Götter Griechenlands" V. 94), spricht von der „fabelhaften Spur", welche die althellenische Welt für die Gegenwart zurückgelassen habe.

fabeln, 2962, U. 816 — Erfundenes, Unwahres sagen: „Er fabelte gewiß in letzten Zügen." P. 91, St. S. 134, Mephisto sagt, es sei Mitternacht; der erblindete Faust: „Was fabelst du? es ist ja hoch Mittag." Ebenso in der Ballade „Die erste Walpurgisnacht" (C. 1, S. 234): „Mit dem Teufel, den sie fabeln, wollen wir sie selbst erschrecken."

Fabler, m., 8225. Der weissagende Proteus nennt sich selbst einen alten F.

fachen, U. 299, ein größeres Ganze in Fächer oder kleine Räume eintheilen. „Noas Arche war saubrer gefacht".

fadenweis, 5899 — Ausdruck für die Gestaltung der Erzadern innerhalb andern Gesteins.

fahl, P. 27, 1, St. 25, 1 — Farbenbezeichnung.

fahren lassen, 7601 = verlassen, sich um etwas nicht kümmern, „den Berg laßt fahren".

fahrender Scholastikus, vor 1322. S. Scholastikus.

Fakultät, f., 1897, U. 334.

Fama f., P. 67, St. S. 64: „Nach kurzem Lärm legt F. sich zur Ruh", hier Personifikation des Ruhms, also abweichend von den Römischen Dichtern, welche F. nur als „Gerücht" meist in feindseligem Sinne gegen die Menschen auffassen.

d. Famulus, 518—1177, 6620—6684. Im ersten Theil ist Wagner F. von Faust, im zweiten Nikodemus der Wagners.

Farfarelle, f., vor 6592, P. 102, St. S. 55: „Verschwendung vor ihm (Plutus), wirft aus Gefieder, Grillen, Farfarellen". Auch in Klaudine von Villa Bella (Aeltere Bearbeitung in C. 57): „F. sind dir in den Leib gefahren." — Italienisch farfalla, farfaletta = Schmetterling, Motte.

faseln, 10018. Bacchus, faselnd mit dem jüngsten Faun = schwatzen, Unbedeutendes sprechen.

fassen, 6435 f. „Die einen faßt des Lebens holder Lauf, Die andern sucht der kühne Magier auf." Dadurch werden die von den „Müttern" ausgehenden Gestalten und Gestaltungen bezeichnet; nicht nur diejenigen, welche noch im Leben, in der Wirklichkeit existiren, sondern auch die schon an ihren Urquell zurückgekehrten, wie hier Paris und Helena.

Fastenpredigt, f., 4924 doppelsinnig. Es ist Fastenzeit und den Kaiser langweilt die Rede Mephistos.

Fata Morgana, f., P. 11, St. S. 12,

als Frage bei der Doktorpromotion; 10584 bis 10592 Beschreibung der Erscheinung.

d. **Faunen**, m., 5819—5828, P. 113: „Ein Faunentanz" (darunter die Worte: „Er sieht so wild"). 9397 schwarzborstige F., 9603 faunenartig ohne Thierheit (Euphorion), 10018 der jüngste Faun. — Ursprünglich nahm man nur einen Faunus an, einen mythischen König von Latium, der etwa dem Griechischen Pan entsprechen würde, später viele, wie die Griechischen Panisken und Satyrn. — P. 103—106, P. 113, St. S. 57—60, 67. Die häufige Erwähnung der Faunen scheint zu zeigen, daß sie ursprünglich noch eine weitere Verwendung finden sollten.

d. **Faust** (Faustus und Fauste, siehe **Lateinische Worte**, über seinen Vornamen unter **Heinrich**). 5554—5886 F. als **Plutus** (s. d.) in der Mummenschanz. Johann F. ist eine historische Person, deren Leben in die letzten zwei Jahrzehnte des fünfzehnten und die vier bis fünf ersten des sechzehnten Jahrhunderts zu setzen ist. Die einzelnen Data, die man über ihn zusammengebracht hat, sind gleichwohl unsicher. So z. B. weiß man nicht, ob er zu Knittlingen im Württembergischen, zu Roda im Weimarischen oder zu Sondwedel im Anhaltischen geboren ist; die Angabe, daß er 1509 in den Akten der Heidelberger Universität als Baccalaureus der Theologie verzeichnet war, hätte nur dann Werth, wenn man beweisen könnte, daß er mit dem dort genannten Johann Faust identisch ist. Als Orte, in denen er sich gezeigt hat oder thätig gewesen ist, werden besonders Maulbronn, Wittenberg, Krakau, Leipzig, Innsbruck, auch Venedig genannt. Einzelne Data aus seinem Leben sind auch noch in der neuesten Zeit mehrfach aufgefunden worden. Man vergl. namentlich die Artikel von Szamatólski, Ellinger und Mayerhofer in der Vierteljahrschrift für Literaturgeschichte II., S. 156 ff., II., S. 314 ff. u. III., S. 177 f. Von größerer Wichtigkeit ist es jedoch, die Quellen zu kennen, die Goethe wirklich benutzt hat; denn er hat sich nicht um den historischen Faust bekümmert, sondern um die mythische Persönlichkeit, zu der derselbe bald geworden ist. Als eine solche erscheint Faust bereits in dem ältesten Faustbuche von dem Buchdrucker Spieß in Frankfurt a. M. 1587 herausgegeben (Neudruck mit Einleitung und Anmerkungen von A. Kühne 1868). Auf dieses folgte das weitläufige Werk von G. R. Widmann, das zuerst vollständig 1599 in Hamburg herauskam — der erste Theil mit dem Titel „Der Warhafftigen Historien von den grewlichen und abscheulichen Sünden und Lastern, auch von vielen wunderbarlichen und seltzamen abentheuren. So D. Johannes Faustus getrieben." — Diese beiden Bücher als solche hat Goethe nicht unmittelbar kennen gelernt. Aber das erste wurde ins Englische übersetzt und wurde dem Englischen Dichter Ch. Marlowe Grundlage für seinen „Faust", den Goethe, wenn auch erst in späteren Jahren, las und schätzte. Aus dem zweiten machte der Arzt Johann Nicolaus Pfitzer einen sehr abkürzenden Auszug, der sich in vielen Auflagen von 1674 bis 1726 fortgepflanzt hat. Diesen hat Goethe gekannt und ebenso benutzt, wie die deutsche Bearbeitung von Marlowes Dichtung für das Marionettentheater, die er bei Gelegenheit der Frankfurter Messe gewiß öfter hat recitiren hören. Die Benutzung anderer Quellen, die sich etwa auch auf die Person Fausts beziehen, ist unsres Wissens bisher nicht nachgewiesen.

Fäustchen, n., P. 132, St. S. 70, „ins F. lachen" — sich heimlich über das freuen, was man weiß oder erreicht hat.

Fegefeuer, n., 2301, nennt Mephisto scherzhaft das beim Vergießen des Weins entstehende Feuer.

Fehl, m., 7188, 11003 = Trug, Unredlichkeit, Vergehen.

feil, 1124 = verkäuflich: „Mir sollt' er (der Zaubermantel) nicht f. um einen Königsmantel sein"; feil tragen 10819: „Wir trugen unsere Glieder f.", d. h. „wir boten sie dem Feinde zum Kaufe an."

feilschen, 5516 = kaufen zum festgesetzten Preise, ohne zu markten (handeln). Vergl. das Gedicht „Goldschmiedsgesell" (C. 1 B. 37).

felsauf, nach 9818. S. **Adverbien**.

Felschirurgen, m., 5849 — die Gnomen, weil sie die Berge schröpfen.

felsenab, 10384. S. Adverbien.

Felsenbreite, f., 10728: „Auf einmal legt er (der Strom) sich in flache F.", d. h. er nimmt die ganze Oberfläche des Felsens ein.

Felsgedränge, n., 8811. Siehe Gedränge.

Felsenhorst, m., P. 181, unersteiglicher Felsen.

Felsennasen, f., 3879 f. „Die langen F. (Felsvorsprünge), wie sie schnarchen, wie sie blasen."

Felsenrand, m., 10681. Neue Lesart der W.-A. statt des bisherigen „Felsenwand".

Felsenschrift, f., 10425 f. „Das Bergvolk... ist in Natur= und F. studirt." Sicherlich ist nicht die Runenschrift gemeint, wie Grimm erklärt, sondern es wird nur ausgedrückt, daß das Bergvolk das Innere, den Bau der Gebirge kennt und versteht, daß es in ihm lesen kann.

Felsensee, m., 3986 — fehlt in den Wörterbüchern.

Felsensteig, m., 7813.

Felsensteile, f., nach 9573 — die steile Erhebung der Felsen.

Felsenthor, n., 4669 — das des Uranos nach Homerischer Vorstellung.

Fest, n., 40 = Vergnügen, hier das durch die Vorstellung im Theater bereitete.

Festesdrang, m., 10879 = Gedränge beim Feste.

Fett, n., 4873 zu Fette kommen = fett werden.

Fettbauch-Krummbein-Schelme, m., 7669 — die Pygmäen. S. Zusammensetzungen A.

fetter, 10998, „zu f. Weide" — neue Lesart in W.-A. statt „steter".

Fettgewicht, n., 4734 — Bezeichnung des „Narren".

Feuchte, f., 8458, auch bei Andern vorkommend; 8461 Lebensfeuchte — das Belebende des Wassers.

Feuerluft, f., 2069 — wahrscheinlich mit Beziehung auf die 1783 von den Gebrüder Montgolfier erfundene Füllung des Ballons mit erhitzter Luft. Daß sich auf diese auch das Räthsel (C. 2, S. 161): „Viel Männer sind hoch zu verehren 2c." bezieht, ist nicht unwahrscheinlich.

Feuerpein, f., 2473 - - das höllische Feuer.

Feuerstrudel, m., 1154 — Feuer in wirbelnder Bewegung.

Feuerwagen, m., 702. Vergl. 2. Buch der Könige 2, 11 und Jes. Sirach, 48, 9. Fausts Vorstellung entstand aus der Erinnerung daran, daß der Prophet Elia auf feurigem Wagen mit feurigen Rossen gen Himmel fährt.

Feuerzunge, f., 6483; dasselbe Wort auch in „Iphigenie" (C. 9, S. 47): „Mit ihrer Feuerzunge schilderte sie (Elektra)". Vergl. Apostelgeschichte 2, 3: „Man sahe an ihnen die Zungen zertheilet, als wären sie feurig."

d. Fideler, 4339—4342. Die Verse stehen erst seit C. im Text. In dem Streite, ob das Wort auf der ersten oder zweiten Silbe zu betonen ist, scheint es, daß man Düntzer, Taylor u. A. gegen von Loeper und W.-A. folgen, d. h. „Fidéler" lesen muß. Die in Rede stehende Person ist nicht etwa als selbst musizirend zu denken, so daß die fünf nachfolgenden Philosophen durch seine Fidel in ihren Systemen beirrt werden und deren Unterschiede vergessen, sondern er verweist auf den Dudelsack, der dies thut. (Er selbst und seine Fidel wären also überflüssig. Dagegen wird der Gedanke nicht unpassend erscheinen, daß der Fidéle sich überhaupt nicht um den Unterschied der Systeme kümmert, sondern ganz zufrieden ist, wenn sie für den Augenblick alle in einen Topf geworfen werden.

find't, 3216, U. 1065. Ebenso U. 503 genät und zugericht = gknätet und zugerichtet; 5860 veracht't = verachtet.

finis, nach 12111. Siehe Lateinische Worte.

Firlefanz, m., 1670. Das seiner Ableitung nach ebenso wie „Alfanz", „Alfanzerei" zweifelhafte Wort bezeichnet einen Menschen, der sich thöricht oder ungeschickt beträgt.

Fisch, m., 8232, „neugierig wie ein F."

ist Proteus", ebenso sind es 6022 die Nereiden.

Fischer, Vogelsteller, hinter 5198 — unausgeführte Scene.

Flackerleben, n., 3865 — des Irrlichts. S. Zusammensetzungen A.

Flamm- und Schandergrauen, n., 7041. S. Inn- und Aeußeres.

Flämmchen, n., 5633 — spendet der Knabe Lenker als Symbole der poetischen Anregung.

Flammen, f., 8576. Neue Lesart in W.-A. statt „Flamme".

Flammenbildung, f., 499, U. 147 = Flammengebilde, Flammenbild — Anrede Fausts an den Erdgeist.

Flammengaukelspiel, n., 5987. S. Zusammensetzungen A.

Flammenstadt, f., 11647: „Die F. in ewiger Gluth". Vergl. Dante's Hölle (Inferno) 8, 68: »la città ch'ha nome Dite« (die Stadt, die den Name Dite hat). An die dortige Beschreibung derselben schließt sich auch Goethes Darstellung an.

flämmern, 3651, U. 1399 = flammern, flimmern — scheint sonst nicht vorzukommen.

Fläschchen, n., 3511, U. 1203 als Arzneifläschchen — 3834, U. 1371 als Riechfläschchen.

Flaus, m., 6606 — der Pelz Fausts, den Mephisto anzieht. Vergl. 6714 ff.

Fledermans, f., W.-A. 14, S. 242, St. S. 19 gehört zu den vom Teufel bevorzugten Thieren; 5478 f. Zoilo=Thersites zerplatzt in eine Otter und eine F.

Fledermausgleich, 9979 — wird der Chor der Trojanerinnen in der Unterwelt „pipien". Das letzte Wort dem Griechischen τρίζειν entsprechend. (S. Odyss. 24, 7.)

Fledermans-Vampyren, die, 7981 als Bezeichnung der Phorkyaden, die auch „pfeifend" zwitschern.

Flederwisch, m., 3706, spöttischer Ausdruck für den Degen. Ebenso in der älteren Bearbeitung von Klaudine von Villa Bella (C. 57): „raus, feurig, frisch den Flederwisch".

fliege fort, 4420, U. S. 84 Z. 12 — als Indikativ zu fassen. S. Auslassungen B.

Fliegengott, m., 1384, eine der zahlreichen Bezeichnungen des Teufels. Uebersetzung des biblischen Baalsebub (Beelzebub) nach der Septuaginta. Auch im Westöstlichen Divan (Siebenschläfer C. 5 S. 272, V. 11 ff.) heißt es: „Sie (die Fliege) kehrt wieder, wie des hämischen Fliegengottes Abgesandter."

Flitterschau, f., 5815. „Geputztes Volk du, F." Der Putz enthält nichts Werthvolles, so daß das Ganze nur ein Schauen von Flittern ist.

Flocke, f., 11985 f. „Löset die Flocken los, die ihn (Faust) umgeben." Schröer erklärt das Wort aus dem lateinischen floccus, flocca und erinnert daran, daß früher in dem Benediktinerstift Admont die Sitte geherrscht habe, die Leichen der Ordensbrüder in die flocca, die Feiertagskleidung, zu hüllen, die dann bei der eigentlichen Beerdigung fortgenommen wurde. Demnach wären auch hier die Flocken Gewänder. Diese Vorstellung erscheint bedenklich. Warum soll man sich die aufschwebende Seele in Gewänder gehüllt denken und sollte damit der Erdenrest gemeint sein, der, wie die Engel kurz vorher sagen (11954 f.), ihnen zu tragen peinlich wäre? Ohne sich also die Sache zu sehr im Einzelnen vorzustellen, hätte man zu denken, daß die Seele noch mit irgend welchem irdischen, körperlichen Stoffe behaftet sei, etwa in dem Sinne, wie Mephisto 11660 ff. sich darüber ausspricht.

Floh, m., 2212, U. S. 24, Z. 101. Der unrichtige darauf folgende Reim „Sohn" erklärt sich daraus, daß im Frankfurter Dialekt „Soh" für „Sohn" gesprochen wurde und noch wird.

Flor, m., bezeichnet meistens den Zustand des Blühens in seiner Gesammterscheinung. 3622, U. 1874 der Mägdlein F., 5120 Blumenflor, 5133 Wunderflor, 5637 Ein Flämmchen... (das der Poesie) leuchtet rasch in kurzem F., 5153 aller Schätze F., 8392 Jugendflor, 9522 f. das Land entbietet seinen höchsten F. — Dagegen im Sinne von Nebel 3921 „Hier leuchtet Gluth aus Dunst und F.", 6449 f.

das Dunstige senkt sich; aus dem leichten F., ein schöner Jüngling tritt … hervor, 10845 vor Augen schwebt' es wie ein F., 4395 Nebelflor; 4807 f. gleichbedeutend mit „Schleier": „dichtern F. zög ich dem Bilde lieber vor".

Flora, f., 5156, Göttin der Blumen bei den Römern.

Flottenfest, n., 11283. Siehe Wortspiele.

fluchen, 2806, U. 658 — als Transitivum mit dem Sinne, etwas als Fluch aussprechen: „Ich wollte, ich wüßte was Aergers, daß ich's fluchen könnte."

Flügelflatterschlagen, n., 7661. S. Zusammensetzungen A.

flügelmännisch, nach 11635—11670. Mephisto macht Geberden und nimmt Stellungen an wie ein Flügelmann (antesignanus), der vor die Front tritt; er giebt damit den Dürrteufeln Anweisung, wie sie Fausts Seele ergreifen sollen. An der zweiten Stelle bedeutet das Wort nur soviel wie „groß", so groß, daß die Angeredeten Flügelmänner sein könnten.

flügeloffen, 4706. Siehe Zusammensetzungen B.

Fluß, m., 255: „Es schäumt das Meer in breiten Flüssen", d. h. Strömungen.

Flüsterzittern, n., 9992. Siehe Zusammensetzungen A.

Fluthstrom, m., 698: „Des Geistes F. ebbet nach und nach." S. ebben.

fodern, 3857, 11314 = fordern — hier an beiden Stellen durch den Reim auf „lodern" veranlaßt, aber auch sonst bei Goethe bisweilen vorkommen.

Folger, m., 10958 = Nachfolger — in der älteren Sprache häufig, auch bei Goethe in „Iphigenie", „die Geheimnisse" und a. a. O.

folgerecht, 10672: „neuer Rath ist f.", d. h. so, daß es recht ist ihm zu folgen. Worin der Rath der Raben bestanden hat, müßte aus dem weiteren Verfahren Mephistos geschlossen werden.

fordersamst, U. 293 = zu allererst; dagegen 10016 „Beteten zu allen Göttern, fördersamst zum Sonnengott" mit der Bedeutung „am Fördersamsten, Wirtsamsten."

fortan, 8046. S. so fortan.

fortbuhlen, 11588: „So buhlt er (Faust) fort nach wechselnden Gestalten" — Ausdruck für den nie rastenden Trieb nach Thätigkeit in Faust.

Fortinbras, P. 65, St. S. 59: „Bravo, alter Fortinbras, aller Kauz ꝛc." Entweder der Norwegerfürst in Shakespeares „Hamlet", der etwa in einer nicht zur Ausführung gekommenen Scene auftreten sollte, oder viel wahrscheinlicher nur eine Bezeichnung für den Schauspieler, der in einer Aufführung des Hamlet die Rolle des F. gespielt hatte.

fortrasen, 1720 = weiter rasen: „Rast nicht die Welt in allen Strömen fort?"

forttollen, 7562, in ähnlichem Sinne wie das Vorige. Seismos sagt von sich und den Titanen: „Wir tollten fort in jugendlicher Hitze."

Franken, die — 9470 werden bei der Vertheilung des Peloponnes nach Elis gewiesen.

Frankfurt a. M., St. S. 49. — Dorthin und in eine Krönungszeit wird nach dem ältesten Entwurfe die Handlung des ersten Actes im zweiten Theil verlegt.

Franzen, die, 2272 (U. S. 27 Z. 159 f. Franzosen), während es in den „Zahmen Xenien" (erst in Q. veröffentlicht) wieder heißt: „Von Franzen hat er (Blücher) euch befreit."

Fratze, f., 4241, häßliches Gesicht, daher 5672 das des Mephisto; 1739 die Unterschrift, die von Faust verlangt wird — als eine seiner Ansicht nach unnöthige Förmlichkeit. — **Lebensfratzen**, 1561 — die Hindernisse, die man sich selbst bei seinem Handeln aus falschen Rücksichten in den Weg legt. — **Fratzenangesicht**, n., W.-A. 14, S. 243, St. S. 20. — **Fratzengeisterspiel**, n., 6546, die Herbeiführung der Erscheinung des Paris und der Helena. S. auch Zusammensetzungen A. — **fratzenhaft**, 4739, ist der Aufputz Mephistos, 7456 Manto ist nicht f. bewegt, wie andere Sibyllen, 5692 ein f. Gebild

Frau — fühlen 47

— als Bezeichnung einzelner Gestalten, in der Mummenschanz.

Frau, f., 9221, 9588 Frauen als Dat. Sing., U. 1008 Frauens als Dat. Plur. Für die letztere Form vergl. Doctors, Professors, Jungens; für die erste Erden, Jammereden, Nasen 2c.

Frau, die weiße, P. 47, St. S. 31 f. Unter der Rubrik „Blocksbergs-Candidaten" ist der erste Jung Stilling (s. d.). Eine Abbildung der weißen Frau, nach seiner Annahme die 1340 gestorbene Gräfin von Orlamünde, ist das Titelkupfer seiner 1808 erschienenen „Theorie der Geisterkunde". Außerdem wird dort als weiße Frau Bertha von Lichtenstein, geb. von Rosenberg genannt. Eine weitere Erwähnung derselben noch P. 29, St. S. 30.

Frauenbild, n., 7195, „ihr Frauenbilder" als Anrede Fausts an die Sphinxe, analog dem allgemein gebräuchlichen Worte „Mannsbild"; 2600 Bild einer Frau im Spiegel der Hexenküche.

Frauengebild, n., 10049 — von dem vorigen verschieden, weil die Erscheinung an sich nicht vollständig bestimmt ist, wenn sie auch das für die Frau Charakteristische ausgeprägt erkennen läßt. Siehe Weibsgebild.

Fräulein, n., 2605, 2607, 2906, 3020, U. 457, 459, 760, 874 — ein junges Mädchen von Adel oder wenigstens den höheren Ständen angehörig.

frei, 1704, mit nachfolgendem Genitiv, in der älteren Sprache häufig; ebenso 2622, U. 474 freisprechen: „Der (Pfaffe) sprach sie aller Sünde frei".

frei und frank, 5690. Stabreim — gewöhnlich in umgekehrter Folge, z. B. „Die Lustigen in Weimar (C. 1, S. 166), ein Näpschen frank und frei". — Zahme Xenien (C. 3, S. 289) und a. a. O. Vergl. auch 2024, U. 418: „Weh und Ach" — 9253 her und hin.

Freigeschenk, n., 9009 = freiwilliges Geschenk.

freiherzig, 10620 — schon bei älteren Schriftstellern vorkommend.

· fremd- und fremder, 634 f. „Dem Herrlichsten, was auch der Geist empfangen, drängt immer fremd- und fremder Stoff sich an." — Unsrer Auffassung nach ist „fremd" sowohl wie „fremder" Adjektiv im Positiv, nicht Adverb. Aehnlich könnte man sagen „Gutes und Gutes thun", „Neues und Neues sehen", ohne daß ein Gradunterschied zwischen dem einzelnen Guten und Neuen wäre.

Fresse, f., 10332 — vulgärer Ausdruck für „Maul".

Freund, m., 5855. Wir sind der guten Menschen F. — als Singularform zu fassen. Vergl. 10832.

frevel, Adjektiv — 5603 die Schmetterlinge, 7895 das Blut der Pygmäen, 10991 das Glück.

frischan, 5674. Ermunterungsruf der Weiber unter sich zur Verspottung des Abgemagerten. S. Adverbien.

fröhnen, 11540 - Dienste leisten.

d. **Frosch,** 2073—2336, U. S. 19—31 — Student.

Froschlaich, m., 6325 als sympathetisches Mittel gegen Sommersprossen.

früher, 7022. „Hier träumte Magnus früher Größe Blüthentag." Die Vermuthung von Schröer, daß „frührer" zu lesen sei, wird durch die Handschriften nicht bestätigt. Allerdings ist es richtig, daß Pompejus (Magnus) zur Zeit der Schlacht von Pharsalus im Alter von achtundfünfzig Jahren nicht von einer frühen noch zu erwartenden Größe träumen konnte; aber er träumte sich in sein Jünglingsalter zurück, wie die Stelle Lucan. Pharsal. VII, 9-19 deutlich zeigt.

Fuchs, m., 6704 — bekannte, seit Anfang des siebenzehnten Jahrhunderts übliche Bezeichnung für einen Studenten in den beiden ersten Semestern.

fügen, 9967 f. S. Dativ, poetischer Gebrauch.

fühlen, 6047. „Der Landsknecht fühlt sich frisches Blut" = „in sich". Entsprechend dem französischen Sprachgebrauch, zu dem Goethe sich oft hinneigt (f. Gallicismen), ist „sich" als Dativ zu fassen. Aehnlich auch in „Hermann und Dorothea" (C. 40 S. 326): „Denn an der Braut, die der Mann sich erwählt, läßt gleich sich erkennen, welches Geistes er ist, und ob er sich eigenen Werth fühlt".

Fünfwinkelzeichen, n., St. S. 7, Uebersetzung von „Pentagramm". Vergl. Maskenzug zum 18. Dezember 1818 als Einzeldruck.

Funkenwürmer, m., 3903, gewöhnlich Johanniswürmer (Cantharis noctiluca) genannt.

d. **Furcht**, f., 5407—5422 — P. 102, St. S. 55 wird auch von den Dichtern des Alterthums personifizirt, wie sie denn hier als Person an den „Elephanten" angekettet auftritt. Vergl. Hoffnung.

d. **Furien**, f. (Erinyen, Eumeniden), 5349—5392, P. 102, St. S. 55 — in der Homerischen Dichtung und bei Hesiod in unbestimmter Zahl; Aeschylus ließ sie als Chor von fünfzig Personen auftreten, der erst bei der späteren Aufführung auf fünfzehn vermindert wurde. Euripides hat deren drei, die aber nicht besonders genannt werden. Die hier gebrauchten Namen Alekto (die Unversöhnliche), Megära (Personifikation des Neides) und Tisiphone (Rächerin des Mordes) stammen erst aus einer späteren Zeit.

fürlieb (nehmen), 3076, U. 928 vorlieb.

fürstenreich, 9276 = reich wie ein Fürst.

füßeln, 6342, verstohlenes Berühren der Füße unter Liebenden wie in dem Gedichte „Wahrer Genuß" (C. 47 S. 10): „Wenn sie bei Tisch des Liebsten Füße zum Schemel ihrer Füße macht".

Fuß fassen, 11120, den ersten — den Anfang machen.

G.

Gäa, f. S. 7391. S. Chaos. G. ist hier nicht als Person, sondern als die Erde selbst gedacht.

Gabe, f., 5597 — die des „Knaben Lenker" verwandelt sich für die Menge, die sie nicht ihrem Sinne nach versteht, sofort in Werthloses.

d. **Gabriel**, 251. S. Erzengel. G., dessen Worte hier mit dem Koppernikanischen Weltsystem übereinstimmen, tritt in der Bibel, im Talmud und im Islam in sehr verschiedener Bedeutung und Eigenschaft auf.

Gähnen, n., 3947: „Der Wurzeln Knarren und G." — wird von Grimm auf den Klang beim G., wohl richtiger von Sanders auf das Klaffen der Wurzeln bezogen, das die Vorstellung des Gähnens (des Verschlingenwollens) erweckt.

Galan, m., 2946, U. 800, ursprünglich spanisches Wort = Liebhaber.

galant, 5105, 7693, heißen die Gärtnerinnen und die Lamien, da sie nicht spröde, sondern zur Liebe geneigt und entgegenkommend sind. 4378 die Irrlichter (die glänzenden Galanten) im Gegensatze zu den sonstigen Gestalten im Walpurgisnachtstraum.

Galatag, m., 4063 — der Tag, an dem große Festlichkeiten stattfinden, namentlich die bei Hofe.

d. **Galatee** (Galatea), 8145, die schönste der Nereiden oder Doriden und nach Aphrodite überhaupt die schönste weibliche Gestalt. 8386 nennen die Sirenen sie der Mutter Bild (Abbild); 8424, 8450 ihr Muschelthron und Wagen, an dem Homunculus zerschellt. 8469 ff. Ihr Festzug, der den Schluß der klassischen Walpurgisnacht bildet, erinnert im Einzelnen an Goethes Aufsatz „Philostrats Gemälde", zugleich auch an Raphaels Freskobild in der Farnesina zu Rom und an „Galatee auf dem Meere von Agostino Carracci". Goethe kannte aber auch Calderons Drama „Ueber allen Zauber Liebe" (El mayor encanto amor), wo Galatee am Schlusse auf dem Meere in einem Triumphwagen erscheint, von zwei Delphinen gezogen, Tritonen und Sirenen mit musikalischen Instrumenten um sie her.

Gallertquark, m., 11742 — der Körper der Irrlichter. S. Quark.

Gallicismen, m., 366, U. 13 alle die Laffen (tous les fats); 2890, U. 746 den Leuten etwas sehen lassen (faire voir quelque chose aux hommes); 5347 f.

Sie anzusehn (à les voir), ihr würdet sie willkommne Gäste nennen; 6047 Der Landsknecht fühlt sich frisches Blut (se sent une force nouvelle); 7486 Er weiß nicht wie und wo beginnen (où commencer); 10425 f. Das Bergvolk ist in Natur- und Felsenschrift studirt (étudier en); P. 65, St. S. 60: Was wir andre Hexenmeister sagen (nous autres sorciers).

Gallier, die, P. 164, St. S. 102: „Nördlicher Einfall der Gallier" — ein aufgegebenes Motiv, ersetzt durch den fingirten Einfall des Menelaus.

gangen, U. 1242 = gegangen. „Ja so ist's ihr endlich gangen."

gänglich, 10353. S. **allzugänglich**.

Gänsestuhlgang, m., U. 315 — als Wirkung der schlechten Kost der Studenten.

gar einen, 2817, U. 671, 3015, U. 869. S. **Wortstellung**.

d. **Gärtnerinnen und Gärtner**, 5088 bis 5177. Die Strophen „Olivenzweig mit Früchten" bis „Rosenknospen" sind als von den ersteren gesprochen zu denken. Vergl. dazu P. 102, St. S. 55.

Gas sylvestre, P. 136, St. S. 89: „Da dies der alte Name der Kohlensäure (fixe Luft) ist, so erklären sich die Verse von selbst."

Gassen, f., 2883, U. 739 als Dativ Sing. S. **Erden**.

Gast, m., 10832: „Hier sind wir nicht willkommne Gast." So steht in den Ausgaben und in H., in W.-A. nach H³. „willkommner". Bei den zahlreichen Analogien für den vorliegenden Fall glauben wir die alte Lesart beibehalten zu müssen. So sagt man allgemein „zu G. sein"; 5855 „Wir sind der guten Menschen Freund", C. 1 S. 181 „sieben Tag und sieben Nacht"; C. 2 S. 37 „drei arme Kind". Außerdem ist für die Beibehaltung des Singulars, der durchgehende Gebrauch bei Maßen und Gewichten zu beachten.

Gauch, m., 4976, 11712, ursprünglich gleichbedeutend mit Guckguck — dann Schimpfwort im Sinne von „Narr" oder „Thor".

Gaukelei, f., 10857 = Zauberei, 9753

— das wilde und aufgeregte Gebahren Euphorions.

gaukeln, 10695 = zaubern, 7693 von der Koketterie der Lamien gesagt; 1488 ff. „Inseln, die sich auf Wellen gaukelnd bewegen" — nämlich in ihrem Spiegelbilde im Meere. S. auch **ausgaukeln**.

Gaukeltanz, m., 5877 — der Nymphen um den großen Pan.

gebahren, 5377: „Mit diesem allen weiß ich zu g." — sonst gewöhnlich „sich gebahren" = sich verhalten, verfahren, aber auch im Westöstlichen Divan C. 5 S. 31 steht: „Weil des Korans geweiht Vermächtniß unverändert ich verwahre und damit so fromm gebahre."

Gebein, n., 8914, die Glieder des Menschen überhaupt, 11513 die Knochen.

geben, U. 1175 als Partizip: „Es ist ein Kauz, wie's mehr noch geben" (gegeben hat). **sich geben**, 898, 1469 = sich ergeben, sich hingeben.

Gebenedeiten, die, 8285: „Euch, dem Helios Geweihten heitern Tags Gebenedeiten". Der Genitiv ist nicht als einfache Zeitbestimmung, sondern als von G. abhängig zu fassen.

Geblüte, n., 10517 f.: „So stürzt der Feind, Mann über Mann, ersäuft im eigenen Geblüte" — also Ausdruck für die Zusammengehörigkeit des Blutes bei Verbündeten oder Parteigenossen.

Gebot, n., die drei, 5860 — du sollst nicht stehlen, nicht ehebrechen, nicht tödten.

gebrauchen, 1908 — mit abhängigem Genitiv „der Zeit".

Gedacht, gethan, das Meer es muß zurück. P. 197, St. S. 127 ähnlich P. 202, St. S. 136: Gethan geschehn sogleich verdumpft, verschrumpft. 11382: Geboten schnell, zu schnell gethan.

Gedicht, n., 4953: „Ein mattgesungen — alt G." — Die von zwei Personen gesprochen zu denkenden Worte bezeichnen zusammen eine übel klingende, verbrauchte Erdichtung oder Lüge.

Geding, n., U. 855, 3001 durch das gleichbedeutende „Beding" (s. d.) ersetzt.

Gedränge, n., 9804: „Glaubst du wohl

mich im G.?" = in Noth, in Verlegenheit. 9811 Felsengedränge — dicht an- und gegeneinander gedrängte Felsen.

gedroschner Spaß, 4973. S. dreschen.

Gefieder, n., P. 102, St. S. 55, als Kollektivum von „Feder".

Geflügel, n., 1484, die Vögel.

gegen, 8537, He. 41: „Als wenn er Unheil sänne, saß er g. mir" = mir gegenüber.

Gegenkaiser, m., 10407; des Gegenkaisers Zelt als Ort der Handlung 10783 bis 10848; W.-A. 15a, S. 341, St. S. 129: „Ein G., gut! er stelle sich." Weitere Erwähnungen P. 178—181, P. 186, St. S. 121 f.

Gegenmann, m., 4109 = Gegner, indem er einem andern gegenüber steht.

gegenwarts, 8784 (He. 247 in Gegenwart), analog der Bildung der Adverbien abends, nachts, anfangs, nachmittags, indessen als Präposition angewendet.

gegossen, 1308 ff. „ihn (Christus) — den durch alle Himmel Gegoss'nen". Der Ausdruck scheint von der Ausgießung des heiligen Geistes entnommen zu sein.

gehn und stehen, 2640, V. 491, 2998, V. 852 = möglich sein. „Bedenkt, was gehn und stehn mag." „So könnt' es gehn und stehn."

gehüllt, 6716: „g. im rauhen Vließ", während eigentlich „in" mit dem Akkusativ zu erwarten wäre. In der Handschrift stand ursprünglich „eingehüllt", womit das Bedenkliche des Ausdrucks gehoben wäre.

geilen, V. 283: „Die Mägdlein ach sie geilen viel" — d. h. bitten zudringlich um Geschenke, wie Ev. Luc. 11, 8: „ob er (der Gebetene) nicht aufsteht, so wird er doch um seines (des Bittenden) unverschämten Geilens willen aufstehen und ihm geben, wie viel er bedarf." In verwandter, aber doch verschiedener Bedeutung sagt der Mohr in Schillers Fiesko (I. Akt, 9. Auftritt): „Mein Genie geilte frühzeitig über jedes Gehege."

d. **Geist, böser**, 3776—3831, V. 1311 bis 1369 — in der Domscene; die bösen Luftgeister 1126—1141 nach Wagners dem Faustbuche von 1587 entsprechenden Vorstellungen.

d. **Geist, der sich erst bildet**, 4259 bis 4262 — Spott über Dichtungen, die nicht aus dem Innern des Menschen hervorgehen, sondern durch mechanische Zusammenstellung von nicht zu einander passenden Theilen bewerkstelligt werden. Wie die Chimära der antiken Mythologie aus Löwe, Schlange und Ziege zusammengesetzt ist, wie Horaz am Anfang seiner ars poëtica sich in seiner Fantasie ein Monstrum zusammenstellt, zu dem Mensch, Pferd, Vogel und Fisch ihre Theile hergeben müssen. — so sind hier Spinne, Kröte und Vogel Bestandtheile zu einem Produkt, das mit dem Diminutiv „Wichtchen" bezeichnet wird.

Geisterchor, 1607—1628. Auf den Gesammtfluch, den Faust über alle Güter des Lebens ausspricht, folgt der Geisterchor, auf diesen die Rede des Mephistopheles, in der er mit unumwundenen Worten den Vertrag anbietet, für den er Faust gewinnen will und wirklich gewinnt. Ein innerlicher Zusammenhang zwischen diesen drei Partien muß angenommen werden, wenn man nicht den Dichter von vorne herein einer großen Schwäche in der Entwickelung seines Planes beschuldigen will. Dieser Vorwurf würde auch damit nicht aufgehoben werden, wenn man annähme, daß das Einzelne zu verschiedenen und möglicherweise weit auseinander liegenden Zeiten entstanden ist; denn dann war es seine Aufgabe, die sonst fehlende Verbindung herbeizuführen, wie er das in vielen andern Fällen gethan hat. Man hat nun in der That mehrfach versucht, den Prozeß klar zu legen, der nach der hier vorliegenden Entwickelung in Goethes Innerem vor sich gegangen sein muß, aber bis jetzt wenigstens nicht mit übereinstimmenden Resultaten.

Faust hat, wie man den vollständigsten Grund hat anzunehmen, seinen Fluch im höchsten Grade der Erregung ausgesprochen. Wer Alles verwünscht, was die Menschheit schätzt und begehrt, kann dem Leben selbst keinen Zweck, keinen Inhalt mehr geben; er ist der Verzweiflung verfallen. Es läge daher nahe, Faust selbst auf das Bündniß mit dem Teufel verzichten und wieder an Selbstmord denken zu lassen. Da dies indessen nach der Anlage des Ganzen nicht mehr statthaft war, so mußte Faust von seiner Erregung befreit und für das Leben wieder möglich gemacht werden. Das ist zunächst der Zweck des Geisterchors, der zuerst der von Faust zerstörten Welt eine Klage nachsendet, dann aber ihn ermuthigt, eine prächtigere in seinem Busen wieder aufzubauen. Und eine Ermuthigung liegt auch darin, daß er schon für jene erste That als „Halbgott" bezeichnet und das Gelingen der zweiten ihm als „Mächtigem der Erdensöhne" verhießen wird. Die Geister schmeicheln ihm, indem sie ihn für fähig erklären, das Größte zu vollenden; denn die neu zu erbauende Welt ist nicht wie die bisherige an menschliche Bedingungen und beschränkte Kraft gebunden, sondern wird unendlich weit über dieselbe hinausgehen.

In gleichem Sinne wirkt dann Mephisto auf ihn ein: „Dies sind die Kleinen von den Meinen. Höre, wie zu Lust und Thaten Altklug sie rathen." Wenn er sie „altklug" nennt, so ist das kein Tadel, sondern schließt einen ganz andern Gedanken in sich: schon die untergeordneten Geister, die tief unter mir stehen, geben dir diesen Rath, um wie viel mehr muß ich es thun! Und dem entsprechend ermahnt er ihn ernstlich, seine düstre Stimmung nicht zum Gegenstande seiner Reflexionen zu machen, sondern mit ihm ein neues Leben kennen und genießen zu lernen. Von „Thaten" ist hier weiter noch nicht die Rede, wenn sie auch im Geistergesange vorkommen; aber offenbar hat Goethe dabei auch schon an die weitere Entwickelung gedacht, die er seiner Dichtung vorbehielt.

Nach dem Gesagten wird erstlich eine Deutung unmöglich, die sich wunderbarerweise noch in neuen Kommentaren findet, daß der Chor nämlich aus guten Geistern bestünde, die ähnlich wie bei Marlowe Faust zu Glauben und Tugend zurückführen wollen. Die Geister sind im Dienste Mephistos, ihr Gesang ertönt auf seine Anordnung und der Inhalt desselben wirkt für seine eignen Pläne.

Geisterfülle, f., 607, mit Beziehung auf das Erscheinen des Erdgeistes und die Vorstellungen, die er in Faust erweckt hat; 520, U. 167 „Diese Fülle der Gesichte" als Ausdruck für ebendasselbe.

Geistergröße, f., 4617 — die der Elfen.

Geister-Meisterstück, n., 6443 — das Herbeischaffen von Paris und Helena, um dessentwillen Faust den Weg zu den Müttern machen mußte.

Geisternacht, f., 7200 — die klassische Walpurgisnacht.

Geisterreich, n., P. 47, St. S. 31: „Das Geisterreich, hier kommt's zur Schau" — auf Jung Stillings Schrift „Theorie der Geisterkunde" bezüglich; vgl. auch Frau, die weiße.

geisterreicher Drang, m., 1527 — das Andringen vieler Geister.

Geisterscene, f., 6307 — ist ausgeführt 6377—6565.

Geisterschritt, m., 8274: „Dreifach merkwürdiger G." Die Verbindung von Thales, Proteus und Homunkulus erinnert an den Schluß des Gedichtes „Diné zu Coblenz" (C. 2 S. 283), den Goethe auch in „Dichtung und Wahrheit" citirt: „Und wie nach Emaus weiter ging's ꝛc."

Geisterwelt, f., 443 ff., U. 90 ff.: „Die G. ist nicht verschlossen ꝛc." Wem die als Citat bezeichneten vier Verse angehören, ist bisher nicht ermittelt. Vergl. indessen der Weise.

Geistes Kraft und Mund, 378, U. 25 — ist nicht als ein Begriff zu fassen, sondern durch Auslassung des Artikels zu erklären. Ebenso 9801 „Geistes Muth und Kraft".

geistig, 8327; „Komm g. mit in feuchte Weite", d. h. als Geist, ohne dich weiter zu bestreben, Mensch zu werden. 10598 f. „Das sind die Spuren verscholl'ner geistiger Naturen", d. h. von solchen, die ehedem als Geister gewirkt haben und mächtig gewesen sind, wie hier die im Alterthum verehrten Dioskuren.

Geisterzahn, m., 1130 f.: „Von Norden dringt der scharfe G." Die Personificirung der Luftgeister wird noch durch die „pfeilgespitzten Zungen" weitergeführt, die ihnen gegeben werden. S. Geist, böser.

geiſtlich, U. 370: „Fehlt leider nur das g. Band", dafür 1939 geiſtige.

Geiz, m., 5665, 5686. S. **Abgemagerter**, der, und **Avaritia**. Weitere Erwähnungen P. 102, P. 104, P. 105, St. S. 55 f. und die ihm zugewieſenen Worte P. 113 V. 13 f. St. S. 65: „Nur alle hundert Jahr einmal, doch heute bin ich liberal."

Geklimpere, n., U. S. 24 Z. 91. S. alleine.

geknät, U. 503, dafür 2651 geknetet. Vergl. ſind't.

gekriſchen, U. S. 19 Z. 1 f.: „Drein geſoffen, drein g.", dafür 2082 „ſauft und ſchreit".

d. **Gelahrter**, m., 65336—540 — bezweifelt zuerſt als Philologe die Aechtheit der dem Hofkreiſe vorgeführten Helena; ſie gefällt ihm indeſſen und da dies mit Ilias 3, 156 ff. übereinſtimmt, wo die Greiſe, auf dem Skäiſchen Thore ſitzend, es ganz gerechtfertigt finden, wenn Troer und Achäer um ein ſolches Weib lange Zeit Leiden erdulden, ſo hält er auch ſich für berechtigt, Helenas Schönheit anzuerkennen.

gelbe Schnäbel, m., 6745 = Gelbſchnäbel. Aehnlich 3910 „Die irren Lichter" ſtatt „Irrlichter".

Geleier, n., 7763, die lüſternen, aber noch von keiner wirklich ſich kundgebenden Abſicht begleiteten Worte, die Mephiſto über die Lamien ausſpricht.

Geleit, n., 10947 — z. B. das der zu den Meſſen nach großen Handelsſtädten reiſenden Kaufleute war eine wichtige Einnahme für die Herren der Gebiete, durch welche dieſe zogen und in denen dieſe ſie beſchützten.

Gelichter, n., W.-A. 14, S. 244, St. S. 21 „erzplutoniſches" nennt Amor die zwei kleinen Teufel.

geloffen, U. 328: „Wäre gerne ſo grade zu geloffen". Dieſelbe Wortform unter „Sprichwörtlich" (C. 2 S. 256 V.15 f.): „Und was ich auch für Wege geloffen, auf dem Neidpfad habt ihr mich nie betroffen".

gelüſten, 1893, 7858 unperſönlich mit abhängigem Dativ.

gelt, 3325: „G.! daß ich dich fange" — eigentlich ein Konjunktiv Präſens, dann Interjektion — auch a. a. O. bei Goethe.

Gemeindrang, m., 11572 — Streben nach Thätigkeit, das aus dem Gefühl der Zuſammengehörigkeit mit einem größeren Ganzen hervorgeht.

Gemenge, n., 9681 — das der zahlreichen helleniſchen Götter.

gemildert, 10097 ff.: „Die Natur... hat... die Hügel dann... mit ſanftem Zug — in das Thal gemildert" — d. h. ſie in allmählicher Abflachung dem Thale gleichgemacht.

d. **Gemurmel der Menge**, n., 4757, 4885, 4951, 4973 in je vier Verſen, 4993 in ſechs.

genau, 3084, U. 936. S. akkurat. Es iſt zweifelhaft, ob man hier die Bedeutung „ſparſam" oder „eigen", „ſorgfältig" annehmen ſoll. Das Erſte iſt wahrſcheinlicher, da Gretchen keine rauhen Hände haben würde, wenn ein Anderer die ihr zugewieſenen Arbeiten verrichtet hätte.

d. **General**, 4076—4079 — in der erſten Walpurgisnacht, der ſich beklagt, daß ſeine früheren Verdienſte vergeſſen ſind.

d. **Generaliſſimus**, 7644—7653 — der Pygmäen.

genetzt, P. 29, St. S. 30 = genießt. „Das mindere g. des Mehreren" — wird von den Undenen geſagt, die ſich mit Menſchen verbinden und ſelbſt ohne Seele dadurch eine Seele erhalten.

genießen, 11097, im Sinne von eſſen und trinken — ohne Objekt; ebenſo in allgemeinem Sinne 10260: „Er (der Kaiſer) ſelbſt genoß und wie." 10259 „Genießen macht gemein." 616 „ſein ſelbſt (Genitiv) genießen".

Genitiv, abſolut (unabhängig), 7786 f. Die Lamien zu einander: „Blitzartig, ſchwarzen Flugs ungebet den eingedrungenen Hexenſohn", 7789 „Schweigſamen Fittigs (fliegt) Fledermäuſe", 8140 „Sie (die Doriden) werfen ſich, anmuthigſter Geberde", 8687 ff. „Das Wunder zeigt ſich — hohlen, blutig-trüben Blicks, ſeltſamer Bildung", 9439 „Leeres Hauchs erschüttere du (Phorkyas) die Lüfte", 11676 ff. „Folget Gesandte ... gemächlichen Fluges", 11758 f. „Verliebte, die, verschmäht (ihr) verdrehten Halses nach der Liebsten späht."

Genitiv der Eigenschaft — wo sonst die Präpositionen „von", „in", „mit" u. a. stehen, ist seiner grammatischen Natur nach oft von dem absoluten Genitiv nicht zu unterscheiden, da es dafür nur auf eine geringe Verschiedenheit der Auffassung ankommt. Beispiele: 7438 ff. „Und sollt' ich nicht sehnsüchtigster Gewalt ins Leben ziehn die einzigste Gestalt", 7714 f. „Das Volk (der Lamien) geschnürten Leibs, geschminkten Angesichts", 8351 ff. „Tauben sind es, die begleiten meiner Tochter Muschelfahrt Wunderflugs besonderer Art", 8385 ff. „Bringet Galateen — ernst, den Göttern gleich zu schauen, würdiger Unsterblichkeit, doch ... lockender Anmuthigkeit", 9645—9650 „Diesen (Merkur) ... strenget in köstlicher Wideln Schmuck klatschender Wärterinnen Schaar unvernünftigen Wähnens."

Genitiv des Orts. U. 1154, 3462, 5950: „aller Orten"; P. 110, St. S. 79: „Irrst du nicht hier, so irrst du andrer Orten"; 2949, U. 803: „Das ist des Landes (hier zu Lande) nicht der Brauch"; 3014 „allerwegs" (U. 868 „allewegs").

Genitiv der Zeit. 4644 ff.: Große Lichter, kleine Funken — glänzen droben „klarer Nacht", wo die beiden letzten Worte nicht etwa ein von „glänzen" abhängiger Dativ sind. 7317 f. Dagegen: „Wüßt' ich nur, wer dieser Nacht schnelle Botschaft zugebracht." Auch hier ist „dieser Nacht" öfters als Genitiv der Zeit aufgefaßt; es ist aber natürlicher, die Worte als Dativ von „zugebracht" abhängig zu machen. 7415 jener Zeit, 10957 seiner Zeit, 11054 jener Tage, 11123 Tags umsonst die Knechte lärmten, 11898 Knaben, Mitternachts Geborne. Vergl. auch W.-A. 14, S. 225 f., U. S. 80 „nächtlicher Weile" (früher „Weise").

Genügen, n., 1481 ff. „(Bäche) breiten zu Seen sich ums G. grünender Hügel", d. h. um die genügend vorhandenen Hügel, welche die Landschaft verschönern, wobei freilich das Setzen des abstrakten statt des konkreten Wortes auffällig erscheint.

genung statt genug. 2139, U. S. 21 Z. 39, 3572, U. 1263, 3727, 4265, 4431, P. 47 V. 5.

Germane, der, 9466 ff. — erhält bei der Vertheilung des Peloponnes die Vertheidigung von Korinth und des korinthischen Meerbusens zugewiesen.

geruhig, 1368 = ruhig, schon mittelhochdeutsch.

Gesänfte, n., 4864 = Gesause. Das Wort kommt bei Hans von Schweinichen vor, dessen Tagebuch Goethe gelesen hatte. (Vergl. Lieben, Lust und Leben der Deutschen des sechzehnten Jahrhunderts in den Begebenheiten des schlesischen Ritters Hans von Schweinichen. Herausgegeben von J. G. G. Büsching. Breslau 1820).

Geschäfte, n., 10451 = Geschäft.

geschäftig, 10580. S. beschäftigt.

gescheidter, 366, U. 13 gescheuter.

geschiedene Butter, f., U. 312, ausgelassene, geschmolzene, wie sie zum Backen und Braten verwendet wird.

geschicht, 11358 — ältere Form für „geschieht", auch sonst bei Goethe nicht selten.

Geschleck, n., 3560, U. 1251, eigentlich vom Naschen aus Leckerei gebraucht, hier indessen vielleicht aufs Küssen übertragen.

Geschmuck, m., 8562, der älteren Sprache angehörig.

geschnabelt, P. 123 S. 205, St. S. 76 „die stymphalischen Sumpfvögel, scharf g.", auch sonst ohne Umlaut vorkommend.

Geschnarr, n., 4051 — der Instrumente auf dem Blocksberg. — Mephisto ist in Bezug auf die Musik wählerisch. Der Lärm in der Walpurgisnacht ist ihm zuwider, der Gesang der Sirenen trabbelt ihm nur um die Ohren, ohne zum Herzen zu bringen (7175 f.), aber er ist selbst Liedersänger und die Hexe (2591) glaubt ihm eine besondere Freude zu machen, wenn sie ihm ein neues Lied verehrt.

d. **Geschrei und Gedräng**, v., 5748

bis 5756. Jeder einzelne Vers ist einer besonderen Person zuzuweisen.

Geschwister, n., 9520, als Kollektivbegriff; das G. Helenas sind Kastor, Pollux und Klytämnestra. Anders in dem Gedichte „Morgenständchen" (Deutscher Musenalmanach für das Jahr 1838. Herausgegeben von A. von Chamisso und G. Schwab. Auch in der Hempelschen Ausgabe der Gedichte. GH. 2, Bd. 2, S. 198 V. 7), in dem „mein geliebt Geschwister" nur eine Person bezeichnet.

geschworen, 11290, dem Thurme. S. Dativ, poetischer Gebrauch.

gesegnen, 11739, nach älterem Sprachgebrauch für „segnen", bei Goethe auch a. a. O.

Gesetz, n., 2634, U. 486. Unter G. scheinen hier die Bestimmungen gegen den geschlechtlichen Verkehr mit Unerwachsenen gemeint zu sein, worauf die vorangehenden „vierzehn Jahre" hinweisen; an die Gesetze und Strafen bei Verführung, Ehebruch 2c. überhaupt ist schwerlich zu denken.

Gesicht, seltsames, 10589 — das Bild der Fata Morgana (s. d.).

Gesichte, als Plural 520, U. 167 — 2074 Gesichter.

Gesinde, n., 274. Die himmlischen Heerschaaren in der Umgebung des Herrn; vor 4728 Hofgesinde; 7240 die Lamien: „Mische dich zum lustigen G." P. 137, St. S. 89 nennt Seismos die Winde „Nord und Süd und West gesinde."

gespazieren, V. 1244: Das war ein g.

Gespenstgespinste, n., 6199 = Gespenster. S. Zusammensetzungen A. und vergl. 11413 Traumgespinste.

gespenstig, 9980, nach der Analogie von „widerspenstig", während sonst „gespenstisch", „gespensterhaft" im Gebrauch ist. Vergl. z. B. 5487.

gessen — als Particip, 4414 f., U. S. 84 Z. 1 2: „Mein Vater — der mich g. hat."

Gestalt aller Gestalten, f., 8907 — superlativische Bezeichnung für die Schönheit Helenas.

Gesträuche, n., 3892. Siehe Auslassung D.

gestreckt, 11365 = hingestreckt, getödtet.

gesunden, 4652. Ebenso C. 4. S. 149 und a. a. O.

gethan, 9872, ohne Objekt — s. thun.

Getreibe, n., 6279 — ein bewegtes Treiben im Reiche der Mütter.

d. Getümmel und Gesang, 5801 bis 5806. Die scenarische Angabe, von wem die Verse zu singen sind, fehlt ebenso wie für das Sprechen der unter „Geschrei und Gedräng" bezeichneten.

getrost, 1967, 5915, als Adverbium; 5853 „mit Gruß getrost" als Adjektiv, da es sich an das vorangehende „stürzen wir" nur schwer anschließen läßt und das Wort auch sonst adjektivisch vorkommt.

Gewächs an Töpfen, P. 29, St. S. 30. Vergl. Praetorius S. 53 f.: „Bei Christoff Richtern im Calend. 1662 steht dieses: „In Großpolen bei der Stadt Suemen ist eine unglaubliche Sache zu sehen, daß nehmlich Töpffe, Fässer, Krüge und allerhand Gattung irdenes Geschirres von sich selbsten wachsen und auß der Erde gegraben werden, doch weich, die bald in die Luft gesetzet allgemach hart werden'."

gewahren, sich, 7154 = sich hüten; 10483 g. mit nachfolgendem Genitiv: „Das Schwert gewahret seiner Pflicht."

gewähren, 7414: „Die Frage läßt sich leicht g.", d. h. beantworten.

d. Gewaltigen, die drei, 10423 ff.: Raufebold, Habebald (mit der Marketenderin Eilebeute [s. d.], die übrigens im Scenarium nicht erwähnt wird) und Haltefest treten zusammen auf. 10783 ff. Habebald mit Eilebeute plündern in des Gegenkaisers Zelt; alle drei wieder zusammen 11166—11217 als die drei gewaltigen Gesellen. Außerdem häufig vorkommend P. 178, St. S. 122 Mephisto tritt auf mit den drei Tüchtigen 2c. — die drei Bursche thun Wunder. P. 179, St. S. 120 Drei Bursche. — Die drei Hauptfiguren treten auf. P. 180, St. S. 123 ebenso. P. 182, St. S. 125 Zelt des Gegenkaisers Habebald, Eilebeute. P. 63, S. St. 119 nach älterem Plane: Mephistopheles stellt Fausten drei Helfershelfer: Raufebold 2c. P. 197, St. S. 127 bringt noch das Fragment einer Unterredung zwischen Faust und Halteseft. Dies ist deshalb beachtenswerth, weil Faust sich zwar immer von ihm und seinen Gefährten helfen läßt, aber in keinen persönlichen Verkehr mit ihnen tritt. Die drei G. repräsentiren auch die drei Altersstufen von Jüngling, Mann und Greis.

Gewande, n., 9617 — des Euphorion, hinter 9954 die der Helena.

d. **Gewandten**, die, 4867—4870. Die alte Düntzersche Erklärung, daß unter ihnen diejenigen zu verstehen seien, welche alle politischen Wandlungen mitmachten und nie ihre Stellung verlören, ist jetzt noch durch keine bessere ersetzt worden. Die Vermuthung, daß hier eine Anspielung auf den Hof zu Kassel und den König Jerome beabsichtigt sei, stimmt schon der Zeit nach nicht recht, also ist die Uebereinstimmung des Ausdrucks „lustig" und „Sanssouci" mit dem diesem zugeschriebenen Wahlspruch „immer lustig" wohl nur zufällig. Dagegen rechtfertigt sich die Beziehung auf politische Verhältnisse überhaupt mit noch dadurch, daß auch die nachfolgenden Strophen ähnlichen Inhalts sind.

gewärtig, 8200: „Die Kabiren sind in Gnaden uns g.", d. h. für alle Hülfe und Dienste bereit; 11465 mit nachfolgendem Genitiv, der Zukunft g. sein, an sie denken.

gewohnt, gewohnt, 2362, das erste mit abhängigem Akkusativ „Das bin ich nicht g." 6270 das zweite mit dem Genitiv: „g. der wunderbarsten Dinge".

Gewölb der Nächte, n., 6134 — Metapher für „Himmel". Vergl. Zelt des Tages.

gezogen, 1174, 1400. S. ziehen.

Gezücht, gespenstisches, n., 5487. Die Gestalten in der Mummenschanz.

Gezwergvolk, n., 10749 f. Die Pygmäen, die 7631 ff. von ihrem Feldherrn aufgefordert waren, sich eine Schmiede zu bauen, um Waffen und Harnische für das Heer zu schaffen, sollen jetzt künstliche Feuer bereiten, um die Feinde zu erschrecken.

Ghibellinen wie die Guelfen, 4845, 10771 f. (umgestellt) — an der ersten Stelle nur zur Bezeichnung der beiden mächtigen Parteien; nach der zweiten sollen in Wirklichkeit die alten Waffen derselben aus Zeug- und Rathhäusern hervorgesucht werden.

Giebel, m., 10138, in der Pluralform „Giebeln". Vergl. Pedellen, Sinnen, Thoren ꝛc.

Gift, m., 1053, 8355, in der gewöhnlichen Bedeutung; 10927 als f. Schenkung, Gabe.

giftig klare Flammen, 11722. Siehe Adverbien statt Adjektiven.

Gild- und Handwerksneid, m., 9959. S. Inn- und Aeußeres.

Gipfelriesen, m., 4695, die der Berge = die riesigen Gipfel der Berge. S. Zusammensetzungen A.

girren, 3945 — bezeichnet den Ton, der durch Reibung und Aneinanderstoßen bewegter Aeste hervorgebracht wird. Aehnlich im „Jahrmarktsfest zu Plundersweilern" (C. 13 S. 14 V. 17 f.), wo „butterweiche Wagenschmiere verkauft wird, daß die Achsen nicht knirren, und die Räder nicht girren." Nach norddeutschem Sprachgebrauch würde man überhaupt nur „knirren" erwarten.

Gischt (m.) **und Galle** (f.), 5386. Stabreim wie „Gift und Galle", „krank und frei".

glauben, 3426 f., 1118 an Gott — V. 1119 einen Gott.

Glaubenskrücke, f., 10120 f.: „Mein Wandrer hinkt an seiner G. zum Teufelsstein." — Die Krücke setzt eine körperliche Gebrechlichkeit voraus; der Glaube ist nach Mephistos Ansicht eine geistige Schwäche.

glaubhaftig, 9643, statt des sonst üblichen „glaubhaft".

gleich, 6336: „Zu Gleichem Gleiches" — Grundsatz der Homöopathie, den Mephisto in der Behandlung seiner Patienten anwendet.

Gleichniß, n., 12105. Das Vergängliche oder Irdische ist nur ein Abbild des Unvergänglichen, wie die Erscheinung ein Abbild der Idee ist, die ihr zu Grunde liegt.

gleißen, 5603, golden g., ohne Gold

zu sein; 11658 g. wie Phosphor. — Dies thut die Seele, wenn sie den todten Körper verläßt, und dadurch kenntlich, kann sie von den Teufeln erhascht werden.

Gletscher, m., P. 11, St. S. 12. Frage in der Disputations-Scene.

Glied, n., 11934 f. „Gerettet ist das edle G. der Geisterwelt" — die Seele Fausts als zu dieser gehörig.

glimmen, 1497 — unrichtige Lesart der Ausgaben bis 1829 für „klimmen".

glitzern, 4645 f., 5516, 5583 drückt ein wiederholtes, sich bewegendes Glänzen aus.

Glitzertand, m., 5547.

Glocke, f., 6819, die fürchterliche — weil sie Wagner in der Arbeit am Homunkulus stört; 4590, U. S. 88 Z. 98 u.100, die Armesünderglocke, die während der Hinrichtung geläutet wird.

Glorie, f. S. Aureole. Nach 11675. „G. umgiebt die Siegesgöttin Victoria und erscheint über dem himmlischen Heerschaaren".

gloriirend, P. 123 S. 201, St. S. 74: „Wagner hoch gloriirend, daß eben ein chemisches Menschlein zu Stande gekommen sei." Ebenso C. 8 S. 31: „(Die Fürsten) g. von Ruh und Sicherheit des Reichs", also = viel Rühmens von einer Sache machen.

glückan, 11169. Willkommensruf beim Anlanden der Schiffe, dem bergmännischen „Glückauf" (5853) nachgebildet. Siehe **Adverbien**.

glückzu, 7092. Ausruf zur Ermunterung bei einem Unternehmen.

glühen, 10364: „Zu Tausenden glüht's hier auf große That" — sonst mit „für" oder „nach" verbunden.

glüht und funkelt, 6652. S. Hendiadys.

gluthen, 10023 = glühen, Gluth verbreiten.

d. **Gnomen**, 5840—5863. Erd- und Berggeister der Germanischen Mythe, die die unterirdischen Schätze behüten und in verschiedener Gestalt vorkommen, treten in der Mummenschanz auf.

Gold, n., 4935. S. Sonne.

golden, 5012, golden — goldne Rolle. S. **Doppelung**. 5712 goldnes Blut = blutrothes Gold. Ebenso Schiller im Lied an die Freude V. 74 f.: „In der Traube goldnem Blut ec.", 5041 goldne Kälber als Metapher für „viel Gold", 4223 bis 4398 Goldne Hochzeit Oberons und Titanias (zweiter Titel des Intermezzos), 4849 Goldespforten — „die G. (d. h. die Mittel und Wege Gold zu gewinnen) sind verrammelt."

Gorgo, P. 160, 161, St. S. 93: „Mich däucht, was Riesenhaftes, Langes tritt aus der Finsterniß hervor". — „Ich wahre dich vor größrer Pein." — Aus P. 123, S. 210, St. S. 79 geht hervor, daß hier mit der geheimnißvollen Erscheinung Gorgo oder vielmehr das Gorgonenhaupt gemeint ist. In einer Schlucht, die Faust durchschreiten muß, um zum Ortus zu gelangen, kommt es ihm entgegen und würde ihn versteinert haben, wenn Manto ihn nicht in ihren Mantel gehüllt und für jenes unsichtbar gemacht hätte.

Gorgonen, die, P. 99, St. S. 72, erscheinen in diesem Schema, gleichbedeutend mit den Phorkyaden, entsprechend der Darstellung 8728 ff. und He. 181 ff.

Gothe, m., 9469. Bei Vertheilung des Peleponneses wird Achaja den Gothen zugewiesen.

Gott, m., 1185. Die Liebe Gottes = zu Gott.

Gottbethörter, m., 9257 — ein solcher ist Lynkeus, weil seine Liebe zu Helena durch Amor erzeugt ist.

Götter Griechenlands, die, 4273. S. Orthodox und W.-A. 14, S. 245, St S. 22.

Göttersöhne, die, 344 — die himmlischen Heerschaaren oder Engel, die Kinder Gottes, werden häufig in der Bibel so genannt, namentlich im Buch Hiob, das Goethe für den Prolog im Himmel benutzt hat. Wie in der heidnischen Mythologie kommen nach der älteren biblischen Vorstellung (z. B. schon 1. Mos. 6, 2, die Engel zu den Sterblichen herab.

Gottheit, die, 508 f., U. 155 f.: „ich — wirke der G. lebendiges Kleid". — Die

göttlich) — Greife 57

Stelle ist für die Beurtheilung des Verhältnisses des Erdgeistes zu Gott von der größten Wichtigkeit als die einzige, aus der unmittelbar folgt, daß er im Dienste Gottes stehend zu denken ist.

göttlich, 8098, nach Art der Götter. Nereus sagt von sich: „Seit alten Jahren konnt' ich g. ruhn".

Gouverneur, P. 26, St. S. 25: Mephisto nennt sich Fausts G. in einem Fragment, das sich nur schwer in den Gang des ganzen Gedichtes einreihen läßt. In W.-A. und St. ist der aus zwölf Versen bestehende Monolog zwischen die Valentins- und Blocksbergsscene gestellt, aber auch nur vermuthungsweise.

Grab, m., 2581: „Er ist ein Mann von vielen Graden". — Am nächsten liegt wohl bei diesem Worte, an die Abstufungen im Freimaurerorden zu denken.

Graien, die, 8735, P. 99 ad. 13, St. S. 72. An der letzten Stelle finden sich nebeneinander die Worte „die Gorgonen", „die Graien", die nach der antiken Mythologie allerdings sämmtlich Töchter des Phorkys und der Keto sind, aber zwei von einander getrennte Gruppen bilden. Hier wird indessen kein Unterschied zwischen ihnen gemacht.

Gräfin, f., P. 47, St. S. 32. Siehe **Frau, die weiße**. Es liegt nahe, anzunehmen, daß die Worte der spukenden Gräfin von Orlamünde selbst in den Mund gelegt werden; sie verhöhnt Jung Stilling, weil er sie in seiner „Theorie der Geisterkunde" als Geist anerkannt hatte.

grandios, 10160 — das Schloß, dessen Erbauung Mephisto vorschlägt.

gränzunbewußt, 9363 — ist das Reich der Schönheit, weil sie nicht wissen kann, wie weit sich ihre Macht erstreckt.

Gras, n., 9300 gedörrtes, 9330 abgemähtes, welches — alles als Bezeichnung des Werthlosen.

Graßaffe, m., 3521, U. 1213 — häufig von Goethe angewendeter Ausdruck für junge Mädchen oder Frauen, so in „Dichtung und Wahrheit" in den Briefen an Frau von Stein und a. a. O., später auch bei Tieck u. a. vorkommend.

graß, 10514: „Hals und Kopf hinschlotternd g. im Nacken", auch sonst bei Goethe (grasse Gestalten) — ist Stammwort zu „gräßlich".

Graubärte, m., 6338, die Trojas, welche die Schönheit Helenas (s. **Gelahrter**) preisen.

Graus, m., Bezeichnung von allem Furchtbaren und Schauderhaften; 4625 von erlebtem G., 5422 Dunst und G., 7802 Geröll von Steinen statt eines gangbaren Pfades, 10779 bis in den allerletzten G. (grauenhaftes Ende).

graus, 7463, als Adjektiv „in grauser Nacht".

grauslich, 7254 „ein g. Wittern", d. h. Ankündigung von bösem Wetter.

grautagend, 9119, Epitheton für den Hades. S. auch **Zusammensetzungen** C.

d. **Grazien, die drei**, 5299—5304. Aglaia, Hegemone, Euphrosyne, während die zweite, sonst gewöhnlich „Thalia" genannt wird. Hegemone ist dem Attischen Kultus entnommen, der überhaupt nur zwei Grazien, sie und Auxo, kennt.

d. **Greife, die**, 7093—7142 (γρῦπες) — aus der indischen Mythe stammend, nach Herodot Wächter der Goldgruben in Hochasien und in stetem Kampf mit den einäugigen Arimaspen (s. d.), die das Gold rauben wollen. Sie werden dargestellt als löwenähnliche Ungethüme mit Fittigen und Schnabel des Adlers. Hier dienen sie besonders zur Satire gegen die damalige „Etymologie", ähnlich wie in dem gleichnamigen Gedichte, welches mit der Bemerkung „Mephistopheles spricht" eingeführt wird und dem wir deshalb einen Platz in unserer Sammlung der Paralipomena St. S. 87 angewiesen haben. Mit dieser verspotteten mechanischen Ableitung aus dem Gleichklang der Worte ist sehr wohl vereinbar, daß die Greife auch als altkluge, langweilige, absprechende, menschenfeindliche Sonderlinge charakterisirt werden. (Aeußerung des Orientalisten Hammer über ihre Bedeutung bei den Morgenländern, auf die v. Loeper hinweist, da Goethe sich dieselbe zur Richtschnur bei seiner Darstellung gemacht hat.) So findet denn Mephisto die G. 7083 unverschämt; 7093 ff. wollen sie nicht Greise genannt werden, sondern erkennen nur das ihren Neigungen zusagende „greifen" als richtig an; 10624 f. wird der G. als Symbol verwandt, als das des Gegenkaisers (s. Adler), während die sonstigen Erwähnungen (P. 123, P. 124, St. S. 75, 82, 84) kein neues Moment geben.

greiflich, 8250 — was man mit den Händen fassen kann, während es dem Homunkulus „am g. Tüchtighaften" fehlt.

d. **Gretchen**. S. auch **Margarethe**. 2827, U. 681 „Margretlein", 2873 Gretelchen, U. 729 Gretgen, P. 23, St. S. 146 Gretel und Margret. Die Erwähnung P. 196, St. S. 71 ist ohne Bedeutung, dagegen von Wichtigkeit für die Erklärung das ältere Schema P. 99, St. S. 71: „Faust niedergelegt an einer Kirchhofsmauer. Träume. Darauf großer Monolog zwischen der Wahnerscheinung von Gretchen und Helena." Dazu ferner P. 179, St. S. 120: „Die Wolke steigt halb als Helena nach Südosten, halb als Gretchen nach Nordwesten". — Die Ausführung dieser Motive, allerdings mit wesentlichen Aenderungen, findet sich in der Dichtung selbst 10039—10066.

Greuelschlund, m., 8886 — der des schmähenden Mephisto als Phorkyas. S. Zusammensetzungen A.

Gries, m., 7540 — grobkörniger Sand.

Griesgram, m., 8087. Nereus als unzufrieden mit den Menschen; 7096 als Adjektivum, wenigstens nach der allgemein herrschenden, wenn auch nicht unbedingt nothwendigen Auffassung.

griffe, 5595: „Was einer noch so emsig griffe" — Konjunktiv Imperfekti, nicht Indikativ wie „sahe" und ähnliche Formen.

Grille, f., 1253, P. 102, St. S. 55 = Heuschrecken, Heimchen; 5371, 6615, 10197, 11461 Launen, (Einbildungen, Sonderbarkeiten.

grillen, 4217 = Launen haben. Im gleichen Sinne P. 204, St. S. 135: „Mir grill's im Kopf". Worauf sich indessen dieser und der folgende Vers bezieht, ist bis jetzt nicht ermittelt.

grillenhaft, 1037, 1100, 4959, 6786.

grimmen, 8095: „Wie es mir gleich im tiefsten Herzen grimmt" — sonst fast durchgängig mit Akkusativ.

Grobiänchen, n., W.-A. 14, 243, St. S. 21: „Ein wahres, derbes G.", sagt Teufelchen A. zu Amor.

gros Hans, U. S. 81 Z. 29. Siehe Hans.

groß' und kleine Welt, 4015: „daß in der großen Welt man kleine Welten macht". Dieser Vers, in dem scheinbar Makrokosmus und Mikrokosmus übersetzt werden, ebenso die vorangehenden, sind nur ihrem wörtlichen Sinne nach aufzufassen; indessen bietet die Welt der Großen und der Kleinen auf der Erde eine Analogie zu dem Verhältniß jener beiden Begriffe zu einander.

großer Pan, 5804, 5807. S. **Pan**.

Großheit, f., 8917 die Helenas; 9016 die Fausts; einzelne Handschriften haben an der letzten Stelle „Großmuth".

Großthum, n., P. 123 S. 206, St. S. 77 das der Römer zur Zeit der Schlacht bei Pharsalus.

Grund, m., 2042, U. 436 „von eurer Weisheit auf den G. zu hören" = gründlich, aufs Gründlichste.

Grüne, f., 6243 — die G. gestillter Meere, bei Goethe auch a. a. O.

grunelu, 8266 — ebenso dreimal im Westöstlichen Divan — bezeichnet den frischen Geruch des Grases nach dem Regen.

grünen, 9307 f.: „Nun der Smaragd allein verdient, daß er an deinem Herzen grünt", d. h. sein Grün, welches das schönste von allen ist, glänzen läßt. — Die frühere Lesart „Nur" wird jetzt fast allgemein verworfen.

Gryllen, m., P. 123 S. 204, St. S. 78. Nach Plinius (natur. hist. 35, 10, 37) allerhand lächerliche groteske Figuren, Karrikaturen in modernem Sinne. Es wird dort berichtet, daß Antiphilus aus Aegypten, ein Schüler des Ktesidemus, einen gewissen Gryllus mit seiner lächerlichen Figur dargestellt habe, wovon diese ganze, später sich bildende Gattung der Malerei den Namen der „Gryllen" erhalten habe.

Gunst, f., 10388: „wir (die Kundschafter) bringen wenig G.", das heißt Günstiges.

Guckguck, U. 637 als Interjektion. „Was G. mag dadrinnen sein?" Dafür 2785: „Es ist doch wunderbar! Was mag wohl drinne sein?"

gülden, 10919 = golden. S. Vergüldung 6529 und „vergulden" in dem Gedichte „Sehnsucht" (C. 1 S. 100 f.): „Die scheidende Sonne verguldet die Höhn."

Gürtel, m., 6108 — als Geldtasche zur Aufbewahrung des Papiergeldes.

Gürtelkreis, m., P. 141, St. S. 148, der der Natur — in einem nur aus folgenden Worten bestehenden Fragmente: „An deinem G. Natur auf Urberühmter Felsen Spur."

Gütchen, n., 5847. Die Gnomen (s. d.) nennen sich den frommen G. nah verwandt, d. h. Kobolden, die sich den Menschen wohlgesinnt zeigen (bei Practorius 2, 145 „Gutelken" genannt).

gute Mähr, f., 1423 = gute Nachricht. S. Mär.

H.

Haar, n., 11891, das der Tannen — Metapher für die Nadeln derselben.

d. **Habebald**, 10525 ff. S. Gewaltigen, die drei.

Häckerling, m., 3576 (U. 1267 Hexel) — gehacktes oder geschnittenes Stroh wird nach altem Gebrauch gefallenen Mädchen am Polterabend vor die Thür gestreut.

Hades, m., 9121, 9966, 9971, 9988 und a. a. O. P. 99, St. S. 72, P. 123, S. 201, St. S. 76 — das Schattenreich oder die Unterwelt der Hellenen, fast nur in den Chorgesängen der Trojischen Begleiterinnen Helenas vorkommend; 6209 f.: Mephistopheles identifizirt Hades und Hölle, in dem er im Alterthum seine eigene Hölle zuschreibt, wie denn auch Luther im Neuen Testament, z. B. Evang. Matth. 11, 23, entsprechend übersetzt ἕως ᾅδου bis zur Hölle.

Hafeneiu, 11144 — schon bei Opitz vorkommend. S. Adverbien.

Hagestolz, m., U. 944, 3092, 3150, P. 29, St. S. 30. Das letztere, ein Schema einer für den Blocksberg bestimmten Scene beginnt mit diesem Worte, ohne daß sich angeben ließe, an wen man dabei zu denken hätte.

Hähnchen, n., W.-A. 14, S. 243, St. S. 21: Teufelchen A. sagt von Amor: „Das ist mir wohl ein saubres H."

halb, 9147, als Präposition mit Genitiv: „fürstlicher Hochbegrüßung h."

Halbgott, m., 1612. Der Geisterchor zu Faust: „Ein H. hat sie (die schöne Welt) zerschlagen", 7473 „Halbgötter treten heran". Manto träumend ahnt das Herannahen Chirons, 7360 ff. (auf denselben bezüglich): „Du hast halbgöttlich ernst die Tage durchgelebt."

d. **Halbhere**, f., 4004—4007. Siehe Here.

Halbnaturen, s., 11514 Charakteristische Bezeichnung für die Lemuren (s. d.).

halbweg, 2027, U. 421 = zur Hälfte, einigermaßen: „Wenn ihr nur h. ehrbar thut" — auch sonst bei Goethe nicht selten.

halt, 2828, U. 682 = eben, nach süddeutschem Sprachgebrauch.

hält, U. 921: „Wer Recht behalten will ... der hält's gewiß", so daß die Ergänzung der Vorsilbe nöthig wird. Dafür 3070 „behält's".

d. **Haltefest**, 10339, P. 197. Siehe Gewaltigen, die drei.

Hammelmauspastete, f., U. S. 20 Z. 15. Nach Heyne in Grimms Wörterbuch ist Hammelmaus am Rheine ein Name für das Heimchen, die Hausgrille (gryllus domesticus), so daß die Pastete, abgesehen von ihren sonstigen Zuthaten, eine Speise liefern würde, wie sie Johannes in der Wüste fand.

Handen, zu, 6161, 7855, 11087, nach der Analogie von „abhanden", „vorhan-

Handwarze, f., P. 63 S. 175 f., St. S. 52 — wird von Mephstio durch leichte Berührung beseitigt.

d. **Handwerksbursche,** fünf, 808 bis 819.

Handwerksgruß, m., 10830. „Feste Formel, mit der wandernde Gesellen die Glieder ihrer Zunft begrüßen" (Heyne). Habebald gebraucht verhöhnend als solchen für sein Handwerk: „Gieb her".

hangen, 1894. An ihrem (der Weisheit) Hals will ich mit Freuden h., ähnlich a. a. O.; dagegen 3502 f., U. 1194 f.: „kann ich nie ein Stündchen dir am Busen hängen".

Hans, 7711. Bezeichnung der Männer überhaupt: „Von Adam her verführte Hansen." 2727, U. 579 Faust von sich sprechend „der große Hans", ebenso U. S. 81 Z. 29: Mephisto von Faust „Gros Hans". — Mit näherer Bestimmung, die meistens auf einer volksthümlichen Bedeutung beruht 2189—2194, U. S. 23 Z. 66—75. H. v. Rippach (auch im Personenverzeichniß zu „Hanswursts Hochzeit" vorkommend), der als Typus bäurischer und dabei anmaßender Dummheit gilt. 2628, U. 480 H. Liederlich. Vergl. auch GH. 2, Bd. 3, S. 469 das Gedicht mit dieser Ueberschrift. 5642 Hanswurst (von Mephistopheles dargestellt). S. Charlatan. 10511—10518, 10578 Hans Raufbold. S. Gewaltigen, die drei.

hänseln, 6741, zum Narren machen, betrügen.

Harpyien, f., 8819; „H., wähn' ich, fütterten dich im Unflath auf". — Jungfrauen mit Vogelleibern, die mit Geierfedern bedeckt sind, werden hier mit Beziehung darauf erwähnt, daß sie dem blinden Seher Phineus, König in Salmydessos, die vorgesetzten Speisen wegnahmen oder besudelten. W.-A. 15b, S. 204, St. S. 78: „H. flattern und schwanken in unsichern Kreisen."

harren, 10568, mit nachfolgendem Genitiv.

Harz, m., Harzgebirge, n., 3835 ff. als Schauplatz für die Walpurgisnacht,

auch später noch oft genannt 5805, 7743, 7953 und a. a. O.

häßlichen, 9437: „Den schönsten Boten, Unglücksbotschaft häßlicht ihn." Das Wort kommt sonst nur als Kompositum (verhäßlichen) vor.

Hauf, m. (sonst Haufe, Haufen), 3958, 5755; zu H. 5852, 6648, 7602, 10273, 10785, 10809 Bücherhauf; 402, U. 49 Herenhauf 3967.

häufig, 3098, U. 950: „ihr habt der Freunde h." — nicht „in Haufen" wie man den Ausdruck erklärt hat, sondern als Objektstasus im Sinne von „viel", „die Menge" zu fassen.

Haupt- und Staatsaktion, f., 583, U. 230. — Mit Beziehung auf das ältere Drama, namentlich im siebzehnten Jahrhundert, wo man außer im Lustspiel mit den Personen und Handlungen nicht bis in die bürgerlichen Kreise hinabstieg.

Haupten, 9623: „Wie leuchtet's ihm zu H.", dagegen 5108 f.: „Körbe, die ihr auf den Häupten traget."

Hauptstück, n., U. 268 = Hauptsache.

d. **Hauptweib,** 5666, 5669 — die Anführerin der Weiber im Angriff gegen den „Abgemagerten".

Haus, n., 4949. S. Astrolog, Stunde und Stern der Stunde.

haußen, 1260, mittelhochdeutsch hůzen = außen. Ebenso in dem Gedichte „Der untreue Knabe" (C. 1 S. 182): „(Er) bindt's Pferd hauß' an (außen an)".

Hebe, 7392, Tochter des Zeus und der Here, wird dem in den Olymp aufgenommenen Herakles vermählt.

heben, 10803 f.: „Das hat ein mörderisch Gewicht! Ich heb' es nicht, ich trag' es nicht" = ich kann es nicht heben, nicht tragen.

Heerings Weib, n., U. 668. Siehe Engelsblut.

d. **Heermeister,** m., 4812 ff., 6045 ff. — eine Würde, die sonst in der deutschen Reichsverfassung nicht vorkommt, sondern nur bei den verschiedenen Ritterorden üblich war. Goethe scheint sich unter ihm nach modernem Sinne eine Art Kriegsminister gedacht zu haben, der die Verwaltung des Heeres unter sich hatte. Mit dem Obergeneral, der später (10345) auftritt und schließlich zum Erzmarschall (s. d.) ernannt wird, ist derselbe nicht identisch.

d. **Hegemone**, 5301 f. S. **Grazien**.

hegen, sich, 4915 f.: „Ihr hegt euch an verderbtem Herzen, dem Narren sind sie nah verwandt." Die viel besprochene und verschieden erklärte Stelle glauben wir in nachstehender Weise auffassen zu müssen. Der Kanzler spricht nur zu Mephistopheles, nicht, wie man aus dem Wechsel der Anrede mit „du" und „ihr" hat schließen wollen, zuletzt mit dem Kaiser und seinen Umgebungen. Der Uebergang aus „du" in „ihr" erklärt sich um so leichter, da vorher die Ketzer und die Hexenmeister gescholten werden. Zu diesen gehört nach des Kanzlers Meinung auch Mephistopheles. Wenn er „sich an verderbtem Herzen hegt", so liegt darin der Sinn, daß er sich an Personen anschließt, auf sie Einfluß gewinnen will, deren Herzen er vorher verdorben hat. Hat er das letzte erreicht, so ist sein Spiel gewonnen; denn solche Menschen werden dann ihm, der ja selbst als Narr aufgetreten ist, nah verwandt, also in hohem Grade ähnlich und sind bereit, auf seine Zwecke einzugehen.

Heidenriegel, m., 6971 — Metapher für die Hemmnisse, die das klassische Alterthum mit seinem besondern Wesen der Macht und dem Wirken des Mephistopheles entgegengestellt.

heilig, 3532, U. 1224 — sich h. quälen, d. h. eifrig, mühevoll; 1963, U. 394 der „heilig' Geist; 4643 Schließet sich h. Stern an Stern — zur Bezeichnung der göttlichen Weltordnung; 4453 die Heiligen der katholischen Kirche, 4619 „heilig" als Gegensatz zu „böse", 4906 die Heiligen, d. h. die Geistlichkeit, 4772 ff. Heiligenschein — der Gerechtigkeit als der höchsten Tugend, 5072 heilige Sohlen — die des Papstes, 5972 der heil'ge Stab — des Herolds, da er ihm durch den Willen des Kaisers verliehen ist; 7378 das heil'ge Schiff — die Argo der Argonauten, 7514 mit heiligem Thau, 8304 der Sonne heilige Lebestrahlen, 8742 heiliges Auge — des Phoebus.

heim, 8576 — neue Lesart der W.-A. statt „hin", die handschriftlich zwar nicht ganz sicher ist, aber jedenfalls durch He. 73 gerechtfertigt wird.

heimliche Flammen, f., 7642 — die in den bedeckten Holzmeilern verborgen glimmenden.

Heinrich, 3414, U. 1106, 3500, U. 1192, 4610, 4612 und sehr häufig U. S. 86—89 — Vorname Fausts, den Goethe statt des überlieferten „Johann" gewählt hat. Seine Wahl hat vermutlich der Umstand bestimmt, daß im Kalender Heinrich und Margarethe unter dem 12. und 13. Juli, also unmittelbar hinter einander stehen. — **Heinrich**, 7681: „Auf seiner Höh wird H. munter sein" — Bezeichnung von „Heinrichshöhe", einer Felswand auf dem Brocken.

heischen, 9118, etwas verlangen, was gewährt werden muß, hier von dem goldnen Stabe des Merkur gebraucht, der die Seelen unweigerlich in den Hades weist.

Heißhunger, m., U. 254 und sonst a. a. O. — gilt als spät entstandenes Wort, das die Wörterbücher vor Adelung in der That noch nicht kennen.

Heiterkeiten, f., 10913. S. **Abstrakte im Plural**.

heitern, 9551 = heiter sein, „die Wange heitert wie der Mund".

heitern Tags, 8286. Siehe **Gebenedeiten**.

Hekate, f., 7905. S. **Diana**.

Heldenherr, m, 9137, wird Faust von Helena genannt.

Helena. Ueber ihr verschiedenartiges Auftreten vergl. **Bild in der Hexenküche**. Die Bedeutung ihrer Person für die ganze Faustsage ist hier nicht zu entwickeln. Daher sei hier nur erwähnt, daß sie 6479 bis 6563 als Phantom zu denken ist, während sie im ganzen dritten Akt des zweiten Theils als wirklich ins Leben zurückgekehrt gedacht wird. Nicht zur Ausführung gekommen ist das Motiv P. 90, St. S. 71: „Monolog zwischen der Wahnerscheinung von Gretchen und Helena". — Der Name selbst hat meistens den Ton auf der ersten Silbe, z. B. 2604, 6197, 7196, 7405 :c.

dagegen 7484 f. und 8614 auf der zweiten, ebenso P. 118, St. S. 68: „Die bringen her, so Paris wie Helenen".

Helios, 10022, als Sonnengott; 8285 ff. wird er von den Telchinen als solcher gefeiert.

hell, 7500, mit hellem Heere, 10737 zu ganzen hellen Haufen, an beiden Stellen mit der auch sonst vorkommenden Bedeutung „tüchtig", „mächtig".

Hellas, f., 7743, 9684 als Gesammtname für Griechenland.

helle, 688, 1196, 8296, 12051. Siehe alleine.

hellen, 8476: „(es) hellet hinan" = wird nach oben zu heiter.

Hellung, f., 10079 = Helligkeit, aber zugleich das Werden und Zunehmen derselben ausdrückend.

Hendiadys — eine schon bei den Dichtern des Alterthums häufig angewendete poetische Figur, in der ein Begriff zur Zerlegung in seine beiden Bestandtheile zum Ausdruck gebracht wird. Beispiele: 6 „Dunst und Nebel" = Nebeldunst; 5112 „Laub und Gänge" = Laubgänge; 5230 „Drang und Menge" = Gedränge der Menge; 5293 „Bank und Span" = Bank von Holz; 5730 „Gold und Werth" = Goldeswerth; 5741 „Sud und Gluth" (5925 Gluth und Sud) = siedende Gluth; 5991 „Nacht und Kohlen"; 7042 „Thal und Grund"; 8052 „zu Kron' und Edelsteinen" (zuvor mit Edelsteinen geschmückter Krone); 9481 „Bestätigung und Recht" = rechtliche Bestätigung; 9467 „mit Wall und Schutz" (mit schützendem und dann wieder zu schützenden Walle); 9263 „Burg und Raum"; 10966 „Schrift und Zug". Ebenso ist auch 5422 „Dunst und Graus" nur als dunstiger Graus und 11881 „Gift und Dunst" nur als giftiger Dunst zu fassen.

d. **Hennings**, A. A. F. v., 4307 ff. S. Ci-devant-Genius der Zeit.

Hephästos, 9672, Gott des Feuers.

her und hin, 9253. S. frei und frank.

Herakles, 8849. S. Herkules.

herausenken, 4636 f., als Transitiv: „Süße Düfte — senkt die Dämmerung heran.

heransingen, 8055 f. = etwas durch Gesang an eine Stelle bringen. „Schätze habt ihr uns herangesungen."

heransprechen, 6068: „Der Kanzler sprach mit uns zu dir heran".

heranwachsen, 389, U. 36 als Transitiv.

heranzögern, 4411, U. S. 83 Z. 2 f.: „Dein Zagen zögert den Tod heran." — Ebenso „zögern" in dem Gedicht „An Schwager Kronos" (C. 2 S. 68).

herauser, U. 368 (1987 in „heraus" verändert), ebenso im Gedichte „Gegenseitig" (C. 3, S. 63 V. 7): „Sie läßt es (das Vöglein) herauser".

herbeiberufen, 4747.

herbeigeben, 2578, vereinigt „bringen" und „geben" — fehlt in den Wörterbüchern.

Herbst, m., 10533 — die Erntezeit wird mit dem Beutemachen verglichen.

hereintreten, 11015 = eintreten. „Dem hohen Weihetag — er trete bald herein."

hergrinsen, 664: „Was grinsest du mir hohler Schädel her" = Was liegt darin, daß du mich angrinsest, ausgesprochen?

Herkules, 7198, 7381 und a. a. O. 8849 Herakles, 7219 Alcides als Enkel des Alcaeus, der Vater des Amphitryon war. P. 167, St. S. 104: der Chor der Troerinnen sollte in einem Liede, das zur Ausführung gekommen ist, den H. und die anderen Helden beklagen, die Helena nicht gesehen haben.

herläuten, 6727, jemanden durch Läuten an einen Ort rufen.

Hermaphrodit, m. = Zwitter. 8029 Mephistopheles fürchtet so gescholten zu werden, da er die Gestalt einer Phorkyade angenommen hat. 8256 sagt Thales von Homunculus, „er ist, mich dünkt, hermaphroditisch".

Hermelinchen, n., W.-A. 14, S. 243, St. S. 20, Spottname für Amor, wegen seiner weißen, zarten Farbe.

Hermes (Merkur), 7384 von Chiron erwähnt, 9644 Sohn der Maja; 9645 bis

9678 Lied des Chors der Troerinnen auf seine Jugend, für das der pseudohomerische Hymnus auf ihn als Quelle diente. Vgl. auch P. 167, St. S. 104, wo mit den Worten: „Chor sich zu unterhalten, Geschichten" hierauf hingedeutet wird. 9117 der goldne Stab weist auf sein Amt als Seelenleiter (ψυχοπομπός) hin, sowie er z. B. auch in der Elegie „Euphrosyne" (C. 1 S. 320) auftritt. 4956 „Merkur, der Bote, dient um Gunst und Sold". Hier ist, wie der Zusammenhang zeigt, der Planet gemeint und die Planeten wieder werden schon seit dem dritten Jahrhundert, z. B. von dem Kirchenvater Origenes (185—254) durch Metalle bezeichnet. Merkur ist gleich bedeutend mit Quecksilber, die Sonne mit dem Golde, der Mond mit Silber, Venus mit Kupfer, Mars mit Eisen, Juppiter mit Zinn und Saturn mit Blei.

Hermione, 8859. Tochter des Menelaus und der Helena.

Heroine, f., 6202, 10186 Frauen, sonst auch Töchter von Heroen. Das Wort kommt schon bei Aristophanes (Nubes, V. 315) vor.

d. Herold, m., 4227—4230 im Walpurgisnachtstraum, 5065—5986 als Leiter und Ordner in der Mummenschanz, 10489 bis 10496 Herolde als kaiserliche Boten.

d. Herr, der — im „Prolog im Himmel", für welchen die erste Anregung im Buche Hiob 1, 6 ff. liegt.

Herr Gott, dich loben wir, 10566. Anfangsworte des alten Kirchengesangs Te Deum laudamus nach Luthers Uebersetzung.

Herr Vetter, 6885, 7002. Anrede des Homunkulus an Mephisto und umgekehrt, da beide durch ihren dämonischen Ursprung verwandt sind.

Herr zu drei, 11151 = Herr über drei (Schiffe).

herrlichst, 7388. S. angestrengtest.

Herrscherherr, m., 8828 — oberster Gebieter, König.

hertrotten, W.-A. 14, S. 226 Z. 2, U. S. 80 Z. 17 = hertraben.

herüber hinüber, 1925 (U. 356 rüber, hinüber) — ohne Verbindung wie auch a. a. O., dagegen 3796 herüber und hinüber (U. 1331 rüber und nüber).

hervorhupfen, 1521, ohne Umlaut. S. hupfen.

Herz wie es mag, 11729 f.: „Wonne bereiten sie (die Blüthen und Flammen), Herz wie es mag". — Die Worte werden gewöhnlich unter Voraussetzung einer unregelmäßigen Wortstellung erklärt, in dem Sinne „wie es (das) Herz mag"; aber die Auslassung des Artikels ist nicht härter, wenn man sich „Herz" für „dem Herzen" gesagt denkt, und damit wird wenigstens der eine Uebelstand beseitigt.

Heulen und Klappen, n., 4467, U. S. 85 Z. 34 (Heulen und Zähneklappen) — nach Ev. Matth. 8, 12; 22, 13 und andern Bibelstellen.

d. Hexe, f., 2465—2604 in der Scene in der Hexenküche. St. S. 7 als „die gute Dame" bezeichnet; P. 31, St. S. 27 Hexe aus der Küche, sollte vermuthlich auch auf dem Blocksberg auftreten; 3956—4015 Hexenchor ebendaselbst. S. Chor. — d. Halbhexe, f., 4004—4007. — d. Trödelhexe, f., 4096—4109. — Herchen, n., 4046. — Hexenberg, m., 4093. — 4019 Hexenelemente. — 6199 Hexenferne, m. — hexenhafte Possenreißer (Heyne bei Grimm). Hexenhausrath, m. — vor 2337. 4311 Hexenheer, n. 4015 Hexenheit, f.

Hexen-Einmaleins, n., 2540—2552. Ueber die Versuche, dasselbe zu erklären, hat sich Goethe einmal gegen Falk (S. 92) geäußert; jedenfalls ist es mit unter dem gemeint, was dieser erwähnt: „Dreißig Jahre haben sie sich nun fast mit den Besenstielen des Blocksberges und den Katzengesprächen in der Hexenküche, die in Faust vorkommen, herumgeplagt, und es hat mit dem Interpretiren und dem Allegorisiren dieses dramatisch-humoristischen Unsinns nie so recht fortgewollt." Darin liegt aber keineswegs enthalten, daß eine einigermaßen ausreichende Erklärung nicht möglich wäre. So ist es denn wohl unzweifelhaft, daß Goethe auch hier den Mephistopheles (2543) den Begriff der Dreieinigkeit als logisch undenkbar angreifen läßt, in ähnlicher Weise wie es 2560 ff. geschieht. In neuerer

Zeit ist noch in dem vielbesprochenen Werke von „F. A. Louvier (Sphinx locuta est. Goethes Faust und die Resultate einer rationellen Methode der Forschung. 1887." S. 248f.) der Versuch gemacht, das Hexen-Einmaleins durch die zehn Gebote des Lutherischen Katechismus zu erklären. Dies wäre vielleicht besser gelungen, wenn der Verfasser nicht nach seiner Methode überall im Faust nur Allegorien sähe und die Hexe mit dem Alterswahn identificirte. Aber gleichwohl bleibt noch immer einiges Wahre darin, das zu einer näheren Prüfung auffordert. Daher folgt hier wörtlich, was Louvier sagt: „Aus dem Gebot Nr. 1 mach Nr. 10: ‚Du sollst keine andere Götter haben, also auch nicht begehren deines Nächsten Weib, Knecht, Magd 2c. — Nr. 2 lassen die Hexen gehen (gelten); sie sind sicherlich nicht diejenigen, die den Namen Gottes unnützlich führen (sie führen ihn nämlich gar nicht an, also auch nicht unnützlich). — Gebot Nr. 3 mach gleich, d. h. schaff ab und arbeite am Sonntag, ‚so wirst du reich‘. — Gebot Nr. 4 ‚verlier‘, sagt die Hexe. Das Alter kennt nicht Vater oder Mutter. — Aus Nr. 5 und 6 mache Nr. 7 und 8. Statt zu morden, stiehl lieber, und statt zu ehebrechen, lüge, sagt das Alter, weil jenes eben nicht mehr geht; ‚es ist vollbracht‘ (nämlich bereits früher). — Nr. 9: Du sollst nicht begehren 2c. — Das ist ja Nr. 1 ‚keine andere Götter haben‘. — Nr. 10 ist kein besonderes Gebot, denn es ist ein Stück zu Nr. 9."

d. **Hexenmeister**, 3978—3981 in der Walpurgisnacht thätig. 4911 Die Ketzer sind's, die H.; 11781 sagt Mephistopheles von den Engeln: „(Ihr) seid die wahren Hexenmeister".

Hexenritt, m., 7809; 7787. **Hexensohn** — wird Mephistopheles von den Lamien gescholten. 4402 **Hexenzunft**, f.

hie, 2753, U. 605, 9745. Abkürzung für „hier", jetzt mit Ausnahme der Verbindung „hie und da" ziemlich veraltet, bei Goethe überhaupt nicht selten.

hielt ich, 9325: „Das alles hielt ich fest und mein", d. h. für fest und mein.

hier, 1166: „Komm' hier" = hieher; 2315 h. und dort, wo das letztere mit unbestimmtem Sinne gebraucht ist.

hier außen, 1879, U. 260 — vereinigt die Begriffe „hier und auswärts" (von der Heimat entfernt) zu einem Worte.

Himmel, m., 242: „Vom H. durch die Welt zur Hölle". Die feststehenden Oertlichkeiten in den mittelalterlichen Mysterien waren die Erde im mittleren, der Himmel im oberen, die Hölle im untersten Stockwerk.

himmelan, 9023. S. Adverbien.

himmelein, 7392. Desgl.

himmelhoch, 10624: „Ein Adler schwebt im Himmelhohen".

Himmelsangesicht, n., 3182, U. 1030 als Kosewort.

Himmelsfenster, n., P. 47, St. S. 32. S. Ptolomäer.

Himmelslicht, n., 400; 235 das groß' und kleine H. (Sonne und Mond).

Himmelsmanna, n., 2826 (U. 680 Himmelsmann'). Vergl. 2. Mos. Kap. 16.

Himmelstage, m., 3885 der Liebe; 3463 „unter dem himmlischen Tage", d. h. unter dem Tage, den uns der Himmel überhaupt giebt.

d. **Himmlische Heerschaar**, f., 243 bis 349 die Engel im „Prolog im Himmel", 11676—12111 bei Fausts Himmelfahrt.

Himmelsverwandte, 11677 die Seelen verstorbener Menschen, die im Himmel sind.

Hin- und Widerstreben, n., 7526: „Welch — schaukelnd H. und W." Die Sphinxe sind verdrießlich über die Bewegungen, die Seismos im Innern der Erde macht. Seine Thätigkeit wird durch das Hinstreben, den Widerstand der Massen, die er bewältigen will, durch das Widerstreben bezeichnet.

hin und wieder, 1186', 2598, 7307 = hin und her, wie in dem Heineschen Liede „Die Möwe flog h. u. w."

hinabbilden, 10101: „(Die Natur) hat die Hügel dann bequem hinabgebildet", d. h. sie allmählich sich abflachen lassen.

hinabbrausen, 10341 — bildlicher Ausdruck für das schnelle Verschwinden erworbenen oder gewonnenen Besitzes.

hinabritzen, 11229 — von einer höher liegenden Stelle eine Ritze nach einer tieferen ziehen.

hinächzen, 10026: „Tragebutten ächzen hin" — von den Trägern auf diese übertragen.

hinanfahren, 8538 f. mit abhängigem Dativ: „des Eurotas tiefem Buchtgestad". S. Dativ, poetischer Gebrauch.

hinanhellen, 8476: „So leuchtet's und schwanket und hellet hinan" — in der Beschreibung, wie der leuchtende Homunkulus sich zu Galatees Muschelwagen emporhebt.

hinauverbreiten, sich, 7578 — der Wald steigt mit dem durch das Emporheben der Felsen zugleich gehobenen Erdreich in die Höhe und nimmt dort einen größeren Raum ein.

hinauskehren, 4162 = auskehren: „Wie lange hab' ich nicht am Wahn hinausgekehrt".

hinbeten, 8209: „in Sonn und Mond" — die Richtung bezeichnend, wohin man im Beten seine Blicke richtet.

Hincfepinc, P. 27, 3, St. S. 27, 3. S. Alff.

hinderen, 9490, nach C. 4 und W.-A., während in den „Nachgelassenen Werken", metrisch weniger empfehlenswerth, „hindern" steht.

hineinschaffen, 415 (die Natur), da Gott die Menschen schuf hinein.

hineinschlupfen, 4029 — ohne Umlaut.

hineinwagen, sich, 6666, 7834.

hineinwittern, 3919 — in etwas, sich darin als Zeichen der Witterung bemerkbar machen.

hingewiegt, 7153 — in behaglicher Lage wiegen sich die Sirenen in den Aesten der Pappeln.

hingrinsen, W.-A. 14, S. 226 Z. 33 f. U. S. 81 Z. 27 f. — über etwas, als Ausdruck des Spottes und der Schadenfreude.

hinkauern, sich, 7966 — von der Körperlage der Phorkyaden, die Mephistopheles „hingekauert" erblickt.

hinraffen, 12024 „in die Schwachheit hingerafft", drückt die Schnelligkeit des Geschehenden aus, ebenso wie 1811 „herbeiraffen" und 2814, U. 666 „hinwegraffen".

hinräkeln, sich, 6468. — Paris als Geist thut es in Gegenwart des Kaisers.

hinschlottern, 10514 = sich unwillkürlich hin und her bewegen.

Hintere, m., 1821, P. 42, St. S. 34.

hinthun, sich, 6671: „Wo hat der Mann sich hingethan" = sich hinbegeben — wohl mit dem Nebensinn, daß der gewählte Ort ein ungewöhnlicher, nicht zu erwartender ist.

hiobsartig, 11809, erscheint sich Mephistopheles, nachdem er im Kampfe mit dem Engel verwundet (Beul' an Beule) und besiegt ist. In Buch Hiob 2, 7 ist es der Satan selbst, der vom Angesicht des Herrn ausfährt und Hiob mit bösen Schwären von der Fußsohle an bis auf seinen Scheitel schlägt.

Hippokampen, m., vor 8275 — Seeungeheuer in Gestalt von Pferden mit Fischschwänzen.

Hippomanes, n., P. 30, St. S. 146 — bei den Griechen und Römern in mehrfachem Sinne gebraucht. Hier scheint es, wie auch oft bei jenen, das kleine Fleischgewächs auf der Stirn der neugebornen Fohlen zu bedeuten, das zu Liebes- und Zaubertränken benutzt wurde.

hirnlos, 8952, ohne Verstand, schon mittelhochdeutsch.

hoch und höchst, 1420: „Doch jetzo bitt' ich h. u. h." — hoch im Sinne von „sehr" ist allgemein üblich. vergl. z. B. 8139 und die Verbindung „hoch und theuer", die Steigerung in dieser Verbindung aber wohl Goethe eigenthümlich.

Hochbegrüßung, f., 9147 = feierliche Begrüßung.

Hochbesitz, m., 11156, großer, gewaltiger Besitz.

Hochentzücken, n., 8050 — das der Nereiden und Tritonen über den Gesang der Sirenen.

Hochgelahrter, m., 984, 4969 (als Adjektiv). S. Gelahrter.

Hochgerichtserscheinung, f., P. 50 S. 310, St. S. 40: Das vereinzelt stehende Wort deutet vermutlich auf die Vision hin, die Fauſt in der Walpurgisnacht (4184 ff.) hat, als er Gretchen zu ſehen glaubt.

Hochgewinn, m., 9383, auch im Weſt-öſtlichen Divan im Gedichte „Wanderers Gemüthsruhe" (C. 5 S. 106 V. 5 f.): „In dem Schlechten waltet es (das Niederträchtige) ſich zum Hochgewinn". Das Wort ſelbſt iſt ſchon mittelhochdeutſch.

Hochgewölb, n., 9606. Die hohe Wölbung der Höhle, in der ſich der eben geborne Euphorion mit Fauſt und Helena befindet.

Hochpalaſt, m., 8771, früher (He. 234) „hohes Haus".

Hochverehrung, f., 8288 — iſt auch bei Bürger nachgewieſen.

höchſte Zeit, f., 10987 f.: „Denn noch vergaß er (der Papſt) nicht, wie du zur höchſten Z. an deinem Krönungstag den Zauberer befreit" — d. h. nicht eigentlich in der letzten Zeit, wo es noch möglich war, obſchon auch dieſer Sinn mit hinzukommt, ſondern zur Zeit des für dich höchſten Feſtes, bei deiner Krönung. 11150 „Dich grüßt das Glück zur höchſten Zeit" — geſtattet nur die dem letzteren entſprechende Auffaſſung. Das Einlaufen der reichbeladenen Schiffe iſt an ſich der größte Feſttag, den es geben kann.

Höchſterrungene, das, 11562: „Das letzte wär' das H." — kühne Verkürzung des Satzes „das Höchſte, was ſich erringen läßt". Weil 11560 „alles Errungene" ſteht, ſo daß der Reim auf das gleiche Wort ausgeht, hat Düntzer früher die Konjektur „das Höchſtgelungene" gemacht, aber ſpäter wieder fallen laſſen.

hoffen, 2743, U. 595. S. **Wortſtellung** unter „nicht".

d. **Hoffnung**, f., 5404, 5423—5440, P. 102, St. S. 55 — erſcheint in der Mummenſchanz an den Elephanten gekettet, ſie an der einen, die „Furcht" (ſ. d.) an der andern Seite. An die Griechiſche Göttin „Elpis" oder an ſeine eigne „Elpore" in der Pandora hat Goethe nicht gedacht; dagegen iſt nach neuern Ermittelungen (J. Bayer, „Aus Italien", 1885, S. 177) ſehr wahrſcheinlich, daß Goethe ein einen ähnlichen Aufzug darſtellendes Bild gekannt hat. Einen ſolchen beſchreibt Schröer nach einem Carnevalaufzuge, der 1559 in Florenz ſtattgefunden hat und der als «Trionfo della Prudenza» bezeichnet wird. Die Klugheit (ſ. d.) ſteht auf einem Triumphwagen. Gefeſſelt zu ihren Füßen die zwei großen Feinde unſres Lebens, der eine „Hoffnung", der andre „Furcht" genannt.

d. **Hofmann**, n., 6506—6527 — äußert ſich wiederholt beim Erſcheinen von Paris und Helena.

Hofpoet, m., P. 102, St. S. 55 — ſteht nur im Schema, iſt aber nicht zur Darſtellung gekommen.

höhern, höhern, 6846 f.: „So muß der Menſch mit ſeinen großen Gaben doch künftig höhern, höhern (früher reinern, höhern) Urſprung haben". Die ältere Lesart wird in W.-A. als eine Fälſchung Riemers verworfen, und ſo muß man ſich damit begnügen, daß die Aenderung notwendig war. Eine Verſchönerung des Ausdrucks wird jedenfalls durch dieſelbe nicht gewonnen, und auch der Umſtand, daß wenige Verſe ſpäter (6856) die Doppelung „wahrer, wahrer" vorkommt, ſpricht eher dagegen als dafür.

Hohlauge, n., 6613: „Das H. jener Todtenköpfe". Nach den Angaben in den Varianten in W.-A. hat Goethe hier ſehr über den Ausdruck nachgedacht: „in dieſes Schädels Augenhöle", „Im Augengrund der Todtenköpfe" u. a. m.

Höhlegrüfte, f., 8359 — ein ſonſt bisher nicht nachgewieſenes Wort und wie das Vorige in den Handſchriften von vielen Varianten begleitet; aber auch das erträglichere „Höhlengrüfte" iſt ſchließlich verworfen.

Hokuspokus, n., 2307, U. S. 29 Z. 185 f., 2538 und öfters bei Goethe = Gaukelei, Blendwerk. Die Ableitung des Wortes iſt unſicher — entweder aus hoc est corpus meum, die bei der Weihung der Hoſtie zu ſprechenden Worte, oder nach Angabe Engliſcher Quellen aus Ochus Bochus, dem Namen eines Kobolds in der nordiſchen Mythologie.

Holden, gute — P. 27, 9, St. S. 28. S. **Elben**.

holdmilde, 8896 — „holdmildeſten Worts". S. Zuſammenſetzungen B.

Hölle, f., 7977 „der grauenvollſten unſerer Höllen". Die hier ausgeſprochene Mehrheit der Hölle entſpricht Dantes Vorſtellungen und Ausführungen. 6209 „Das Heidenvolk hauſt in ſeiner eignen Hölle" (ſ. **Hades**). 7529 Die Sphinxe wollen ihren Platz nicht verlaſſen, wenn auch die ganze H. losbräche; ſie verſtehen darunter die durch Seismos veranlaßten Bewegungen im Innern der Erde.

Höllenbrut, f., 1257. Fauſt braucht den Ausdruck für den ſich verwandelnden Hund, nachdem ihm Mephiſtopheles zuerſt in Hundesgeſtalt erſchienen war.

Höllenluchs, m., 1262 — wird Mephiſtopheles von den ihm untergebnen Geiſtern genannt; in dem Worte liegt die Anerkennung ſeiner ſonſtigen Klugheit.

Höllenpfuhl, m., 8033. — Die Vorſtellung der Hölle als eines Pfuhls iſt verwandt mit der des antiken Styx, den z. B. Dante noch vollſtändig in ſeinem „Inferno" beibehält.

Höllenrachen, m., 11638 ff. — die Hölle wird als ein Drache gedacht, wie denn außer dem Rachen die Eckzähne und der Schlund (11644) noch beſonders erwähnt werden.

Höllenſchwefel, m., 11657. Wie die Dichteufel ſo recht von H. ſeiſt glühen, ſo iſt der Schwefelgeruch überhaupt eine Eigenſchaft des Teufels. In der Scene „Zwei Teufelchen und Amor" (W.-A. 14, S. 241, St. S. 18) merken die jungen Teufel an dem Schwefelgeruch, daß ihr Papa, dem ſie entlaufen ſind, nahe ſein muß.

holpern, 7704 f.: „Mit ſtarrem Fuße kommt er (Mephiſtopheles) geholpert". — Das Wort wird ſonſt gewöhnlich nur von der Unebenheit eines Weges gebraucht.

hölzern Bild, n., P. 45, St. S. 34: „Was für ein h. B. ſie an dem Halſe hat, ein heil'ges oder ein lebendigs". — Die Worte ſtehen vermuthlich mit der Viſion Fauſts in der Walpurgisnacht 4183 ff. in Zuſammenhang.

d. **Holzhauer**, die, 5199—5214, P. 102, St. S. 55 — ſtereotype Figuren der attiſchen Komödie, die auch nach Italien ihren Uebergang gefunden haben. Aus der erſten wird ein Stück des Ariſtomenes „Die Holzträger" (οἱ ὑλοφόροι) erwähnt.

holzverſchränkt, 5964, d. h. mit Holz getäfelt und verziert — iſt die Decke des Maskenſaals bei der Mummenſchanz.

Homer, P. 123, S. 207, St. S. 77: Thales und Anaxagoras führen H. als Autorität an.

d. **Homunkulus**, 6871—8487. Goethe hat durch die Aufnahme und Einführung des Homunkulus in ſeine Dichtung an ſeine Leſer und ſomit auch an die Kritik eine ſchwere Anforderung gemacht, nämlich zu ermitteln, was er ſich eigentlich unter ihm gedacht und was er mit ihm beabſichtigt hat. Die hierin liegenden Fragen ſind denn auch in ſehr verſchiedener Weiſe beantwortet worden, aber bis jetzt nicht ſo, daß man in irgend einer der Antworten eine vollſtändig befriedigende Löſung der Schwierigkeiten finden könnte. Viele bewundern in der neuen Geſtalt die geniale Schöpfungskraft des Dichters und legen ihr eine tief ſymboliſche Bedeutung bei, die nur aus der höchſten poetiſchen Intuition habe hervorgehen können; Andre ſehen in ihr nur eine humoriſtiſche Figur, mit der ſich der Dichter mehr einen Scherz gemacht als ernſte Zwecke mit ihr verbunden hätte. Nach einer andern Auffaſſung iſt das Menſchlein nur Träger einer Satire. Endlich iſt auch ſchon die Behauptung gewagt worden, daß in ihm geradezu eine poetiſche Verirrung vorliege. Bei dieſer Menge von verſchiedenartigen Anſichten iſt kaum ein andres Verfahren möglich, als daß man wieder von vorn anfängt, alſo darſtellt, woher der Dichter ſeine Vorſtellung entnommen und wie er dieſelbe weiter gebildet, und weiter dann, welche Rolle er der ſo entſtandenen Geſtalt angewieſen hat. Wenigſtens ſind das die Grundlagen, die nöthig ſind, um zu einem eignen Urtheile zu gelangen.

Der Menſch hat ſchon frühzeitig das Bedürfniß empfunden, die Schwäche ſeiner Natur andern Mächten gegenüber oder auch im Vergleich mit hervorragenden Individuen ſeiner eigenen Gattung dadurch zu bezeichnen, daß er Diminutiva seines Gattungsnamens bildete. So sind denn, um bei den Römern stehen zu bleiben, homulus, homullulus, homuncio und homunculus ihnen geläufige Worte, ohne daß indessen in sie etwas Anderes hineingelegt wird, als was in dem Vorigen bereits angedeutet ist. Eine mystische Bedeutung gewinnt das Wort erst in der Zeit der Renaissance, in der homunculus zu einem Dämon gemacht wird. Es hat indessen keinen Zweck, dies weiter zu verfolgen; denn Goethes Quelle ist, wie sich aus Allem schließen läßt, nur Paracelsus gewesen; einzelne Schriften desselben hatte er schon in jungen Jahren gelesen, und auf andre, z.B. «De generatione rerum naturalium», ist er vermutlich erst in späterer Zeit gekommen.

Nach dieser nun muß man zwei verschiedene Arten des Homunkulus annehmen, die indessen eine gewisse innere Verwandtschaft haben. Die erste dient zu medizinischen Zwecken, hat aber auch die Kraft, die Liebe der Menschen denen zu verschaffen, die sie verfertigen, Freunde aus fernen Landen herbeizubringen, sie vor sichtbaren und unsichtbaren Feinden zu behüten und vor Zauberei zu schützen. Sie besteht in Bildern oder vielmehr nach unserm Ausdruck in Gestalten, die derjenige, der von ihnen Vortheil haben will, selbst verfertigt. Der Stoff ist Erde, Harz, Wachs oder Metall; die Figur und die Gliedmaßen werden nachgebildet, wie der Mensch sie hat, aber alles so klein als möglich. Man macht noch den Unterschied, ob man ihnen einen, drei oder vier Köpfe giebt, welche letzteren dann nach den vier Himmelsgegenden sehen. Solche homunculi werden, um ein Beispiel anzuführen, als Heilmittel bei dem St. Veitstanz (chorea aestimativa vel imaginativa) angewendet, einer Krankheit, die seltsamer Weise ihren Ursprung im Fluchen haben soll. „Wer an ihr leidet," heißt es dort (II, 5011), „soll machen ein Bild ihm gleich von Wachs oder Harz und soll ihm in sein gedanken nehmen, daß alle die Schwür, so er gethan hat, nach seinem Willen sollen in diesem Bild verbracht werden und des also in ihm gedenken, als ob er gentzlich in das Bild geschworen hab und all sein Gemüth und Gedanken dieser Schwür ohn Entfaltung andrer Personen allein vollkommen in das Bild setzen und demnach dasselbig in solchen mehristen Gedanken in das Feuer werfen und gar lassen verbrennen, das weder Aeschen noch suligo (Ruß) darvon, das ist auß der Materien des Bildes erfunden wird."

Die Vorstellung von einer höheren Art des homunculus ist nun dadurch entstanden, daß man nicht bloß Bilder und Gestalten von Menschen haben wollte, sondern sich dem Glauben hingab, es müsse möglich sein, wirklich lebende Menschen auf chemischem Wege, ohne daß sie von einer Mutter geboren würden, zu erzeugen. Paracelsus behandelt die Sache nicht, wie bisweilen angegeben wird, mit Ironie, sondern mit einer gewissen Scheu. Etwas sei daran, sagt er, und diese Erzeugung keineswegs gegen die Gesetze der Natur und der Stagirischen Kunst unmöglich; aber, heißt es an einer andern Stelle, es ist ein Geheimniß über alle Geheimnisse und soll auch ein solches bleiben bis zu den allerletzten Zeiten, da dann nichts verborgen bleiben, sondern (Alles) allen offenbart werden wird. Gleichwohl verräth er nicht nur, für wen die Sache kein Geheimniß ist, sondern giebt auch genau das zu beobachtende Verfahren an. Zu den ersten gehören die Nymphen, die Riesen und die Sylvestri, die selbst auf diese Weise entstanden sind. Dann zweitens der chemische Prozeß. Der Vater ist nicht zu entbehren, aber die Mutter wird durch eine nachbildende Procedur ersetzt. Der zu verarbeitende Stoff wird zuerst in eine Flasche (cucurbita) gebracht und wird in ihr vierzig Tage bis zu dem Zustande der äußersten Fäulniß aufbewahrt oder so lange, bis man sieht, daß er lebendig wird und sich bewegt. Dann folgt eine Aufbewahrung von vierzig Wochen in einem Kolben (venter equinus genannt), wobei die Ernährung mit menschlichem Blute erfolgt und eine stets gleichmäßige Wärme erhalten werden muß. Daraus wird dann ein recht lebendig menschlich Kind, mit allen Gliedmaßen wie ein ander Kind, das von einem Weibe geboren wird, aber viel kleiner. Ein solches nennt man dann homunculus. Dasselbe soll hernach nicht anders als ein andres Kind mit großem

Fleiß und Sorgfalt auferzogen werden, bis es zu Jahren und Verstand kommt. — Solche homunculi haben, wenn sie zu männlichem Alter gelangen, große Vorzüge vor den gewöhnlichen Menschen. Sie können zu großen Werken gebraucht werden, sie erkämpfen gewaltige Siege über ihre Feinde und wissen alle heimlichen und verborgenen Dinge, die den Menschen sonst zu wissen nicht möglich sind. Und es wird auch zugleich der Grund für diese Erscheinung angegeben: „Durch Kunst überkommen sie ihr Leben, durch Kunst überkommen sie Leib, Fleisch, Bein und Blut; durch Kunst werden sie geboren. Darumb so wird ihnen die Kunst eingeleibt und angeboren und dörffen es von Niemanden lehren, sondern muß man von ihnen lehren. Denn von der Kunst sind sie da und aufgewachsen wie ein Rosen- oder Blumen im Garten."

Was hat Goethe nun mit dem Homunkulus des Paracelsus angefangen? In den älteren Entwürfen findet sich noch keine Spur der Absicht, ihn zu verwenden. Erst in dem Schema vom 17. December 1826, das eine ziemlich ausführliche Inhaltsangabe der beiden ersten Akte bringt, wird er eingeführt. Nachdem Mephisto seinen Gebieter vorher nach allen Seiten hin und her gesprengt, d. h. nachdem er ihn eine Reihe von Abenteuern hat erleben lassen, wie sie die älteren Faustbücher geben, beredet er Faust, um dessen wachsende Ungeduld und Sehnsucht nach Helena zu beschwichtigen, „gleichsam im Vorbeigehen auf dem Weg zum Ziele den akademisch angestellten Doktor und Professor Wagner zu besuchen, den sie in seinem Laboratorium finden, hoch gloriirend, daß eben ein chemisch Menschlein zu Stande gekommen sei. Dieses zersprengt augenblicks den leuchtenden Glaskolben und tritt als bewegliches, wohlgebildetes Zwerglein auf. Das Recept zu seinem Entstehen wird mystisch angedeutet, von seinen Eigenschaften legt es Proben ab, besonders zeigt sich, daß in ihm ein allgemeiner historischer Weltkalender enthalten sei; er wisse nämlich in jedem Augenblick anzugeben, was seit Adams Bildung, bei gleicher Sonn-, Mond-, Erd- und Planetenstellung unter den Menschen vorgegangen sei." Er verkündet dann weiter, daß gerade die gegenwärtige Nacht mit der Stunde zusammentreffe, wo die Schlacht bei Pharsalus vorbereitet sei und welche sowohl Cäsar als Pompejus schlaflos zugebracht hätten. Er verwickelt sich dadurch in einen langen Streit mit Mephistopheles, der, auf die Angaben der gelehrten Benediktiner gestützt, die Behauptung des Homunkulus bestreitet. Während desselben giebt er aber noch einen zweiten Beweis seines historisch-mythischen Naturells dadurch, daß er bemerkt: zu gleicher Zeit trete das Fest der klassischen Walpurgisnacht ein, das seit Anbeginn der mythischen Welt immer in Thessalien gehalten worden, und nach dem gründlichen, durch Epochen bestimmten Zusammenhang der Weltgeschichte eigentlich Ursach an jenem Unglück gewesen. — Alle vier — von Faust ist seltsamer Weise bis dahin nicht die Rede gewesen und auch Wagner wird gegen die spätere Bearbeitung mitgenommen — alle vier also brechen nach Thessalien auf. Wagner vergißt nicht, eine reine Phiole mitzunehmen, um möglicherweise die Elemente zu einem chemischen Weiblein zusammenzubringen. Er steckt diese in die eine, das chemische Männlein in die andre Brusttasche und so vertrauen sie sich Mephistos Eilmantel. Ein grenzenloses Geschwirre geographisch-historischer Notizen aus dem Munde des eingespannten Männleins, läßt sie bei der Pfeilschnelle des Flugwerks unterwegs nicht zu sich selbst kommen, bis sie endlich beim Lichte des klaren, obschon abnehmenden Mondes nach Thessalien gelangen. Hier begegnen sie zuerst der Erichtho, die, wie später im Gedichte, sich am Modergeruch des Schlachtfeldes erfreut, zu der sich Erichthonius gesellt hat, dessen dem Alterthum unbekannte Verwandtschaft mit ihr etymologisch bewiesen. Sie trägt ihn auf dem Arm, da er als schlangenfüßig nicht gut zu Fuße ist, und da er eine besondere Leidenschaft für das chemische Männlein empfindet, nimmt sie dieses auf den andern Arm, worüber Mephisto seine bösartigen Glossen keineswegs zurückhält."

In der Walpurgisnacht selbst begegnen wir dem Menschlein, wie er in unserer Skizze stets statt Homunkulus heißt, nur noch einmal. Es ist, ob aus eigenem Wunsche oder im Auftrage Wagners, erfahren wir nicht, wie er an der Erde hin= schleicht, phosphorescirende Atome zu sam= meln, aus denen das chemische Weiblein hergestellt werden soll. Einige von ihnen strahlen blaues, andere purpurnes Feuer von sich, und er übergiebt sie gewissenhaft Wagner für seine Phiole. Als dieser sie aber in ihr stark schüttelt, erscheinen, zu Ko= horten gedrängt, Pompejaner und Cä= sarcauer, um sich zu ihrer legitimen Auf= erstehung die ihnen zugehörigen Bestand= theile wieder anzueignen. Indessen wehen in dieser Nacht alle vier Winde auseinan= ander, so daß die Sammelnden in ihrem Besitz bleiben — von dessen weiterer Ver= werthung wir aber nichts erfahren. Es wird nur noch den Gespenstern von allen Seiten klar gemacht: „die Bestandtheile ihres Römischen Großthums seien längst durch alle Lüfte zerstoben, durch Millionen Bildungsfolgen aufgenommen und ver= arbeitet worden."

So weit der erste Entwurf für die Be= nutzung des Menschleins. Man sieht leicht, wie sehr er von dem eigentlichen Gedichte ab= weicht. Zuerst das Zersprengen der Flasche sogleich bei seiner Geburt, das in diesem erst an dem Muschelwagen der Galatee vor sich geht. — 2. Mephistopheles ist an seinem Entstehen nicht betheiligt. — 3. Ihm ist nicht ein besonders hervorragender Ver= stand, sondern nur Gelehrsamkeit gegeben. — 4. Von dem Wunsche eines körperlichen Entstehens kommt nichts vor. — Dagegen fehlt in der neuen Bearbeitung die ganze Geschichte mit dem chemischen Weiblein. — 2. Wagner ist nicht mit auf der Wander= schaft. — 3. Das Erheben der Legionen fehlt. — 4. Erichtho hat eine viel weitergehende Rolle. Erichthonius dagegen ist fallen ge= lassen. — 5. Von einer Beziehung auf Faust, von einer Heilung desselben da= durch, daß er auf einen klassischen Boden versetzt wird, findet sich nichts. — Das Einzige, was man festhalten kann, ist, daß durch das Menschlein der Uebergang in die klassische Walpurgisnacht möglich ge= macht werden soll.

Im Faust selbst, d. h. in der ausgeführ= ten Dichtung sieht man zunächst, wie Ho= munkulus zur Welt kommt. Mephisto hat Wagner aufgesucht, den er eifrig und ängstlich mit seiner Retorte beschäftigt fin= det. Nach verschiedenen Trübungen und Klärungen sieht er in der That in „zier= licher Gestalt in ihr ein artig Männlein sich geberden". Daß Mephisto diesem zum Leben verholfen hat, läßt sich nicht allein aus 7003 f. schließen, sondern Goethe hat, als er darüber befragt wurde, selbst zu= gegeben, daß er es sich so gedacht hat.

Gleich die ersten Worte des Homunkulus verrathen schon, daß er Humor hat und durch seinen Geist Alles beherrschen wird. Offenbar wird ihm eine Art Bewußtsein zugeschrieben, das er schon vordem gehabt hat. An der Fähigkeit seines Erzeugers hat er gezweifelt und ist nicht sicher gewesen, ob es ihm gelingen werde, ihn zur Existenz zu bringen. So ruft er ihm denn zu: „Nun, Väterchen, wie steht's! es war kein Scherz! Es ist dir also doch gelungen"; und gewissermaßen zum Danke und zur ersten Begrüßung fordert er Wagner auf, ihn zärtlich ans Herz zu drücken. Doch dieser Gefühlserguß ist nicht sehr ernstlich zu nehmen, wie denn Homunkulus überhaupt nicht an Gemüthserregungen leidet; denn er läßt alsbald die Warnung folgen, die Umarmung möge wegen der Zerbrechlich= keit des Glases nicht zu heftig sein und fügt den allgemeinen, auf die ihm zu Theil gewordene Natur bezüglichen Satz hinzu:

Natürlichem genügt das Weltall kaum:
Was künstlich ist, verlangt geschlossenen Raum.

Dann wird Mephisto begrüßt, als Vetter, weil auch er dämonischen Ursprungs ist, und zugleich aufgefordert, ihm für die Ar= beit, die ihm obliegen wird, die Wege zu kürzen. Er weiß, worin diese besteht, ohne daß er's ausspricht. Daher geht Niemand auf ein psychologisches Problem ein, das Wagner zur Sprache bringt, sondern Me= phisto weist den Homunkulus auf Faust hin, den man durch eine sich eben öffnende Seitenthür auf seinem Lager bewußtlos hingestreckt erblickt. Die Phiole entschlüpft Wagners Händen und schwebt über Faust. Homunkulus beschreibt, was dieser träumt. Seine letzten Worte, bevor er in Ohnmacht versank, waren gewesen: „Wer sie (Helena) erkannt, der darf sie nicht entbehren". Und so träumt er auch jetzt von ihr; denn er sieht ihre Mutter Leda von ihren Frauen umgeben im Bade und Zeus in der Gestalt eines Schwanes „ihrem Knie sich schmie=

gen". Mephisto, obschon auch ein Dämon, hat nichts gesehen, denn das klassische Alterthum ist ihm ein fremdes, nicht anziehendes Gebiet, und so bedarf es denn der Ueberredung des Homunkulus, um ihn zu bestimmen, sie alle dorthin zu bringen, wo er Faust von seinem Leiden heilen will: nach Thessalien an die Ufer des Peneios, nach Pharsalus zur klassischen Walpurgisnacht. Die Erinnerung an jene Kämpfe lockt Mephisto nicht, doch überredet er sich gewissermaßen selbst, denn er denkt daran, daß das Griechenvolk die Menschen mit freiem Sinnenspiel blende, und als ihm Homunkulus noch verspricht, er werde die Thessalischen Hexen kennen lernen, ist er gewonnen und bereit. Wagner bleibt zu Hause; Homunkulus ermahnt ihn, bei seinen wissenschaftlichen Forschungen zu bleiben. Wenn er hinzufügt, er solle das „Was" bedenken, aber mehr noch das „Wie", so scheint es, was wohl beabsichtigt sein kann, daß er ihn über seine Fähigkeiten hinausweisen oder auf die enge Begrenzung derselben aufmerksam machen will.

Nach allen diesen Vorbereitungen sollte man nun erwarten, daß Homunkulus in der klassischen Walpurgisnacht eine bedeutende Thätigkeit entfalten und einen beherrschenden Einfluß auf Faust und Mephistopheles ausüben würde. Aber was geschieht? Nachdem er sich noch eine Weile in der Luft an dem gespensterhaften Treiben unter ihm ergötzt hat, verlangt er, daß die Fahrt geendigt werde, damit der noch immer bewußtlose Faust wieder ins Leben zurückkehren könne. Faust, der bei Helenas erstem Erscheinen nach dem Worte: „Wer sie erkannt, der darf sie nicht entbehren", in Ohnmacht gesunken war, erwacht mit dem Ausruf: „Wo ist sie!", der also zu der Annahme nöthigt, daß der ganze Gang seiner Vorstellung sich inzwischen nur in den Gedanken an sie bewegt hat. Die Frage weiß Homunkulus nicht zu beantworten — oder vielleicht will er es auch nicht, damit Faust genöthigt wird, sein Studium des Alterthums auf eigene Hand zu betreiben. Denn sonst weiß Homunkulus viel, z. B. auch, daß Faust den Weg zu den Müttern gemacht hat. Die Worte, in denen er dies ausspricht, sind überhaupt die einzigen, die er an Faust richtet. Denn unmittelbar darauf trennen sich auf Mephistopheles Vorschlag alle drei, um jeder sein eigen Abenteuer zu versuchen. Was nun die beiden andern thun und welche Zwecke sie verfolgen, wird uns deutlich vorgeführt. Von Homunkulus aber erfahren wir erst nach langer Zeit, als er mit Mephisto wieder zusammentrifft, daß er nur an sich denkt und sich um Faust nicht im Mindesten kümmert. Sein Leben in der Flasche und in einem nahezu körperlosen Zustande befriedigt ihn nicht. Es fehlt ihm, wie Thales später von ihm sagt, „am greiflich Tüchtighaften" und er möchte wirklich „entstehen". Was er bisher gesehen hat, das Erdeleben mit seinen einzelnen Erscheinungen, der Kampf der Reiher und der Pygmäen, hat ihm nicht Muth und Grund gegeben, den ersten Schritt zu seinem Zwecke zu thun, indem er sein Glas zerschlägt — er ist augenscheinlich, wie er schon hiedurch andeutet und später noch mehr beweist, Gegner der Vulkanischen Theorie und will den guten Rat anderer hören. Er schließt sich deshalb an die miteinander streitenden Philosophen Anaxagoras und Thales an, welche beide die größere Macht des Elementes, das jeder von ihnen als das höchste preist, des Feuers und des Wassers, zu beweisen suchen. Das Wort des Thales: „Aus Feuchtem ist Lebendiges entstanden", giebt ihm Gelegenheit, sich vorzustellen und seinen eigenen Wunsch vorzutragen. Anaxagoras kommt hiedurch zu dem durch den Zusammenhang nicht motivirten Anerbieten, das denn auch die Erklärer, wie sich später zeigen wird, zu ebenso unmotivirten Schlußfolgerungen verleitet hat. Er will ihn als König krönen lassen. Homunkulus jedoch, im Anblick der vor seinen Augen vorgehenden, durch die Macht des Vulkanismus herbeigeführten Veränderungen der Erdoberfläche, wendet sich an Thales. Seine Worte: „Was sagt mein Thales", zeigen schon seine Vorliebe für dessen System und er läßt sich von ihm bei seinen weiteren Schritten leiten. Thales führt ihn zunächst zu Nereus, damit dieser ihm Rath ertheile, wie er entstehen könne, aber vergeblich. Der alte Rathgeber des Paris und des Odysseus ist seiner Thätigkeit müde, da Niemand seinen Rath befolgt, und er ist überdies durch das Seefest in Anspruch genommen, bei welchem er alle seine Töchter, und besonders Galatee auf der Venus Muschelwagen erwartet. Er will sich nicht den Humor verderben lassen und verweist an Proteus, dessen Fähigkeit sich zu verwandeln verriethe, daß er auch um das Entstehen Bescheid wisse. Auf dem Wege zu ihm treffen sie noch die von Nereiden und Tritonen getragenen Kabiren, in Beziehung auf die Homunkulus Partei gegen die über ihre Bedeutung streitenden Gelehrten nimmt: „Die Ungestalten seh' ich an als irdenschlechte Töpfe". Dann wird Proteus aufgesucht, der durch Bauchreden und Verwandlungen die ihn Suchenden täuscht. Aber, wie alles im Meere Lebende ist er neugierig und wird es immer mehr, namentlich, als Thales den Homunkulus, der bis dahin hell geleuchtet hat, verhüllt. Jener will ihn nur unter der Bedingung zeigen, daß Proteus seine eigentliche Gestalt annehme, sich auf „menschlich beiden Füßen" zeige. Dies geschieht und Proteus räth ihm jetzt, sein Entstehen im Meere zu beginnen. Zu diesem Zwecke nimmt er, sich in einen Delphin verwandelnd, ihn und Thales zu dem eben beginnenden Seefeste mit. Homuntulus folgt mit den Worten „Dreifach merkwürdiger Geisterschritt", die an die bekannte Stelle in „Dichtung und Wahrheit" und im „Diné zu Koblenz" erinnern „Prophete rechts, Prophete links, Das Weltkind in der Mitten". Homunkulus, anfangs auf dem Rücken des als Delphin im Meere schwimmenden Proteus sich bewegend, erfreut sich an den mannichfachen Erscheinungen im Meere: „In dieser holden Feuchte, was ich auch hier beleuchte, ist alles reizend schön". Dann aber erhebt er sich und steigt immer höher, sich dem Muschelwagen Galatees nähernd; denn sie ist das Schönste, was er sieht, und die Entzückung, in die er geräth, spiegelt sich in den Worten des Nereus ab, der sein Emporsteigen beschreibt:

Was flammt um die Muschel um Galatees Füße?
Bald lodert es mächtig, bald lieblich, bald süße,
Als wär' es von Pulsen der Liebe gerühret.

Das Glas, das ihn umhüllt, zerschellt an dem Wagen und ein glänzender Luftstrom ergießt sich aus der Höhe ins Meer. Das ist die Form, in der es erreicht, verkörperlicht zu werden, in der er als Persönlichkeit seinen Untergang findet, aber erst, nachdem er von der höchsten menschlichen Empfindung erfüllt gewesen ist — von der Liebe. Und so wird denn am Schlusse der Walpurgisnacht die Macht des Eros noch mehr als die der Elemente, also der Natur in ihrer Gesammtheit, gefeiert in den Worten, die auch auf seinen mythologischen Anspruch hinweisen, der erste und älteste aller Götter zu sein: „So herrsche denn Eros, der alles begonnen".

Nach unsrer Auffassung ist demnach Homunkulus der Mensch selbst, anfangs nur nach der geistigen Seite hin, wie er alles Wissen und Können umfaßt, zuletzt nach der leiblichen, deren wirkliche Verbindung mit einander nur in der Idee, nicht in der Wirklichkeit gelingt.

Wir lassen zum Schluß noch eine Reihe von Erklärungen des Homunkulus folgen, wie sie früher gegeben sind, ohne indessen auf eine für die hier vorliegenden Zwecke unnöthige Beurtheilung derselben einzugehen.

„Homunkulus, von Natur dämonisch, ist Elementargeist, Feuerkönig und das Feuer wird benutzt, um aberwitzige Philosophie zu verkörpern" (F. Deycks, S. 46 ff. — 1834). — „Der Geist der menschlichen Grillenhaftigkeit" (W. E. Weber, S. 176 — 1836). — „Sinnbildliche ironische Darstellung des geistlosen Treibens, das mit den mechanischen Ansichten von der Natur zusammenhängt. Tendenz des Homunkulus zum Schönen, ist Führer in der klassischen Walpurgisnacht; sein Zerschellen bedeutet das Gelangen zu einer höhern Existenz. Er ist der objektive Ausdruck, die hypostafirte Gestalt von Fausts gegenwärtigem nach Gebärung einer neuen und unerhörten Wahrheit ringendem Seelenzustand" (Ch. H. Weiße, S. 203—208, 1837). — „Homunkulus versinnlicht das einzige, Faust ganz beherrschende Streben nach der Kunst. Er hat nur den Schein wirklicher Lebendigkeit und ist ein willenloses Organ von Fausts Innerlichkeit" (H. Th. Rötscher, S. 92 ff.). — „Das besonnene, selbstbewußte Streben nach der idealen Schönheit" (H. Düntzer, 1857). — „Homunkulus ist der Helena-Embryo; er repräsentirt die entstehende Helena und Galatee, die entstandene Mucschenschönheit" (A. Schneiger, 1857). — „Die Figur, die auch den durch die Gelehrsamkeit erzeugten Geist bezeichnet, ist und bleibt eine unerquickliche Künstelei, eine Spottfigur, mit der der Dichter selbst ein sie vollends ganz vernichtendes komisches Spiel treibt (K.Köstlin, S. 115, 1860). — G. v. Loeper (1879) betont, daß H. Führer in Griechenland, Bürger der heidnischen Hölle sei, und hebt in ihm besonders den Humor hervor, den der Dichter in ihn gelegt habe. — F. Kreyßig (S. 210, 1866): „Im letzten Theile der Walpurgisnacht tritt H. an Stelle Fausts", und in ähnlichem Sinne sagt M. Carrière (1869), der sonst in vielen Punkten mit Köstlin übereinstimmt, daß H. das Sehnen Fausts symbolisire. Endlich K. J. Schröer (1888): H. ist der aus der gelehrten Stube hervorgegangene Humanismus, der noch nicht Fleisch geworden ist."

horchsam, 10995 = geneigt, aufmerksam — schon vor Goethe gebraucht.

Horen, f., 4666 ff. — sind zum Theil nach Homerischer Vorstellung gedacht. Vgl. Ilias 5, 749 f., 8, 393. Der „Sturm der H." bedeutet das schnelle Dahineilen der Zeit.

hören, 4674: „Unerhörtes hört sich nicht". Vergl. 5562: „das Würdige beschreibt sich nicht". In der ersten Stelle soll ausgedrückt werden, daß die Elfen, an die die Worte gerichtet sind, was sie bisher nicht gehört haben, auch jetzt nicht hören dürfen.

Horn, n., 9243 — das beschworene des Lynceus, auf welches er für seinen Wachdienst vereidigt ist. 11636, 11656, 1170 die Teufel vom kurzen graden und vom langen, krummen Horne sind nach den Bildern im Campo Santo zu Pisa dargestellt. Vergl. die Abbildungen in GJ. Bd. 7 zu S. 257 und 260.

Hort, m., 6135 = im Sinne von „Schatz", hier aber den Ort bezeichnend, an dem derselbe geborgen ist, so daß damit eigentlich Ort und Schatz zusammen ausgedrückt ist.

hucken, 10806 = aufladen, aufpacken. „Ich hucke dir's auf den starken Rücken".

Hufding, n., P. 27, 1, St. S. 27, 1: „So müssen die Hufdinger zerstauben und zerfahren". — Der Ausdruck selbst findet sich in keinem Wörterbuch, ist indessen von Goethe aus Carpzow übernommen. (Er bezeichnet ohne Zweifel die Elben (s. d.) oder Teufelskinder. Die Worte selbst enthalten ja einen Zauberspruch, mit dem die Elben der betreffenden Frau zugebracht werden sollen. Grimm in seiner Mythologie (3. Ausg. 3. 504) erklärt das Wort, indem er „Hüfdinger" schreibt als „Hüftelben"; sollte aber nicht vielleicht auch schon durch den „Huf" ausreichend und zugleich bezeichnender auf den Ursprung derselben hingewiesen werden?

Hühnerauge, n., P. 63, P. 66 S. 175, St. S. 54 und 68 — an beiden Stellen als Gegenstand ärztlicher Thätigkeit. An der ersten heilt Mephistopheles durch einen Tritt seines vermummten Pferdefußes das H. einer Dame bei Hofe, während im Stücke selbst es sich um einen erfrornen Fuß (6330) handelt. An der zweiten wird das allmählige Herabsinken der ärztlichen Kunst ähnlich wie (7351 f.) bezeichnet.

Humor, m., 8134: „Verderbt mir nicht den seltensten H." — die frohe Stimmung, in der sich Nereus beim Herannahen seiner Töchter befindet; 5784: Die Weiber wundern sich, daß Mephisto bei seiner Magerkeit noch H. hat.

Hund, schwarzer, m., 1146. Erstes Erscheinen des Mephistopheles als solcher. Vergl. dazu W.-A. 14, S. 223 f. und U. S. 80 f. — 4980 H. als Schatzhüter ist zum Finden des Alrauns (s. d.) nöthig; 8089 f. Der dreiköpfige H. — der Cerberus der antiken Mythe.

Hundebrauch, m., 1165. S. Brauch.

Hungerleider, m., 8240 — Die Kabiren (s. d.) als sehnsuchtsvolle H. nach dem Unerreichlichen. Der Spott über sie hängt damit zusammen, daß sie mythologisch noch nicht ausreichend ihrem Wesen und ihrer Bedeutung nach bestimmt sind.

Hungermann, m., 5784. Mephisto

74   hupfen — Ilios, Ilion

als „Geiz" oder „Abgemagerter" in der Mummenschanz.

hupfen, 4337, ebenso 1521 hervorhupfen, sonst gewöhnlich mit Umlaut, z. B. 5232, 5719.

hurrliburli, P. 56, St. S. 26: „Auf diesem Wege rollt es eben recht h. durch das Leben." Sehr ähnlich C. 13, 57 (Neueröffnetes moralisch = politisches Puppenspiel): „Und schmeißt den Kerl die Kreuz und Quer, hurlurliburli ins Thal daher". Das bei Shakespeare und im Englischen überhaupt nicht seltene Wort, drückt eine sich überstürzende Eilfertigkeit aus.

Hut, m., 2028, U. 422: „Dann habt ihr sie alle unter'm H." — sie sind alle in eurer Gewalt.

Hyäne, f., 11650, als Metapher für den Höllenschlund: „Kolossal zerknirscht sie die H."

J.

Jäger, der wilde, W.-A. 15a, S. 345, St. S. 45 Z. 31 — der der alten deutschen Sage, auch in Götz von Berlichingen vorkommend, und namentlich durch die Ballade von Bürger bekannt.

Jahr, n., 2005, U. 399 drei J. Siehe Gast.

Jahresläufte, m., 4863 — die des Weins — Wortbildung nach der Analogie von „Kriegs=Schreckens=Tagesläufte".

Jammerecken, f., 3760. Für die Flexion der Form vergl. Frau, indessen steht das Wort hier im Akkusativ.

Jammerknechtschaft, f., 4452.

Jason, 7373 f., Sohn des Aeson, wird seiner Persönlichkeit nach geschildert. S. Argonauten.

Ibykus, 7660, Dichter zur Zeit des Krösus. S. Kranich.

p. **Idealist**, m., 4347—4350 — mit Beziehung auf Fichte, insofern dessen philosophisches System von dem „Ich" und „Nicht Ich" ausgeht.

Idol, n., 4190: Gretchen als Erscheinung in der Walpurgisnacht. P. 50, S. 311, St. S. 41 gleichfalls auf sie bezüglich: „Glühender Boden, Nackt das Idol ec". 8876 ff.: Helena in ihrer Verbindung mit Achill, als sie aus dem Schattenreich heraufgekommen war: „Ich als J. ihm dem J. verband ich mich." 8881 — als sie ohnmächtig hinsinkt: „Ich schwinge hin und werde selbst mir ein J." Das Wort ist ganz in Homerischem Sinne gebraucht; denn Idole (εἴδωλα) sind in der Ilias und der Odyssee die Schatten der Unterwelt.

je — je, 3749 f. = je — desto.

jeb, 11484, „ein jed Gelüst" = jedes.

jener Tage, 11054. S. Genitiv der Zeit.

Jesuiten, die, 4322. — Nicolai (s. d.) wurde nachgesagt, daß er überall Jesuiten wittere.

jetzo, 1420, 5550, 8875, sonst häufig bei Goethe, im Faust wohl nur an diesen drei Stellen.

jetzt — jetzt, 69 = einmal — ein andermal oder bald — bald, doch mit dem Unterschied, daß das Wort zuerst die unmittelbare Gegenwart bezeichnet.

Igel, m., P. 47, St. S. 32: „Du alter, neidischer J." — als Bezeichnung von J. H. Voß (s. d.), der fremdes Verdienst oftmals nicht anerkennen mochte. Wie dies aber Veranlassung geben konnte, ihn „Igel" zu nennen, ist nicht recht abzusehen, da es nur auf einen unreinlichen oder überhaupt verächtlichen Menschen passen würde. Auch das moderne Schlagwort „der J. im Hamsternest" erklärt die Anwendung nicht.

Ikarus, 9901 — Sohn des Dädalus, der ins Meer stürzte, da seine mit Wachs befestigten Flügel sich durch die Glut der Sonne von ihm loslösten. Das Geschick Euphorions (s. d.) wird mit dem seinigen verglichen.

Ilios, Ilion, 8700, 8707 und a. a. O., das erste, He. 148, Ile. 156 das zweite; in W.-A. ist die Form „Ilios" durchgeführt, während die früheren Ausgaben wechseln.

Ilse, 7680: „Frau I. wacht auf ihrem Stein" — dem 3968 genannten Ilsenstein, einem Granitfelsen bei Ilsenburg im Harz. Die Sage bringt den Kaiser Heinrich II. (1002—1024) mit ihm in Verbindung.

Imagination, f., 3268 = Phantasie. S. Kribskrabs.

Imperativ, 710, 10800 vermesse, nehm', die schwache Form statt der starken, ebenso wie an andern Stellen bei Goethe „vergesse", „helfe", „betrete" vorkommt.

Imje, f., 7585, 7634, 7875, 7898. S. Ameisen.

in, 3044, U. 898 „in Kopf und Herzen", ebenso in einem Gedichte an Frau von Stein (GH.² 2, 109), wo „in" zugleich als Ersatz für „im" gilt. — in — 7242 f., um eine Zeitbestimmung auszudrücken. „Wir . . . sind längst gewohnt, daß unsereins in tausend Jahre thront." Hier soll jedenfalls ein so langer Zeitraum bezeichnet werden, daß „tausend Jahre" nur eine Einheit desselben ausdrücken. 2428 „setz' dich in Sessel". S. Auslassung des Artikels.

Incidenzie, f., P. 123 S. 210, St. S. 79.

indessen, indeß, 1089, 7480, P. 132, St. S. 72 — als Konjunktion (pendant que).

Increpatio, P. 162, St. S. 101 — darauf bezüglich, daß Mephisto Schmähungen gegen Helena ausstoßen wird.

Indisches, P. 176 B. 14, St. S. 115: „Man wittert wohl Mysterien, vielleicht wohl gar Mystifikationen, I. und auch Aegyptisches". Die Worte scheinen sich auf Goethes Beschäftigung mit der orientalischen Poesie und deren Nachbildung zu beziehen, von der man auch im Faust werde Spuren finden wollen.

Infinitiv, statt eines Tempus finitum 7486: „(Er) weiß nicht, wie und wo beginnen." S. Gallicismen.

Infinitiv mit zu (Supinum), in passivischem Sinne 5114 f.: „Würdig sind sie zu umdrängen Krämerinnen wie die Waare." 7591 ff.: „In solchen Ritzen ist jedes Bröselein werth zu besitzen."

Iniquity. old. 7123, typische Figur in den alten Englischen Moralitäten, die bestimmt war, sich mit dem Teufel herumzuneden. Der Zusatz „old" stammt von Ben Johnson, der damit aber seinerseits nur eine Gestalt der alten Zeit bezeichnen wollte.

inkognito, 4062, U. S. 22.

inkommodiren, 3081, U. 933, Ausdruck für die schüchterne Ablehnung, als Faust Gretchens Hand küßt.

Inkubus, m., 1289 f., 1276. Das Wort kommt schon bei Augustinus und Isidorus vor, gleichbedeutend mit unserm „Kobold", „Kobold (soll) sich mühen", „Bring häusliche Hülfe, Inkubus". Denn die Kobolde sind Hausgeister, obgleich sie aus der Erde entsteigen.

inn, U. 57 f. „Und fragst du noch, warum dein Herz sich ‚inn' in deinem Busen klemmt?" (411 durch „bang" ersetzt).

Inn- und Aeußeres, 2595, Verkürzung der Wortform, die namentlich bei Goethe sehr häufig vorkommt. Beispiele: 279 Sonn- und Welten, 433 Nerv- und Adern, 635 fremd- und fremder, 6953 in still- und feuchten Buchten, 7011 der sorg- und grauenvollsten Nacht, 7041 Flamm- und Schaudergrauen, 7348 in Geist- und Körperkraft, 9283 ein lang- und breites Volksgericht, 9959 Gild- und Handwerksneid.

inngrimmend, U. S. 80 Z. 6, W.-A. 14 S. 225 Z. 10, sonst wohl kaum nachzuweisen = ingrimmig.

innigst, 7133 = recht aus dem Innern heraus, nach seinem eigentlichen Wesen: „Versuch einmal dich i. aufzulösen."

Insufficienz, f., P. 2, St. S. 144. „Treten des Elements des Glückes I." — Ausdruck für das Nichtausreichen, Nichtgenügen. Der Sinn der übrigen Worte ist dunkel.

insultiren, P. 197, St. S. 127. Faust sagt: „Sie (die Welle) insultirt mich hier." — Das hier etwas auffällige Fremdwort mag seine Erklärung darin finden, daß insultare ursprünglich das Springen und Sichbewegen auf einem Gegenstande bedeutet wie Ovid. Metamorphose 5, 134: „Fluctibus insultavere carinae."

Interjektion, f., W.-A. 15b, S. 208, St. S. 78, im Sinne von heftigem Ausruf und Ausdruck der Empfindungen.

interloquiren, P. 166, St. S. 105. „Phorkyas interloquirt", d. h. unterbricht und stört den vorher erwähnten Gesang des Chors.

Intermezzo, n., P. 48, St. S. 35, 4223 bis 4398, Zwischenspiel, das außerhalb der Handlung steht — bezeichnet hier in beiden Fällen den Walpurgisnachtstraum.

Intuition, f., 3291, Anschauung und Betrachtung in philosophischem Sinne.

Invektiven, f., P. 105, St. S. 56, die Schmähreden der Weiber in der Mummenschanz gegen Mephistopheles.

Jonien, n., 9633, als Stammland hellenischer Sage und namentlich der homerischen Dichtung.

Jota, n., 2000: „Von einem Wort läßt sich kein J. rauben", d. h. auch nicht der kleinste Theil. Daß der Ausdruck sich aus dem griechischen Jota subscriptum herleitet, ist zwar wahrscheinlich, aber doch nicht erwiesen.

Irrfunkenblick, m., 10760. S. **Zusammensetzungen A.**

d. **Irrlicht**, 3855—3911, in der Walpurgisnacht (3910 in der Auflösung „die irren Lichter", ähnlich wie 6745 die gelben Schnäbel); d. 4375—4378 im Walpurgisnachtstraum, die politischen Emportömmlinge bezeichnend, die sich durch gewandtes Benehmen und Eleganz ihrer Erscheinung bei höher gestellten Personen einzuschmeicheln wissen. — P. 35, St. S. 33 „Ihr Leben ist ein bloser Zeitvertreib, zwey lange Beine, keinen Leib" — gleichfalls auf die Irrlichter und in ähnlichem Sinne wie die vorige Stelle zu deuten; 11741 nennt Mephist. die schwebenden Rosen der Engel „Irrlichter", da sie ihn bei seinen Bewegungen täuschen und hemmen.

irrlichteliren, 1917, U. 348 — sonst nicht nachgewiesen.

Italiäner, P. 102, St. S. 55, Figur in einem Schema zur Mummenschanz, die nicht zur Ausführung gekommen ist.

judiciren, 2254, ein Urtheil fällen.

Jugendbraus, m., 4074, das wilde Treiben der Jugend. S. **Saus**.

Jugendbrust, f., 8407. An ewiger J. wünschen die unsterblichen Doriden die von ihnen geretteten Schiffer festzuhalten, worin die Bitte ausgesprochen liegt, daß auch diesen Unsterblichkeit verliehen werde.

jugenderstes, 10059. S. **Zusammensetzungen B.**

Jung Stilling, P. 47, St. S. 31 f. — J. St. (1740—1817), Jugendfreund Goethe's, mit dem er indessen später wenig Beziehungen hatte. Ueber seinen letzten Besuch bei ihm in Karlsruhe am 3. Oktober 1813 s. Sulpiz Boisserée I, 287 f. (Stuttgart 1862, Cotta'scher Verlag). Der Grund für seine Stelle unter den Blocksbergs-Candidaten ergiebt sich aus dem Artikel Frau, **die weiße**.

Jungens, m., 1837. S. **Frau**.

Jungfer, f., U. 872, wird Gretchen genannt (3018 in „Jungfrau" verändert).

Jungfernsohn, m., 8253 f. Scherz des Proteus über Homunkulus: „Eh' du sein solltest, bist du schon."

d. **Jungfrau Maria**, 12094 als Mater gloriosa; 11989 ff. gefeiert von Dr. Marianus als Jungfrau, Mutter und Königin, desgleichen 12031 ff. von dem Chor der Büßerinnen und von jeder einzelnen.

jung geworden, 6924, Homunkulus zu Mephist.: „Du aus Norden, im Nebelalter j. g.", d. h. dorther stammend, wobei der Ausdruck des Geborenwerdens vermieden ist. Uebrigens giebt Grimm Beispiele aus Opitz, A. Gryphius, Günther und Lessing, nach denen „jung werden" ganz in diesem Sinne gebraucht wird.

jungholdest, 9154. S. **Zusammensetzungen B.**

d. **Jünglinge**, 8420—8423, die Geliebten der Doriden.

Jünglingsknaben, 9157, die blonden Germanen im Dienste Fausts.

jüngster Tag, m., P. 28, St. S. 44 — nicht zur Darstellung gekommen.

d. **Junker**, 4732—4742, erster und zweiter im Dienste des Kaisers; außerdem die gewöhnliche Titulatur, die Mephisto sich selbst giebt und von andern beansprucht, so 1535 edler J., 2564 J. Satan, 4023 J. Voland (s. diesen). — P. 27 S. 296, St. S. 27 J., der böse Feind.

Juno, 7999, 10030, als Typus der Schönheit.

Juppiter, 4961 als Planet das Zinn bezeichnend. „J. bleibt doch der schönste Schein"; 7568 als Gott des Donners; P. 145, St. S. 89 „Das sind Gewitter, von denen J. nichts weiß" — Worte, die von Seismos (s. d.) zu sprechen gewesen wären.

Juristerei, f., 355, U. 2. Siehe **Chymisterei.**

just, 2620, U. 472, 3115, U. 967, 3264, 11538 = gerade, eben; 7677 „Mir wird's nicht j. mit diesen fremden Geistern" = „geheuer", „recht wohl", wie a. a. O., namentlich in den Briefen.

juwelen, 3544, adjektivisch „von juwelnem Band", ebenso wie in einem Divan-Gedicht (C. 5, S. 159) „mit juwelnem Goldschmuck".

Juwelier, P. 102, St. S. 55, in einem Schema zur Mummenschanz — ist nicht zur Darstellung gekommen.

Ixion, P. 68, St. S. 62 „Mit J. sprich von der Wolke". J., Vater des Pirithous, wurde durch Juppiter mit einer Wolke getäuscht, als er sich Juno nähern wollte. In der Unterwelt gehört er zu den mit besonderen Strafen Belegten wie Tantalus, Sisyphus, die Danaiden.

K.

d. **Kabiren,** m., 8074—8222. Die K. anfangs nur niedere Gottheiten im Kultus zu Lemnos und Samothrake, als Söhne des Hephästos und der Kabeira, waren später große Götter der samothrakischen Geheimlehre. Welche Bedeutung und Funktion sie indessen haben, steht heut zu Tage ebenso wenig fest, als zu Goethe's Zeit, der seine Auffassung wohl größtentheils aus der Schrift Schellings „Ueber die Gottheiten von Samothrake" genommen hatte. Allgemein anerkannt ist jedoch, daß sie wie die Diosturen als Schützer der Seefahrer (8176 „Der Scheiternden Retter") anzusehen sind. Nach alledem ist es nicht auffällig, daß in Goethe's Darstellung überall, namentlich in dem, was er die Sirenen, Nereiden und Tritonen sagen läßt, der Spott über die Unfertigkeit dieser Gottheiten hervortritt.

d. **Kaiser,** m., im ersten, zweiten und vierten Akt des zweiten Theils, außerdem häufig in den Paralipomenis erwähnt. An eine bestimmte historische Persönlichkeit, an Maximilian I. (1459—1519, Kaiser seit 1493) hat Goethe eine Zeit lang gedacht (P. 63 S. 174, St. S. 51), diese aber später wieder aufgegeben. Die Züge für den jetzigen Vertreter des Kaiserthums sind nach dem Bedürfniß der Dichtung zu einem Ganzen vereinigt. Er ist jung (5932, 10247, P. 192),
lebenslustig, zu Vergnügungen und Ausschweifungen geneigt (10260), dabei aber persönlich wohlwollend, wie er denn unmittelbar nach seiner Krönung in Rom den zum Feuertode bestimmten Zauberer (10441 ff.) errettet. Seine anfängliche Abneigung gegen Geschäfte und Thätigkeit legt er ab, so daß er im vierten Akt nicht allein als persönlich muthig und tapfer, sondern überhaupt als eine würdige Persönlichkeit erscheint. Freilich beugt er sich unter dem Drucke und den Ansprüchen der Kirche und auch die Mittel, die er zur Reorganisation des Reiches wählt, sind nicht die richtigen, aber an sich hat er die Absicht, das Beste desselben auf jede Weise zu fördern.

kaiserlich, 10854 = der kaiserlichen Würde gemäß.

Kalenderei, f., 4974 = Kalendermachen, das zum Theil auch wegen der im Kalender üblichen Prophezeiungen schon an sich als eine Art schwarzer Kunst galt.

Kamm, m., 668 f. „Ihr Instrumente freilich spottet mein, mit Rad und Kämmen, Walz' und Bügel" — nach Hildebrand in Grimms Wörterbuch Bezeichnung von Maschinentheilen, die einem Kamm mit seinen Zinken ähnlich sind.

d. **Kämmerer,** m., 6147, 6307 f.,

6466 ff., an erster Stelle zwei, an den beiden folgenden je einer, alle Bedienstete des Kaisers.

kannibalisch, 2293, U. S. 29 Z. 179, auch bei Schiller und Lessing vorkommend.

d. **Kanzler**, m., 4772—5060, 10931 bis 11041. Außerdem (W.-A. 15a, S. 342, St. S. 131 f.) in der nicht in den Text aufgenommenen Belehnungsscene, in der Faust den Ritterschlag erhält. Jener ist in seiner Eigenschaft als Erzbischof von Mainz und zugleich als Kanzler der erste Würdenträger des Reiches; bei der Erhöhung der Würden durch den Kaiser wird er Erzkanzler, so daß seine vollständige Bezeichnung, die seit 1836 auch im Texte erscheint, Erzbischof-Erzkanzler ist. Es erscheint zweckmäßig, dieselbe auch da beizubehalten, wo derselbe seine Würden selbst scheidet und ausdrücklich erklärt, daß er als Bischof, nicht als Kanzler spreche (10977 ff.).

d. **Kapellmeister**, m., 4291 ff., 4363 ff., im Walpurgisnachtstraum.

Karneval, n., 5060, P. 101, St. S. 54, zu dessen Feier die Mummenschanz dargestellt wird.

Karyatiden, f., 7545. Figuren, gewöhnlich weibliche, die als Trägerinnen von Gebält dargestellt werden. Seismos, mit halbem Körper aus dem Erdboden hervorragend und eine gewaltige Steinmasse aus ihm erhebend, wird mit ihnen verglichen.

Kastellan, m., P. 63 S. 176 f., St. 73 — der des verzauberten Schlosses, welches nach älterem Plane der Wohnsitz für Faust und Helena sein sollte. Er ist selbst Zauberer und rettet den Leichnam des erschlagenen Sohnes jener beiden. Später sollte er ebenso wie Mephistopheles entlassen werden, da Faust sich durch die drei Gewaltigen (s. d.) genug geschützt glaubt.

Kasten, m., nach 6500, der des Souffleurs, in dem Mephistopheles während der Erscheinung von Paris und Helena sitzt.

katechisiren, 3523, U. 1215, jemanden über den Katechismus examiniren, d. h. über seine Religion befragen.

Katechismus, m., U. 1152. In der ersten Bearbeitung hat Goethe noch an den lutherischen Katechismus gedacht, der 1529 erschien; 3460 steht dafür „der Pfarrer".

Kathrinchen, 3684, Name in einem Liede Mephisto's, dessen erste Strophe dem Ophelias im Hamlet (4, 5) nachgebildet, die zweite von Goethe selbst verfaßt ist.

Kater, Kätzin, 2394—2428. S. Meerkater und Affe.

kätzchenhaft, 3655, 11775, an beiden Stellen in gleichem Sinne.

Katze, f., 6254 f. „daß ich wie jene K. dir die Kastanien aus den Gluthen kratze". Eine ältere Quelle als die bekannte Fabel Lafontaine's ist in L.² mit „Lehmann's Florilegium politicum 1643" angegeben.

Katzengeister, die, 2484, verächtliche Bezeichnung der Thiere in der Hexenküche.

Kauz, m., 3890, als Vogel. 3483 „Es muß auch solche Käuze geben", d. h. sonderbare, von den Gewöhnlichen abweichende Menschen. Statt dessen U. 1175 „Es ist ein Kauz, wie's mehr noch geben —" Vgl. auch P. 65, St. S. 59 „Bravo, alter Fortinbras, alter K.", wo die Bezeichnung augenscheinlich dem besondern Wesen des Schauspielers gilt.

kauzen, 5642, gekauzt, d. h. hingelauert, in sich zusammengesunken.

kebsen, 9057, eigentlich zum Kebsweibe machen, was indessen auf die Verbindung von Deiphobus und Helena nicht im wirklichen Sinne paßt. In Grimm's Wörterbuch führt Hildebrand die Anwendung des Wortes von Seiten Goethe's auf die Erinnerung an den Vers in den Nibelungen zurück, in dem Brunhild bei Günther über Chriemhild klagt, die gesagt habe, ihr Mann Sifrit habe sie „gekebeset".

kehren, 2113 „Wenn er vom Blocksberg kehrt", 2730, U. 582 „ich kehre nimmermehr" — in beiden Fällen = zurückkehren, wie in „Wanderers Sturmlied" (C. 2 S. 72 V. 5) „(ich) soll muthlos kehren", wo freilich die Ergänzung von „zurück" aus dem Früheren nicht allzu schwer ist.

Kehrichtfaß, n., 582, U. 229, verbunden mit „Rumpelkammer" als Behälter oder Aufbewahrungsort für alles Werthlose.

keiner, 2272 f., „ein ächter deutscher

Mann mag keinen Franzen leiden, doch ihre Weine trinkt er gern" — so daß k. im Singular die Bedeutung des Plural hat.

kennen, 1870, U. 251 = kennen lernen.

Kerl, m., 3552, U. 1247, der Verführer von Bärbelchen.

Kern, m., 1323 — der des Pudels.

Kettenschmerz, m., 11887 — der Schmerz des Geistes, der sich nicht durch den Glauben befreien kann.

Kielkröpfe, m., P. 50 S. 311, St. S. 39 „Geschwätz von Kielkröpfen. Dadurch Faust erfährt —" Er erfährt, was Gretchen gethan hat und was mit ihr geschehen ist, die Tödtung des Kindes und ihre Verurtheilung. K. sind des Teufels eigene Kinder, stets Mißgeburten (daher 6200 kielköpfige Zwerge), die er namentlich bei Sechswöchnerinnen mit deren eigenen Kindern vertauscht.

Kinderbibliothek, f. — P. 40, St. S. 31 „sagt der Rattenfänger von H. von sich, er schreibe eine K. Nahe liegt hier eine Beziehung auf J. H. Kampe (1746 bis 1818), den Verfasser zahlreicher Kinder- und Jugendschriften, anzunehmen, der schon 1776 Lehrer am Philanthropin in Dessau war und nach Basedoms Rücktritt Direktor desselben wurde. Aber auch die Xenien „Immer für Weiber und Kinder" ꝛc. und „Flora. Deutschlands Töchtern gewidmet" sind verwandten Inhalts und diese weisen wieder auf F. L. Huber, Müchler, Reinhold u. A. hin, so daß die Beziehung unsicher wird.

Kirchbuße, f., 3569, U. 1260 = öffentliches Bekenntniß seiner Schuld vor der Gemeinde (poenitentia publica oder ecclesiastica — auch als deprecatio publica in templo bezeichnet).

Klappen, n., 4467, U. S. 85 Z. 34. „Mitten durchs Heulen und K. der Hölle" (U. Zähneklappen). Vgl. Ev. Matth. 8, 12 und a. a. O.

klarer Nacht, 4647. S. Genitiv der Zeit.

klassificiren, 1945, U. 376, die Begriffe nach Prüfung ihrer Merkmale einer bestimmten Klasse oder Spezies (Gattung) zuweisen.

klassisch, 6947. „Ein ächt Gespenst, auch klassisch hat's zu sein" — d. h. dem Griechisch-Römischen Alterthum angehörig, daher die klassische Walpurgisnacht (7005 bis 8487) im Gegensatz zu der des ersten Theils (3835—4222), die man auch die romantische genannt hat.

Klause, f., 10372, nicht der eigentliche Engpaß selbst im Ganzen, sondern die am wenigsten zugänglichen Theile desselben.

Kleingeselle, m., 7829, Anrede Mephisto's an Homunkulus. Das Wort ist wohl neu gebildet.

klemmen, 11744. „Es klemmt wie Pech und Schwefel" ist als Zeugma (s. d.) zu fassen, da das Verbum nur zu „Pech" paßt.

Klerus, m., 10616 f. — die Geistlichkeit in ihrer Gesammtheit, daher im folgenden Verse „ihre Gunst (hab' ich) mir nicht erworben".

d. **Klotho**, f., 5317—5332. S. Parzen.

Klub, m., 4035, eine Art geschlossener Gesellschaft in der romantischen Walpurgisnacht — General, Parvenü, Minister und Autor, die sich von den Uebrigen absondern.

d. **Klugheit**, f., 5399 ff., 5441—5456, P. 102, St. S. 57 — lenkt in der Mummenschanz den Elephanten.

Klytämnestra, 8499, He. 11, P. 162, Schwester der Helena und der Dioskuren.

Knabe, m., 79, 882, 1844, 3019, als Bezeichnung für Erwachsene, Studenten, Schauspieler und Faust selbst.

d. **Knabe**, Wagenlenker (Lenker) 5521 bis 5708. S Allegorien. Er personifizirt die Poesie wie später Euphorion. Vergl. P. 104—106, St. S. 56 f. und die Verse P. 114, St. S. 64, die ihm zuzuweisen sind.

knarren, 3238 „Wenn der Sturm im Walde braust und knarrt" — Zeugma, da das Knarren nur den Ton der bewegten Baumzweige bezeichnet und nur eine Wirkung des Sturmes, aber nicht ein Ausdruck seines Wesens ist.

Knattern, n., 5892, das, des Blitzes.

kneipt, 2807 (U. 6591 petzt). Das erste statt des hochdeutschen „kneifen", das zweite „sonst pfetzen" (mhd. phezzen), beide Worte bildlich gebraucht vom Aerger. — 5282: Die Lesart „kneipt" C. 12 S. 280 Z. 28 ist getilgt.

knieend, 9359 „Erſt k. laß die treue Widmung dir gefallen". S. Particip, abſolut gebraucht.

knospenentſiegelt, 11704, nach W.-A. Knospen, entſiegelte. Siehe Zuſammenſetzungen B.

Knoten, m., 10689 = Schwierigkeit bei einer verwickelten Sache.

Kobold, m., 1276 im Sinne von Hausgeiſt, gleichbedeutend mit dem 1290 folgenden «incubus»; 2111 iſt mehr an ein Weſen von eigentlich bösartiger Natur zu denken: „Zum Liebſten ſei ein K. ihr beſcheert."

kochen, 4400, U. 1437 -- mit dem Nebenſinn des Schädlichen, da es von Hexen am Rabenſtein geſchieht.

Köcherei, P. 60, St. S. 146 = als Ragout von Wahrheit und von Lügen. Aehnlich wird 2341 der Trank der Hexe von Fauſt, noch ehe er bereitet iſt „Sudelköcherei" genannt.

Kohle, f., 6349, als ſympathetiſches Mittel. — **Kohlentrachten,** 5252 = Ladungen von Kohlen.

kohobiren, 6325, 6853 (auch franzöſiſch cohober), chemiſcher Ausdruck für das wiederholte Diſtilliren von Stoffen.

Kollegium logikum, 1911, U. 342. Die formale Logik wird nach alter Sitte zum Anfang des akademiſchen Studiums empfohlen.

kollern, W.-A. 14, S. 226 Z. 3, U. S. 81 Z. 1, Ausdruck für die lebhaften Sprünge und Bewegungen des Pudels, ähnlich in dem Gedichte „Hans Sachſens poetiſche Sendung", C. 13 S. 127 für das unruhige Treiben in einem Ameiſenhaufen; 5722 Dukaten k. am Boden her.

Koloß, m., 5445 „den lebendigen Koloſſen" (den Elephanten); 8300 Hindeutung auf den K. zu Rhodus, der den Helios darſtellt und von den Telchinen (ſ. d.) ſich rühmen geſtaltet zu haben „als Jüngling, als Rieſen, den großen, den milden".

koloſſal, 11650 = gewaltſam: „k. zertnirſcht ſie die Hyäne;" P. 50, St. S. 40 = gewaltig groß: „Was duftet aus dem koloſſalen Mund." 7545 Koloſſale Karyatide (nach dem Text in W.-A.); mit einer ſolchen wird Seismos verglichen, indem er, noch halb im Erdboden verborgen, mächtige Steinmaſſen aus ihm emporhebt.

Kommando, n., 4814 militäriſcher Befehl der Vorgeſetzten.

Kommiſſion, f., U. 526—529, ſpäter durch 2674—2677 erſetzt: „Er (Fauſt) thut, als wär er ein Fürſten Sohn. Hätt' Luziſer ſo ein Duzzend Prinzen, Die ſollten ihm ſchon was vermünzen. Am Ende kriegt' er eine Comiſſion." Die hier hypothetiſch angenommenen Söhne des Höllenfürſten würden, wenn ſie ſo verſchwenderiſch wären als Fauſt, den Beſitz des Vaters ſo herunterbringen, daß die Verwaltung ſeines Vermögens einer Kommiſſion übergeben, er ſelbſt alſo unter Kuratel geſtellt werden würde.

komponiren, 6851 — die Stoffe zur Hervorbringung eines Menſchen, hier des Homunkulus, zuſammenſetzen.

Kömmling, m., 11059, iſt althochdeutſch und altengliſch nachgewieſen, in der neuern Sprache nur in Zuſammenſetzungen wie Abkömmling, Emporkömmling üblich.

Konformation, f., P. 123 S. 205, St. S. 76 „Nereiden und Tritonen werden durch ihre K. behindert, ohngeachtet der Nähe des Meeres dem Seefeſte beizuwohnen." — Dieſe Bedenklichkeit iſt in der ſpäteren Ausführung aufgegeben.

Königin, f., 1046 f. „Erſchien darauf mit bunten Farben die junge K. im Glas". K. iſt ein alchymiſtiſcher Ausdruck für die Miſchung von Antimonium und Zinnober, die eine purpurrothe Farbe giebt. Die bunten Farben, d. h. die des Regenbogens, zeigen ſich, wenn man das Sublimat vom Glaſe loslöſt.

Königsbande, n., 9456, Pflichten, Verbindlichkeiten, welche die Völker gegen ihre Könige (hier ſind es die kleinen Fürſten des Peloponneſes) zu erfüllen haben.

Königsgut, n., 11195, nach dem Zuſammenhange Beſitzthümer und Schätze, die eines Königs würdig ſind, ohne daß damit ausgedrückt wird, daß ſie einem ſolchen angehört haben.

Königspflaume, f., 6163 — reine claude.

Konjunktiv in der abhängigen Frage
— sonst nur bei vorangehendem Praeteritum üblich, ist hier auch nach dem Praesens häufig, sogar häufiger als der Indikativ. Beispiele: 104 „Ihr fühlet nicht, wie schlecht ein solches Handwerk sei", 271 ff. „Da du ... fragst, wie alles sich bei uns befinde", 1542 f. „Damit du ... erfahrest, was das Leben sei", 2321 „Merkt euch, wie der Teufel spaße", 3528—3532 „Du — siehst nicht ein, wie diese ... Seele ... sich heilig quäle", 8794 „Nicht, was der Knecht sei, fragt der Herr, nur wie er dient", 8824 „Wenn ich sage, wer du seist". 8875 „welche denn ich sei, ich weiß es nicht", 9729 ff. „o denke ... Wie es uns kränke". — Ebenso W.-A. 15a, S. 345 „Ihr fühlt mit mir, was Einigkeit bedeute".

können, 3422, U. 1114 „Ach, wenn ich etwas auf dich könnte" (über dich vermöchte); 8098 „Seit alten Jahren konnt' ich göttlich ruhn" — nach lateinischem Sprachgebrauch zur Bezeichnung des Gegentheils der Wirklichkeit. Nereus hat nicht geruht.

Kontribution, f., 10828, Steuer, besonders Kriegssteuer.

Kontrovers, f., W.-A. 15b, S. 202, St. S. 75 = Streitfrage.

Konventikel, n., 4330, Vereinigung von Leuten, die fromm sind oder wenigstens dafür gelten wollen.

Konvikt, m., P. 12, St. S. 13, Anstalt, in der die ärmeren Studenten wohnen und verpflegt werden.

Kopf, m., 6505, vom Kopf zum Fuße (gewöhnlich „bis zu den Füßen").

Kopernikus, P. 47, St. S. 32. — K. bekämpft die Ptolemäer, d. h. die Anhänger des Ptolemäischen Weltsystems, wie dasselbe in der Syntaxis mathematica des Klaudius Ptolemäus dargestellt ist. Das Hervortreten der Sonne am Firmament fassen sie als Bewegung und K. bildet ihnen ein, daß es gar nicht die Sonne sei, sondern nur ein Meteor (s. d.), eine vorübergehende Lufterscheinung.

Körbel, n., U. S. 26 Z. 144, dafür 2259, Körbchen.

Korinthus (Korinth), 9466. S. **Germane.**

Korybanten, m., P. 124, 125, St. S. 83 f. S. **Kureten.**

kosen, 9677 — mit nachfolgendem Dativ. „(Merkur) raubt Cyprien, wie sie ihm kost ... den Gürtel." Ebenso zweimal im „West-Oestlichen Divan".

krabbeln, 7176 Der Gesang der Sirenen krabbelt dem Mephisto an die Ohren, ohne zum Herzen zu gehen. 4995 „mir krabbelt's an der großen Zeh'". 3599 „Ihm krabbeln Käfer in der Hand". Auch a. a. O.: in den „Mitschuldigen": es krabbelt mir ums Herz. Im Gedichte „Der ewige Jude" (B. 267): Den Herrn Pfaff das krabbeln (ärgern) thät.

Krächzegruß, m., 7221 — die Töne der Stymphaliden. (S. d.)

krack, U. S. 88 Z. 98 — zur Bezeichnung des Tones, wenn ein Gegenstand zerbricht. Ebenso „trick, track" beim Aufbrechen eines Schrankes („Bürgergeneral", 2. Auftritt) und vom Zusammentreffen der Degenklingen (Prosabearbeitung von Klaudina von Villa Bella).

kraftbegeistet, 10216 = von Kraft belebt (begeistet findet sich bei Goethe nicht selten).

Krallenbeine, n., 7887, ist in dieser Form wenigstens verständlich; W.-A. „mit krallen Beinen", ohne daß „krall" (sonst gleichbedeutend mit „grell", allenfalls „frisch", „munter") in dem hier nothwendigen Sinne nachgewiesen wäre.

kramen, 10818 „Was kramt ihr in dem Kaiserschatz" — dem analog 385, U. 32 „in Worten kramen" — wie der Krämer in seinen Waaren.

krampfen, 4994. Mir krampft's im Arm.

d. **Kranich**, m., 4326—4327. Lavater (s. d.) wird wegen seines eigenthümlichen Ganges als K. eingeführt. — 1099 K. als Zugvogel. Ebenso 8765 f. Der Kraniche Zug, d. 7660—7675 Die Kraniche des Jbykus, so bezeichnet in Erinnerung an das bekannte Schiller'sche Gedicht. P. 123 S. 208, St. S. 78: „inzwischen umziehen unzählbare Heere von Kranichen, treibend Gipfelhaupt und Haare (des Seismos), als wären es undurchdringliche Wälder und kündigen vor Schluß des allgemeinen Festes ein ergötzliches Kampfspiel an".

Kranz, m., 202, der des Siegers im Wettlauf.

Kränzchen, n., P. 67, St. S. 62 – das des Ruhmes.

Kränzel, n., 3575, U. 1266 = Brautkranz. Ebenso im Gedicht „Hans Sachsens poetische Sendung" (C. 13 S. 130 B. 24).

krauen, 7140 = kratzen, 5360 die Ohren k., d. h. jemandem schmeicheln, um sein Vertrauen zu gewinnen.

kraus, 671 = der Bart der Schlüssel. U. 329 im Sinn von verwirrt: „(Es) sieht darinn (im Felde der Weisheit) so bunt und k. aus".

Kreatur, f., jedes lebende (geschaffene) Wesen. 2882, U. 738 Marthe zu Gretchen: „Du glücksel'ge K."; 6289 „die Mütter (s. d.) sind umschwebt von Bildern aller K."; 7004 Mephisto deutet darauf hin, daß Homunculus eine mit seiner Beihülfe entstandene K. sei.

Kreis = um Kreise, 4949 (nicht Kreis' um Kreise wie in W.-A.) — der Astrolog kennt die verschiedenen Himmelskreise. 1035 Kreise, die heil'gen, der Natur — Bezeichnung für das gleichmäßige, sich ewig erneuernde und zu demselben Ziele kommende Wirken der Natur, namentlich in Beziehung auf Entstehen und Vergehen.

kreisen, 7480 f. Der Centaur Chiron kreist, indem er in fortwährender Bewegung auf einem Wege gedacht wird, der ihn nach gewisser Zeit wieder auf die Stelle zurückführt, von der er ausgegangen ist. Aehnlich sagt Manto: „Mich umkreist die Zeit." 7534 „einer Kreisenden zu lieb" — Latona, als sie den Apollo gebären sollte. Der Ausdruck ist doppelsinnig, denn sie mußte so lange ruhelos auf der Erde herumkreisen, bis ihr die Insel Delos zur Ruhestätte aus dem Meere emporgehoben wurde. 7726 Die Lamien k. um Mephisto.

Kreta, 8860—8866. Es wird angenommen, daß Menelaos wegen eines Erbstreites dorthin gezogen und während seiner Abwesenheit Helena von Paris entführt ist, im Ganzen in Uebereinstimmung mit der alten Mythe; ferner, daß Menelaos dort die „Phorkyas" geraubt und sie nachher in Sparta als Schaffnerin eingesetzt habe. Daher nennt sie sich eine freigeborene Kreterin und wird 9630 als „Kreta's Erzeugte" angeredet. — Vgl. auch **Kureten** und **Korybanten.**

Kreuz, n., 8372 als Symbol des Christenthums. — P. 21 St. S. 17 und U. 453 bis 456 Das K. an der Landstraße, das Mephisto zuwider ist, so daß er vor ihm die Augen niederschlägt, ebenso 10709 das K. am Feldherrnstabe des Obergenerals.

Kreuz und Quer, f., 1916, U. 347, 5847 als Substantiva; 10262, St. S. 50 als Adverbien.

Kreuzweg, m., 2112, hat die symbolische Bedeutung, daß er Unheil bringt. Beschwörungen und Geistererscheinungen werden an einen solchen verlegt.

Kribskrabs, m., 3268. K. der Imagination, mit geringer Veränderung aus dem in der älteren Sprache nicht seltenen „Kribbes Krabbes" gebildet, das einen Mischmasch, ein wirres Durcheinander bezeichnet.

Krieg und Kriegsgeschrei, 861. Nach Ev. Marc. 13, 7 „Wenn ihr aber hören werdet von Krieg und Kriegsgeschrei". (D.)

Kriegsunrath, m., 10315, Wortspiel mit Kriegsrath.

kritisch, 8755 = bedenklich.

Krittel, m., 1559 = kleinlicher, unberechtigter Tadel. Das Wort ist vor Goethe nicht nachgewiesen, nach ihm ist es häufig.

Krone, f., 2449 als Spielzeug der Thiere in der Hexenküche, 6161 als Goldmünze, deren Werth in Papiergeld gegeben wird. Vgl. auch St. S. 66.

Krötenjungen, f., 6325, als Bestandtheil eines sympathetischen Mittels.

krumm-eng, 10138. S. **Zusammensetzungen B.**

Krystall, m., 880. Eine Alte zeigt einem Mädchen im K. ihren künftigen Geliebten; 6910 K. der Welle; 10435 die unterirdischen Geister erblicken im K. die Zukunft (der Oberwelt Ereigniß).

krystallisiren, 6860, 6864. Wagner verändert die Thätigkeit der Natur, indem er was sie sonst organisch hervorbrachte oder sich organisiren ließ, durch Krystallbildung ersetzt. Was aber Mephisto unter „krystallisirtem Menschenvolk" versteht, daß er gesehen habe, ist darum nicht klar. Daß er damit ausdrücken will, die Erfindung Wagner's sei nicht neu, ist nicht anzunehmen; daß man darunter versteinerte, verknöcherte Menschen zu verstehen habe, ist ein matter Nothbehelf, zu dem man freilich genöthigt wird; denn nichts deutet an, was das Krystallisiren auf Geist und Seele für eine Wirkung habe.

kühnlich, 8112, überhaupt häufig bei Goethe.

küren (küren) U. 317 „Hammel und Kalb k. ohne End" = sich als Speise wählen. Vgl. C. 1, S. 197 „Alles ... kürt sich im Saale ein Plätzchen".

kümmerlich, 5009 ff. Der Bauer findet golden=goldne Rolle erschreckt, erfreut in kümmerlicher Hand. — Das Adjektiv, welches eigentlich dem Bauern selbst zukommen sollte, ist auf seine Hand übertragen. Dadurch wird der Gegensatz gegen den reichen Besitz, der in diese Hand gelangt, besser hervorgehoben.

Kumpan (Compan), m., 6311, 7136 — das ursprünglich lateinische, im Französischen in compagnon übergegangene Wort ist schon mittelhochdeutsch. Bei Goethe kommt es auch im Reineke Fuchs (C. 40 S. 21 und S. 67) vor.

künden, 8113 „Ihm kündet' ich, was ich im Geiste sah", also = vorher verkünden; 10189 f. = verkünden: „Doch werden sich Poeten finden, der Nachwelt deinen Glanz zu k."

d. **Kundschafter,** zwei, 10385—10406, im Dienste des Kaisers.

Kunst, f., 588, U. 205 „die K. ist lang", erste Hälfte des bekannten Spruches, mit dem die Aphorismen des Arztes Hippokrates beginnen: „ὁ βίος βραχύς ἡ δὲ τέχνη μακρή."

d. **Künstler,** nordischer, 4275—4278. Die Worte werden gewöhnlich auf den ausgezeichneten und von Goethe besonders hochgeschätzten Maler A. J. Carstens (1754 bis 1798) bezogen, der seit 1792 in Rom lebte; sie enthalten indessen auch eine Andeutung von dem, was Goethe selbst Italien verdankte.

Kupido, m., 2598 – der lateinische Name für Eros bezeichnet hier wie auch häufig sonst recht eigentlich die sinnliche Begierde.

Kuppelei, f., kuppeln, Kuppler, m., kupplerisch. P. 162, St. S. 101 Phorkyas fortgesetzte Kuppelei für Faust bei Helena, P. 127, St. S. 70 „Wer kuppelt nicht einmal, um selber zu genießen", 3337 wird Mephisto von Faust „Kuppler" gescholten, 3030, U. 884 Kuppler= und Zigeunerwesen, 3767 Valentin zu Marthe: „Du schändlich kupplerisches Weib."

Kureten und Korybanten, P. 124, P. 125, St. S. 83 f. — Priester des Zeus in Kreta und der Kybele in Phrygien. Sie stehen nur in den Schemas, sind aber nicht weiter zur Darstellung gebracht.

kurtesiren, 3556, U. 1247 = den Hof machen; bei Lessing mehr dem Französischen courtiser entsprechend „curtisiren".

Kurtisan, m., P. 100, St. S. 54 — Mephisto als Curtisan — bezieht sich auf die Scene vor dem Erscheinen von Paris und Helena.

kurz angebunden, 2617, U. 469. S. angebunden.

kurz und gut, 1540, 2635, U. 487 = ein= für allemal, ohne Weiteres.

Kurzsinn, m., 3101, U. 953, von Wieland nicht selten gebraucht.

Kustode, m., 6134 = Mephistopheles und Faust werden zu Wächtern und Behütern der vergrabenen Schätze ernannt.

L.

Laboratorium, n., P. 99, P. 123 S. 201, St. S. 71 und 74 — das Wagners.

laboriren, 6313, Ausdruck für magisches Arbeiten.

Labyrinth, n. — das große Gebäude mit vielen Irrgängen, das Daedalus bei Knossos in Kreta erbaute. Daher 9145 die weit ausgedehnte Burg Faust's: 3841 L.

der Thäler; 5901 L. der Bergklüfte; P. 176, St. S. 114 L. der Liebe: „Liebespaaren zeiglet ihr euch stets geneigt, euch selbst ertappend gleichfalls in dem L."

labyrinthisch, 14, der l. irre Lauf des Lebens; 9391 f. die ängstlich-labyrinthische Kummerfahrt der gefangenen Troeerinnen von Ilios her.

Lacerta, f., 7774. Wie in den Vegetianischen Epigrammen (Nr. 68, 72) die gefälligen Mädchen überhaupt, so wird auch hier eine der Lamien (s. d.) mit der Lacerte (Eidechse) verglichen.

Lächelmund, m., 7236. S. Zusammensetzungen A.

lachen, 6868, 10491 f., mit nachfolgendem Genitiv.

d. **Lachesis,** f., 5333—5344. S. Parzen.

Laffen, m., nennt Faust 366 die Doktoren, Magister, Schreiber (Beamte) und Pfaffen (U. 14 Doktors, Professors, Schreiber und Pfaffen), 11692 Mephistopheles die himmlische Heerschaar. W.-A. 14 S. 242, St. S. 19 Teufelchen A. den Amor.

Lakedämon, 8547, He. 51, gleichbedeutend mit Sparta, wie in der Homerischen Dichtung Wohnsitz des Menelaos, so hier anfangs der der Helena. P. 162, St. S. 101 hat noch die Worte: „Uebergang zur Schönheit. Lacedämon."

d. **Lamien,** f., 7235 ff., 7696—7740. Lamia, Tochter des Belus, ersten Königs von Babylon, wurde von Zeus geliebt und von Here in ein Ungeheuer verwandelt, das Kinder raubte und fraß. Daraus entwickelte sich die Vorstellung von den vampyrartig gedachten Lamien, welche Jünglinge anlockten und ihnen das Blut aussogen; auch die Fähigkeit gespenstisch sich zu verwandeln, von der Goethe hier Gebrauch macht, wird ihnen zugeschrieben. Vgl. noch P. 123 S. 209, St. S. 78 „Lamien, die sich zwischen Chiron und Faust unablässig durchbewegen; Reizendes aller Art, blond, braun, groß, klein, zierlich und stark von Gliedern, jedes spricht oder singt, schreitet oder tanzt, eilt oder gestikulirt, so daß Faust, wenn er nicht das höchste Gebild der Schönheit in sich selbst aufgenommen hätte, nothwendig verführt werden müßte." Außerdem P. 124, St. S. 82 f. Mephistopheles und Lamien, Meph. von Lamien zurückkehrend.

Lämplein, n., 5842, Emblem der Gnomen.

lang- und breites, 9283. S. Inn- und Aeußeres.

langen, langen Pein, 3788. Siehe Doppelung.

langeweilen, 6958, 9585, an der ersten Stelle unpersönlich, an der zweiten im Sinne von „sich langweilen".

langgeschwänzt, P. 158, St. S. 92: „Das wohlgedachte, glaub' ich, spricht sich ebenso in solchen ernsten langgeschwänzten Zeilen aus." Das Bruchstück, selbst in jambischen Trimetern geschrieben, bereitet gewissermaßen auf dies Versmaß vor, das in der Helena mit Ausnahme der für den Chor bestimmten Stellen durchgängig angewendet wird.

Lappen, m., 6985 verächtliche Bezeichnung für den Zaubermantel des Mephistopheles, mit dem er durch die Lüfte fährt. Homunkulus, selbst Dämon, hat keine besondere Achtung vor dessen Künsten.

läppisch, — vor 5215 „fast l." — als Vorschrift für das Auftreten und Verhalten der Pulcinelle.

Larissa, P. 123 S. 209, St. S. 79 -- Thessalische Stadt am Fuße des Ossa, die bei Gelegenheit von Chiron's Kreisen durch das Land erwähnt wird.

lärmig, 10149, auch sonst von Goethe u. A. gebraucht.

lassen, 1625 ff. = verlassen: „(Die Seele) will des schlechten Leichnams etles Haus nicht l."

Lasten, 11234 „Das eben, leidig lastet's mir". Neue Lesart der W.-A., während früher „lastet" gelesen wurde. Vgl. auch Dativ, poetisch.

Lateinische Worte und Kasus-Endungen. Ohne die allgemein üblichen Worte wie Doktor, Chorus, Inkubus, Kasus, Requiem, Scholastikus vollständig aufzuzählen, sei hier Folgendes erwähnt: 1911, U. 342 «Collegium logicum»; 1940, U. 371 «Encheiresin naturae»; 2048, U. 442 «Eritis sicut Deus scientes bonum et malum» nach 1 Mos. 3, 5, wo übrigens die Vulgata «Dii» hat; 3037, U. 891 «sancta Simplicitas», der bekannte Ausruf von Johann Huß auf dem Scheiterhaufen über die Eifer eines alten Mütterchens; 3798—3834, U. 1333—1371, acht Verse des Kirchengesanges von Thomas von Celano aus dem achten Jahrhundert, der mit den Worten: «Deis irae, dies illa» beginnt; 6635 Oremus. — Ferner die in älterer Zeit, z. B. auch bei Shakespeare üblichen scenarischen Angaben: Nach 5060 Exeunt, vor 6172 solus, vor 7003 und 10210 Ad spectatores, am Schlusse Finis. — Nominativ = Endungen: W.-A. 15 b, S. 342, St. S. 131 Faustus, der Glückliche, in der Scene, die eigentlich die Belehnung desselben mit dem Meeresstrande darstellen sollte, aber nur bis zum Ritterschlag ausgeführt ist, dann 11854—12103 das Citat «Acta Sanctorum» und die Personalbezeichnungen: Pater ecstaticus, profundus, Seraphicus, (Doctor) Marianus, Mater gloriosa, Magna peccatrix, Mulier Samaritana, Maria Aegyptiaca und Una poenitentium. — Kasus-Endungen, 1525, 6560, 10239, 11498 Fauste; U. 286 Studiosi, U. 296 Studiosos, U. 390, 1959 Paragraphos, 2054 den Kursum.

Latschen, f., P. 27, 2, St. S. 27, 2 „Rauhe L." scheint von den Beinen gebraucht zu sein, während der Ausdruck sonst breite, plumpe Füße bezeichnet.

Latwerge, f., 1050 (electuarium, l'électuaire), Arznei in breiartiger Zusammensetzung.

Lauben, f., vor 8574 geschlossene L., die sich an eine Reihe von Felsenhöhlen anlehnen, werden für die Scenerie vorgeschrieben.

launen, 4959. Ausdruck für den häufigen Wechsel im Erscheinen und Verschwinden des Mondes.

lauschen, 7492 „Lauscht sie geheim verbotnem Gruß". Auch bei Schiller und Chamisso mit dem Dativ nachgewiesen.

Lebechöre, m., 12081, Gemeinschaft der Lebenden.

lebelos, 9341 „von lebelosem Leben"; „lebelos" schon mhd.; über die Verbindung des Wortes mit „Leben" s. unter Oxymoron.

Lebens oder Sterbens (um — willen) 1714 stereotyper Ausdruck für die Nothwendigkeit einer schriftlichen Abmachung bei wichtigen Dingen; auf diese wird 11613 Bezug genommen: „ich zeig' ihm (dem Geiste Faust's) rasch den blutgeschriebenen Titel."

Lebensflamme, f., 6909 „des edlen Körpers holde L." Der auf Leda bezügliche Ausdruck scheint deren Liebesgluth oder wenigstens ihr jugendliches Feuer zu bezeichnen.

Lebensfratzen, f., 1561. S. Fratzen.

Lebensnymphen, f., 9538, Nymphen, die die Natur beleben und belebt erscheinen lassen.

Lebensreihe, f., 8846 „In L. fahst nur Liebesbrünstige". Der Vers, für den die Handschriften manche Varianten geben, scheint erst nach längerem Bedenken in dieser Form festgestellt zu sein. Der Singular bleibt immer auffallend, da doch der Verlauf des ganzen Lebens ausgedrückt werden soll. Vgl. West-östlicher Divan C. 5 S. 19 „Nun in allen Lebensreihen müsset ihr genießen können". Damit sind freilich die Altersstufen gemeint, die bei Helena nicht in Betracht kommen würden.

Lebensstrom, m., 10341.

Leber, f., 11753, nach antiker Vorstellung der Sitz der Liebe, vgl. z. B. Horaz Oden 1, 13, 4 und 4, 1, 12. Diese Empfindung hat auch, natürlich in cynischer Weise, Mephistopheles den Engeln gegenüber.

Lebestrahlen, m., 8304, die belebenden Strahlen der Sonne — wohl Neubildung.

lebig, U. 367 „Wer will was Lebigs erkennen" — nur oberdeutsche Wortform, während lang=, leicht=, kurzlebig allgemein üblich sind; 1936 hat dafür bereits „Lebendigs".

lechzen, 6681 mit abhängigem Dativ. S. Dativ, poetischer Gebrauch.

Leda, 6906—6920, Gattin des Tyndareos und Geliebte des Zeus, der sich ihr in Gestalt eines Schwanes naht. Diese Vision hat Faust in seinen Träumen, die Homunculus deutet, ohne daß Leda's Name dabei genannt wird. 9520 als hohe Mutter der Helena. 10050 das göttergleiche Frauengebild, das Faust nach Helenas Verschwin=

den in den Wolken erblickt, ist auch ihr — außer der Juno und der Helena selbst ähnlich — P. 162, St. S. 101 im Schema: „Tyndareus und Leda."

Lederlein, n., P. 27, St. S. 28 eine kleine lederne Tasche — auch sonst übliches Wort.

leerer Augenblick, m., 11589, wird der letzte Faust's genannt, da er in ihm nichts mehr schaffen kann.

lehren, 5550 sie lehrten = sie würden l.

Leibchen, n., 4286, 5181, kleiner Leib.

Leichen, f., 3752, als Dativ Sing. f. **Erben**.

leicht. 666 f., „Daß dein Hirn ... den leichten Tag gesucht", d. h. die Leichtigkeit, die Heiterkeit des Tages. Die Konjektur „lichten", die an sich manches Ansprechende hat, ist wenigstens nicht nothwendig.

Leid, n., 21. Die von Riemer eingeführte und in viele Ausgaben übergegangene Lesart „Lied" kann als endgültig verworfen angesehen werden.

leidig, 10634 der Greif; 10667 die beiden Raben; 11234 das verfluchte hier, das eben l. kastet's mir — überall in der Bedeutung „widerwärtig", störend.

leiblich, 1877, U. 258, 2731, U. 583 = ziemlich.

leiern, 856, im eigentlichen Sinne des Worts „die Leier spielen".

Leierton, m., 6203 „den alten", die bekannte langweilige Melodie — als Ausdruck für die häufigen Einwendungen Mephisto's gegen Faust's Wünsche.

Leimenwand, f., 5011, Lehmschicht im Erdboden.

Leipzig, U. S. 26 Z. 131, 2171.

Leiter, f., 9035 = Sturmleiter. Siehe **Sieben, die vor Theben**.

d. **Lemuren**, m., 11511—11611, Geister der Verstorbenen, noch im Besitz einer nothdürftigen Körperlichkeit, die noch nicht zur Ruhe gekommen sind. Sie gehören nur dem Italischen Kultus an und Ovid beschreibt Fasti 5, 421 ff. ausführlich das dreitägige Fest (Lemuria), das VII. V. III. Id. Maj. — also am 9., 11. und 13. Mai begangen wurde, um sie zu versöhnen, die als den Menschen feindliche Dämonen gedacht wurden. Das ihnen in den Mund gelegte auf Chor und Solo's vertheilte Lied ist mit Ausnahme der letzten von Goethe hinzugedichteten Strophe (11608—11611) dem Todtengräberlied in Shakespeare's Hamlet nachgebildet. — Die Erwähnungen der Lemuren in P. 194 und P. 195 deuten nur an, was im Gedichte wirklich ausgeführt ist.

lenken, 5614, unterschieden von „leiten". Der Knabe Lenker (s. d.) lenkt die Rosse. Plutus leitet ihn, giebt ihm die Richtung an, wohin er sie lenken soll. Damit stimmt auch 5338 „Jeden (Faden) lenk' ich seine Bahn".

Lernäische Schlange, f., 7227 — die vielköpfige aus dem See Lerna in Argolis. Sie war unsterblich; ihre Köpfe, die Herakles abgehauen hatte, werden als in der Luft umherfliegend gedacht. — P. 123 S. 204, St. S. 76 vielköpfige Schlangen in Unzahl. P. 124, St. S. 82 Köpfe der Lernäa. P. 125 Begegnen Schlangen.

lesen, 1332, 11600 = erkennen, erklären.

Lethe, f., 4629, 6721, der Strom in der Unterwelt, aus dem die Gestorbenen tranken und dann alles Vergangene vergaßen. P. 122 S. 211, St. S. 80: „Die Königin (Proserpina) verweist die Bittenden (Faust und Manto) an die drei Richter, in deren ehernes Gedächtniß sich alles einsenkt, was in dem Lethestrom zu ihren Füßen vorüberrollend zu verschwinden scheint."

Leu, m., 1042. Der rothe L. — alchymistischer Ausdruck für Quecksilberoxyd; 8371 der geflügelte L. — das Wappen Venedigs.

Leuchtameise, 5845, scheinen naturwissenschaftlich unbekannt zu sein.

Leuke, f., P. 99, P. 123 S. 212, St. S. 74, 80, Insel im Pontus Euxinus, auf der Helena mit Achilles lebte: „Hier findet sich nun, daß Helenen das vorigemal die Rückkehr ins Leben vergönnt worden unter der Bedingung eingeschränkten Wohnens und Bleibens auf der Insel L." — Bei Ausführung des Gedichts vertauschte Goethe diese mit der Stadt Pherä (s. d.).

le(t)zt, U. 1016 „als du lezt aus dem Dom

gegangen", dafür 3168 jüngst; 10833 f. „eine Memme erfass' ich bei ihren letzten (äußersten) Haaren". 7198 als Superlativ eines Superlativs: „die letztesten (Ungeheuer) hat Herkules erschlagen."

L'hombre, n., P. 31, St. S. 27 „Männer reden auf dem Blocksberge in der Walpurgisnacht über das L." — Die Worte des Schemas sind nicht zur Ausführung gekommen.

Licht, n., 9480 „Ihr (die Herzoge des Peloponnes) sucht getrost zu ihren (Helenas) Füßen Bestätigung und Recht und L." — Für den Ausdruck mag dem Dichter das Griechische φῶς vorgeschwebt haben, das oft die Bedeutung von „Heil", „Glück", „Rettung" annimmt.

licht. Vgl. „leichten" zu 666; 10416 „lichte Heldenthaten", solche, die so augenscheinlich vollbracht werden, daß alle sie sehen.

lichterloh, 2076, U. 448, Adverbium aus dem absoluten Genitiv „lichter Lohe" entstanden, das schon im sechzehnten Jahrhundert vorkommt.

Lieb, Leib, Bley, P. 29 St. S. 30 — Worte aus J. Praetorius „Anthropodemus Plutonicus", die S. 10 daselbst folgendermaßen erläutert werden: „Hier mag wohl wahr werden, daß Lieb per anagr(amma) heißet Leib und Bley, weil sie so schwer drauff ist."

Liebchen, n., nennt 5197 die Mutter ihre, 8424 Nereus seine Tochter; 6387, 8961 auch in Beziehung auf männliche Personen gebraucht, 6609 als Anrede des Mephistopheles an die Insekten, 8424 Teufelsliebchen.

Liebe, f., 1185 — Gottes = L. zu Gott.

liebeln, 9420 f., zum Wortspiel mit „Grübeln" benutzt. S. **Wortspiele**.

lieben, 341 und a. a. O. S. **Dativ**, ethisch.

Liebeschätchen, n., 5359 f., Koseworte, in dem die Zusammensetzung neu ist.

Liebesbrieflein, n., 6105.

Liebesfibeln, f., 9419, ohne die Vorstellung, daß etwa in ihnen das ABC der Liebe enthalten wäre; der Ausdruck ist zum Zwecke des Wortspiels für die folgenden Verse gewählt.

Liebeshort, m., 11852, nicht der Schatz der Liebe, sondern der Zufluchtsort für sie. Vgl. **Hort**.

Liebespynk, m., 11813, die unnatürliche Leidenschaft des Mephistopheles für die Engel.

liebkosen, 9371 „Ein andres (Wort) kommt, dem ersten liebzukosen" — poetische Deutung des Reims für Helena, der ihr, da sie dem Alterthum angehört, fremdartig erscheint. — Vgl. **kosen**.

d. **Lieschen**, 3544—3576, U. 1236 bis 1267, Bürgermädchen in der Brunnenscene.

Lilie, f., 1043, Bad der L., alchymistischer Ausdruck für die aus Silber gewonnene Salzsäure.

Lilith, f., 4118, nach der Rabbinischen Sage Adams erste Frau, die unabhängig von ihm, nicht aus seiner Rippe, erschaffen wurde. Nach ihrer Entfernung von Adam war sie eins der vier Kebsweiber Sammaels des Teufels, der vierhundert und achtzig Schaaren von Dämonen in seinem Dienste hat. In der Bibel kommt Lilith nur Jesaj. 34, 14 vor und wird von Luther mit „Kobold" übersetzt, während die Vulgata den überlieferten Namen beibehält. Lilith gilt überhaupt als ein die Männer verführendes und den Kindern schädliches dämonisches Wesen.

Litanei, f., 11469, nach dem Griechischen eigentlich „Gebet", „flehende Bitte"; in neuerem Sprachgebrauch liegt die Vorstellung des Trivialen, durch fortwährende Wiederholung werthlos Gewordenen.

Lober, m., 3637, U. 1389. Das auch von Schiller (Die berühmte Frau, V. 70) gebrauchte Wort hat sich in der Sprache nicht recht eingebürgert.

lobesan, 2633, U. 485 (auch) in dem Gedichte „Das garstige Gesicht", C. 2, S. 281, angewendet) = lobenswerth — ist eine Art Titularbezeichnung wie „wohlgeboren" u. a.

Lobeswort, n., 7354.

Lock- und Gaukelwerk, n., 1588. Worin es für den Menschen besteht, wird 1591 bis 1606 ausgeführt.

Lockenkopf, m., 6731, als Gegensatz gegen den früher getragenen Zopf, wobei Goethe mehr an seine eigene Zeit denkt, als an die, welche im Faust zu schildern ist.

Lockhaar, n., 9159, das der Germanischen Jünglingsknaben in Faust's Burg.

Logie, n., **logiren**, U. 277, 293, 305, 267.

Lohe, f., 1317 „Ich versenge dich mit heiliger L." Die Worte künden „das dreimal glühende Licht" der Dreifaltigkeit an. Das Zeichen desselben ist ein Dreieck mit dem Auge Gottes, jenes mit Sonnenstrahlen umgeben, die nach allen Seiten hin leuchten.

Loh'n, 8714. Richtige Lesart der W.-A. statt des bisherigen „Lohe" oder „Loh'", die auch schon in einigen Cotta'schen Ausgaben nach 1867 stand.

los, 3795, U. 1330 „Wär' ich der Gedanken l."; 6043 „l. bin ich solcher Höllenpein"; ebenso mit dem Genitiv: 3772 sich der Ehre lossprechen; 4692 sich von etwas losklären = in Klarheit hervortreten.

lose, 9326 „Nun aber, lose, wird es dein" — alles, was ich besitze, indem ich es von mir abgelöst habe.

Lotterbube, m., P. 67, St. S. 62 „Vergessen wird der Held so wie der L." = der Lump oder Vagabund", also in anderm Sinne als Luther Apostelgesch. 17, 18 den Ausdruck braucht, um einen Schwätzer ($\sigma\pi\epsilon\rho\mu o\lambda \acute{o}\gamma o\varsigma$) zu bezeichnen, offenbar in der Vorstellung, daß er seine Worte reichlich wie Saamenkörner ausgestreut.

Löwen, m., 11850, in der Umgebung der Anachoreten stumm und freundlich herumschleichend. 7129 **Löwenfell**, n., der Sphinxe. 11636 **Löwenschweif**, m., des Greifen.

Löwenthaler, m., 3669, Holländische und Türkische Thaler mit dem Bilde eines Löwen (Heyne); nach Schröer ursprünglich Joachimsthaler mit dem Wappen des Böhmischen Löwen.

Lucifer (Satan, Satanas), U. 527 f. „Hätt' Luzifer so ein Dutzend Prinzen, die sollten ihm schon was vermünzen" — seine Söhne, wenn sie so verschwenderisch wie Faust wären, würden ihm gehörige Kosten machen. 11769 Frage des Mephistopheles an die Engel, ob sie nicht auch vom Geschlechte des L., d. h. von der Sünde verführbar wären. 10742 bekennt sich Mephistopheles als dem L. untergeordnet, indem er zu den beiden Raben sagt: „Ich werd' euch bei dem hohen Meister loben." Unter diesem ist L. zu verstehen, nicht, wie man auch erklärt hat, der Nekromant von Norcia, an dessen Gunst doch den Raben nicht allzuviel gelegen sein könnte.

Luder, n., 7719, als Bezeichnung für die Lamien. Das Wort war bei Goethe beliebt (Siehe Riemer's Mittheilungen 2, S. 664). Vgl. auch C. 3, S. 197 die Parabel „Geist und Schönheit im Streit" und darin die Worte: „Herr Hauch ... fängt an, doch leider nicht galant, dem Luderchen den Text zu lesen." — Bei dieser ganzen Stelle von 7710 an, die Goethe auf das Wesen der Lamien verwendet, hat ihm die Charakteristik der Frauen in Molière's «L'école des femmes» (Acte V, Scène 4) vorgeschwebt: «Chose étrange d'aimer et que pour ces traitresses Les hommes soient sujets à de telles faiblesses», ferner: «Il n'est rien de plus faible et de plus imbécile» und namentlich: «Malgré tout cela, Dans le monde on fait tout pour ces animaux-là.»

ludern, 4280 = schlecht einrichten, mangelhaft zur Ausführung bringen. Die Personen im Walpurgisnachtstraum treten nicht in der angemessenen Toilette auf, da die Vorkehrungen von einem Dilettanten getroffen sind.

luft'ge Töne, 6445 = Töne in der Luft.

Lügenfahnen, f., 10405 — sind die der Fürsten, die sich gegen den rechtmäßigen Kaiser empören; denn sie haben ihm früher Treue geschworen.

Lügenfürst, m., 10995, der Teufel nach Bezeichnung des Erzbischofs; 1334 Lügner ($\psi\epsilon\nu\sigma\tau\acute{\eta}\varsigma$) entspricht dem biblischen Ausdruck.

Lügengeist, m., 1854 — der Geist der Lüge, der in den Blend- und Zauberwerken der Magie liegt.

Lügenschäume, m., 5000, sind nach des Kaisers erster Auffassung die Projekte des Mephistopheles zur Beschaffung von Geld.

Luginsland, m., 11344 = Wartthurm.

Lümmel, m., 3711, wird Valentin, nachdem er getödtet ist, von Mephistopheles genannt.

lumpen, 11214 — sich nicht l. lassen = nicht geizig oder zu sparsam sein.

Lumpen, m., 4009, als Segel der Hexen für die Luftfahrt auf den Blocksberg, 10829: L. nennt Mephistopheles seine Drei Gewaltigen (s. d.); wenn er hinzufügt, sie würden mehr behagen, weil sie allegorisch sind, so fällt er damit aus der Rolle und geht in die des Dichters über, insofern dieser über die Wirkungen seiner Gestalten reflektirt.

Lumpenhund, m., 5471, nennt der Herold den Zoilo-Thersites (s. d.).

Lumpenpack, n., 4339, wird die Gesellschaft im Walpurgisnachtstraum genannt und auf diese ist auch P. 43, St. S. 34 zu beziehen: „Was an dem L. mich noch am meisten freut, ist, daß es wechselsweis von Herzen sich verachtet."

Luna, f. (S. Diana, Hekate, Mond). 4959 L. launet, 8891 Leih' uns L. Licht (beides stabreimend), 6509 Helena und Paris werden mit Endymion und L. verglichen, 7513 L. im Meer, wo sie doppelt leuchtet, 7905 L. als dreigestaltete, 7934 L. wiegt sich ... auf ihrem Platz, 8043 L. von den Sirenen angebetet: „Schöne L. sei uns gnädig," 8079 Holde L., 8288 zu Luna's Hochverehrung fordern wieder die Sirenen auf.

lupfen, 4335, die Beine, d. h. sie in Bewegung setzen.

lusteine Dirnen, f., 7235, die Lamien = seine Lustdirnen; die Konjektur „lustfeile" ist unnöthig.

Lustgejauchze, n., 9601. S. Zusammensetzungen A.

d. **Lustige Person** — im „Vorspiel auf dem Theater". Die Frage, ob unter ihr bereits Mephistopheles zu verstehen ist, muß füglich verneint werden, eine Sache, die nicht nur theoretisches Interesse hat, da auch das Vorspiel bisweilen aufgeführt wird. Wenn daher auch die „Lustige Person" und der Dichter sich etwa so zu einander verhalten wie Mephistopheles und Faust, so kann man darum noch nicht die Personen gleichstellen. Ebenso wenig wie Goethe und Faust können auch jene beiden zusammenfallen.

Luther, 2129, U. S. 21 Z. 29; im letztern ist Doktor Luther nur durch Striche angedeutet.

Lynceus, 7377 ff. — wird als Steuermann des Schiffes Argo von Chiron gelobt. d. 9192—9355 Thurmwächter in der Burg Faust's, versäumt sein Amt, indem er über Helena's Schönheit sich vergißt, wird auf ihre Fürbitte von Faust begnadigt und bringt ihr reiche Geschenke. 11143—11166 und 11289—11337 als Thurmwächter in der Ansiedlung am Meere. P. 166, St. S. 105 haben nur die Worte „Thorwächter mit Geschenken", die darauf hinweisen können, daß Goethe unsicher gewesen ist, ob er denselben als „Lynceus" einführen sollte. Jedenfalls hat er ihm Eigenschaften verliehen, die von dem mythischen Steuermann der Argo nicht bekannt sind, die Leidenschaft für den Besitz, die Bewunderung der Schönheit, durch die jene aufgehoben wird, u. s. w. Vergl. auch **Philemon**.

M.

Maalgeburt, f., U. 1326. S. **Brandschande**.

mäandrisch, 10007, in vielen Windungen wie der Fluß Mäander, der bei Milet in das Ikarische Meer geht.

Macedonien, 7467 „das größte Reich" — wobei an die Zeit der Schlacht von Pydna 168 vor Chr. zu denken ist, in der der König Perseus von Aemilius Paulus besiegt wurde.

Madam, f., 2937, U. 791, Anrede des Mephistopheles an Marthe.

d. **Mädchen**, n., 9800—9810, geht, von Euphorion ergriffen, in Flammen auf.

Mädel, n., 3525, U. 1217, auch a. a. O. bei Goethe.

Magie, f., 378, V. 24, 5986, 6316, 6393 — Zauberkunst, die nur mit Hülfe von Dämonen oder des Teufels gewonnen wird; daher ruft Faust noch kurz vor seinem Tode 11404 aus: „Könnt' ich M. von meinem Pfad entfernen."

Magier, m., 6436. Den kühnen M. nennt sich Faust selbst, nachdem er die „Mütter" (s. d.) aufgesucht hat. 1158 magische Schlingen sieht Faust in den Bewegungen des ihn umkreisenden Pudels. 6301 magisches Behandeln. 6416 magisches Wort. P. 63 St. S. 94 magischer Ring, durch den nach älterem Plane Helena die Körperlichkeit wiedergegeben wird und der ihr auf so lange verliehen ist, als sie ihn am Finger behält. Im Schmerze über ihren im Kampfe erschlagenen Sohn, dessen Name noch nicht genannt ist, streift sie ihn, die Hände ringend, ab und fällt Faust in die Arme, der aber, wie auch in der ausgeführten Dichtung, nur ihre Gewänder umfaßt, während sie und mit ihr der todte Sohn verschwindet.

d. **Magna peccatrix**, 12036—12043, Maria Magdalena, die große Sünderin — nach Ev. Luc. 7, 36—50 dargestellt, ohne daß der Dichter die späteren Legenden zu Hülfe genommen hätte.

Magnus, 7022 — Beiname des älteren Pompejus.

Mahre, P. 50 S. 310, St. S. 41. Siehe **Nachtmahre**.

Maja, 9644, Tochter des Atlas und Mutter des Merkur.

majestatisch, V. S. 128 Z. 175, variirender Ausdruck für das später folgende „kannibalisch"; dagegen 6524, 7297, 10051 und sonst „majestätisch".

Makrokosmus, m., vor 430, V. vor 77. S. **Mikrokosmus**.

malerisch-entzückte Schau, 7557. S. **Adverbien statt Adjektiven**.

Malta, 2971, V. 825, als von Mephistopheles erfundener Aufenthaltsort für Martha's Mann.

Mammon, m., 1591, 3933 = Schatzteufel, wie auch öfters im neuen Testament; 3915 in der gewöhnlichen Bedeutung von „Reichthum" oder „Schatz".

mänadisch, 8772, wild wie die Mänaden (Bacchantinnen).

Mandoline, f., vor 5088, mandola, mandora, auch Pandore oder Pandorcither genannt, ein besonders in Italien beliebtes Instrument.

d. **Mangel**, m., 11384—11397, personificirt, aber als weibliches Wesen. Siehe **Vier graue Weiber** und **Allegorien**.

Männer, die wilden, 5864. S. **Riesen**.

Mann für Mann, 7113: „Ich verstehe M. f. M." = jeden einzelnen. Die Sphinxe, zwischen die sich Mephisto gesetzt hat, sind aber als weiblich zu denken.

mannluftig, 8777, früher He. 240, männerlustig.

Mannsen, n., 7710 = Mann, Mannsperson, ebenso wie in dem Gedichte Rechenschaft (C. 1 S. 155) „ich fühlte mich ein M."

Manto, 7451, 7471—7490, 9962 f., P. 123—125, St. S. 72, 79, 81, P. 157, 160, 161, St. S. 91 ff. — Sie ist die Tochter des blinden Thebäischen Weissagers Tiresias, in den Fragmenten der Tradition entsprechend, während Goethe sie später zur Tochter des Asklepios (Aeskulap) macht, weil er Chiron zu dem Versuche benutzt, Faust von seiner Liebe zu Helena zu heilen. In dem ausgeführten Gedichte tritt sie nur in der kurzen Unterredung mit Chiron auf, nach welcher sie Faust den dunklen Gang zeigt, der in die Unterwelt führt; nach früheren Plänen war ihr eine viel bedeutendere Thätigkeit zugewiesen, wie dies auch die häufige Erwähnung in den Fragmenten beweist. So ist sie in P. 123 S. 210, St. S. 79 die Begleiterin Faustes auf dem Wege zum Orkus, sie schützt ihn vor der Versteinerung durch das Gorgonenhaupt und führt ihn an das Hoflager der Proserpina. Ihre Rede, die allerdings auch in den Fragmenten nicht mitgetheilt wird, sollte so bedeutend und wirksam werden, daß die Königin in Thränen ihre Einwilligung zur Rückkehr Helena's auf die Oberwelt giebt. Dies ist nur ein kurzer Auszug des namentlich in dem eben citirten Paralipomenon sehr ausführlich dargestellten, auf das sich auch die Versfragmente P. 160 und 161, St. S. 92 f. beziehen. — Nur eine Stelle, die man auch auf sie gedeutet hat, bedarf einer genaueren Besprechung, nämlich 9962 f.: „Sind wir doch den Zauber los der altthessalischen Vettel wüsten Geisteszwang." Diese Worte werden zuerst von Zarncke „Lit. Centralblatt" vom 4. October 1879 auf Manto bezogen, die allerdings die Hauptvermittlerin dafür gewesen ist, daß Helena und die Troerinnen aus der Unterwelt für einige Zeit entlassen werden konnten. Die Beschimpfung, die in den Worten liegt, würde sich dann aus der Unzufriedenheit der Chorführerin erklären, die sich nach dem Hades zurücksehnt. — Indessen hat Manto nichts mit Thessalien zu thun; sie ist eigentlich auch in die ganze Handlung kaum eingetreten und hat zu dem Chor in keiner Beziehung gestanden. Daher ist es doch wohl vorzuziehen, bei der alten Auffassung stehen zu bleiben, nach der unter der altthessalischen Vettel die häßliche Phorkyas zu verstehen ist, altthessalisch, weil Thessalien überhaupt als besondere Heimath der Zaubereien gilt. Vgl. 6979, 8035.

Mär', f., 2914, U. 768 „Ich wollt' ich hätt' eine frohere M. = Nachricht; 1423: gute M. verlangt Faust von Mephistopheles zu hören, d. h. er wünscht Dinge zu erfahren, die ihn interessiren, für ihn wissenswerth sind.

Margarethe, f., Gretchen. M. ist außerdem P. 27, 1, St. S. 27, 1 der Name einer Frau, der Elben (s. d.) zugebracht werden.

d. **Maria**, die Mutter Gottes — vor 3587, U. 1278 — ihr Andachtsbild als mater dolorosa; 12031-12092 als mater gloriosa einherschwebend; 12093 f. redend eingeführt.

d. **Maria Aegyptiaca**, 12052 ff. Ueber ihr sündhaftes Leben in Alexandrien, über die unsichtbare Macht, die sie gewaltsam von der Kirche zurückwies, ihre Reue und vieljährige Buße in der Wüste berichten die Acta Sanctorum unter dem 2. April.

d. **Maria Magdalena**, 12037 ff., P. 196, St. S. 141. S. **Magna peccatrix**.

d. **Marianus**, 11989—11996, 12096 bis 12102 Doctor M. — so von Goethe genannt wegen seiner glühenden Verehrung der Mutter Gottes, ohne daß an einen bestimmten Scholastiker des Mittelalters zu denken wäre, die diesen Beinamen hatten, z. B. weder an Johannes Duns Scotus gest. 1308, noch Marianus Duns Scotus, einem schottischen Mönch und Geschichtschreiber, der um die Mitte des elften Jahrhunderts lebte, welche beide von Meyer (Eduard Meyer, Studien zu Goethes Faust. Altona 1847. S. 190) erwähnt werden. Sehr passend ist indessen die Verweisung auf „Dichtung und Wahrheit", wo Goethe in Betreff des italienischen Dichters Sannazar (Jacopo Sannazaro 1458—1530), an Lavater und Fräulein von Klettenberg anknüpfend, bemerkt (C. 26 S. 271), daß zärtere Männer sich an die Mutter Gottes gewendet, ihr als einen Ausbund weiblicher Schönheit und Tugend, Leben und Talente gewidmet haben. Der Doktor Marianus, bemerkt v. Loeper zu dieser Stelle, kann als Personifikation jenes Sannazar gelten.

Mark Aurel (Antoninus), P. 65, St. S. 60: Römischer Kaiser 161-180 n. Chr., Verfasser der Schrift „An sich selbst" (τα εις εαυτόν), auf welche Bezug genommen wird.

markten, 5117, 5381, 6121. Siehe **feilschen**.

marktverkauft, 8783: „Erobert, marktverkauft — vertauschte Waare du!" Die beiden Partizipien sind vorangeschoben und erst nachher wird das Substantiv hinzugefügt, auf das sie zu beziehen sind.

Mars, 4960 — chemischer Name für das Kupfer. Ueber M. als Kriegsgott s. **Ares**.

d. **Marschall**, m., 4852—4875, 6037 bis 6096, Würdenträger am kaiserlichen Hofe. Daß er als identisch mit der 10876 zum Erzmarschalk ernannten Person zu fassen sei, ist nicht anzunehmen. S. **Obergeneral** und **Erzmarschalk**.

d. **Marsen**, die, 8359—8378, Völkerschaft in Latium, die als der Beschwörung der Schlangen und des Wahrsagens kundig bezeichnet wird. Goethe hat sie wegen der Psyllen (s. d.), mit denen er sie zusammenstellt, nach Cypern verlegt, vielleicht irregeleitet durch die leicht mißzuverstehende Stelle bei Plinius Nat. hist. 28, 3. 30: „Die Psyllen und die Marsen und die jenigen, welche auf der Insel Cypern Schlangengeborne heißen (l'sylli Marsique et qui Ophiogenes vocantur in insula Cypro).

Marterholz, n., 5671 — Schimpfname der Weiber auf Mephistopheles, der den Geiz als „Abgemagerter" vorstellt.

d. **Marthe** — Nachbarin Gretchens, in vier Scenen des ersten Theils auftretend. S. Schwerdtlein.

Maser, f., 3898, Auswuchs oder Knorren am Holze der Bäume.

Mäschen, n., 3539, U. 1231: „Mein M. da weissagt verborgnen Sinn" — mit Beziehung auf 3475. Mephistopheles hat gelauscht und gehört, daß Gretchen sein Gesicht widrig genannt hat.

Maskenfest, n., 117; 5737 **Maskenheld**, m.

Maskenklump, m., **Maskenschwall**, m., 5943, 5754 — eine Menge zusammengedrängter Maskirter. 5728 **Maskenspaß**, m. 5273 **Maskenstock**, m., als Schimpfwort, etwa in der Bedeutung von Kleiderhalter (Puppenstock). — **Maskeradenspott**, m., 4267. **Maskenzüge**, m., 7697: „Ich griff nach holden Maskenzügen" — die unter der Maske verborgenen Züge des Gesichts erschienen mir hold.

Maß, f., 3768 f.: „Da hofft ich aller meiner Sünden Vergebung reiche M. zu finden". Der mhd. Gebrauch des Wortes mit weiblichem Geschlecht findet noch in allen Adverbialbildungen „einigermaßen", „gewissermaßen" 2c. statt und auch dem hier gebrauchten Ausdruck liegt der adverbielle Sinn von „reichermaßen" zu Grunde — ein Wort das Goethe selbst in dem Gedichte „Lied der Auswanderer" C. 23 S. 163 anwendet: „Wo dem Fremdling reicher Maßen Aderfeld ist zugetheilt".

d. **Massiven**, die — 4383—4386 erinnern an das Auftreten der Holzhauer in der Mummenschanz (5199); daß darunter speziell die Umsturzmänner gemeint seien (Düntzer, Schröer), geht weder aus dem Wortlaut noch aus dem Zusammenhang hervor; es soll wohl nur die geistige Roheit bezeichnet werden, die sich auch in dem plumpen Auftreten der betreffenden Personen kundgiebt.

massig, 4387, auf das Auftreten der Vorigen bezüglich — vereinigt in sich das Dicke und Plumpe.

Mater dolorosa und **Mater gloriosa** — vor 3587 und vor U. 1278. — 12031, 12052 ff. s. **Maria**.

d. **Matrone**, f., 4287—4290 — im Walpurgisnachtstraum.

mauerbräunlich, 9123. Siehe Zusammensetzungen B.

mauerwärts, 8706, II. 154. S. Adverbien.

maulen, 4288 = seine Unzufriedenheit zeigen.

Mäuschen, n., 4178: „ein rothes M. springt aus dem Munde einer Schönen". P. 29, St. S. 30: „Der Magd springt eine rothe Maus aus dem Munde". — Das Motiv ist aus Carpzow 2, 160 oder Practorius S. 43 entnommen, wo indessen keine Farbe der Maus angegeben wird.

Maxime, f., 107, 584, P. 123 S. 209, St. S. 78, feststehender Satz, Grundsatz.

Maximilian I. — P. 63 S. 174, St. S. 51 — Deutscher Kaiser (1493—1519) — war nach älterem Plane für den jetzt unbestimmt gehaltenen Kaiser in Aussicht genommen.

Meduse, f., 4194, deren Haupt Perseus abschlug. S. **Gorgo**.

meerab, 11129. S. **Adverbien**.

Meerdrachen, m., vor 8275. Siehe **Wasserdrachen**.

Meergott, m., 8360 — Neptun.

d. **Meerkater**, 2402—2415 — in der Hexenküche, giebt philosophische Betrachtungen über das Wesen der Welt zum Besten. 2423 ff. M. und [Meer]kätzin — P. 65, St. S. 60 Meerkatzen.

Meerkälber, n., **Meerstiere**, m., **Meerwidder**, m., vor 8359.

Meerpferde, n., P. 124, P. 125. Siehe **Hippokampen**.

Meerwunder, n., 6015 — nähern sich dem Palaste, den Mephistopheles dem Kaiser im Innern des Meeres bieten will. 8043 Nereiden und Tritonen als M.

Megäre, f., 5369—5380. S. **Furien**.

mehre, 3737, als Pluralform für „mehrere": „Bald kommen ihrer m. dran".

Mein, n., 9733 f. als Substantiv: „Das schön errungene M. Dein und Sein" — wobei durch die Erweiterung des bekannten „Mein und Dein" um ein Glied in den Ausdruck etwas Fremdartiges hineinkommt; dies wird noch dadurch vermehrt, daß durch die Worte nicht wie sonst das Eigenthum, sondern das Leben und die Zusammengehörigkeit der drei Lebenden ausgedrückt wird. — Als Adjektiv: 9325 Das alles hielt ich fest und mein. — Als Interjektion: 2332 „Mein! Sollte wohl der Wein noch fließen", ebenso wie in dem Gedichte „Schneider-Courage" (C. 2 S. 277): „Mein! sagt, wer schoß dadrauß", wo das Wort denn elliptisch für „mein Gott" steht.

mein' Tag'(e), 2791, U. 643, 2921, U. 775, 4440, U. S. 84 Z. 22 f. auch im Götz vorkommend, wofür sonst „mein Lebtag'" üblicher ist.

Meister, m., 10742. S. Lucifer.

Melodei, f., 2480, wie U. 1 Philosophen, 6418 Phantasei.

Melodrama, n. — S. W.-A. 14, S. 320 f., St. S. 6: „Faust als M."

Menelas, 8494, He. 6, 8856 und a. a. O., auch P. 123, 163, 167 stets in dieser zwar auch im Dorischen Dialekt des Griechischen gebräuchlichen, aber von Goethe wohl dem Französischen entlehnten Form.

menschenfresserisch, 9014 f.: „wie vor Ilios gar mancher Held sich m. erwies" — Mephistopheles verläumdet die Helden vor Troja. An Ilias 4, 35 kann er nicht denken, denn da scherzt Zeus zu Here, indem er zu ihr sagt, ihr Zorn könne wohl nur gestillt werden, wenn sie Priamus und seine Söhne roh verzehre; es spielt also in dem Kreise der Götter. Und wenn Achilles Ilias 22, 346 sagt, er wünschte, ihn triebe sein Zorn an, dem eben besiegten Hektor die Glieder abzuschneiden und sie zu verzehren, so will er damit nur seinem Haß gegen ihn den höchsten Ausdruck geben; denn der Gedanke, es auszuführen, liegt ihm fern.

Menschenliebe, f., 1184. Liebe zu den Menschen, wie unmittelbar darauf die Liebe zu Gott.

Menschheit, f., 555, U. 202: der M. Schnitzel kräuseln. S. Schnitzel.

Menschlein, n., P. 99, St. S. 71: Uebersetzung von Homunkulus.

menschlich, 353, nennt Mephistopheles die Rede, die der Herr an ihn richtet.

Mentor, 7342, der Freund des Odysseus, in dessen Gestalt Pallas Athene den Telemach nach Pylos begleitete und sonst beschützte.

d. **Mephistopheles** (häufig auch) Mephisto). Vergl. 5646 ff. der Abgemagerte, 5665 Geiz, 8696—9961 als Phorkyas. P. 84, St. S. 99 f. als Aegypterin. Der in den älteren Faustbüchern und andern vielfach variirende Name (Mephostophiles, Mephistophiel, Mephistophilus) wird verschiedentlich abgeleitet. Aus dem Griechischen mit der Erklärung „der das Licht nicht liebende" oder der „Faust nicht liebende"; aus dem Lateinischen unter Beziehung auf die Stelle im Virgil (Aeneis 7, 84), wo der Dunst aus den Schwefelquellen der Sibylle Albunea mit dem Namen (der Göttin) „Mephitis" bezeichnet wird. Die größte Wahrscheinlichkeit hat die Ableitung aus dem Hebräischen (siehe Goethe-Jahrbuch 3, 341). Wie in der Bibel der Name von Jonathans hinkendem Sohne zusammengesetzt ist, so auch hier mephiz = Verderber, tophel = Lügner, wobei dann die Uebereinstimmung mit 1334 sehr bemerkenswerth ist.

Die Charakteristik Mephistos in der Dichtung kann hier nur den Hauptzügen nach gegeben werden. Daß sich in ihm viele und scheinbar unlösliche Widersprüche finden, ist schon häufig bemerkt worden, ist aber keineswegs auffallend. Denn erstens war die Entwicklung dieser Persönlichkeit nicht wie die eines Menschen, welcher Art er sein mochte, nach einem bestimmenden und vorliegenden Typus oder Vorbilde zu machen. Mochten auch Volkssage und der Glaube an den Teufel, mochten die alten Faustbücher manche einzelnen Züge liefern, so fehlte dennoch sehr viel, bis daraus eine lebensvolle dramatische Gestalt werden konnte. Zweitens aber ist zu berücksichtigen, daß Goethe wie am ganzen Faust, so auch an Mephistopheles im Besonderen über sechzig Jahre gearbeitet hat. Da gab es immer wieder neue Situationen, in denen er auftreten und die denselben entsprechende Stellung einnehmen mußte. Wie die Vorstellungen, die der Dichter mit ihm verbinden wollte, erst allmählich Klarheit und Reife gewannen, so konnten auch die einzelnen Züge, mit denen er ihn ausstattete, erst im Laufe der Zeit zur Geltung gebracht werden. So scheint es allerdings, daß Mephistopheles, wie er in der Scene mit den Studenten, wie er im Prolog im Himmel und in den Scenen des letzten Aktes im zweiten Theil erscheint, sehr verschiedene Naturen repräsentirt. Indessen sind es doch vorzugsweise drei Elemente, die er in seiner Person vereinigt, die denn auch natürlich nicht immer einzeln, sondern oft auch unter einander gemischt hervortreten. Er ist Humorist, er ist Repräsentant des gemeinen Menschenverstandes und dann natürlich auch Teufel von Beruf, der seine bestimmten Aufgaben zu lösen hat.

Wenn man, um das erste zu prüfen, die übliche Definition des Humors festhält, daß er das Kleine im Großen und das Große im Kleinen aufsuche und erkenne, so findet man dies durch zahlreiche Beispiele bestätigt. Im Prolog im Himmel tadelt er eigentlich die ganze Schöpfung, wenigstens so weit sie sich auf den Menschen bezieht. Er findet es auf der Erde wie immer herzlich schlecht (246 ff.) und wird dafür gewissermaßen von dem Herrn selbst belobt (338 ff.). — Aehnliches zeigt sich in der Definition, die Mephistopheles von sich selber giebt. Er nennt sich (1336 f.), „einen Theil von jener Kraft, die stets das Böse will und stets das Gute schafft", und motivirt dies damit, daß alles, was entstehe, werth sei, daß es zu Grunde gehe; darum sei es besser, daß nichts entstünde. Damit ironisirt er sich selbst, indem er einsieht, daß er Gottes Zwecken diene, ohne es zu wollen. Hatte doch der Herr selbst gesagt (340 ff.): „Des Menschen Thätigkeit kann allzuleicht erschlaffen ꝛc." Welch köstlicher Humor zeigt sich nicht außerdem in der Scene mit dem Studenten, wenn er die Fakultätswissenschaften verspottet, und später im zweiten Theile in der Unterredung mit demselben als Baktalaureus, wo es sich um die neueste Philosophie handelt, und endlich noch später, als die naturwissenschaftlichen Theorien des Neptunismus und Vulkanismus zur Sprache kommen. Doch wir können ebensowenig hiebei verweilen, wie bei den übrigen Scenen ähnlichen Charakters, bei dem Gespräche mit Marthe in der Gartenscene, dann in der bei Hofe, wie er als Wunderdoktor die Gebrechen der leidenden Hofdamen heilt, noch wie er in der klassischen Walpurgisnacht mit den Sphinxen und Phorkyaden verkehrt.

Mephistopheles ist aber zweitens auch Repräsentant des gemeinen Menschenverstandes. Von Vernunft, jener höheren Erhebung der Thätigkeit des Geistes, die die Dinge in ihrem Zusammenhange auffassen und zu dem Grunde alles Seienden und Werdenden zu gelangen versucht, von dieser will er nichts wissen. Er tadelt den Herrn, daß er sie dem Menschen gegeben habe (281—286). Dem entsprechend ist dann seine Thätigkeit um Faust ihrem eigentlichen Ziele nach dahin gerichtet, ihn von seiner menschlichen Vernunfthöhe herabzuziehen, ihn zu der Ueberzeugung zu bringen, daß nur die sinnlichen Güter des Lebens erstrebenswerth, alle übrigen für den Menschen nicht bestimmt und also unerreichbar seien. Man vergl. Stellen wie (1830—1833): „Ich sag' es dir, ein Kerl, der spekulirt ꝛc." oder (1776—1784): „O glaube mir, der manche tausend Jahre ꝛc." Desgleichen (1806—1809): „Du bist am Ende, was du bist ꝛc." — Faust resignirt sich denn auch mit den Worten, die er unmittelbar nach der Verschreibung seiner Seele zu Mephisto spricht (1744 f.): „Ich habe mich zu hoch gebläht, in deinen Rang gehör' ich nur."

Daß indessen Mephisto an einzelnen Stellen über diesen gemeinen Menschenverstand hinausgeht und dadurch in einen Widerspruch mit sich selbst geräth, darf man sich darum nicht verhehlen. Das geschieht, z. B., wenn er, nachdem Faust sich als von allem Wissensdrang geheilt erklärt hat, nach seinem Fortgehen Gedanken ausspricht, die er von seinem Standpunkte aus nicht vertreten kann, und die in seinem

Munde nur insoweit berechtigt wären, als sie sich auf die Person Fausts und nicht auf alle Menschen bezögen. Vergl. 1851 bis 1867: „Verachte nur Vernunft und Wissenschaft ꝛc." — Ebenso in einem andern Falle. Als Helena vor Faust verschwindet, bleiben ihr Kleid und Schleier in dessen Armen. Mephistopheles ermahnt ihn, alles festzuhalten (9945—9954): „Bediene dich der hohen, unschätzbaren Gunst ꝛc." Damit schadet Mephistopheles seinem eigenen Interesse. Er will sonst Faust herabziehen, nicht emporheben. Daß er diesen seinen Rath nicht in seiner eigenen Gestalt, sondern als Phorkyas giebt, kann nicht in Betracht kommen.

Mephistopheles ist aber eigentlich in erster Linie doch immer Teufel. Er giebt seine Genealogie mit einem gewissen Stolze an (1349—1358) und spricht ebenso von seinem Berufe, so daß er es als eine große Thorheit Fausts ansieht, wenn dieser ihm (1388 f.) die allerdings naive Zumuthung macht, er solle eine andere Laufbahn beginnen. An einer andern Stelle spricht er von seinen „Wanderjahren" (6863), denen man doch wohl die „Lehrjahre" oder seine Jugenderlebnisse (10075—10094) als vorangegangen denken muß. Indessen giebt dieser sich an die Vorstellungen des Peter Athanasius Kircher anschließende Bericht über das Pyrofylakium viel weniger Charakteristisches als andre Scenen, in denen seine Eigenart besser hervortritt. Sein Gebiet ist das Mittelalter und der Norden; das klassische Alterthum und der sonnige Süden sind ihm bis dahin fremd, und als er von ihnen Kenntniß erhält, sind sie ihm zuwider. In der Hexenküche ist er in seinem Element und hat augenscheinliche Freude an der Hexe und den Thieren; der Walpurgisnacht sieht er schon mit fröhlicher Erwartung entgegen und fühlt sich in ihr behaglich. In der klassischen Walpurgisnacht dagegen hat er die Empfindung des Bangens, obgleich er auch dort nicht verfehlt auf Abentheuer auszugehen. Und in der That hat er Grund dazu; denn alles, was er dort unternimmt, schlägt zu seinem Schaden aus und macht ihn zum Gegenstand des Hohnes — ähnlich wie er am Schlusse der Dichtung im Kampfe gegen die Engel durch seine Leidenschaft für dieselben von seinen eigentlichen Zwecken abgelenkt wird und dieselben nicht erreicht.

In seiner Eigenschaft als Teufel ist Mephistopheles ein Freund und Beschützer des Häßlichen und Widrigen. Kleines Ungeziefer wie das in Faustens altem Wamse und das (1515 f.) aufgezählte und größere Thiere, denen kein ästhetischer Vorzug zukommt, wie Raben, Ratten, Ottern, Fledermäuse, sind ihm unterthan. Das Schöne ist Gegenstand seines Hasses. Bei dem ersten Erscheinen Helenas muß er zwar eine gewisse Anerkennung aussprechen (6480): „hübsch ist sie wohl", aber er fügt sogleich hinzu, daß sie ihm nicht zusage. In dem nach ihr genannten Theile des Dramas ist sie lange Gegenstand seiner Verfolgung und Schmähungen, bis er (8909 f.) eine Umwandlung seines Sinnes kundgiebt: „Schelten sie mich auch für häßlich, kenn' ich doch das Schöne wohl."

Merkur, 4956 und a. a. O. S. Hermes.

Messe, f., 4115, wird die Walpurgisnacht genannt, weil sie einem Jahrmarkt ähnlich ist. 5343 „Stunden zählen, Jahre m." Das hier intransitiv gebrauchte Wort ist gleichbedeutend mit „ein Maaß haben" und erklärt sich aus der Vorstellung der Verbindung von Zeit und Raum, des Zeitraums, der nicht allein das Zählen, sondern auch das Messen gestattet.

Metamorphosen, f., 7759, die Verwandlungen, welche Mephistopheles bei den Lamien befürchtet und wirklich erfährt.

Metaphysik, Metaphysika, 1949, U. 380, 2751, U. 603.

Meteor, n., 7034. Als ein solches erscheinen der Erichtho die drei Luftfahrer. 10860 „Vom Himmel fällt ein Stein" — als wirkliches M. zu fassen. P. 47, St. S. 32 nennt Koppernikus, die Ptolemäer verspottend, das Aufgehen der Sonne ein M.

Metrisches. Die Zahl der Versmaaße, die im Faust zur Anwendung kommen, ist sehr groß. Schon für den fortlaufenden Dialog sind es deren vier oder eigentlich fünf. Zuerst der sogenannte Hans Sachsische Vers mit vier Hebungen, der im ersten Theile vorwaltet, aber auch im zweiten noch häufig und in längeren

Partien vorkommt. Zweitens der Ale=
xandriner, der nicht selten mit dem
ebengenannten Verse abwechselt, aber nie
anders als einzeln oder höchstens paar=
weise auftritt. Eine Ausnahme macht nur
die letzte Scene des vierten Akts 10849
bis 11042, die nur in Alexandrinern ge=
schrieben ist. Dann der jambische Tri=
meter, namentlich im dritten Akte des
zweiten Theils, außerdem am Anfang des
vierten, dessen erster Vers (10039) einen
Verstoß zu viel hat. Außerdem findet sich
noch der fünf= und fünfeinhalb=
füßige Jambus, der im Englischen
und Deutschen Drama üblich ist. Die Verse
sind meistens gereimt, bald mit unmittel=
bar auf einander folgenden, bald mit ver=
schränkten Reimen. Im fünften Akte end=
lich geht der Dialog auch häufig in Verse
von vier und viereinhalb Jamben
über, so daß er also dem zuerst erwähnten
Hans Sachsischen Verse sehr ähnlich wird.
Ferner jambische Maaße aller Art von
einer bis drei Hebungen. Dasselbe gilt von
den Trochäen, für die namentlich die
Verbindung von vier und vierein=
halb Füßen und die von acht und sieben=
einhalb gewählt ist.

Außerdem sind sehr häufig die Verse in
bestimmte Strophenform vereinigt. Das
geschieht nicht allein in den einzelnen Lie=
dern wie 949—980 „Der Schäfer putzte
sich zum Tanz", 2126—2149 „Es war
eine Ratt im Kellernest", 2211—2240 „Es
war einmal ein König" u. s. w., denn es
wäre eine große Anzahl namhaft zu ma=
chen, sondern auch in den übrigen lyrischen
Partien des Ganzen und besonders in den
Intermezzos. Man vgl. demnach die „He=
renküche", die (romantische) „Walpurgis=
nacht", den „Walpurgisnachtstraum", die
„Mummenschanz", die klassische „Walpur=
gisnacht" und die letzten Scenen im dritten
und fünften Akt des zweiten Theils.

Die Mehrzahl dieser Strophen sind vier=
zeilig und lassen sich nach Jamben und
Trochäen messen; verschiedentlich treten
aber auch namentlich in den Chorliedern
Daktylische und Anapästische Maaße auf,
für welche der der antiken Tragödie als
eine Art Vorbild gelten können, wenn sich
auch nirgend eine sklavische, dem Charakter
unsrer Sprache widerstrebende Nachah=
mung findet. So sind der Osterchor (737
bis 807) und der Geisterchor (1447—1505)
daktylisch gehalten und die V. 164 im Sche=
ma angekündigten Anapästen finden sich
9152—9164, außerdem 8516—8523 und
8560—8567. Dagegen sind der zweite
Geisterchor und die auf ihn folgenden Worte
des Mephistopheles (1606—1634) wegen
des Wechsels der Rhythmen bemerkens=
werth, und dasselbe ist auch bei den zahl=
reichen Chorliedern der Helena der Fall,
die sich mit Absicht der antiken Tragödie
am meisten nähern.

Der Romanischen Dichtung entlehnt sind
die Strophenformen der Terzine (4679 bis
4727) und die Ottaverime (1—32 und
59—74), von denen Goethe die letzte in
vielen andern Dichtungen braucht, wäh=
rend sich für die erste weniger Beispiele
finden.

Stabreime finden sich außer in den
allgemein sprachüblichen Verbindungen nur
selten. Einzelne Beispiele sind: 5453 Glanz
und Glorie, 7662 die Schnarcher schnauzen
zwar das Elend an, 8891 Leib uns, Luna,
Licht und Schatten, 10194 f. Dein widrig
Wesen, . . . was weiß es, was der Mensch
bedarf?

Metze, f., 3753 — wird Gretchen von
Valentin gescholten.

d. Michael, 259—266. S. Erzengel.

Mieding, Johann Martin, 4224, Thea=
termeister in Weimar, gestorben 27. Januar
1782, auf dessen Tod sich das bekannte Ge=
dicht Goethe's (C. 13 S. 135—148) bezieht.

Mikrokosmus, m., 1802. Makrokos=
mus, vor 430 und U. 77. — Der erste
Ausdruck bezeichnet den Menschen und Alles,
was sich auf ihn bezieht, in zusammen=
fassendem Begriff, der zweite die Himmel
und Erde in sich begreifende Natur. Die
Worte „Die große und kleine Welt"
(2012, U. 406, 4045) bezeichnen nur die
Unterschiede und Abstufungen im Mikro=
kosmus.

milden, 10102. Von Hügeln, die aus
dem Gebirge sich allmählig abflachend in
das Thal übergehen, wird gesagt, daß Na=
tur sie gemildet habe. Aehnlich „hinab=
bilden" 10201.

d. Minister, m., 4080—4083, in der

mir nichts dir nichts — Morgenroth   97

Walpurgisnacht. Eine bestimmte Persönlichkeit, an die man zu denken hätte, ist bis jetzt nicht ermittelt.

mir nichts dir nichts, 9019 — ohne Ueberlegung und Urtheil.

mißblicken, 8883, ist nur von dem Häßlichen der Augen und des Blickes aus ihnen gesagt, ist aber noch nicht Bezeichnung des Mißwollens.

Mißgestalt, f., 4784 „Wo M. in Mißgestalten waltet"; — die Gesetzlosigkeit, selbst eine M., kann ihrerseits nichts als neue Mißgestalten hervorbringen.

mißgestaltete Begierde, f., 7666, ist die Begierde der Mißgestalteten (Pygmäen).

mißhandeln, 11083 „Das Meer, das euch grimmig mißhandelt" = schlecht behandeln, schädigen. 11836 „Ich habe schimpflich mißgehandelt", d. h. thöricht.

mißhören, 3431, U. 1128 = falsch hören und infolge dessen falsch verstehen — auch bei andern vorkommend.

mißreden, 8883, im Sinne von schmähen, jedenfalls das Feindselige der Rede ausdrückend.

mit, 2883, U. 740 = damit.

Mitsinn, m., 9920, erklärt sich aus analogen Zusammensetzungen wie Mitleid, Mitgefühl.

Mittellüfte, f., 10587 — die zwischen den höheren und niederen Luftschichten befindlichen Luftregionen.

mitten inne, 11993 f. Die Herrliche (Mater gloriosa) m. im Sternenkranze, in demselben Sinne wie 9824 „mitten der Insel drin" — das erste auch bei Rückert nachgewiesen.

Mitternachtsgeborne, 11898. An die Geburt um Mitternacht knüpft sich die Vorstellung, daß die Geborenen auch alsbald gestorben sind.

modeln, sich, 10047 = sich gestalten, eine feste und bestimmte Form annehmen.

mögen, 248, 7215 = vermögen.

Moloch, m., 10100 (bei Luther 3 Mos. 18, 21 Molech), moabitischer Gott, dem Kinder geopfert werden, gilt als eine Theilform des Baal, s. Jerem. 19, 5, womit freilich die Stelle Jerem. 32, 35 nicht recht stimmen will. — Hier erscheint er übrigens mehr als kämpfender Dämon der Hölle, der wie die Giganten Berge auf Berge thürmt und die Hölle mit losgerissenen Bergtheilen umgiebt, um seine Macht gegen Gott zu behaupten.

Mond, m. Vgl. **Diana, Hekate, Luna**. — 4649 „Des Mondes volle Pracht"; 7244 Mond- und Sonnentage werden von den Sphinxen geregelt; 8034 Thessalische Zauberfrauen können ihn vom Himmel herabziehen; 8774, He. 237 — ihm heulen die Hunde entgegen; 8372 der Mond, eigentlich Halbmond, als Symbol der Türken; 689 **Mondenglanz**, m.; 386, U. 33, 7470 **Mondenschein**, m.; 5562, P. 104, St. S. 57 **Mondgesicht**, n., das des Plutus; 8348 **Mondhof**, m., dessen Erscheinung 8340 ff. beschrieben wird; 7915 **Mondscheibe**, f., als Luna's rund umschriebner Thron; 7924 „das lichte Schild hat sich umdunkelt" („Schild" als Metapher für „Mond").

Moosgestelle, n., 11821, die Hütte von Philemon und Baucis.

moosig, 5842, das moosige Kleid der Gnomen entspricht der Mythe. Vergl. Grimm's Mythol., 3. Aufl., S. 400: „Die Moosleute werden als ein zusammenhausendes zwergartiges Volk betrachtet, obgleich sie auch einzeln auftreten.... Sie sind klein von Gestalt, doch etwas größer als Elbe, grau und ältlich, haarig und in Moos gekleidet."

Mordgeschoß, n., 7892 — die Pfeile der Pygmäen.

Morgenroth, n., 446, U. 93. Die vielbesprochene mystische Bedeutung des Wortes besteht doch wohl wesentlich darin, daß gewissermaßen mit dem M. täglich eine neue Schöpfung verbunden gedacht wird. Außerdem ist das M. (crepusculum matutinum) ein bestimmtes magisches Experiment, das zur Gewinnung des Steines der Weisen gemacht wird. Auch von Faust erzählt Widmann (1599), daß er an hohen Festtagen, wann die Sonne morgens früh aufging, das crepusculum matutinum und andre Zauberstücke mehr gebraucht habe.

Strehlke, Wörterbuch zu Goethes Faust.   7

Die von Goethe citirte Stelle 443—446 ist bis jetzt nicht ermittelt, wenn man auch auf Swedenborg für sie vermuthet hat.

Morgenstern, m., 10791 — ein Stahltolben, dessen Kopf strahlenartig mit spitzen Nägeln besetzt ist.

morsch, 7747 — sind die Lamien an allen Gliedern.

Mottenfraß, m., P. 53, St. S. 33 „Alle Schönheit ist ein wahrer M."

Mottenwelt, f., 659 — mehr eine Welt für Motten als eine Welt voll Motten bezeichnend.

Mühle, 4135, die alte M. — wird von jeher auf die von F. Nicolai (s. d.) herausgegebene „Allgemeine deutsche Bibliothek" bezogen, die von 1765 bis 1791 aushielt und nachher noch von 1793 bis 1800 fortgesetzt wurde.

Mühlrad, f., 1947, U. 378.

Muhme, f., 335, 2049 — die Schlange als M. des Mephistopheles, der 4110 auch die „Trödelhexe" (s. d.) so anredet; 7756 **Mühmchen**, die Lamien; 7736 **Mühmichen** Empuse. Die Verwandtschaft beruht darauf, daß sie alle dämonischen Ursprungs sind.

d. **Mulier Samaritana**, 12045—12052, dargestellt nach Ev. Joh. 4, 7—29.

Mummenschanz, f., 5065-5986, 7995, **mummenschänzlich**, 4767.

d. **Musaget**, 4311—4314, Titel eines von Hennings (s. d.) herausgegebenen Musenalmanachs, der 1798 und 1799 als Begleiter der Zeitschrift „Genius der Zeit" (s. ci-devant G. d. Z.) erschien. Vgl. auch P. 40, St. S. 31.

Muschelfahrt, f., 8352 — der Galatee. C. und auch die Haupthandschrift (H.) hat „Muschelpfad", das indessen schon in Q. verbessert wurde.

Muschelwagen, m., P. 124, P. 125, St. S. 83 — der Venus, den diese an Galatee abgetreten hat. Vgl. 8146, 8365. Daß etwa Venus nach früheren Plänen ihre Stelle in der Dichtung einnehmen sollte, wird durch nichts Anderes wahrscheinlich gemacht.

Museum, n., 530 = Bibliothek, Studirzimmer.

Muskaten-Wein, m., U. S. 27 Z. 156, ist später weggefallen.

musstren, 2263. Der Champagner ist an die Stelle des Muskatenweins getreten.

Mutter, f., P. 195, St. S. 55. Christus M. sollte nach dem älteren Plane des fünften Atts dem Gericht über Faust beiwohnen.

d. **Mutter**, 5178–5194, die begleitende Tochter als stumme Person. — Nach P. 102, St. S. 57 waren „Mütter" und „Töchter" in Aussicht genommen.

Mütter, die, 6212—6293, 6366, 6427 bis 6438, 7060, P. 117—121, St. S. 69 f. Die Mütter haben den Erklärern des Faust viel zu schaffen gemacht und dieselben zu verschiedenen Resultaten geführt, allerdings nicht so verschiedenen, daß in ihnen nicht ein gewisser Kern des Inhalts gemeinsam wäre. Das beweist die nachfolgende chronologische Zusammenstellung, die natürlich auf keine Vollständigkeit Anspruch macht, aber doch erkennen läßt, zu wie vielem Nachdenken Goethe's Vorstellung Anlaß gegeben hat. Nachher wird dann ein neuer Versuch gemacht, aus der Dichtung selbst und einigen mit derselben zu verbindenden Daten selbständig abzuleiten, was Goethe sich unter den Müttern gedacht hat.

Die Mütter sind die Elemente des erzeugenden Seins (F. Deycks 1834). — Das Reich des sich stets aus sich selbst hervorbringenden Seins (W. E. Weber 1836). — Das schaffende und erhaltende Prinzip, von dem Alles ausgeht, was auf der Oberfläche der Erde Gestalt und Leben hat (J. P. Eckermann 1837). — Das gestaltlose Reich der inneren Geisteswelt, die unsichtbare Tiefe des nach Gebilden ringenden Schöpfergeistes (Ch. H. Weiße 1837). — Die Elemente, aus denen alles Körperliche und Geistige hervorgeht (F. W. Riemer 1841). — Die Urbilder der Dinge, während der für sie zu denkende Raum die Oede des spekulativen Denkens bezeichnet (H. Düntzer 1850). — Das Reich der Ideen (F. Horn 1854). — Die Ideen des Plato (J. K. F. Rosenkranz 1856). — Wesen der Einbildung, die den unbekannten und unergründlichen Ursprung aller Dinge, hier aber hauptsächlich den jener ewigen Ideale des Schönen versinnlichen, welche für den Dichter und Künstler mehr Wirklichkeit besitzen, als die nie ganz vollkommenen Werke der Natur (A. Schnetger 1859). — Gottheiten des Gestaltenreichs, welche Alles aufbewahren, nicht die schaffenden, sondern die erhaltenden und mütterlich aufnehmenden (K. Köstlin 1860). — Das von Schiller in dem Gedicht (Das Ideal und das Leben) angedeutete Reich der reinen Formen oder Gestalten. „Aber frei von jeder Zeitgewalt, die Gespielin seliger Naturen wandelt oben in des Lichtes Fluren göttlich unter Göttern die Gestalt" (F. Kreyßig 1866). — Eine natursymbolische Fiktion des Alterthums (G. v. Loeper 1879). — Bayard Taylor (1882) betont besonders, daß die ganze Vorstellung von den Müttern als nur auf die Kunst bezüglich anzusehen sei.

Um unsre eigne Auffassung darzulegen, sei zuerst bemerkt, daß alles im Faust, was von den Müttern gesagt wird, den Eindruck des höchsten Pathos und des für Menschen Unergründlichen macht, so daß sich dadurch die Absicht des Dichters verräth, eine gewaltige Wirkung hervorzubringen. Damit stimmt denn auch der mächtige Eindruck, den Eckermann, wie er uns schildert, gewann, als Goethe ihm am 10. Januar 1830 die kurz zuvor vollendete Scene vorlas. Er fühlte sich ganz und gar in die Lage Fausts versetzt, der, nachdem ihm Mephistopheles das Geheimniß von ihrer Existenz verrathen hat, erschrocken das Wort „Mütter" zweimal wiederholt.

Da ist es denn natürlich, zuerst zu fragen, wie Goethe überhaupt auf die Vorstellung der Mütter gekommen ist. Er selbst, darüber befragt (Eckermann's Gespräche 2, S. 116 f.). sagte: „Ich kann Ihnen weiter nichts verrathen, als daß ich bei Plutarch gefunden, daß im Griechischen Alterthume von Müttern als Gottheiten die Rede gewesen. Dies ist alles, was ich der Ueberlieferung verdanke, das Uebrige ist meine eigene Erfindung." Die Stellen, auf die sich diese Mittheilung beziehen könnte, geben allerdings wenig. In der einen (Lebensbeschreibung des Marcellus cap. 20) heißt es nur, daß die zwar nicht große, aber sehr alte Stadt Engyum in Sicilien, wegen der Erscheinung der Göttinnen, Mütter genannt, berühmt sei, und es wird daran die Erzählung eines Vorfalls geknüpft, bei welchem sie ihre Macht bewährt hätten. An der zweiten Stelle (De defectione oraculorum cap. 22) werden die Mütter zwar nicht namhaft gemacht, aber es wird eine Art kosmischer Darstellung gegeben, an die Goethe wahrscheinlich sich erinnert hat. Es ist dort von einem großen Raume die Rede, dem Felde der Wahrheit, und in dieser liegen unbeweglich die Gründe, Gestalten der Urbilder aller der Dinge, die je existirt haben und dereinst existiren werden. Diese umgiebt die Ewigkeit, von welcher die Zeit wie ein Ausfluß in die jenen Raum umgebenden 188 Welten übergehe. Man kann überdies mit Sicherheit annehmen, daß Goethe die Vorstellungen Plato's wohl kannte, nach welchen es über der Sinnenwelt eine Welt der Ideen giebt, von welcher die erstere nur ein schwacher Abglanz ist und die überhaupt insofern existirt, als sie an jener Antheil hat. — Aber mit alledem war noch nichts gewonnen, was unmittelbar für die „Mütter" im Faust zu brauchen gewesen wäre; höchstens waren dem Dichter Anknüpfungspunkte gewiesen, von denen aus er das Frühere umgestalten konnte.

Versetzen wir uns nun in seine Lage und zwar, da es hier auf die Zeit ankommt, in das Jahr 1830. Die Dichtung „Helena" war bereits vor zwei Jahren erschienen und allgemein bekannt. Dort gewinnt er das Erscheinen Helena's auf der Oberwelt durch Faust's Gang in die Unterwelt, wie denn ja auch Orpheus, Odysseus und Aeneas im Alterthum. Dante im Mittelalter denselben Weg machen. Verschlossen war ihm aber auch der Weg, den er im ersten Theile in der Hexenküche angewendet hatte, wo Faust das Bild der Helena im Spiegel gesehen und in die Worte ausgebrochen war: „Was seh' ich! welch ein himmlisch Bild" u. s. w. Ein drittes oder nach der beabsichtigten letzten Ordnung des Stoffes zeitlich zweites Erscheinen der Helena war seinem Plane nach nothwendig, und zwar mußte dies in einer Gestalt geschehen, die gewissermaßen die Mitte hielt zwischen dem todten Spiegelbild und der Erscheinung in voller Wirklichkeit. Er ließ Helena demnach zwar in ihrer vollendeten Schönheit, also nicht als Schatten, sondern als lebendes Bild erscheinen, jedoch mit dem Vorbehalt, daß sie nicht als wirklich körperliches Wesen zu denken sei. Nun galt es aber vor allen Dingen, ein Mittel für die Einführung der Helena, resp. des Paris in der eben erwähnten Gestalt zu gewinnen, und zu diesem und allein zu diesem Zwecke brauchte er die Mütter. Den Namen bot ihm das Alterthum und an die dort sich bietenden Vorstellungen anknüpfend, gestaltete er sie wahrscheinlich in folgender Weise um. Wenn man das Wirken der Natur in ihrer Gesammtheit und im Einzelnen betrachtet, so sieht man, daß sie einer bestimmten Ordnung und Regel folgt oder nach Schiller's Worten ehrt sie, „jugendlich immer, in nimmer veränderter Schöne, züchtig das alte Gesetz." Woher, fragt man, nimmt die Natur das Gesetz? In der Materie selbst kann es nicht liegen, es muß gewissermaßen von außen in sie hereingebracht, sie ihm untergeordnet werden, damit sie nicht ins Form= und Gestaltlose zerfalle. Da ist es denn wohl eine schöne dichterische Vorstellung, anzunehmen, daß die Formen der Dinge im Voraus von höheren Mächten gebildet und von ihnen in die Wirklichkeit gesandt werden, um aus dieser wieder zu ihnen zurückzukehren. Diese höheren Mächte nun sind die Mütter; daß diese Mächte weiblichen Geschlechts gedacht werden, war einmal des Anschlusses an die Tradition wegen nothwendig, dann aber auch, weil alles Seiende als unmittelbar zunächst aus dem Weiblichen hervorgehend zu denken ist. Diese Mütter mußten nun aber auch eine Art von Grundlage in der Sinnenwelt haben, aber diese zu erfinden ist, wie wir glauben, dem Dichter nicht vollständig gelungen. Zunächst hat er sich zwar wohl gehütet, sie uns etwa als wirkliche Gestalten vorzuführen, aber er mußte ihnen doch einige Eigenschaften geben, damit sie sich nicht wieder ganz in die Abstraktion verlören. Erstens mußte eine Oertlichkeit für sie gefunden werden. Sie konnten weder im Himmel oder im Olymp noch auf der Erde oder in der Unterwelt sein. Deshalb wird ihnen das Grenzenlose oder wie es an einer andern Stelle heißt, die losgebundenen Räume werden ihnen angewiesen, dort sitzen, stehen oder gehen sie, einsam und doch gesellig, beschäftigt mit ewiger Gestaltung und Umgestaltung, als der ewigen Unterhaltung ihres ewigen Sinnes. Sie sind umschwebt von Gebilden aller Art, aller Kreatur und vermögen auch nur diese, die hier als Schemen bezeichnet werden, zu sehen; und auch diejenigen, welche, wenn man es so nennen kann, ihren Erdenlauf vollendet haben, kehren wieder zu ihnen zurück. Auf diese Weise ist es denn auch denkbar, daß Helena und Paris, obgleich schon im Schattenreiche, doch eben als Schemen oder Formen wieder auf die Erde kommen.

Myrmidonen, die, 7873 — eigentlich die Bewohner des phthiotischen Thessaliens, die nach der Sage aus Ameisen (μύρμης) in Menschen verwandelt wurden. Mit dieser Vorstellung wird das Gewimmel der kleinen Wesen eingeführt, das sich aus dem Berge entwickelt.

Mystagoge, m., 6249 — derjenige, der einen Andern in die Mysterien einweiht.

Mysterien, n., 5032 „Im Finstern sind M. zu Haus"; 10031 „Es hat sich Dionysos aus M. enthüllt" — in Erinnerung an den geheimnißvollen Ursprung und die zahlreichen Mythen, die sich an den Dionysos=Kultus knüpfen. P. 176 V. 14 f., St. S. 115: „Man wittert wohl M., vielleicht wohl gar Mystifikationen" — mit Beziehung auf die letzte Bedeutung, die Euphorion nachträglich durch den Trauergesang auf Lord Byron (9907—9938) erhält.

N.

n'abe, V. 1255=hinab (hinunter). S. abe.

Naboth's Weinberg, 11287. Vergl. 1. Buch Könige Cap. 21. N., der dem Könige Ahab seinen Weinberg für Geld nicht abtreten will, wird infolge der Veranstaltungen von dessen Weibe Isebel getödtet.

Nachbar, m. und f., 3028 „Heut Abend sollt ihr sie bei Nachbar' Marthen sehn". So nach C. und W.-A.; in den älteren Ausgaben steht „Nachbars", ebenso L.¹ und L.² S; U. „Nachbaar". Eigentlich ist es bedenklich, das Wort als Femininum anzusehen, also = Nachbarin, wie 3834, 2668 (U. 520 Nachbrinn) steht.

nachbringen, 10422 = das Versäumte nachträglich thun, also nachholen.

nach dem, 8333 (nicht nachdem) = je nach dem (nach dem es kommt).

Nachgesicht, n., 7011. Spätere Erscheinung von etwas früher wirklich Gewesenem. P. 124, St. S. 82 Bivouak der beyden Heere als N. Ebenso P. 125, St. S. 84 mit dem Zusatze das Ganze als N. — Alles bezieht sich auf die Schlacht bei Pharsalus.

nachhalten, 8336 „Das hält noch eine Weile nach" = nachhaltig wirken, vorhalten.

nachlallen, U. 1315 „(Als du) deinen Gebeten nachlalltest" (3780 Gebete lalltest).

nach Mittage, 2904 (vergl. 5884 zu Mittage), ist nicht als Adverbium anzusehen, wie nachmittags, abends, nachts. Die Ausgaben F. bis Q. und auch W.-A. haben „Nachmittage", während in dem Gedichte „Stirbt der Fuchs, so gilt der Balg" (C. 1, S. 15) richtiger das Obige steht, desgleichen auch an dieser Stelle in U.

Nachricht, holde, f., 768, Uebersetzung von „Evangelium".

Nacht, f., oft persönlich gedacht. Vgl. **Chaos**. 7359 wird sie von Seismos zu den höchsten Ahnen gerechnet. 8649, He. 97, 8664, He. 112 die alte N. 8812 Mutter N. Dagegen 8762 des Ortus hohle N. — als Dunkelheit.

Nachtgeburt, f., 8695, He. 193 — Mephisto als Phortyas wegen seiner Häßlichkeit.

nächtig, 8080. Die Sirenen wünschen, daß es n. verbleibe, daß die Nacht weiter fortdaure.

Nachtigall, f., 2101, U. S. 20 Z. 13 „Schwing dich auf, Frau N." — Anfangsworte eines Volksliedes (S. „Des Knaben Wunderhorn", Hoffmann von Fallersleben „Gesellschaftslieder", „Venusgärtlein" u. s. w.)

Nachtmahl, n., U. 1117 „zur Kirch, zum Nachtmahl"; dafür 3425 mit Festhaltung des katholischen Ritus „zur Messe, zur Beichte".

Nachtmahr, m., f. P. S. 310, St. S. 41 „Will einige Nacht Mahre zaumen und Fausten eine Falle legen". Sie werden bei Praetorius, Carpzow u. A. mit dem Alp identificirt, der sich auf den Menschen, auch auf Pferde legt und sie erstickt oder wenigstens dem Tode nahe bringt. Nach Grimm's Mythologie wickelt der Nachtalb oder Nachtmahr das Haar der Menschen, die Mähne und den Schweif der Pferde in Knoten oder laut sie durch. An einer andern Stelle wieder wird die N. als ein großes Weib mit lang fliegendem Haar bezeichnet.

Nachtraben, m., P. 29 St. S. 30 — den vorigen in ihrem Auftreten verwandt; sie hängen an Kindern.

Nacht- und Grabdichter. — Nicht ausgeführte Scene nach 5298. — Die Worte des Scenariums enthalten eine Polemik gegen die Richtung auf das Grauenhafte und Schauerliche, wie es Goethe besonders in La Guzla, poësies illyriques von Prosper Mérimée (Paris 1827) entgegengetreten war, den er sonst ganz besonders hochschätzte. Ausführlicheres f. in den Ausgaben L.², Sch. und D.

nagelneu, 2204 — ein nagelneues Stück (Lied).

Najade, f., P. 124, P. 125, St. S. 83 f. — der lateinische Name für alle Wassernymphen, die im Gedichte nur „Nymphen" (s. d.) heißen.

Napel (Neapel, Naples, Napoli), 2982, U. 836 in der ersten Form ebenso wie in der zweiten Römischen Elegie. Mephisto deutet an, daß Marthens Ehegatte am mal de Naples gestorben ist.

Napf, m., 4867 in der Pluralform „Napfen" ohne den sonst üblichen Umlaut.

d. **Narr** — am Hofe des Kaisers wird 4731 ff. nur erwähnt; 6155—6171 als handelnde Person.

Narrentheidung, f., 5798 = Narrenpossen, wie Ephes. 5, 4 Narrentheidinge.

naschen, 11571, wird von der Fluth gesagt, die einen Damm zuerst allmählig unterspült, um ihn nachher gewaltsam zu durchbrechen.

Nasen, f., 6679, als Dativ Sing. — S. **Erben**.

Naß, n., 5023, uraltes — Metapher für „Wein".

Naturdichter, Hof- und **Rittersänger.** S. Scenarisches hinter 5294. — Unausgeführte Scene in der Mummenschanz.

Naturell, n., 5106, das, der Frauen. S. **Worte, geflügelte.**

Nebelalter, n., 6924, ist das Mittelalter als die Zeit der Herrschaft der Ritter und der Geistlichkeit.

Nebeldüfte, m., 5977 als „schwangre Streifen" bezeichnet, da sie Regen verkünden.

Nebelflor, m., 4395. S. **Flor.**

nebelnd, 11965, dem Nebel gleich nur unklar hervortretend.

Negation, f. S. **Doppelte Negation.**

nehm', 10800, schwache Imperativform. S. **vermesse.**

neiden, 9912, gewöhnlich „beneiden".

neigen, 488, U. 136, als Transitio = geneigt machen, bewegen.

'nein, U. 601 „in Hörsaal 'n." (dafür später 2749 in den Hörsaal hinein); 11387 Wir mögen nicht 'n.

Nekromant von Norcia, 10339 bis 10353, 10605—10610. Er wird von Faust und Mephistopheles vorgeschoben, um dem Kaiser den Gedanken an die teuflische Hülfe, durch die er in Wirklichkeit siegt, fern zu halten. Um dies wahrscheinlicher zu machen, wird fingirt, daß er es gewesen sei, dem der Kaiser auf seinem Römerzuge das Leben gerettet habe, als er schon auf dem Scheiterhaufen stand. Offenbar benutzt hier Goethe den Nekromanten, der Benvenuto Cellini in die Berge von Norcia, zwischen dem Sabinerlande und dem Herzogthum Spoleto gelegen, führen wollte und seine eigene im Anhange zu seiner Uebersetzung mitgetheilte Erzählung von Meister Cecco von Ascoli, der 1327 wegen seiner nekromantischen Schriften in Florenz verbrannt wurde. (Vgl. C. 34, S. 186 ff. und C. 35, S. 358.) Die Berge von Norcia, die noch jetzt den Namen „Sibyllenberge" haben, galten als besonders gut für alle Zauberkünste gelegen.

nennte, 8347, ebenso wie P. 155, St. S. 150 „tennte" — als Konjunktiv Imperfetti.

Neophyten, m., 6250 — Neulinge, die in einen neuen Bund, eine neue Lehre werden sollen. So wird das Wort 1 Timoth. 3, 6 für die jungen Christen gebraucht, die noch nicht zum Bischofsamt ($\dot{\varepsilon}\pi\iota\sigma\kappa o\pi\eta$) reif und geeignet seien.

Neptunus, Neptun. Vergl. Poseidon 8181, 8275, 8278; 11546 als Wasserteufel bezeichnet, wie ihn Mephisto in seine eigene Sprache übersetzt. P. 197, St. S. 127: „Wie braust N.! Tyrannen lacht man aus."

Neptunus Pferde, 8141. S. **Hippokampen.**

Nereiden, f., 6022 — sind neugierig; 8044 treten sie zugleich mit den Tritonen als Meerwunder auf; 8064 ff. Gesang beider; 8169—8218 desgleichen, aber noch mit den Sirenen abwechselnd; 8383 rüstige N., derbe Frauen, gefällig mild. P. 123 S. 205, St. S. 76 wird ihr Festaufzug und ihr ganzes Wesen und Treiben ausführlich beschrieben.

Nereus, 8094 ff., Sohn des Pontus und der Gäa, Vater der Doriden (s. d.) und der Nereiden — der weissagende Meergreis, der den Menschen feindlich ist, weil sie auf seinen Rath nicht hören. P. 125, 126, 154, St. S. 84 geben nur einzelne Worte und Verstheile. P. 156, St. S. 150 dem Nereus zuzuweisen, wie in W.-A. geschieht, erscheint nicht möglich. Die betreffenden vier Verse, eigentlich nur eine Variante zu 7209 bis 7212 konnten nur für die Sphinx in Anspruch genommen werden.

Nestor, 9455, Sohn des Neleus, der greise Kämpfer von Troja.

neu, 8803 „da du, nun Anerkannte, neu den alten Platz" — verbesserte Lesart in W.-A. statt „nun", während Düntzer früher das erste „nun" durch „neu" ersetzt hatte. 4234, 6046 auf's neu; 3254 zu was Neuen; 12085 der **Neue** = Erneute — Faust, indem seine Seele von den Engeln emporgetragen wird; 6687 die **Neusten** — zu ihnen gehört der junge Baktalaureus als Vertreter der anmaßenden Jugend und außerdem der Philosophie von Fichte, Schelling und Hegel.

neugierden, U. 767 „Was bringt er dann? Neugierde sehr". Dafür 2913 „Verlange".

d. **Neugieriger Reisender,** 4267 bis 4270, 4319—4322 — Nicolai. S. **Jesuiten, Mühle** und **Proktophantasmist.**

Nicht, n., 11597, neue Lesart der W.-A. für das bisherige „Nichts" — für den Sinn durchaus empfehlenswerth, ebenso wie handschriftlich nothwendig.

Nichtinsel, f., 9512, der Peloponnes, der beinahe Insel ist. Sowohl das lateinische peninsula (beinahe Insel), wie das griechische χερρόννσος (Landinsel) kommt dem Sinne des Wortes nah.

Nichts, n., 719 — drückt die allerdings an dieser Stelle nicht mit Sicherheit ausgesprochene Vorstellung Faust's vom Jenseits aus.

niederlassen, 12054 transitiv „wo den Herrn man niederließ".

niederträchtig, 7460 — auf etwas Niedriges gerichtet, nach Niedrigem trachtend.

Nierensteiner, U. S. 27 Z. 150 — dafür 2264 Rheinwein.

d. Nikodemus, 6634, Name von Wagners Famulus, der nur gewählt scheint, weil dem Dichter schon das folgende «oremus» vorschwebte. An den Pharisäer im Johannes-Evangelium (3, 1—21; 7, 50; 19, 39) könnte man nur denken, wenn man die Furcht, die jener hat, die Lehre Christi öffentlich zu bekennen und die des Andern vor Mephistopheles als Vergleichungspunkt will gelten lassen.

nit, U. 735 = nicht.

Noes, U. 299, ungewöhnlicher Genitiv von Noah; A. Kopisch in dem Gedichte „Historie von Noah" hat: „Der (Herr[e]) roch des Noäh Opfer fein."

Nord- und Süd- und Westgesinde, P. 137, St. S. 89. S. Gesinde.

d. Nordischer Künstler, 4275—4278. S. Künstler.

Normannen, 9473, werden im neuen Reiche des Peloponnes mit dem Kampfe gegen die Seeräuber beauftragt und erhalten Argolis als Wohnsitz.

Nostradamus, 420, U. 67. Michel de Notre-Dame 1503-1566, Arzt, Astronom, Wahrsager, Zeitgenosse des historischen und Faust. Das Buch, welches Faust angeblich als von ihm geschrieben vor sich hat, ist fingirt, aber die Sache selbst den alten Faustbüchern entnommen.

d. Noth, f., 11385—11397. Vgl. Vier graue Weiber und Allegorien.

Nu, n., 6563 „Nu! im Nu", wo das erste Wort Adverbium ist, sonst immer Substantiv, so 8070 im Nu, 10238 jedes günstige Nu, 10681 in gleichem Nu.

nur, 64 „Wo nur dem Dichter reine Freude blüht"; das Wörtchen „nur" gehört unmittelbar zu „wo", so daß der Sinn entsteht „die einzige Stelle, wo".

Nutz, m., 9497, in der Bibel noch häufig, in der neueren Sprache durch „Nutzen" verdrängt.

nütze, 11454 nichts n. = von keinem Nutzen.

nützen, 685 = Nutzen von etwas ziehen, es benutzen.

d. Nymphen (im Chor), 5872—5897, 7263—7270, 7313—7318. S. Najaden.

O.

obenaus, 11675 = obenhinaus.

d. Obergeneral, 10345-10702, P. 181, P. 183, St. S. 124 — als Anführer im kaiserlichen Heere. — Nach 10873 ff. „Dein war, o Fürst u. s. w." erscheint er mit dem Würdenträger identisch, der zum Erzmarschall ernannt wird und mit dem der 4851 auftretende Marschall (s. d.) nicht als eine Person zu denken ist.

d. Oberon, 4231—4234, 4243—4246, als König der Elfen im Walpurgisnachtstraum.

Odem, m., 12031, ist nach C. auch in W.-A. beibehalten, während sonst häufig die durch den Reim gebotene und auch sonst übliche Form „Oden" gewählt ist.

Oedipus, 7185, wurde König von Theben, als er das Räthsel der Sphinx gelöst hatte.

Offenbarung, f., 175 im allgemeinen, 1217 im positiv christlichen Sinne.

offengebahren, 8465. Neue Lesart der W.-A. statt der früheren „offenbaren".

offeriren, P. 178, St. S. 122 — Mephistopheles offerirt höheren Beistand.

Ohim (und Zihim), P. 20 und P. 82,

St. S. 14. Vgl. auch Goethe's Tagebuch vom 6. Juli 1777 in W.-A. 3, 1, 21 und Jesaj. 13, 19–21. An letzterer Stelle wird die Zerstörung Babylons verkündet, welche zur Folge haben werde, daß „die Araber keine Hütten daselbst machen und die Hirten keine Hürden da aufschlagen, sondern Zihim werden sich da lagern und ihre Häuser voll Chim sein". — Unter „Chims" versteht man ächzende, heulende Thiere, die in verödeten Trümmern von Gebänden hausen, Marder, Uhus (die Vulgata übersetzt „Drachen"). Die Zihims, im hebräischen Text auch noch Jesaj. 23, 13 und Psalm 72, 9 vorkommend, werden gewöhnlich als „Wüstenbewohner" aufgefaßt, wie auch de Wette an einer Stelle übersetzt, während Luther sagt „die in der Wüste" und die Vulgata ‹Aethiopes› hat.

Ohnegleiche, f., 12035, 12070 — Anrede des Chors der Büßerinnen und nachher Gretchens an die Mater gloriosa. — Neubildung Goethes? 7324 Wunder ohne gleichen.

ohngefähr, 1405 in W.-A. in „ungefähr" verändert — findet sich noch U. 1152, P. 67 B. 14, P. 158 B. 14 (an der letzten Stelle mit der Schreibweise „ohn gefähr").

ohngeseit, U. 460, dafür 2608 ungeleitet.

ohnmöglich, U. 438, dafür 2044 unmöglich.

öhrig Thier, n., 10033 — der Esel des Silenus; sein unbändiges Schreien trieb die Giganten in die Flucht, als sie gegen die Olympischen Götter kämpften — „öhrig" erscheint als Neubildung, wenn es auch in vielen Zusammensetzungen vorkommt.

Olymp, Olympus, 156, 6027, 7491, 8138, 8197 und a. a. O. als Wohnsitz der oberen Götter, der Olympier; P. 123 S. 209, St. S. 79 und 7466 dient das Wort nur als geographische Bezeichnung für den Berg oder die Bergkette zwischen Macedonien und Thessalien.

Opponent, P. 11, St. S. 11 — der Famulus Wagner als letzter O. gegen den Doktorandus bei der Disputation.

Ops (und Rhea), 7989. Römischer und Griechischer Name für dieselbe Gottheit, Tochter des Uranos und der Gäa, Schwester und Frau des Kronos — deren Kultus später in den der Kybele (magna Mater) übergeht.

ordnen, sich, 10530 = ordnungsmäßig seine Stellung einnehmen: „Ich ordne mich dem Phalanx an die Spitze."

d. **Oread**, 7811–7820, Bergnymphe, die vom „Naturfels" herabspricht im Gegensatz zu den von Seismos gewaltsam emporgehobenen Felsen. — **Oreaden**, 9999 bis 10004, bilden einen Theil des Chors beim Bacchusfeste.

Oremus. 6625, Aufforderung des Priesters zum Gebet bei der Messe. S. **Lateinische Worte**.

Organ, n., 1190 f. „Steigt herab in meiner Augen Welt= und erdgemäß Organ". Es ist eine dem Visionär Swedenborg entlehnte Vorstellung, wenn „die seligen Knaben" durch die Augen des sie in sich aufnehmenden Pater seraphicus sehen sollen (v. Loeper, Schröer).

organisiren, 6859, durch lebendige Organe erzeugen — im Gegensatz zu dem chemischen Verfahren, welches das Krystallisiren und Destilliren anwendet.

Orientalen, die, 7783 — lieben bei der weiblichen Gestalt das Dicke und Fette.

Original, n., 6807 „O., fahr hin in deiner Pracht" — Nachruf des Mephistopheles zu dem abgehenden Bakkalaureus. S. **Worte, geflügelte**.

Orion's Amme, 8818. Orion, der wegen seiner Schönheit gerühmte gewaltige Jäger, der Gemahl der Eos, der von der Göttin Artemis getödtet und nachdem das Sternbild genannt wurde. — Von seiner Amme haben wir keine Kunde. Dafür, daß die Amme Orion's als ein sprichwörtlicher Ausdruck für das höchste Greisenalter gebraucht wurde, fehlt der Beweis.

Orkus (vgl. Hades), 8815, H. 225, 8762, 8836, P. 63 S. 75, P. 158 B. 16 und a. a. O. — Lateinischer Name für die Unterwelt, der allerdings griechischen Ursprungs ist und eigentlich eine abgeschlossene Stätte bezeichnet, von der man nicht fortkommen kann.

Orpheus, Sohn des Oeagrus und der Muse Kalliope — 7375 — wird von Chiron geschildert; 7493 in die Unterwelt einge=

schwärzt; daher P. 123 S. 211, St. S. 81 Faust als zweiter O.

Ort, m., 3198, U. 1046 im Sinne von Stadt „es ist ein gar zu böser O."

d. **Orthodor**, 4271—4274, auf Graf Fr. Stolberg bezüglich, der den schönen Gott Oberon als Teufel ansieht, wie er früher (1788) Schillers Gedicht „die Götter Griechenlands" heftig angegriffen hatte.

Ossa, m., 7561, Gebirge in Thessalien.

östlich, 9223 „ö. spähend ihren (der Sonne) Lauf" — nach Osten hin, im Osten.

Otter, f., 5479, Bestandtheil des Zoilo-Thersites.

Orymoron, rhetorische Bezeichnung für Wortverbindungen, deren Glieder sich dem Wortlaute nach widersprechen, während in Wirklichkeit ein tieferer Sinn darin verborgen ist: 1766 verliebter Haß, schmerzlichster Genuß, erquickender Verdruß; 3239 strenge Lust; 3450, U. 1142 unsichtbar sichtbar; 3534, U. 1226 übersinnlicher, sinnlicher Freier; 4722 Wechseldauer; 6712 dunkel-helle; 9341 lebeloses Leben; 10093 offenbar Geheimniß.

P.

Päan, m., 8292, vielstimmiger Gesang, hier wie auch sonst meistens zu Ehren des Apollo.

Pabst, 5871, die Riesen (s. d.) werden mit dessen Leibwache, den Schweizern, verglichen; 10984 ff. der Vater P., mit dessen Bann der Erzbischof den Kaiser bedroht; 2098, U. S. 20 soll ein P. als magister bibendi erwählt werden.

Pack, n., 1640, das gemeine Volk, die niederen Klassen der menschlichen Gesellschaft.

Padua, 2925, U. 799, 3035, U. 889, wo Mephistopheles Marthens Mann gestorben sein läßt.

d. **Pagen**, 6145, zwei, am kaiserlichen Hofe; 6359 ein andrer.

Pakt, m., 1414, der Vertrag, den Faust mit Mephistopheles schließt, auf den P. 206, St. S. 138 Bezug genommen wird.

Palestina, P. 63 S. 176, St. S. 73. Dort führt nach älterem Plane der Besitzer des geheimnisvollen Schlosses, das Faust sich angeeignet hat und in das Helena geführt wird, Krieg gegen die Ungläubigen.

Pallas (Athene), 7342, 7999; 8498, He. 10 — Hügel der P. mit dem ihr zu Ehren gebauten Tempel.

Pan, der Hirten- und Waldgott, 5804, 5807 der große P.; 5875 der Kaiser in der Mummenschanz in dessen Maske; 9538 als Schützer der Heerden; 10002 seine furchtbare Stimme, die er um die Mittagszeit erschallen läßt.

Pandora, P. 179, St. S. 120 „Chorgesang zur That aufregend. Wäre mit dem Kriegerschritt von Pandora und Helena zu rivalisiren". Jedenfalls ist das Lied der Krieger in Pandora (C. 40 S. 416) gemeint: „Der Ruf des Herrn, des Vaters tönt", das später noch zu dem Festspiel „Des Epimenides Erwachen" benutzt wurde. Der Plan für ein entsprechendes Lied im dritten Akte in der „Helena" ist indessen nicht zur Ausführung gekommen.

panisch, 10780 — erschreckend (panischer Schred).

d. **Panthalis**, nur vor 8638 mit ihrem Namen, sonst überall 8661—9986 nur als Chorführerin, nämlich der gefangenen Troerinnen bezeichnet. Der Name findet sich in Pausanias' Beschreibung Griechenlands („Ἑλλάδος περιήγησις") 10, 25, 4 und kommt auch in Goethes Aufsatz „Polygnot's Gemälde" (GH. 28, 245) vor.

Pantherkätzchen, n., 6324, gefleckte, gesprenkelte Katzen, die Mephistopheles als besonders bei den Damen beliebt annimmt.

pantoffelfüßig, 5224, Bezeichnung der Pulcinelle, die im Karneval in weißen Pantoffeln auftreten.

Paphos, 8147, 8343, Stadt in Cypern. Es wird angenommen, daß die Verehrung der Aphrodite (Venus, Cypria), auf deren Person auch die Taubenpaare hinweisen, in Paphos aufgehört habe, und zwar deswegen angenommen, weil hier Galatee zum Mittelpunkt des Festes gemacht werden soll.

Pappelstroms, des, 7153. Neue Lesart der W.-A. Der bisherige Text „der Stromespappeln" erscheint einfacher und natürlicher, namentlich in Verbindung mit den dazu gehörigen Worten: „Wer sind die Vögel, in den Aesten ... hingewiegt."

Pappelzitterzweige, m., 7252. S. Zusammensetzungen A.

Paradebette, n., P. 94, St. S. 137, auf dem Fauft nach seinem Tode liegt.

paragraphos. 1959, U. 390. S. Lateinische Formen.

Paralogus, P. 179, St. S 119. Eigentlich ist das Wort nur latinifirt, denn es kommt im Lateinischen selbst nicht vor. Der Sinn ist vermuthlich, da die Worte „Im Proscenium" darauf folgen, daß irgend etwas Unerwartetes dort vor sich gehen oder gesprochen werden sollte. Worin dies bestanden hätte, läßt sich nicht angeben. Der vierte Akt, dessen sonst dem Schema entspricht, führt zuerst das Herabkommen Fauft's aus der Wolke aus, und dies ist in demselben durch die Worte „Faust Wolke" ausgedrückt, die unmittelbar auf „Proscenium" folgen.

paralyfiren, 6568, Ausdruck für das Lähmen der Glieder. Im Griechischen hat besonders das Substantiv παράλυσις diesen Sinn, das sich im Deutschen in „Paralys", „Parliß" (f. Sanders) wiederfindet.

d. **Parasiten**, die, 5237—5262, typische Figuren in der mittleren und neueren attischen Komödie, später in die italische übergegangen. Vgl. auch P. 102, St. S. 55.

d. **Pärchen**, n., 4263—4266. Die bisher gegebenen Deutungen „schwache Lieder mit schwacher Komposition" und „die Gebrüder Stolberg" sind wenig haltbar.

Paris, 2172 „Leipzig ist ein klein P."

Paris, Gatte der Helena, 6450—6563 als stumme Person (Geistererscheinung), wird erwähnt 6184, 8110, 9055 u. a. a. O.; P. 63 S. 176, St. S. 73 Faust ein neuer P.; P. 118, St. S. 68 „Die bringen her so P. wie Helena". Der Sinn der etwas dunkeln Worte des ganzen Fragments ist wohl folgender: „Wenn du im Befitz des Dreifußes bist, so folgt jeder Mann und Weib auf deinen Ruf; also kannft du auch Paris und Helena hieherbringen." Aber das Wörtchen „die", wofür früher „und" stand, bleibt störend; denn man sieht nicht recht ein, warum sich die übrigen Schemen von Männern und Frauen an dem Herbeischaffen jener beiden betheiligen sollen.

Parnaß, m., 7564, Gebirge an der Grenze von Phocis und Lotris im mittleren Griechenland.— Ueber die zwei Gipfel desselben f. **Doppelmütze**. 4317 — der deutsche P. — Metapher für die deutsche Dichtkunst. W.-A. 14 S. 244, St. S. 21 der P. als Wohnstätte Amors.

Particip, absolut gebraucht, 6282 „Die Brust erweitert, hin zum großen Werke"; 6930 „Erwacht aus dieser, giebt es neue Noth"; 9359 f. „Erst knieend (indem ich knie) laß die treue Widmung dir gefallen"; 10294 „Einmal gerettet ist's für tausendmale"; 11416 f. „Von Aberglauben früh und spat umgarnt (indem wir umgarnt sind), es eignet sich, es zeigt sich an, es warnt".

Particip, mit Weglassung des Verbum finitum. S. **Gedacht, gethan**.

Particip, paffivisch statt aktivisch. 7557 „Zu malerisch entzückter Schau". Vergl. dazu **Adverbien statt Adjektiven**.

Particip — statt des Imperativs — sehr häufig vorkommend. Beispiele: 4695 „Hinaufgeschaut"; 6720 „Frisch an ihn herangegangen"; 7475 „Nur die Augen aufgethan"; 7519 f. „Einmal noch mit Kraft geschoben, mit den Schultern brav gehoben"; 7644 „Mit Pfeil und Bogen frisch ausgezogen"; 7781 „Zum letztenmal gewagt"; 11672 f. „Die Arme strack, die Klauen scharf gewiesen".

d. **Parvenu**, 4084—4087, scheint sich nicht auf eine einzelne bestimmte Persönlichkeit zu beziehen.

d. **Parzen**, die drei, 5305-5344, P. 102, St. S. 55, Atropos, Klotho, Lachesis. Die erste, die sonst den Lebensfaden abschneidet, hat hier ihre Rolle mit der der zweiten vertauscht, die ihn spinnt, und nur die dritte, welche das Lebensloos nach dem Willen des Schicksals austheilt, ist in ihrer alten Stellung geblieben. 7990 Die P. nennt Mephistopheles unmythologisch Schwestern des Chaos und der Phorkyaden, weil er den letzteren schmeicheln will, und dasselbe thut der Chor der Trojanerinnen ihm gegenüber, wenn er ihn 8959 als „Ehrenwürdigste der P." anredet.

d. **Pater ecstaticus, P. profundus, P. seraphicus**, 11853—11926. Wir fassen die drei Personen einheitlich zusammen, weil der Dichter bei ihnen weniger an die Träger dieser Namen in der christlichen Mythe gedacht als vielmehr in allen dreien denselben Gedanken nach verschiedenen Seiten hin zur Anschauung gebracht hat. In dem ersten hat man früher den heiligen Antonius, den Einsiedler und Mitbegründer des Klosterlebens im vierten, Johann Ruysbroek im vierzehnten Jahrhundert oder den Karthäuser Dionysius finden wollen, weil alle diese in der Kirchengeschichte mit dem Namen ecstaticus bezeichnet werden. Das Auf- und Abschweben (vor 11854) führte außerdem auf Philipp Neri (geb. 1515 in Florenz), von dem Goethe in der Italienischen Reise ausführlich berichtet; aber schon Düntzer macht darauf aufmerksam, daß dieselbe mystische Fähigkeit auch für Franciscus Xaverius und Peter von Mantua in Anspruch genommen wird. Pater profundus hießen Bernhard von Clairvaux, der Förderer des Cisterzienierordens, und Thomas von Bradwardyne (gest. 1349), Pater seraphicus Franz von Assisi, der Stifter des Franciskanerordens. Indessen haben alle diese Namen für die Deutung der Worte im Faust keinen besondern Werth. Diese haben vielmehr den Zweck, die Liebe der Seligen, die ja überhaupt als Grund und Triebfeder für die Erlösung Faust's hervortritt, in verschiedener Gestalt darzustellen. Der Pater ecstaticus sucht in ihr dasjenige, gegen welches alles Andre traft- u. werthlos ist. Er wünscht für sich das größte Martyrium, damit dann „glänze der Dauerstern, ewiger Liebe Kern"; der Pater profundus zeigt die Allmacht der Liebe im Leben der Natur und ihre rettende Kraft für den Menschen; die werkthätige Liebe endlich, die für das Wohl Anderer besorgt ist, zeigt sich in Pater seraphicus, der im Sinne der Vorstellungen von Swedenborg die mitternachtsgebornen Knaben in das Organ seiner eignen Augen aufnimmt.

Patroklus, 8854 f., Freund des Achill und Geliebter der Helena, die ihn des Peliden Ebenbild nennt.

Patron, m., 2195 Mephistopheles erscheint den Studenten als ein pfiffiger P.; 6593 ist er P. der Injetten; 11169 Faust ist P., d. h. Herr und Besitzer der heimkehrenden Flotte; P. 40, St. S. 31 der Rattenfänger von Hameln — ist P. von zwölf Philanthropinen.

Patsche, f., 5827, volksthümlich für „Hand".

patschen, 7421, im Wasser; 5940 wird das Wort von dem in die Flammen hineingegossenen und sich darin bewegenden Wasser selbst gebraucht.

Pausen, f., 4626 ff. — die vier P. nächtiger Weile entsprechen den vier römischen Nachtwachen (vigiliae).

Pedellen, m., P. 11, St. S. 11, Pluralform wie Sinnen u. a.

Peleus, 6026, Gatte der Meergöttin Thetis und Vater des Achilles.

Pelion, 7561, Waldgebirge in Thessalien.

Peloponnes, m., Stätte der phantasmagorischen Herrschaft Faust's und Helena's im dritten Akt. 9512. S. Nichtinsel. P. 165, St. S. 103 Versprechen der Regierung des P. an Helena. Vgl. 9463 und 9510 ff. — P. 175, St. S. 114 enthält dasselbe; aber es ist auffällig, daß Helena nach diesem Versprechen sagt: „Was nennst du mir ein völlig unbekanntes Land?"

Pelops, 9825, Sohn des Tantalus, Vater des Atreus und Thyestes. — Pelops Land, 9825 — der Peloponnes.

Peneios, der Hauptfluß Thessaliens, entspringt auf dem Pindus, durchfließt das Thal Tempe und ergießt sich in den Thermaischen Meerbusen. Seine Ufer sind 7249-8003 Schauplatz der klassischen Walpurgisnacht; 6952 ff. Beschreibung seines Laufes. Sonstige Erwähnungen 7001, 7466, 7495, P. 153.

Pentagramma, n. (Pentalpha, Drudenfuß), 1396. Die Figur entsteht, wenn man die Seiten eines regelmäßigen Fünfecks verlängert, bis sich die verlängerten Linien schneiden. Es war ursprünglich Bundeszeichen der Pythagoreer und wurde später symbolische Figur für Christus.

Pergamen, n. (Lat. pergamena, Griech. περγαμηνή) 1108, 6611, sonst immer „Pergament", z. B. 1726, 1731, 6989, 10970.

Perlenschnüre, f., 3673, mit dem sym-

bolifchen Sinne, daß Perlen Thränen be=
deuten. Vgl. dazu 4204, wo offenbar der=
felbe Gedanke zu Grunde liegt.

Peroration, f., P. 123 S. 211, St. S. 80,
„durch welche die bis zu Thränen gerührte
Königin (Proferpina) ihr Jawort (zu der
Rückkehr Helena's auf die Oberwelt) er=
theilt" — der Abschluß einer Rede, in wel=
cher die Hauptfache noch einmal befonders
hervorgehoben wird.

peroriren, P. 71, St. S. 70 = darftellen
und beweifen: „Und wenn du ganz was
falfches perorirt, Dann glauben fie was
rechts zu hören."

Perfephone, Perfephoneia, **Proferpina**,
7490, 9944, 9974, Gattin des Pluto
und als folche Herrfcherin in der Unterwelt.
Der Weg zu ihr wird Fauft von Manto
gezeigt; Helena ruft fie bei ihrem Scheiden
an, fie möge fie felbft und Euphorion in
die Unterwelt aufnehmen. — Die Kö=
niginnen im Hades find mit ihr innig ver=
traut. P. 99, St. S. 74 der Hades thut fich
auf, Proferpina wird ausgegangen; P. 123
S. 210 f., St. S. 79 ihr Hoflager und Fauft
an demfelben; P. 125, St. S. 84 Profer=
pina verhüllt, Manto ihre Schönheit rüh=
mend; P. 157, St. S. 91 (vorher mit dem
Vorigen faft übereinftimmend), dann:
„Unterhaltung von der verhüllten Seite,
melodifch artikulirt fcheinend, aber unver=
nehmlich. Fauft wünfcht fie entfchleiert zu
fehen. Vorhergehende Entzückung. Manto
führt ihn fchnell zurück."

Perfeus, 4207, Sohn des Zeus und
der Danaë, hat der Medufe (Gorgo) das
Haupt abgefchlagen.

Perfeus, König von Macedonien. 7468
„Der König flieht"; P. 128 S. 209, St.
S. 79 — Alles auf die Schlacht bei Pydna
(168 v. Chr.) bezüglich.

Perfon, f., 9984 = Perfönlichkeit, hier
die perfönliche Fortdauer im Hades be=
zeichnend, im Gegenfatz zu denen, welche in
die Elemente aufgehen. Vgl. 9987.

Peter Squenz, 10321, der Zimmer=
mann in dem Intermezzo von Shakefpeare's
„Sommernachtstraum", der fogenannten
Rüpelkomödie. Vgl. auch **Quinteffenz**.

petzen, U. 659 „was petzt dich denn fo
fehr?" Dafür 2807 in gleicher Bedeutung
„lucipen". Das erfte Wort fchon mhd.
(phezzen), auch in der Bibel 3 Mof. 19, 28
und 21, 5, aber in der abweichenden Be=
deutung, daß es vom Stechen, von Malen
und Zeichen am Körper gebraucht wird.

Pfaffen, m., U. 14, 367 „Schreiber und
P.; U. 666, 2814 „Ein Pfaff hat Gret=
chens Schmuck für die Kirche in Befchlag
genommen"; 7352 „Den P. ift die Arze=
neikunft überlaffen worden; 10285 f. „P.
wirken pfäffifch für die Wahl eines Gegen=
kaifers"; 10454 „Der P. Stumpffinn";
11795 „Pfaffenmiene eines Engels"; P.
50 S. 309, St. S. 42 „Bequeme dich zu
wohnen bei P. und bei Scorpionen".

Pfäfferei, f., 6925, des Mittelalters.

Pfalz, kaiferliche, f. — Schauplatz der
Handlung im erften Akt des zweiten Theils.

Pfauenwedel, m., 6099, St. S. 66
— als Fächerfchmuck.

Pferdefuß, m., des Mephiftopheles:
„Was? hinkt der Kerl auf einem Fuß?"
2490 „Seh ich doch keinen P."; 4065 „Doch
ift der P. hier (auf dem Blocksberge) ehren=
voll zu Haus"; 7150 „Dir mit verfchrumpf=
tem Pferdefuße"; 7704 „mit ftarrem Fuße";
6339 f. „Das war ein harter Tritt wie
Pferdehuf." — Vgl. P. 63 S. 175, St. S. 52.

Pfiff, m., 10689 = Pfiffigkeit im einzel=
nen Falle.

Pfifferling (Pfefferling), U. 698, 2844,
eine häufig vorkommende Pilzart, daher
Bezeichnung von etwas Werthlofem.

Pfirfche, f., 5163, 6454, Pfirfich, m.,
9160.

Pforte, f., 710, die des Todes; 4641 die
des Tages, worunter nicht etwa die Augen=
lider zu verftehen find; es liegt vielmehr
die Homerifche Vorftellung (Ilias 5, 749
und u. a. O.) von dem Wolkenthor des
Himmels zu Grunde, das die Horen öffnen
und fchließen; 12055 P. der Kirche, von
der die fündige Maria Aegyptiaka durch
unfichtbare Geifter zurückgedrängt wurde;
4706 Erfüllungspforten; 4849 Goldes=
pforten — d. h. die Mittel und Wege, um
Gold zu erlangen.

Pfühl, m., 9176 für „Thron", der Theil
für das Ganze, faft fo wie 4792: „Der
Richter prunkt auf hohem P.", und wie

Schiller im Anfange seiner Uebersetzung des zweiten Buchs der Aeneide Aeneas „vom erhabenen Pfühl" herab (toro ab alto) sprechen läßt.

Phalanx, m., das kampfertig aufgestellte Heer; 10360, 10519, 10530, 10646, P. 181, St. S. 1, 24, nur einmal 10595 als Femininum.

Phantasei, s., 6418. S. Melodei.

Philosophei; 86, 4347, 6115 Phantasie.

Phantasmagorie, s. Der erste Druck der Helena in C. 4 führt den Titel „klassisch-romantische Ph.", der darauf hindeutet, daß Geister redend eingeführt werden, das Ganze ein Geisterspiel sein soll.

Phantast, m., ist 4952 Faust nach dem „Gemurmel" im Kaisersaal und wird 6922 Homunkulus von Mephisto genannt.

Phantom, n., 2497, das nordische, d. h. der Teufel, wie man sich ihn im Mittelalter dachte. P. 63 S. 175, St. S. 53 Phantome als Geistererscheinungen überhaupt.

Pharsalus, Pharsalische Felder am Enipeus, einem Nebenflusse des Peneus. Entsprechend den Sagen, die sich an die Schlacht bei Marathon (490 v. Chr.) und die auf den katalaunischen Gefilden (451 nach Chr.) knüpfen, wird hier in der Mitte des durch beide begrenzten Zeitraums eine Jahresfeier der Schlacht bei Pharsalus (9. August 48 v. Chr.) erdichtet. Vgl. P. 123 S. 202, St. S. 74: „Wie er (Homunkulus) denn auch zur Probe sogleich verkündet, daß die gegenwärtige Nacht gerade mit der Stunde zusammentreffe, wo die pharsalische Schlacht vorbereitet worden."

Pherä, 7435, Stadt in Thessalien, in der unsre Dichtung Achilles sich mit Helena verbinden läßt, während die Sage sonst die Insel Leuke (s. d.) als Wohnplatz für beide angiebt. Der Umstand, daß man im Alterthum bei Pherä einen Eingang in die Unterwelt annahm, hat sicherlich die Veranlassung zu dieser Aenderung gegeben.

Philanthropin, P. 40, St. S. 31. Der Rattenfänger von Hameln nennt sich „Patron von zwölf Philanthropinen". — Das erste Ph. wurde 1774 unter dem Schutze des Herzogs Leopold Friedrich Franz in Dessau von Basedow begründet, mit dem auch Goethe in seiner Jugend in Verkehr gestanden hatte; in der nächsten Zeit vermehrte sich die Zahl derartiger Anstalten sehr schnell, wenn gleich von maßgebender Seite trotz ihrer Verdienste um Verbesserung des Unterrichts mancher Tadel über die Ungründlichkeit und Oberflächlichkeit desselben ausgesprochen wurde. Der Scherz Goethes, der sich an diesem Tadel betheiligt, besteht darin, daß der Kinderfänger zum Schutzherrn dieser Anstalten gemacht wird.

Philemon und Baucis, 11043-11134. Die Namen sind aus Ovid. Metamorph. 8, 620—724 entnommen, wo die beiden Alten die wandernden Götter Jupiter und Merkurius gastlich aufnehmen. Die Einführung der Personen motivirt Goethe (Gespräche mit Eckermann, 3. Aufl. 2, 235): „Mein Philemon und Baucis haben mit jenem berühmten Paare des Alterthums und der sich daran anknüpfenden Sage nichts zu thun. Ich gab meinem Paare blos jene Namen, um die Charaktere dadurch zu heben. Es sind ähnliche Personen und Verhältnisse, und da wirken denn die ähnlichen Namen durchaus günstig."

Philologen, 7426 ff. werden von Chiron angegriffen. Man vgl. dazu Mephistopheles Unterredung mit den Greifen 7092—7102 und das Epigramm „Etymologie" (St. S. 87). „Ars Ares wird der Kriegesgott genannt", das wir daher auch als zu den Paralipomenis gehörig ansehen.

Philosophey, U. 1. — S. Melodei.

Philosophen, 7836. S. Anaxagoras und Thales.

Phiole, f., 690, 6824, die langhalsige Kugelflasche der Chemiker, auch mittellateinisch fiola, griechisch φιάλη. Vgl. auch P. 128 S. 208, St. S. 75 f.

Philyra, 7329, Mutter des Chiron.

Phoebus. S. Apollo, Helios, Sol, Sonne. — 4670 die Räder seines Sonnenwagens; 8695, He. 145 als Schönheitsfreund; 8738, He. 143 sein Kennerblick für die Schönheit; 9620 Euphorion wie ein kleiner Ph.; 10016 Sonnengott.

d. **Phorkyaden, Phorkys**. — 8728, 7967—8033 Phorkys (He. 182 Phorkos), Sohn des Pontos und der Gäa, ist Vater der drei Phorkyaden, die 7971 bis 7981 beschrieben werden. In der von ihnen entlehnten Maske tritt Mephistopheles, der in dem letzten Theile der klassischen Walpurgisnacht nicht mehr vorkommt, während des ganzen dritten Aktes auf. — Häufige Erwähnungen P. 125, 164—173, St. S. 84 und 101. Beachtenswerth ist nur P. 128 S. 208, daß die Phorkyade noch durch Enyo (s. d.) ersetzt wird.

phrygisch, 8512, Paris als phrygischer Räuber bezeichnet; 8491 phrygisches Blachgefild (He. 3 Gefild).

Physik, f., 2751, U. 603 = Wissenschaft der Natur, Naturphilosophie eingeschlossen.

Physicien de la cour, P. 70, St. S. 146 Mephistopheles als solcher. Vergl. 6319 bis 6361.

Pindus, 8121 Thessalisches Gebirge; 7814 des P. Adler — metaphorische Bezeichnung der Griechen selbst.

pipsen, 9979, Ausdruck für die Töne der Fledermäuse.

Piraterie, f., 11187.

pissen, 10169: „Da zischt's und pißt's in tausend Kleinigkeiten" — neue Lesart der W.-A., früher „pischt's", was der Zusammenstellung mit dem folgenden Wort besser zu entsprechen scheint.

placken, sich, P. 81, St. S. 63 = sich viele Mühe meistens mit geringfügigen, wenn auch nothwendigen Dingen machen, hier mit dem täglichen Brode, ebenso **Plackerei,** 2969, U. 823; 8313 P. des Erdelebens.

Plan, m., 824 Tanzplatz; 4635 Waldwiese; 9742 beide Bedeutungen vereinigt.

Planeten, m., 4955—4966, in ihrer Bedeutung als Metalle, s. **Hermes.**

Plastron, n., 7135, Brustharnisch, zugleich auch der Ausdruck für das gefütterte Stück Leder, welches die Fechtmeister sich auf dem Leibe befestigen, um sich zu schützen und zugleich den Schülern eine Zielscheibe zu geben (Dictionnaire de l'Académie française). Hier empfiehlt es sich, nur die erste Bedeutung festzuhalten.

platt, 2150 „Wie sich die latten Bursche freuen" — wie das französische plat in der Bedeutung von schal, seicht, geistlos.

plump, 1364 die plumpe Welt; 4386 die plumpen Glieder der Geister im Walpurgisnachtstraum; 4389 Puck (s. d.); 5734 die plumpe Wahrheit; 6410 der plumpe Baustil der Antike im Gegensatz zum Gothischen nach Ansicht des Architekten; P. 123 S. 200, St. S. 61: „(Die Frauen) wissen spöttisch den plumpen heroischen Fuß der Helena hervorzuheben."

Pluto, 5990, Herrscher der Unterwelt; 7865 **plutonisch Feuer;** P. 183, St. S. 88 **plutonisches Gepolter;** vergl. **erzplutonisches Gelichter.**

Plutus, Sohn des Jasion und der Demeter, Gott des Reichthums. 5551—5986 Hauptfigur in der Mummenschanz, in deren Maske Faust auftritt; 5622—5629 das Zeugniß, welches P. dem Knaben Lenker ausstellt. Anderweitige Erwähnungen P. 103, P. 106, St. S. 55—58.

pochen, 7395 f. in eigentlicher Bedeutung: die Bildhauer p. auf den Stein, um Herkules zu gestalten; 4795, 4831 sich auf jemanden verlassen, Zuversicht zu ihm haben.

d. **Poet,** 6508—6512, als Beurtheiler von Helena's Schönheit; P. 102, St. S. 57 **Poeten** — sind nicht weiter zur Darstellung gekommen.

politisch Lied, n., 2092, U. S. 20 Z. 10.

Pollur, 8500, H. 12, 8852, P. 162. S. **Dioskuren.**

Polypenfasern, f., 3899, mit ihnen werden die am Erdboden hervortretenden Baumwurzeln verglichen.

Pompejus, Cnejus. S. **Magnus** und früher; 7012 ff., 7816 auf seine Kämpfe gegen Caesar bezüglich.

Pompejus, der jüngere, P. 124, P. 125, St. S. 82—84. Sicher ist Sextus, nicht sein älterer Bruder Cnejus gemeint. Der Verkehr des ersteren mit Erichtho vor der entscheidenden Schlacht wird von Lukan (Pharsal. lib. VI) ausführlich dargestellt.

Poseidon (s. **Neptun**), 8492, He. 4, 9668 f. (dem Beherrscher des Meers stiehlt Merkur den Dreizack).

Possen, f., 5031 Dinge, die keine Schwierigkeiten machen: „Am Tag erkennen, das sind P."; 10492 „schale P."

Prachtgebilde, n., 5552, Fauſt in der Maske des Plutus — wird beſchrieben 5564—5568.

Prachtmann, P. 100, St. S. 54. Als ſolcher erſcheint, wenn das in den Handſchriften undeutliche Wort richtig geleſen iſt, Fauſt bei ſeiner erſten Audienz vor dem Kaiſer — wenn auch nur für kurze Zeit als ſolcher geltend, da bald Mißverſtändniſſe eintreten.

Präadamiten, die, P. 28, St. S. 44, Menſchengeſchlecht vor Adam. Im Schema folgen auf P. die Worte: „Grauſam wilde Menſchen Ungethüm."

pragmatiſche Maximen, f., 584, U. 221, ſind moraliſche Sätze oder Regeln, die unmittelbar aus der aufgeführten Handlung abgeleitet werden, alſo von jedem leicht und mühelos gemacht werden können. Natürlich liegt dem Tadel der Gedanke zu Grunde, daß Derartiges nicht Aufgabe der Dichtkunſt iſt.

Präſens Indikativ, 7039 8235, ſtatt des Imperativs: „Weich' ich aus," „Ergieß' ich gleich" — Laß mich ausweichen u. ſ. w. Ebenſo 7167.

Praß m. (Pras, Bras nach Grimm), 10822, eigentlich eine Mahlzeit, ein Schmaus, bei dem viele Gerichte vorhanden ſind.

Prater, m., 4211, bei Wien.

Prätorius, Johann, P. 28, St. S. 44 „Praetorii übrige Werke". Zur Benutzung für die Walpurgisnacht, Satansſcenen ꝛc. hatte ſich Goethe Notizen aus P.'s Schrift «Anthropodemus Plutonicus» gemacht und dachte vielleicht noch andre Schriften deſſelben Verfaſſers nachzuleſen. Dieſer, 1680 verſtorbene Leipziger Magiſter hat allerdings viel geſchrieben, was verwandten Gebieten angehört, von dem hier nur erwähnt werden mag: Thesaurus chiromantiae, Diatribe de coscinomantia seu cribro magico, De olla fortunae und Daemonologia Rubenzahlii Silesii.

Präſentationen, f., P. 48, St. S. 35, Vorſtellungen von Perſonen vor dem Satan, von denen nur eine (P. 50, 85—112, St. S. 39 f.) wirklich ausgeführt iſt.

präſentiren, P. 178, St. S. 122, Mephiſtopheles ſtellt dem Kaiſer und dem Obergeneral die drei Rüſtigen (ſ. d.) vor.

Predigtſtuhl, m., 11031, Ueberſetzung von Kanzel.

Preis, m., 10867 „zum höchſten P.", d. h. zur höchſten Lobpreiſung, zur Lobpreiſung des Höchſten.

preiſen, 11822 „Hebt euch und preiſt" — ohne Hinzufügung eines Objekts.

Prieſterſchaft, f., 6491 — bei den Müttern nimmt Fauſt gewiſſermaßen für ſich in Anſpruch, ſeit er ſie aufgeſucht hat.

Principal, m., 6617, Mephiſtopheles an Fauſt's Stelle als Profeſſor.

Problem, n., 6892, wiſſenſchaftlich ſchwierige Fragen, wie ſolche, mit denen Wagner von Andern beſtürmt wird, ferner P. 11 die Fragen bei der Disputation, P. 18 die Quadratur des Kreiſes und die Biſſecirung des Winkels. Vgl. auch St. S. 12, 14.

Profeſſor, m., U. 7, 14, 324, 403, das Wort iſt überall ſchon in der Ausgabe des Fragments (F.) getilgt.

d. **Proktophantasmiſt**, 4144—4171, Chriſtoph Friedrich Nicolai (1733-1811), dem bei ſeinen vielen Verdienſten um die Literatur das Verſtändniß mit Goethe abging, gegen den er denn auch gelegentlich polemiſirte. Dieſer hat es ihm reichlich vergolten — in den Xenien, in einigen kleinen Epigrammen und in der Walpurgisnacht. (Siehe Jeſuiten, Mühle, Neugieriger Reiſender.) Das ihm nach der Analogie von προωτόσοφος neugebildete Schimpfwort bezieht ſich auf Nicolai's Hämorrhoiden und deren Behandlung mit Blutigeln, über die er ſelbſt einen ausführlichen Bericht veröffentlichte.

Pronomen, n. S. Auslaſſung B.

Proſcenium, n., 6398. Daſſelbe beſteigt der Aſtrolog, um dem ſouffilirenden Mephiſtopheles nahe zu ſein; 6421 desgleichen Fauſt als Prieſter der Mütter; P. 179, St. S. 119 Was hier — am Anfange des vierten Aktes — in P. vorgehen ſollte, iſt unklar. Derſelbe beginnt mit dem Erſcheinen Fauſt's aus der Wolke.

Proſerpina. — S. Perſephone.

Proſpekt, m., 234, Ausdruck für die

Aussichten, die auf der Bühne zur Darstellung gebracht werden.

Protesilaos, P. 99 Nr. 17, St. S. 74, P. 123 S. 211, St. S. 82: „Die Beispiele von P., Alceste und Eurydice werden angeführt", als Faust die Rückkehr Helena's aus der Unterwelt erreichen will. P. war der erste Grieche, der vor Troja fiel (Ilias 2, 698 ff.). Nach einer späteren, der Homerischen Dichtung noch unbekannten Sage bat seine Gattin Laodameia die Götter, noch drei Stunden mit ihm zusammen sein zu dürfen, und ihm wurde für so lange die Rückkehr in die Oberwelt gewährt. Vergl. auch Alceste, Eurydice.

d. **Proteus**, 8152, 8225 ff., 8317 ff., P. 125, St. S. 84, der Meergott, der verschiedene Gestalten annehmen konnte und hier als Delphin den Homunculus ins Meer bringt, nachdem er ihn zuvor davor gewarnt hat, entstehen, d. h. Mensch werden zu wollen. Demnach sind auch die zwei Verse, welche P. 155 ausmachen, mit ziemlicher Sicherheit ihm zuzuweisen: „Kennte der Jüngling die Welt genau, Er würde im ersten Jahre grau."

prudeln, 5255, von dem zischenden Tone des erhitzten Fettes gebraucht.

Prügel, m., 10769 „ritterliche P." sind Schwerthiebe, ähnlich wie auch ein derber Stoß „Prügel" genannt wird und es in dem populären Ausdruck „Schießprügel" geschieht.

Psyche, f., 11660 „das Seelchen mit den Flügeln", der antiken Kunst entsprechend, da in ihr P. als ein geflügeltes Kind dargestellt wird.

Psyllen, die, 8359—8378. S. Marsen.

Ptolemäer, die, P. 47, St. S. 32, Anhänger des Ptolemäischen Weltsystems, das erst Koppernikus widerlegte. Das Sichtbarwerden der Sonne sehen sie als Resultat der eignen Bewegung derselben an: „Da tritt die Sonne doch hervor Am alten Himmelsfenster."

d. **Puck**, 4235 ff., auf der Englischen Bühne sonst Robin Good-fellow, in Shakespeare's Sommernachtstraum Troll. — Er tritt als heitere Figur im Walpurgisnachtstraum auf.

Pudel, m., P. 16. St. S. 15, mit Hinweisung auf das erste Erscheinen des Mephistopheles. Für das Weitere s. Hund.

d. **Pulcinelle**, 5215—5236, P. 110, St. S. 64, Charaktermasken der Neapolitanischen Komödie. Vgl. C. 28 S. 65 und Buffone. Ihre Kleidung ist weiße Wolle, Jacken, Hosen, Pantoffeln und Mütze, die letztere mit rothem Büschel, dazu Herzen von rothem Tuch auf der Kleidung und schwarze Maske mit krummer und spitzer Nase.

Pulver, n., P. 27 Nr. 6, St. S. 28 — als Hexenmittel: P. aus einem Todtenkopf und Erde aus dem Grabe in die Häuser gestreut.

Puppe, f., 585, U. 232, als Ausdruck für leere Köpfe in Erinnerung an die Aufführungen im Puppenspiel; 2390 verfluchte **Puppen** — die Thiere in der Hexenküche; 3467, U. 1168 liebe **P.** — schmeichelnde Anrede Faust's an Gretchen; 2651, U. 503 **Püppchen** = junges Mädchen; 11982 **Puppenstand**, der Zustand Faust's, so lange seine Erlösung noch nicht ganz vollendet ist; 9658 **Puppenzwang**, der des Schmetterlings.

Purist, m., 4279—4282, Repräsentant des historischen Dekorums in modernem Sinne; er wundert sich, daß nur ein paar von den Hexen gepudert sind.

pusten, **Püstrich**, 11716. Vgl. das Gedicht „Goethe und Pustkuchen" GH. (3, 213). „Pusten, grobes deutsches Wort"; **Püstriche**, sonst Götzenbilder wie das bekannte zu Sondershausen, werden die Teufel genannt, weil sie pusten sollen und mit Hinblick darauf, daß sie selbst körperlich mißgebildet sind.

d. **Pygmäen, die**, 7606—7621, 7875, P. 123 S. 208, St. S. 80 — ein fabelhaftes Volk in Aethiopien, das mit den Kranichen Krieg führt und als solches schon in der Ilias erwähnt wird.

d. **Pygmäen-Aelteste**, 7626—7643.

Pylos, 9454, das triphylische, auch arkadische und lepreatische genannt, wird von Strabo für die hier in Betracht kommende Stadt des Nestor angenommen.

Pyramiden, f., 7245. Vor ihnen sitzen die Sphinxe, d. h. man pflegte vor ihnen solche aufzustellen. Daß sie mit der Zeitrechnung in Verbindung gebracht werden, beruht darauf, daß die jährlichen Ueberschwemmungen des Nils auf ihre Höhe von Einfluß sind und daß die Sphinxe selbst nach dem Punkte gerichtet sind, wo die Sonne zur Zeit der Sonnenwende aufgeht.

Python — ein Drache, Sohn der Gäa, der in den Schluchten des Parnaß bei Delphi hauste und von Apollo getödtet wurde. — P. 50 S. 309, St. S. 42: „Schöpfung des Menschen durch die ewige Weisheit, der Herzen zufällig wie P., da er eben von Gäa, der Erde hervorgebracht wird"; P. 123 S. 205, St. S. 78: „Der Drache P. erscheint im Plural."

Pythonissa, 9135, Anrede Helena's an Phorkyas: „Wo bist du P., heiße wie du magst." Das Wort ist also ein Ausdruck dafür, daß Helena nach dem bisher Geschehenen nicht weiß, wie sie dieselbe anreden soll und sie deshalb „Wahrsagerin mulier fatidica" nennt. Im Griechischen kommt P. nicht vor, aber häufig im Französischen. Auch findet sich bei Praetorius, s. d. (I, 438) mittellateinisch «pythonizare = Pythonico spiritu agi».

Q.

Quadrat, n., 10863 das mächtige Q. der Phalanx; 11528 ein längliches Q. (Oblongum), um Faust's Körper hineinzulegen.

quadriren, P. 18, St. S. 14 — den Zirkel — unlösbares mathematisches Problem.

quälen, 7394 „den Stein", d. h. den Marmor, um aus ihm die Gestalt des Herakles zu gewinnen.

Qualität, f., 2099, die für die Wahl des Pabstes nothwendig ist; 1791 hervorragende Eigenschaft im Sinne von «qualité».

quammig, quappig, 7782. S. Orientalen.

Quark, m., 292 = Koth, Schmutz. Vgl. **Gallertquark**.

Quast, m., 9619, niederhängende Büschel von Fäden und Franzen (Sanders), auch Troddeln — als Schmuck, den Euphorion anlegt.

Quentchen, n., 8130 f., ein Q. Danks im Gegensatz zu Zentnern Undanks.

quillen, quellen — das letztere nur an drei Stellen 459, U. 106 „Ihr quellt, ihr tränkt"; 10060 „des tiefsten Herzens früheste Schätze quellen auf" und 8444 „Du bist's, dem das frischeste Leben entquellt". Sonst überall „quillen", z. B. 784, 1211, 1663, 1813, 3791, 6445, 7402, 7873.

Quintessenz, f., 10321 f. „(Ich habe) aufgeregt, gleich Herrn Peter Squenz, Vom ganzen Praß die Q." — Die Bürger'sche Uebersetzung des Wortes mit „Fünftelsaft" ist durch die Stelle bei Horaz Carm. 1, 13, 15 f. veranlaßt, wo es von den Küssen der Lydia heißt, Venus habe sie mit dem fünften Theile ihres Nektar benetzt, in welchem allerdings einige Erklärer das fünfte Element der Pythagoräer, den Aether, wieder finden wollen. Indessen ist hier bei Q. an eine fünfmalige Destillation eines Stoffs zu denken, in ähnlichem Sinne wie Faust (694) das starke Gift, welches er nehmen will „den Auszug aller tödtlich feinen Kräfte", d. h. das aus den entsprechenden Stoffen Ausgezogene nennt. Die Q., die oben Peter Squenz gemacht hat, besteht darin, daß er für seine Aufführung die fünf seiner Ansicht nach dazu tüchtigsten Bürger von Athen ausgesucht hat.

quirlen (herum), 2391, Ausdruck für eine kreisförmige Bewegung mit einem bestimmten Ruhepunkt in der Mitte, von dem aus sie hervorgebracht wird.

R.

Rabe, m., 2491 — zwei Raben werden von der Hexe als nothwendige Begleiter des Mephistopheles vorausgesetzt, wie sie denn auch 10664 als dessen Kund- und Botschafter erscheinen; daher 10678 „der Krieg befiehlt die **Rabenpost**" und 10701 f.

der Schauder des Kaisers vor Mephistopheles und seiner **Rabentraulichkeit**; — **Rabenstein**, 4399, U. 1436, die Stätte, auf der die Hinrichtungen vollzogen werden, zu der die Raben sich wegen der Leichen hinziehen.

Rachen, m., 11639 ff., der Hölle — nach biblischen Vorstellungen, z. B. Offenbar. Joh. 20, 2—3, Jesaj. 5, 14 und Jes. Sirach 51, 6, aber auch nach Wandgemälden im Campo Santo zu Pisa, worauf zuerst L. Friedländer (zu Goethe's Faust "Deutsche Rundschau", Januar 1881) hingewiesen hat. Vgl. den Aufsatz von Dihio GJ. 7, 251—264. Unter den vielen R., die angenommen werden, thut sich nur der eine auf, der 11644—11653 beschrieben wird.

Racker, m., 11800, Mephistopheles sagt sinnlich gereizt und zugleich ärgerlich von den Engeln: "Die R. sind doch gar zu appetitlich."

rabotiren, St. S. 50, unsinniges Zeug reden.

Raffzahn, m., 8023, der eine große Vorderzahn, den Mephistopheles auf Rath der einen Phorkyade soll sehen lassen, um ihnen ähnlich zu werden.

Ragout, n., 100, ein Theaterstück, das aus vielen einzelnen Stücken besteht; ähnlich P. 60, St. S. 146 (auch in die "Zahmen Xenien" aufgenommen, C. 3 S. 251), "ein R. von Wahrheit und von Lügen".

Rammelei, f., 3659, U. 1407, Bezeichnung für die Begattung vieler Thierarten, der Böcke, Hasen, Katzen. .

Raphael, 243 ff. S. **Erzengel**.

rapiren, 7135 = gefahrlos fechten, da hier nur an die Handhabung der Uebungswaffe zu denken ist; denn Rapier ist nur in der älteren Sprache der geschliffene Degen.

rasch, 3081, U. 941 "in raschen Jahren" — Ausdruck für Jugend.

rascheln, 1515, von der Bewegung der Ratten gebraucht, ebenso in Goethe's Hochzeitlied (C. 1 S. 196).

räsonniren, St. S. 50 Mephisto "räsonnirt" u. s. w., d. h. er redet über alles Mögliche.

Räthsel, n., 4743-4750, 7134-7137. Die Lösung ist in beiden Fällen "der Teufel"; in das erste, dessen Fragen allerdings nicht immer der aus dem Ganzen sich nothwendig ergebenden Deutung angepaßt sind, ist offenbar noch der Nebenbegriff des Komischen und scheinbar Unschuldigen hineingebracht, wie dies im Narrenhaften liegt. Man hat sich also in Uebereinstimmung mit der auch sonst für Mephistopheles richtigen Auffassung und entsprechend der Stellung, um die er sich bewirbt, ihn nicht nur als Teufel, sondern zugleich als Schalk (s. d.) und Narren zu fassen.

Räthselwort, n., 1337. Als solches erscheint für Faust die erste Definition, die Mephistopheles ihm von seinem Wesen giebt (1338—1378).

Rattenfänger, m., 3699, wird Mephisto von Valentin gescholten, wobei dieser an den von Hameln denkt, der P. 29, St. S. 30 als Musiker, außerdem noch P. 31, P. 40, St. S. 27 erwähnt wird. Vgl. dazu **Philanthropin** und **Kinderbibliothek**.

Raub, m., 4810 f. "Wenn alle schädigen, alle leiden. Geht selbst die Majestät zu R." — wird Gegenstand des Raubes. — R. der Helena 6548 — schlägt der Astrolog als Titel für das erste Erscheinen der Helena und das gewaltsame Eingreifen Faust's vor; 2358 f. "Acht es nicht für R. den Acker, den du erntest, selbst zu düngen". Der Begriff des Unrechts, der im Raube liegt, kann hier insofern zur Geltung kommen, als der, welcher seinen Acker selbst düngt, damit etwas thut, das unter seiner Würde ist, oder daß er darüber Wichtigeres, was er zu thun hätte, verabsäumt. Sehr passend ist damit die Stelle Philipp. 2, 6 in Verbindung gebracht, in der es heißt, daß Christus es nicht für einen R. gehalten hätte, Gott gleich zu sein und doch sich dessen zu entäußern und Knechtsgestalt anzunehmen.

raubschiffend, 8985 = auf Raub fahrend — unterschieden von "Schiffe raubend", jedenfalls Neubildung. Siehe **Zusammensetzungen** C.

rauch, P. 27 Nr. 5, St. S. 28. — Gar r. ist Junker (der Teufel) — ältere Wortform für "rauh", behaart; 6587 rauch=

warme Hülle — neue Lesart der W.-A. statt des früheren „rauhwarme".

d. **Raufebold**, 10331 ff. S. Gewaltigen, die drei.

Räume, 6276 f.: „Entfliehe dem Entstandnen in der Gebilde losgebundne R." — So die Hf., auch eine eigenhändige, C. 41 und viele Ausgaben; die Konjektur von Sanders (1856) „Reiche" ist in Off., Sch. und W.-A. aufgenommen; es scheint indessen richtiger, die alte Lesart beizubehalten. Auf den naheliegenden noch dazu unreinen Reim wäre Goethe auch von selbst gekommen, überdies begnügt er sich auch an andern Stellen statt des Reims mit der Assonanz; außer dem bereits unter „beschäftigt" erwähnten Falle vergl. 11050 „warf" als Reim zu „barg", 11425 „dröhnen" zu „vernehmen". Aber auch der Sinn spricht für „Räume". Um die „Mütter" herum ist kein Raum, keine Zeit, wie P. 119, St. S. 67 auch kein Licht. Das Losbinden des Raums drückt dann doch wenigstens einigermaßen aus, was der Dichter sagen will, wenn auch nicht in philosophischer Strenge.

Raumgelaß, n., 9026, geräumiges Gelaß.

raunen, 10256 = flüstern.

d. **Realist**, 4351—4354 — im Walpurgisnachtstraum, der nichts von Dingen wissen will, die er nicht als der Wirklichkeit angehörig anerkennen kann, wie hier die Erscheinungen auf dem Blocksberg.

rechts und links, 10021 r. und l. der kühlen Grüfte — beide Worte als Präpositionen gebraucht. Vgl. **angesichts**.

redehaft, P. 158 B. 8, St. S. 92 = rednerisch.

Rederei, f., 1734, auch bei Bürger nachgewiesen, nicht so in tadelndem Sinne, wie „Rederei" gebraucht wird.

reduciren, 1944, U. 375 = etwas unter einen höheren Begriff bringen.

Regal, n., 10948 — Berg-, Salz- und Münzregal als Abgaben, die dem Landesfürsten zu entrichten sind.

regen, 1599, U. 355, 1924, 8288, transitiv in der Bedeutung von anregen, erregen, in Bewegung setzen; 1184, 6948, 7300, 7980, 8329, 8374, 10224 reflexiv in der gewöhnlichen Bedeutung; 3117, U. 968 im Sinne von „sich nicht einschränken, einigen Aufwand machen".

Regenwürmer, m., 605, U. 248, als Bezeichnung von etwas Werthlosem.

Reiche, m., 6277. S. Räume.

reiche Maß, 3769. S. Maß.

reichlichstens, 6488. Neue Lesart der W.-A. statt „vollen Stroms". Vgl. tiefstens.

Reichstag zu Augsburg, P. 63 S. 174, St. S. 51 — war nach älterem Plane in Aussicht genommen.

Reichsverweser, P. 95, St. S. 139 — ist Christus: „Der R. herrscht vom Thron." Während diese Worte und überhaupt sämmtliche des Fragments deutlich auf den Schluß des Ganzen nach früherem Plane hinweisen, ist es bei P. 49, St. S. 138: „Siehst du, er kommt den Berg hinauf u. s. w." nicht unmöglich, daß die Verse zu den Satanscenen gehören, die auf die erste Walpurgisnacht folgen sollten.

Reihe, f., 6074, nach neuerem Ausdruck „Serie", da die verschiedene Tresorscheine zu je zehn, dreißig, fünfzig, hundert Kronen gemeint sind.

Reihenwanderer des Meeres, 7671 — die Reiher. S. Wortspiele.

Reiherstrahl, m., 7897, die Pfeile, welche die Pygmäen auf die Reiher abschießen.

Reine, 5206 „Bringt dies ins R." = sieht es als richtig oder abgemacht an.

reinlich, 11957. Den Engeln ist es peinlich, den Erdenrest Faust's zu tragen, weil er nicht r. ist, noch irdische Stoffe an sich trägt.

reinmelodisch, vor 9679 — bedeutet eine Melodie auf einem Instrumente im Gegensatz zu dem nachher eintretenden vollstimmigen Gesang des Chors.

Reisender, 4267—4270, 4319—4322. S. Neugieriger Reisender.

reißen, 3575, U. 1266 „Das Kränzel r. die Buben ihr" = abreißen, zerreißen — weil sie nicht als Jungfrau in den Ehestand tritt.

renomiren, P. 12, St. S. 13, wird dem Baganten als für ihn charakteristisch zugeschrieben.

Requiem, n., 2942, U. 796 — Gebet für die Todten. Vergl. U. vor 1311, wo der Gottesdienst im Dome mit den Worten „Exequien (Leichenfeier) der Mutter Gretchens" bezeichnet ist, die später fortgefallen sind.

resolut, 6735. S. absolut und Wortspiele.

Respondent, P. 11 Z. 7, St. S. 11 — der Doktorandus bei der Promotion.

Reuestich, m., 6351. S. Zusammensetzungen A.

reüssiren, 2674.

revidiren, 2677.

Revier, n., einfach im Sinne von „Bereich", „Gegend". So 914 „an Blumen fehlt's im R.", wo man nicht an die Ableitung des Wortes von «riviera» zu denken braucht, wenn auch dem Dichter bei der Scene „Vor dem Thor" das Uferland des Mains vorgeschwebt haben mag. Ebenso 6027 R. des Olymps, 4997 f. „Nach solchen Zeichen wäre hier (Lokalität der Mummenschanz) Das allerreichste Schatzrevier" — wegen der Gliederschmerzen, über die die Einzelnen klagen.

Rhea, 7989 (s. Ops), wird 8969 als Mutter aller Götter angerufen.

Rhodus, 8289—8302. Lobgesang auf die Insel und auf Apollo, der auf ihr verehrt wird.

rhythmisch festgebannt, 8116, d. h. von Dichtern für alle Zeit verewigt ist der von Nereus vorher verkündete Fall Trojas.

Richte, f., 8978, der Weg, den man über die Schwelle seines Hauses nimmt.

Richter, die drei, P. 123 S. 211, dann P. 124, St. S. 83. Voran geht das Wort „Abschluß"; die Todtenrichter sind Minos, Aeacus und Rhadamanthys, von deren Entscheidung nach früherem Plane am Ende des zweiten Akts die Entlassung Helena's aus der Unterwelt abhängen sollte.

d. Riesen, 5864—5871 — die wilden Männer, wie sie in den Wappen deutscher Fürsten vorkommen.

Riesenleichnam, m., 8120, der Ilion's nach seinem Fall.

Riesenschildkröte, f., 8237. Siehe Chelone.

Ring, m., P. 63 S. 176, St. S. 94, der magische R., mit dem Helena nach älterem Plane auf die Oberwelt gelangt und von dessen Behalten am Finger ihr Bleiben abhängt. P. 162, P. 165, P. 166, St. S. 101 ff. An diesen drei Stellen könnte auch an einen Vermählungsring gedacht werden; geschieht dies nicht, so müßte man annehmen, daß Faust in das Geheimniß des magischen Ringes eingeweiht wird.

Ringerspiel, n., 9676 = Ringkampf, in dem Merkur den Eros besiegt.

Ringspiel, n., 10413, Ringelrennen zu Pferde zum Zwecke der Absloßung von Ringen.

Ringverein, m., 11927, Vereinigung vieler zu einem Kreise, indem sie sich die Hände reichen.

Rink, m., 8339 f. Lesart (von C. 41), für die jetzt überall „Ring" eingeführt ist. Die alte Schreibweise vertheidigt Schröer unter Hinweis auf Adelung, nach dem „Rink" ein Vergrößerungswort von Ring ist. Dies würde allerdings auf die vorliegende Stelle ganz gut passen: „Welch ein R. von Wölkchen rundet Um den Mond so reichen Kreis?" Indessen empfiehlt es sich doch mehr nur einen Druckfehler anzunehmen.

d. Ritter, 6459—6465, verschiedene — am kaiserlichen Hofe.

Ritual, n., P. 50 Z. 95, St. S. 39: „Was fordert denn das R." — wenn man vom Satan zur Audienz zugelassen wird.

rivalisiren, P. 179, St. S. 120. Siehe Pandora.

Rohre, n., 8998, ebenso wie C. 1 S. 291 — das Rohr in größerer Menge; in demselben Sinne 7250 **Rohrgeschwister**, wo nicht etwa eine Verwandtschaft der Rohre mit dem vorher erwähnten Schilfe (Binsen, Riedgras) ausgedrückt werden soll.

Röhrigflöten, f., 10001, nach Schröers Auffassung „das Säuseln (Flöten) des Rohres"; es liegt aber wohl näher, darunter die aus Rohr geschnitzten Pansflöten zu verstehen, deren Töne doch leicht im Walde erschallen konnten.

Rolle, f., 678, von Büchern oder Handschriften: 5012 goldne goldne R. [f. Doppelungen] im Sinne von „Goldrolle", was allerdings einen etwas modernen Eindruck macht.

Rollekutschen, f., 10148 — rollende, schnellfahrende Kutschen (Sanders). — Düntzer: „rollend Umherfahren"; Schröer denkt an Kutschen, vor denen die Pferde mit klingenden Schellen (Rollen) behangen sind.

Rom, 10447, wo der Kaiser gekrönt wurde.

Rosen, f., 11699—11709 — werden von Engeln gestreut, wobei man an die im Paradiese gepflückten Rosen (rose colte in Paradiso) in Tasso's befreitem Jerusalem 3, 1 denken kann (v. Loeper).

Rosenblume, P. 27, 1, St. S. 27, 1.

Rosenhügel — der Elfen 4394.

Rosse, 5521 — die Drachen, welche das Gespann des Plutus ziehen und vom Knaben Lenker gezügelt werden.

rothe Maus, P. 29, St. S. 30. Siehe Mäuschen.

rüber, U. 356. S. herüber, hinüber.

Ruck, m., 7650, auf einen Ruck = mit einem Mal.

Ruf der Seele, 490, U. 138, entsprechend den unmittelbar vorangehenden Worten „dein mächtig Seelenflehn".

rufen, 482, U. 130 „Wer ruft mir" — in der älteren Sprache häufig (Ev. Joh. 4, 16 „Rufe deinem Mann") und auch jetzt noch vorkommend.

Ruhmgespinnste, n., P. 47, St. S. 32. S. Zusammensetzungen A.

rühren, 6439 = berühren.

Rummel, m., U. S. 23 Z. 76 — sonst bei Goethe nicht nachgewiesen, aber bei Lessing, Seume u. A. Nach Sanders Bezeichnung eines Gegenstandes mit allem im Besondern zu ihm Gehörigen.

rümpfen, 5272 mit Dativ. S. Dativ, poetischer Gebrauch.

Run away, P. 164, St. S. 102 — auf das fingirte Piratenwesen des Menelaos bezüglich. S. raubschiffend.

Rund, n., 6008, ein herrliches R. = Rundung; 6385 im Runde = im Kreise; 8573, He. 68 das flache R. — zur Bezeichnung der Form der Opfergefäße (patera).

Runda, f., 2082, U. S. 19 Z. 1 = Rundgesang.

Runde, f., 7918, die drohende, mächtige des Mondes, von dem Anaxagoras fürchtet, er werde auf die Erde fallen.

rūnden, 8339, ebenso 10098 abgerundet, dagegen C. 1 S. 267 „gerundet".

Rundreim, m., 2125, U. S. 21 Z. 24 f. — Uebersetzung von Refrain.

rundumschrieben, 7915. S. Mondscheibe.

ruschen, 4016, sonst üblich „ruscheln" (ruschen an dieser Stelle ist Druckfehler).

Ruß, m., P. 33, P. 50 B. 122, St. S. 42 und 53, ist Kennzeichen der Hexen, wohl weil sie durch den Schornstein gehen.

Rüstigen, die drei, P. 178, St. S. 122. S. Gewaltigen, die drei.

S.

j' = sie, 5864 „Die wilden Männer sind j' genannt", früher „sind's" — zuerst in der Ausgabe von Loeper auf Grund von Goethe's eigner Anordnung für eine andre Stelle (C. 4 S. 141). „Wissende haben j' zusammengestellt", in den Text gesetzt und in W.-A. beibehalten. Nicht unbedingt nothwendig, aber wünschenswerth wäre dieselbe Aenderung für 11964 f. „Die ewige Liebe nur vermag's zu scheiden".

's, 7655 = das: „Wir schaffen's Eisen." 11040 „Wer's Recht hat".

's = Es — am Anfange des Satzes 838, 1410, 2947, 8933, 10125.

Sachsen, die, 9471, erhalten bei der Theilung des Peloponneses Messene.

sacht, 314, 1975, 5921; sachte 2305, 7694, P. 188, St. S. 126 „hinweg gerafft vom ... sachten Schieben". In dem Ge-

dichte „Ilmenau" (C. 2 S. 145), an deinet
sachten Höhen", so daß das Wort mehr im
Sinne von allmälig als von leise gebraucht
wird; die letztere Bedeutung findet sich aller=
dings auch in dem eben citirten Gedicht
S. 146 V. 17 und S. 150 V. 1: „Ich eine
sacht zu sehn," und „Doch rede sacht."

Sagen, n., 4571 = Sprechen, Reden.

Sakrament, n., 3423, U. 1115. An
der ersten Stelle ist unter den Sakramenten
Messe und Beichte, an der zweiten Abend=
mahl (Nachtmahl) verstanden, so daß also
in der späteren Bearbeitung das spezifisch
Katholische mehr hervorgehoben ist.

Salamander, m., 1273, 1284, 6002,
P. 107, St. S. 60. An den beiden letzten
Stellen erscheint sich der Kaiser als „Fürst
von (tausend) Salamandern". In Prae=
torius (S. 265), der öfters citirten Quelle
Goethe's, steht von den Salamandern, „sie
leben nicht nur im Feuer, sondern können
dasselbe auch durch innerliche Kälte aus=
löschen".

Salomonis Schlüssel, m., 1258, clavi-
cula Salomonis — nicht ein bestimmtes
Buch, sondern überhaupt diejenigen, nach
denen man das Beschwören der Geister
lernte und übte. Man könnte also verschie=
dene dieser Art namhaft machen. Die Be=
zeichnung hängt damit zusammen, daß
Salomo überhaupt als Begründer der
Magie galt.

Salpeter, m., 5011 (sal petraeum) —
bildet sich in kleinen Quantitäten in der
Ackererde und an Steinen.

Samariterin, P. 196, St. S. 141. S.
Mulier Samaritana.

Samothrake, 8071, P. 124, P. 125, St.
S. 83 f., Insel im nördlichen Theile des
ägäischen Meeres, berühmt durch die My=
sterien der Kabiren.

Sancta simplicitas, 3037, U. 891 „hei=
lige Einfalt" — Worte, die Johann Huß
auf dem Scheiterhaufen gesprochen haben
soll, als er eine alte Frau eifrig Scheite
zu demselben herbeitragen sah.

Sanft Elmsfeuer, n. (Eliasfeuer) —
werden 10590—10596 beschrieben, ohne
daß der Name genannt wird, als das
Erglänzen von Spitzen der Thürme und
Fenster hoher Gebäude durch die Gewitter=
luft mit ihren leuchtenden Dünsten; hier
wird das Leuchten an den Spitzen der
Speere und Lanzen sichtbar.

Sanft Peter, 6650. — Wagner wird
mit dem Jünger und Apostel Christi ver=
glichen, weil er wie jener die Pforten des
Himmels so die Geheimnisse der Natur
aufschließt.

Sansfouci, 4367. S. **Die Gewandten.**

Sardanapal, 10176 — der letzte assy=
rische König als Typus der Ueppigkeit.
P. 178, St. S. 121 „Meph. schildert ein sar=
danapalisches Leben".

Satan, Satanas — wird in den mei=
sten Fällen gleichbedeutend mit „Teufel"
im Allgemeinen, im Einzelnen ebenso mit
Mephistopheles gebraucht. — 4305 Wenn
die Xenien Satan als ihren „Herrn Papa"
nennen, so wird scherzhaft ein teuflischer
Ursprung derselben damit zugegeben; 4941
Der S. legt euch goldgewirkte Schlingen;
10982 „(Find ich) dein hochgeheiligt Haupt
mit Satanas im Bunde"; 10119 Der
S. kommt zu Ehren.

Satansscenen, P. 48, P. 49, P. 50, St.
S. 35—41. — Eine Mehrheit von Satanen
erscheint nur bei dem Kampfe um Faust's
Seele. So P. 194, St. S. 133 Satane und
Höllenrachen — Satanische Posituren sie
(die Seele) zu erhaschen. — Rosen verwelken
auf den Hauch der Satane. Satane fliehen.
— In P. 195 wiederholen sich dieselben
Angaben mit geringen Abweichungen.
Vergl. Lucifer.

Satansmeister, m., 11951 — wird Me=
phistopheles von den Engeln genannt.

d. **Satiriker,** 5295—5298. Für eine
Deutung auf eine bestimmte Person der
wenig charakteristischen Worte liegt kein
Anlaß vor.

Saturn, 4962 ff., als Gestirn und Me=
tall (Blei).

d. **Satyrn,** 5829—5839. Die hier ge=
gebene Beschreibung ihrer Gestalt stimmt
mit der ältesten Form ihrer Darstellung
in der Kunst, während spätere wie z. B. die
des jugendlichen Satyrs im Kapitolinischen
Museum und in der Villa Ludovisi in Rom
alle thierischen Merkmale und Kennzeichen

derselben aufgeben. **Satyrvolk,** n., 7237, findet Behagen an den Lamien.

Sauerei, f., 2078, U. 450.

Sauerteig, der alte, 1779 — nach dem biblischen Ausdruck 1. Korinth. 5, 6—7.

Sauertopf, m., 8085, wird Nereus genannt, weil er mürrisch und auf die Menschen erzürnt ist, die auf seinen Rath und seine Weissagungen nicht hören.

saugen, 483 f., U. 131 f. „Du hast . . . an meiner Sphäre lang gesogen". Die Metapher findet ihre Erklärung und gewinnt ihre Berechtigung darin, daß die Sphäre in Kugelform gedacht wird oder eine Kugelform voraussetzt (Atmosphäre).

säuisch, P. 50 V. 81.

Säumniß, f., bisweilen n., 6211 ohne S.

Saus, m., 4074, gewöhnlich in Verbindung mit Braus: „Von S. umzirkt und Jugendbraus."

säuseln, 2702 f., U. 554 f. „Ich fühle deinen Geist um mich s."

Säuselschweben, n., 9992. Siehe Zusammensetzungen A.

sausen, 4042, intransitiv: „Laß du die große Welt nur s." 4720 transitiv: (der Wassersturz) Schaum an Schäume sausend.

Scepter, m., 8283 — der von den Telchinen geschmiedete Dreizack (Trident), den Neptun ihnen wieder geliehen hat, daß sie mit ihm die Wellen beherrschen können.

Schaar, f., 1126 — die wohlbekannte der Elementargeister.

schäckig, 5691 — gefleckt wie ein Scheck, bunt erscheint die Menge in der Mummenschanz.

Schaden, m., 6565, abweichend vom gewöhnlichen Ausdruck „Das kommt dem Teufel selbst zu S."

schaffen, 2518 = wollen, wünschen. „Nun sagt, ihr Herren, was ihr schafft" — in Süddeutschland allgemein üblich; 3083, U. 935, 4400 = arbeiten.

schaffender Spiegel, P. 11, St. S. 10. S. Spiegel.

Schafferin, f., 8551, H. 55, P. 84, Mephistopheles — in dem alten Plane als Aegypterin, in der wirklichen Ausführung

als Phorkyas, die sich als in Creta geboren ausgiebt.

Schafsnatur, f., 10406, des großen Haufens, der ohne Urtheil dem Führer folgt.

schafswollig, 8888. Siehe Zusammensetzungen B.

Schale, f., 5607, Bezeichnung der Masken, die das Wesen dessen verhüllen, was hinter ihnen steckt; 4661 in ähnlichem Sinne „Schlaf ist S."; 9519 S. des Schwaneneis, aus dem Helena entstand; 9635 S. als Metapher für die purpurnen Windeln und Wickeln des eben geborenen Merkur.

Schalk, m., wird 339 Mephistopheles von dem Herrn genannt; 4885 desgl. im „Gemurmel der Menge"; 6685 von Homunkulus; 6600 der S. in dem Busen — die geheimen Gedanken und Absichten des Menschen; 5792 „Der S. (Mephistopheles) erweist sich überfertig", d. h. er ist zum Unfug wohl vorbereitet; W.-A. 14, S. 243, St. S. 21 sagt Teufelchen A von Amor, er sei gewiß ein S. wie er selbst und das andre Teufelchen.

Schändlichste, das, 11691 f. „Das S., was wir erfunden, Ist ihrer Andacht eben recht". — Die Leiden Christi, seinen Tod am Kreuz, die Folterqualen der Märtyrer und Ketzer erklärt Mephistopheles für sein eignes, als des Teufels Werk.

scharf, 11761 = verletzend.

Schatten, m., die, 10, 19—24 — die Geister der den Lebenskreisen des Dichters entrückten oder verstorbenen Freunde.

Schatz, m., 2991, U. 845, 3011, U. 864, Geliebter, Gatte.

Schatzbewußte, der, 5016, als Fremdwort „Rhabdomant", von dem jenes nicht gerade eine beabsichtigte Uebersetzung zu sein braucht; es ist der, welcher weiß, wo ein Schatz vergraben liegt.

d. **Schatzmeister,** 4831—4851, 6066 bis 6082, 6141 f., Würdenträger am Hofe des Kaisers.

Schatzrevier, n., 4998. S. Revier.

Schaudergrauen, n., 7041. Homunkulus überträgt, als er über der Ebene von Pharsalus schwebt, seine Empfindung auf die Gegenstände, die dieselbe erregen, das= jenige nämlich, was er dort sieht.

schaudern, 11160 „mir schaudert". In gleichem Sinne U. 1367 schauern, „Die Hände [dir zu] reichen, schauert's ihnen, den Reinen". Ebenso 3831, wo indessen „ihnen" weggefallen ist.

Schauerwindchen, n., 11380. S. Zu= sammensetzungen A.

Schaum, m., 4720 der unübliche Plural „Schäume". Ebenso 5000 „Lügenschäume".

schäumen, vor 2337 als Transitiv (den Kessel) = abschäumen.

Schaustück, n., 2933, U. 784, Schau= münze, Medaille — die zu irgend einer festlichen Gelegenheit geschlagen ist.

Schedel, f., 6100, aus dem altlateini= schen schedula, Blättchen, also hier etwa „Bantzettel".

Scheherezade, 6033, die unerschöpfliche Erzählerin in „Tausend und eine Nacht".

schellenlaut, 549, U. 196. Das nach 1 Korinth. 13, 1 gebildete Wort erinnert zugleich an die Schellenkappe des Narren.

Schelm, m., 2515, sagt die Hexe zu Mephistopheles und 3205, U. 1054 Faust zu Gretchen, beides in freundlichem Sinne; 3481, U. 1173 steht S. tadelnd = Schurke, schlechter Mensch; 6750 in gemischter Be= deutung.

Schelte, f., 8751 Höre herzlicher S. Drohn (He. 206 Höre Fluch und Schelten).

schelten, 5458 — Jemanden als schlecht; 8912 für häßlich.

Schemeltritt, m., 10488 „Das stolze Haupt in S. verwandeln" — erklärt sich aus dem Anfang des 110. Psalms, der sich auch in den drei ersten Evangelien wieder findet: „Setze dich zu meiner Rechten, bis ich deine Feinde zum Schemel deiner Füße lege."

Schemen, m., 6290 „Die ‚Mütter' se= hen nur S.", Schattenbilder, nicht wirkliche Menschen.

Scherben, f., 3608, U. 1299, Blumen= töpfe.

Scherflein (nicht Schärflein), n., 10992, Diminutiv von Scherf, einer kleinen Münze, überhaupt Bezeichnung eines ge= ringen Werthes.

Scherzergetzen, n., 7262. Siehe Zu= sammensetzungen C.

Schichtung, f., 10873 die Aufstellung und Vertheilung des Heers.

schief, 3467, U. 1159 = schlecht.

schier, 365, U. 12, 2456, 2503 = bei= nahe, nahezu, dagegen 9784 in der Be= deutung „grade".

Schild, das lichte, 7924. S. Mond= scheibe.

Schimpf, m., 2654, U. 506 „Jetzt ohne S. und ohne Spaß" — im Mittelhoch= deutschen hat das Wort die Bedeutung von Scherz, Kurzweil; indessen ist die Verbin= dung formelhaft geworden, so daß man an die Bedeutung des Einzelnen kaum denkt.

Schirmung, f., 9587 = Schirm, Be= schirmung.

Schirke, vor 3835, Dorf im Harz unter= halb des Brockens. S. Elend.

schläfern, 10477 f. „Was, ohne Haupt, was förderten die Glieder? Denn schläfert jenes, alle sinken nieder." — „jenes" ist als Akkusativ nach der Analogie von „mich schläfert", nicht als Subjektsnominativ zu fassen, wenn auch „schläfern" bisweilen un= persönlich gebraucht wird.

schlagen, 5202: „Bäume, die krachend s." — intransitiv vom Niederfallen der Bäume gebraucht. (Wir glauben gegen W.-A., wo „krachen" steht, diese Lesart festhalten zu müssen.)

Schlange, f., 335. S. Muhme.

schlangenhaft, 5352 — verletzen die Furien.

schlapp, 10513 = kraftlos, leblos, un= fähig sich zu bewegen.

Schlappe, f., 5670 = Schlag, nicht wie 10834 ein Backenstreich (Schröer); der Ab= gemagerte ist noch oben über dem Bier= gespann, wo ihn die Weiber mit Backen= streichen nicht erreichen könnten.

Schlauch, m., 6162, der Narr, weil er viel trinkt; 11665 Spottname für die Tick= teufel, die es im Leben auch gethan und die entsprechende Körpergestalt auch in der Hölle behalten haben.

Schleicher, 521 (U. 168 **Schwärmer**). Das letztere Wort konnte insofern als eine passende Bezeichnung für Wagner gelten, als er in der That Leidenschaft für das Gewinnen von Kenntnissen hat; aber mit „Schwärmer" verbindet sich doch auch die Vorstellung, daß der Gegenstand, für den derselbe die entsprechende Leidenschaft hat, ihm selbst nicht klar ist. Indem Goethe vermuthlich diesen Mangel fühlte, hat er dann später eine andre Seite von Wagner's Wesen hervorheben wollen, die er sich indessen mehr gedacht als im Gedichte zur Darstellung gebracht hat — ein Umstand, der wohl auch für den Schauspieler zu berücksichtigen ist.

Schleier, m., 4714 „zu bergen uns in jugendlichstem Sch." — Die Sonne ist das Bild der Wahrheit und der höchsten Erkenntniß. Wir entziehen uns dem, was wir nicht fassen und erkennen können, indem wir uns verschleiern und zwar nach Art der Jugend, die in ihrem Anspruch an Erkenntniß noch nicht so weit geht, wie der Mensch im späteren Alter.

schleifen, ith. 3092, U. 944 — hier Ausdruck für eine langsame, am Boden haftende, unbehülfliche Bewegung; an andern Stellen wird die Bewegung beim Tanze dadurch bezeichnet, z. B. im Hochzeitliede C. 1 S. 197 Z. 6 „Da ringelt's und schleift es und rauschet und wirrt". Vergl. auch C. 1 S. 138 „Und wird auch kein Walzer, kein Schleifer getobt" u. s. w.

schlichten, 5312, Weberausdruck für das Reinigen des Gewebes vom Schlichte (Kleister).

schließen, hinter 349 intransitiv „der Himmel schließt".

Schloß im Mittelalter, P. 162, St. S. 73, in unbestimmter Gegend, in dem nach älterem Plane Faust mit Helena leben sollte.

Schlucker, m., P. 52, St. S. 33. Das Fragment, mit den Worten schließend: „So muß ich mich doch wohl zu diesen Schluckern halten", würde vielleicht nach 4075 in die Walpurgisnacht einzureihen sein, wo die alten Herrn vorgeführt werden.

Schlund, m., 3917 die Schlünde des Abgrunds; 8047 S. des Sturmes; 5922 S. der Feuerquelle; 5992 S. der Felsen; 6166 S. und Bauch des Menschen.

schlupfen (hinein), 4029, sonst gewöhnlich „schlüpfen", z. B. 1411 hereinschlüpfen.

schlurfen, 3274, mundartlich im mittleren Deutschland für „schlürfen"; schlürfen U. S. 88 Z. 96 in der Bedeutung „sich leise bewegen": „Hörst du die Bürger s. nur über die Gassen!"

Schlüssel, m., 1258, d. **Salomonis**, s. d.; 6259 ff., P. 120, P. 121, St. S. 69 f., der S., durch den Faust bei den Müttern den Dreifuß an sich zieht.

schmächtig, 3655 = schmachtend vor Liebesbrunst; in demselben Sinne wie 11775 — „heimlich kätzchenhaft begierlich".

Schmalpfeiler, m., 6412 — S. der gothischen Baukunst werden vom Architekten gepriesen.

schmauchen, 679, Ausdruck für mattes Brennen der Lampe.

Schmeichel-Gesang, m., P. 50 S. 310, St. S. 41 f. Faust weiß nicht, wem derselbe gelten kann. Unmittelbar darauf die Worte: „Fortgesetzter Schmeichelgesang." Der Zusammenhang mit dem Vorangehenden scheint folgender zu sein: „Mephistopheles will einige Nachtmahre zaumen und Fausten eine Falle legen; gelingt's, so hohlt er ihn." Die Nachtmahren können Weiber sein, durch die Faust verlockt werden soll. Er läßt sich aber nicht verlocken, sondern bedeutet Mephistopheles, er solle sein Verfahren anderswo versuchen.

Schmeichelgluth, fremde, 11725 „die Teufel wittern fremde S." — die der Engel.

schmeichelhaft, 10056 = schmeichelnd. Vgl. schmächtig, sträflich, vertraulich, zudringlich.

Schmeichelphrasen, f., P. 50 S. 309, St. S. 40.

Schmeichelton, m., 9688. Der Chor ist mit Recht darüber verwundert, daß Mephistopheles am deutschen Liede Gefallen findet, daß er diesem S. geneigt ist. Allerdings verläßt er, den die Sirenen (s. d.) nicht gerührt haben, damit seinen sonstigen Standpunkt, wenn er unmittelbar vorher sagt: „Es muß von Herzen gehen, was auf Herzen wirken soll."

Schmeid, n., U. 763, dafür 2909 Geschmeide.

Schmeiße, f., 10140, die Schmeißfliege.

schmelzen, sich, 5715, Gefäße, goldne f. s. — werden zu fließendem Golde.

schmerzenvoller Raum, 9880 — ein R., in dem man Schmerzen erleiden muß oder zu erwarten hat.

schmiegen, sich, 6916 „(Die Königin sieht) der Schwäne Fürsten ihrem Knie sich f." S. **Dativ, poetischer Gebrauch**.

schmunzeln, 6100 mit abhängigem Dativ. S. **Dativ, poetischer Gebrauch**.

Schnak, m., 6588, 6706 = Possen, mit dem Nebensinn des Unwahren, Irrthümlichen — auch sonst öfters bei Goethe vorkommend.

schnapps, 11625, Interjektion = flugs, im Nu — bei Ramler, Voß und Claudius nachgewiesen.

Schnarcher, die, 7682, Felsen auf dem Wege vom Dorfe Elend nach dem Brocken.

schnatterhaft, 8309, als Eigenschaft der Gänse.

Schnecke, f., 3978, ein dem Teufel sympathisches, unter seinem Schutze stehendes Thier — ebenso wie die 1516 f. aufgezählten.

Schneckeschnickeschnack, m., 4257. S. **Zusammensetzungen A**.

schnelle, 251, 8971. S. **alleine**.

Schnelle, f., 241.

Schnippchen, n., 5582, ein S. schlagen, d. h. mit dem Finger knipsen; sonst auch **schnippen** wie 5592 und in dem Gedichte „Generalbeichte"; C. 1 S. 140 W. 8 f.: „Den Philistern allzumal wohlgemuth zu s."; vor 5585 **umherschnippen**; P. 104, St. S. 55 **Schnippchen**, n., als Geschenke; 2612, U. 464 **schnippisch** als Eigenschaft Gretchens.

Schnitzel, m. und n., 5100, allerlei gefärbte S. — die Stoffe zur Herstellung künstlicher Blumen; 555, U. 202 „(eure Reden), in denen ihr der Menschheit S. kräuselt". Wenn „kräuseln" den Sinn hat,

etwas Glattes, Schlichtes in kunstvolle Locken zu verwandeln, so bedeutet der Ausdruck überhaupt, daß man etwas Unscheinbares, Unbedeutendes künstlich ausstaffirt. Danach ist es wahrscheinlicher, daß „der Menschheit" Dativ, als daß es Genitiv ist.

schnopern, 1187, 4321 = schnüffeln, herumspürend wittern.

schnörkelhafteſt, 6929. S. **Adverbien im Superlativ**.

schnuffeln, 2818; U. 672 schnüffeln.

schnüren, P. 139, St. S. 9 — sein Bündel s. = von dannen gehen.

Scholaſt (auch in der italienischen Form „Scolaſt" und der lateinischen „Scholaſtikus"), vor 1322, 1324, P. 11, P. 16, St. S. 11, 13. Zu P. 12 „fahrender Scholaſtikus" vergl. **Bagant**. Ueberall ist Mephiſtopheles genannt oder als solcher bezeichnet.

Schönbärte, m., 4767 = Gesichtsmasken, Larven (ursprünglich «schombart»).

d. **Schöne**, die, 4132—4154, als Hexe in der Walpurgisnacht; 1458, 1016, 8030, 8523 = Schönheit als Abstraktum, ebenso 1287 Meteorenschöne; 7408 „Die S. bleibt sich selber selig" ist wahrscheinlich auch so zu fassen, doch wäre auch die Auffassung des Wortes als Konkretum zu rechtfertigen.

schöner, schön, 11776. S. **Doppelung**.

Schöngestalt, f., 8532 — wohl Neubildung nach der Analogie von Mißgestalt, Ungestalt, Nachtgestalt u. s. w.

Schopf, m., 227 f. „Das Mögliche soll der Entschluß beherzt sogleich beim Schopfe fassen". Die Quelle für diesen Ausdruck und für den neuerdings häufig angewendeten „die Gelegenheit bei der Stirnlocke f." ist in G. Büchmanns Werk „Geflügelte Worte", sechzehnte Auflage, von Robertornow, S. 454, angegeben. In einem Griechischen Epigramm (Anthol. 4, 13) besingt Jon von Chios, nach andern Posidippos das Bild des in Olympia verehrten Gottes der günstigen Gelegenheit (Καιρός), welches mit lodigem Vorhaupt und kahlem Nacken, mit geflügelten Füßen und in eilendem Laufe dargestellt ist. Man vgl. die Uebersetzung bei F. Jacobs (Gesammelte Werke 2, 87), der allerdings noch die Ueberschrift „die Zeit" hat.

Schoß — schwant

Schoß, m., 8674 des Herdes S., während He. 122 dafür „Busen" steht.

schrauben, 2181 = verspotten. „Gieb Acht, ich schraube sie". Sanders leitet den Ausdruck von der Anwendung der Schraube bei der Folter her, aber derselbe erklärt sich hinlänglich, wenn man nur an die Wirkung der Schraube überhaupt denkt.

Schreckensläufte, die, 4931. Siehe **Jahresläufte**.

Schreckgetön, n., 10763.

schreckliches Gesicht, 482, U. 130 -- des Erdgeistes. Die kurz zuvor stehende scenarische Anweisung „der Geist erscheint in der Flamme", hat in U. noch den Zusatz „in widerlicher Gestalt".

Schreiber, m., 367, U. 14, juristische Beamte.

Schrein, m., 2784, 2876, 5652 = Schrank, in nördlichen Deutschland wenig im Gebrauch.

Schrift und Zug, 10966. S. **Hendiadys**.

schrumpfen, 11715, 11721, sich innerlich zusammenziehen, in sich hineinschwinden; P. 202, St. S. 136 verschrumpft. — Vgl. **verdumpft**.

Schuften, 11656, schwache Pluralform wie GH. 2 Bd. 3, S. 203. Vgl. **Pedellen**, **Sinnen**.

Schuhu, m., 3273 — sich wie ein S. versützen; 3889 S. zusammengestellt mit „Uhu", der ebenso wie jener seinen Namen ruft.

d. **Schuld**, f., 11384—11397. Vergl. **Vier graue Weiber und Allegorien**.

d. **Schüler**, 828—845, zwei — in der „Scene vor dem Thor" sind Studenten, ebenso 1868—2048, U. 249—442 der mit Mephistopheles sprechende; P. 1 auf den letzteren bezüglich: „Dumpfes warmes wissenschaftliches Streben."

Schulweisen, die, P. 11, St. S. 12 — im Gegensatze zu den Vaganten — Mephistopheles weist auf die Kenntnisse hin, die jenen fehlen.

schürfen, 6220, bergmännischer Ausdruck „graben in Schachten".

schürzen, sich, 6879, zur Arbeit.

Schütteln, das, 1367 — S. der Erde, Erdbeben, das Mephistopheles neben andern Mitteln vergeblich angewendet hat, um „diese plumpe Welt" zu vernichten.

schüttern, 9452, intransitiv „die Erde schüttert".

schüttete, 10200, neue Lesart der W.-A. statt „schüttelte". „(Das Meer) ließ ... nach und s. die Wogen."

Schwad, m., 3920 — heiße Dämpfe, die aus vielem kohlensaurem Gase entstehen, mit dem die Luft durchsetzt ist. Vgl. C. 28 S. 68, wo Goethe von Lavasteinen spricht, die er als vulkanischen Ruß erklärt, abgesetzt aus den heißen Schwaden, die darin enthaltenen verflüchtigten mineralischen Theile offenbarend.

schwadroniren, 3627, U. 1379, P. 11, St. S. 11.

Schwall, m., wird ursprünglich gebraucht von wild bewegten Wassermassen, wie 10738 „S. der Wogen" und in dem Gedichte „Der Zauberlehrling" (C. 1 S. 237) „mit reichem vollem Schwalle". 4793 S = das Gewühl des Aufruhrs; 5754 **Maskenschwall** (s. d.); 7635 S. der in Menge sich bewegenden Imsen.

Schwan, m., 8808. S. der Schönheit. Die Schönheit Helenas, verglichen mit der ihrer troischen Begleiterinnen, verhält sich wie die S. zu den Gänsen; P. 65, St. S. 60 „Fahr hin, du alter S." Die Deutung macht Schwierigkeiten. Ist an einen alten Sänger und Schauspieler zu denken, der viel gesungen und gespielt hat oder an eine bestimmte Rolle, in der er in diesem Augenblicke auftritt?

Schwanengesang, m., 9102 — den eignen Tod des Singenden verkündend, eine Vorstellung ebenso der hellenischen wie der germanischen Mythe.

Schwanerzeugte, die, 9108 — Helena — nach der Mythe von Zeus und Leda.

schwangre Streifen, m., 5977. Siehe **Nebeldünste**.

schwank, 4656, sind die Silberwellen der noch dünnen Halme der Saat; 6009 die Wellen des Meeres; 7023 das Züngelein des Glückes oder Schicksals, das als Wage gedacht wird.

schwärmen, 2384, vom Herumtreiben der Hexe aus der Hexenküche gebraucht; 5332 fordert Klotho die Jugend auf, immer fort und fort zu j.

Schwärmer, m., U. 168. S. **Schleicher**.

Schwärmerian, m., U. 320, ein herumschwärmender unsolider Mensch — sicher eigene Wortbildung. (Bei Sanders ist „Schwärmling" verzeichnet.)

Schwärmezüge, m., 3904, der Funkenwürmer. — S. **Zusammensetzungen A**.

schwarze Küche, f., 1039, das chemische oder alchymistische Laboratorium.

schwarze Kunst, f., St. S. 8 V. 46 — Magie, Teufelswerk.

schwärzen, 3581 f., U. 1272 f.: „Wie schien mir's schwarz und schwärzt's noch gar, mir's immer doch nicht schwarz g'nug war." Das Wort hat die Bedeutung „das Schlimme noch schlimmer zu machen", und der Satz, in dem es hier vorkommt, ist hypothetisch zu fassen. 4913 f. = einschwärzen, heimlich hineinbringen: „Die (Ketzer) willst du nun in diese hohen Kreise schwärzen."

schwatzen, schwätzen — das erste selten, nur 4058 schwatzt, 10747 beschwatzen, dagegen 2563 man schwätzt; 3071, U. 923, des Schwätzens; 4151 beschwätzen; 7261 ein Schwätzen.

Schwedenkopf, m., 6734, ebenso wie Titustopf Ausdruck für kurzgeschornes Haar im Gegensatz zum Zopf.

Schwefel, m., gehört zu den Attributen des Satans und der Hölle. In der Scene W.-A. 14, S. 241—245, St. S. 18—22 wittern die zwei Teufelchen die Nähe ihres Papas am starken Schwefelgeruch; 7905 wird S. von Mephisto in Griechenland schmerzlich vermißt; 10444 Schwefelruthen — als Material für den Scheiterhaufen; 10083 die Hölle schwoll von Schwefelstank und = Säure; 11657 Dickteufel, von Höllenschwefel feist.

schweifen, 4548 — in der Fremde f.; 4643 zaudernd f., d. h. sich unsicher, in wechselnder Richtung bewegen, wie in „Jägers Abendlied" (C. 1 S. 110) „nach Osten und nach Westen f."

Schweigniß, f., 10435 = Schweigen, wahrscheinlich Neubildung.

Schweinekoben, m., P. 55, St. S. 34 „Der zuerst sich wie ein Gott erging, befindet sich noch wohl am S " Auf wen sich dieser Wechsel seiner Ansprüche als Mensch beziehen soll oder ob die Verse nur eine allgemeine Bemerkung enthalten, dürfte sich schwer mit Sicherheit bestimmen lassen. Eine entfernte Verwandtschaft zu 3283 bis 3293 liegt allerdings vor.

Schwerdtlein, 2899, 3049, Familienname. S. **Marthe**.

Schwindelstufen, f., 9879. Die Abschnitte der Schwindel erregenden Höhe, die Euphorion erreicht hat.

schwören, 1989 — auf des Meisters Worte (jurare in verba magistri); 11760 ist Mephisto in geschwornem Streite mit den Engeln; 11290 Lynceus ist dem Thurme geschworen; 9243 derselbe vergißt das beschworne Horn; 4817 Bürger und Ritter verschwuren sich, ebenso 10601 alle Schiffer schwuren.

Schwung, m., 10061: „Aurorens Liebe, leichten S. bezeichnet's mir" — neue Lesart in W.-A. statt Schwungs.

Scolar, m., 1177 = Schüler.

Scorpion, m., P. 50, St. S. 42. Die letzten beiden Verse des Fragments weisen auf Italien hin: „Dort bequeme dich zu wohnen bei Pfaffen und bei Scorpionen".

Scylla, 8813 „So sprich von S., leiblich dir Geschwisterkind". — S., das Meerungeheuer, ist nach Odyss. 12, 124 f. Tochter der Krataiis, nach einer andern Fassung der Sage stammt sie von Phorkys und Hekate. — Wenn Phorkyas=Mephistopheles aber die troische Choretide zu ihrer Cousine machen will, so kann es nur den Sinn haben, daß diese durch den Vorwurf einer widerwärtigen Abstammung geschmäht werden soll.

seeisch, 7510 (sonst meist nur in Zusammensetzungen üblich): „zu dem seeisch heitern Feste" = dem heitern Seefeste. S. **Adverbien statt Substantiven**.

Seelchen, n., P. 94, St. S. 137 „eh das S. sich entrafft" u. s. w. Vgl. **Psyche**.

Seele, f., 1112. „Zwei Seelen wohnen ach in meiner Brust". Die Vorstellung der doppelten Seele im Menschen beruht zunächst nicht auf der Doppelnatur Christi, der menschlichen und göttlichen; sie findet sich schon im Alterthum, z. B. bei Plato und Xenophon und liegt eigentlich in der menschlichen Natur selbst, wie dies auch Schiller (das Ideal und das Leben) mit den Worten andeutet: „Zwischen Sinnenglück und Seelenfrieden bleibt dem Menschen nur die bange Wahl"

Seelenschatz, m., 11946, die Seele Faust's.

segnen, sich, 3583, U. 1274 „(Ich) segnet' mich und that so groß" = sich bekreuzigen, zugleich mit dem Sinne des Abscheus, den man vor etwas Geschehenem oder Gehörtem hat — wie der Pharisäer im Evangelium. — P. 49, St. S. 138: „Es segnen staunend sich die Frommen", d. h. sie machen aus Ehrfurcht das Zeichen des Kreuzes, da sie die Ankunft Christi erwarten.

sehen, 3654, U. 1402 „So sieht's in meinem (diesem) Busen nächtig" = aussehen.

sehen lassen, 2890, U. 746, mit nachfolgendem Dativ. S. Gallicismen.

Seifenblase, f., 4256, Bezeichnung für dieselbe Person des Chors, die im Vers vorher „Dudelsack" genannt wird.

Sein, n., 9733 — das Pronomen possessivum als Substantiv, s. **Mein**; 8124 dasselbe dem Hauptwort nach gestellt „das Zaudern sein".

sein, 10849, mit abhängigem Dativ. „Es sei nun, wie ihm sei."

d. Seismos, 7519—7522, 7550 bis 7572, 8361 — eine Hauptfigur in der klassischen Walpurgisnacht, für die der Dichter früher den Riesen Enceladus (s. d.) in Aussicht genommen hatte. Vgl. ferner P. 124, P. 133—137, P. 142—145; St. S. 88 f. Die Fragmente enthalten noch eine Reihe von Versen, die ihn zugewiesen werden oder wenigstens auf ihn Bezug nehmen sollten. Es beweist dies außerdem, daß Goethe auf sein Geschöpf, denn das ist der personificirte S., einen gewissen Werth gelegt hat. Denn die hellenische Mythe kennt keinen S. als Person; aber sowohl die Berge thürmenden Titanen in ihr, wie der seine

Glieder bewegende gefesselte Loki in der altnordischen Mythologie gaben einen Anlaß, wenn auch nicht gerade eine Berechtigung zu dieser Neubildung. Zu beachten scheint auch, daß Goethe auf dem Wappen der mineralogischen Gesellschaft in Jena als Vignette eine Gestalt hatte darstellen lassen, die auf ihren Schultern einen Felsen emporhebt.

seit, 10618 „seit so manchen Jahren", d. h. seit so manche Jahre verflossen sind, so daß also diese in dem zu bezeichnenden Zeitraum nicht mit inbegriffen sind.

seitab, 3753 = zur Seite.

selbstgesteckten, 208. Alle Ausgaben bis zu der letzter Hand haben „selbgesteckten". Die in Q. (1836) gemachte und auch in W.-A. ohne handschriftliche Autorität beibehaltene Aenderung scheint kaum gerechtfertigt, da man doch „selbander" sagt und die Verbindungen mit Zahlwörtern selbacht (Opitz), selbdritter, selbvierter u. s. w. üblich sind.

selbstwillig, 8109. Siehe Zusammensetzungen B.

d. Selige Knaben, 11894—11988. Siehe **Mitternachtsgeborne** und **Pater Seraphicus**; 1503 ff. Alle (schweben) zur Ferne, liebender Sterne seliger Huld — d. h. „zu der seligen Huld liebender (ihnen günstiger) Sterne". Das Komma, welches in vielen Ausgaben (D., W.-A. u. a.) hinter „Sterne" gesetzt ist, stört den Sinn.

Semiramis, P. 67, St. S. 64. — Mit ihr ist vermuthlich Katharina II., die nordische S. (1762—1796) gemeint, nicht die berühmte Königin von Assyrien selbst.

d. Servibilis, 4215—4220. Eine ihrer Bedeutung nach unklare Figur. Was liegt darin für ein Sinn, daß das zur Aufführung kommende Stück das letzte von sieben ist? Was soll das Wortspiel von Dilettanten und dilettiren? Eine Antwort findet sich nur bei Louvier (s. Hereneinmaleins), der der ganzen Walpurgisnacht und ebenso dem darauffolgenden Walpurgisnachtstraum eine politische Deutung giebt, die freilich äußerst wenig befriedigt. Die sieben sind die bedeutendsten europäischen Mächte, die in dem Wahne, daß 1808 auf die Dauer

Frieden bleiben könnte, ein Konzert zur Darstellung bringen, das von Metternich als Servibilis (allerdings ist sein Name noch mit einem Fragezeichen versehen) in Scene gesetzt wird.

Sibylle, 3546, U. 1238, Name eines Bürgermädchens; 2577 scherzhafte Bezeichnung der Hexe, als sie den Verjüngungstrank braut; 8957 weiseste S. — ehrenvolle Anrede des Chors an Phorkyas-Mephistopheles; P. 99 Nr. 15, St. S. 74 Versammlung der Sibyllen. — Wie Faust zu derselben gelangt, ist aufgegebenes Motiv des älteren Planes. P. 124 Exposition des Sibyllenzuges. Zug selbst. Diese Worte sind etwas genauer ausgeführt P. 123 S. 209, St. S. 81: „Hier (am Fuß des Olympus) stoßen sie (Faust und Chiron) auf eine lange Prozession von Sibyllen, an Zahl weit mehr als zwölfe. Chiron schildert die ersten vorübergehenden als alte Bekannte und empfiehlt seinen Schützling der sinnigen, wohldenkenden Tochter des Tiresias Manto."

Sibyllengilde, f., 7455. Chiron faßt die Sibyllen in ihrer Gesammtheit als einen Stand und ihr Wahrsagen als Berufsthätigkeit auf.

Sieb, n., 2416 ff. Das Wahrsagen aus einem Sieb, das gedreht wurde (Siebsehen, drehen, laufen, treiben), besonders um einen Diebstahl oder ein andres Verbrechen zu ermitteln, war schon im Alterthum bekannt (κοσκινομαντεία). So tritt in Theokrit's Idyllen (3, 31) die Siebseherin Agroeo auf. Ueber die Verbreitung der Sache in Deutschland s. Grimm's Mythologie, 4. Aufl. II, S. 927 und III, S. 321.

d. **Siebel,** 2081 ff., U. S. 19 ff., Name eines Studenten in der Scene „Auerbachs Keller".

sieben, 576, U. 223 — ein Buch mit s. Siegeln ist die Offenbarung Johannis (s. Kap. 6—8 daselbst).

Sieben, die, vor Theben, 9032 ff. — Titel einer Tragödie des Aeschylus. Die bildlichen Darstellungen auf den Schilden der antiken Helden werden als der Ursprung und das Vorbild der mittelalterlichen Wappen hingestellt, damit diese für Helena und den Chor verständlich werden.

sieben Iamben, 10039. S. Metrisches.

Siebenmeilenstiefel, m. — nach 10066, P. 178, St. S. 121, auch in den französischen Märchen vorkommend (bottes de sept lieues) — sind der deutschen Mythologie entnommen. Bekannt ist die Anwendung in Chamisso's „Peter Schlemihl". Siehe Grimm's Mythol. 3, 264.

Siebensachen, f., 2031, U. 425. — bescheidene Umschreibung der weiblichen Reize. Ebenso ist es bescheiden, wenn Goethe in dem Epigramm „Demuth" C. 2 S. 295 sagt: „Betracht' ich meine S., Seh' ich was ich hätt' sollen machen."

Signatur, f., 10929, 10973 — die Unterschrift des Kaisers.

silberne Gestalten, f., 3238, die der Vorwelt; silbern, weil sie unter Mondbeleuchtung erscheinend gedacht werden.

Silenos, 10033, älterer Satyr, Sohn des Pan und einer Nymphe, Erzieher und Begleiter des Dionysus, wird in den Bacchuszügen häufig als auf einem Esel reitend und von Satyrn gehalten dargestellt. S. öhrig Thier.

simuliren, 10425 = nachdenken, nachsinnen — namentlich volksthümlicher Ausdruck.

Singsang, m., 7155, der Gesang der Sirenen nach dem Ausdruck der Sphinxe.

Sinn, m., 8065, sich etwas zu S. nehmen. Als Pluralform fast durchgängig „Sinnen", z. B. 431, U. 78, 479, 1633, 2734, U. 586, 3329 u. s. w., „Sinne" nur 611, U. 127, 1805, 10035.

d. **Sirenen,** 7156—8487 — Hauptfiguren in der klassischen Walpurgisnacht, Töchter des Flußgottes Achelous und der Muse Terpsichore, werden in der Kunst dargestellt halb als Jungfrauen mit Mädchengesichtern und -Oberkörper, halb als Fische oder Vögel, oft eine Flöte oder Tuba in der Hand haltend. Sie locken die im Meere Vorüberfahrenden an und tödten sie. — Im Homer, als Odysseus sie sieht (Odyss. 12, 39 ff.), sind es nur zwei; hier kommen sie zu Schaaren. — Vergl. noch P. 123 S. 205, St. S. 76: „Auf einmal jedoch über allen schwebt wolkenartig ein singender und klingender Zug von Sirenen,

ſitt= und tugendreich) — Somnambule 127

ſie ſtürzen in den Peneus und baden rau=
ſchend und pfeifend, dann baumen ſie auf
im Gehölze zunächſt des Fluſſes, ſingen
die lieblichſten Lieder."

ſitt= und tugendreich, 2611, U. 463,
eine Art zeugmatiſcher Verbindung, da
„reich" nur zu „Tugend", aber nicht zu
„Sitte" paßt. Das Letztere muß alſo präg=
nant als „gute Sitte" genommen werden,
eine Bedeutung, auf die auch ſchon die Ad=
jektive „ſittlich", „ſittſam" hinweiſen.

ſittelos, 8834 — „in ſitteloſem Zorn"
hat Phorkyas=Mephiſtopheles ſich gegen
Helena gezeigt.

Skarteke, f., P. 67, St. S. 62, eine
ſchlechte Schrift; das Wort ſcheint mit dem
italieniſchen scartabello zuſammenzuhän=
gen, welches an ſich ſchon einen „Wuſt von
ſchlechten Schriften" bezeichnet.

d. **Skeptiker**, 4359—4362, im Wal=
purgisnachtstraum, vermuthlich ohne un=
mittelbare perſönliche Beziehung.

Skotuſa, P. 123 S. 206, St. S. 79, P.
153, eine Stadt in Theſſalia pelasgiotis.

Skrupel, m., 368, U. 15, religiöſes Be=
denken (lateiniſches Wort).

ſo, 6777, in auffälliger Wortſtellung:
„Wo bewegt das Blut ſich wie im Jüng=
ling ſo?"; 7443 „(Helena) ſo ſchön wie
reizend, wie er ſehnt ſo ſchön."

ſo = wie, 5036 „Schwarz ſind die Kühe,
ſo die Katzen grau"; 6185 „Das Muſter=
bild der Männer ſo der Frauen; 6651
Das Untre ſo das Obre ſchließt er auf;
ſo = ſowohl, 6252 „Damit ich dort ſo Kunſt
als Kraft vermehre."

ſo fortan, 1914, U. 345, 4936, 5285,
5863 (an der letzten Stelle ſteht nur „ſo
fort!"), überall in der Bedeutung „immer
weiter", „ohne Unterbrechung" — eine
Lieblingswendung Goethes, namentlich
auch beim Schluß von Briefen — als Aus=
druck ſeiner Geſinnung für die Zukunft. —
Dagegen 8377 f. in der Bedeutung ſogleich:
„Wir, ſo fortan, Bringen die lieblichſte
Herrin heran."

ſobald, 2062, als Konjunktion und
Adverb: „Sobald du dir vertrauſt, ſobald
weißt du zu leben."

Socken, f., 1808 „Setz' deinen Fuß auf

ellenhohe S."; soccus iſt der niedrige leichte
Schuh, der in der Komödie getragen wurde,
im Gegenſatz zu dem hohen Kothurn der
Tragödie, und von jenem iſt das deutſche
Wort abgeleitet. Das zur Erklärung citirte
italieniſche Sprichwort «Un nano è sempre
piccolo anche sulla cima di una mon-
tagna» (Ein Zwerg iſt immer klein, ſelbſt
auf dem Gipfel eines Berges) erklärt eigent=
lich nichts; denn die contradictio in ad-
jecto bleibt immer, und es widerſtrebt der
Phantaſie, ſich die niedrigen Socken ellen=
hoch zu denken. Hat hier Goethe den Soccus
und den Kothurn mit einander verwechſelt
oder den Begriff des Letzteren mit jenem
vereinigen wollen?

Sohlen, f., 5072, die heiligen (ſ. d.) des
Papſtes mit Beziehung auf den Pantoffel=
kuß. 6178 etwas an den S. abtragen — als
Ausdruck für dasjenige, was Jemandem
vollſtändig bekannt und deshalb reizlos iſt.

Sohn, m., 2214, U. S. 25 V. 103. Der
Reim auf „Floh" erklärt ſich durch die
Frankfurter Ausſprache, in der der letzte
Buchſtabe in „Sohn" nicht gehört wird.

Sol, 4965. S. **Phoebus**.

d. **Soldaten**, 884—902, Chorgeſang
derſelben.

ſollen, 2873, U. 729, 3179 f., U. 1027 f.,
6976, 10241 „Was ſoll's (ſoll das) in dem
Sinne, Was ſoll das bedeuten?"; an den
beiden letzten Stellen mehr in der Bedeu=
tung „Was ſoll geſchehen?" — 2310 ſollen
= werden: „Es f. Schläge regnen."

Sommerfeiertag, m., 1908. S. **Zuſammenſetzungen A**.

Sommerſproſſe, f., 6321 „Da ſproſſen
hundert bräunlich rothe Flecken"; P. 63
S. 175, St. S. 52: „Der Taſchenſpiegel
ſagt ihr tröſtlich zu, daß eine S. nach der
andern verſchwinde."

Sommervögel, m., 3203, U. 1052 =
Schmetterlinge (wie auch in dem Gedichte
„Meine Göttin", C. 2 S. 60), hier als
Metapher für junge lebensfrohe Menſchen.

Somnambule, P. 30 Z. 3. Das Wort
findet ſich ohne Zuſammenhang zwiſchen
Furor und Summa confidentia et ni-
mius metus in einem nur aus einzelnen
Notizen beſtehenden Schriftſtücke.

sonnbeglänzt, 10048. S. Zusammensetzungen B.

sonder, 9144 = ohne: s. Schritt.

Sonne, f., 243, ihr Tönen beim Aufgange; 558 sie duldet kein Weißes. — Für das Uebrige vergl. **Phoebus** und unter **Hermes**.

sonnedurchstrahlt, 9660. Siehe Zusammensetzungen B.

Sophiste, m., 8050, U. 902 (sonst Sophist).

d. **Sorge**, f., 11384—11498, P. 194, St. S. 134. Vgl. **Vier graue Weiber** und **Allegorien**. P. 201, St. S. 134 bringen zwei neue Verse für dieselbe, die im Sinne von 11471—11486 gehalten sind, aber sich auch an 11422 anschließen könnten: „Das hilft dir nichts, du wirst mich) doch nicht los. Grad im Befehlen wird die Sorge groß." Eine Art Vorbereitung auf die spätere Personificirung der Sorge liegt in 644—651.

soulagiren, sich, 4173, sich helfen, sich Milderung bei Schmerzen verschaffen.

Sparta, gleichbedeutend mit Lacedämon, 8501, He. 13, 8995, 9463, P. 166, St. S. 105.

spat, 3112, U. 964, 11339, 11416 (früh und s.), 4958 (so früh als s.).

spekuliren, 1830 = philosophiren.

spendiren, 6373 „Auf breite Wände Teppiche spendirt", d. h. ausgebreitet, wie das mittellateinische aus expendere entstandene «spendere».

sperrig, 6088 = sperrweit, angelweit offen.

Sphäre, f., 464, U. 132, die des Erdgeistes; 767, 12094 die des Himmels in kirchlichem Sinne; 705 Sphären reiner Thätigkeit; 244 Brudersphären (s. d.).

d. **Sphinx**, f. (nur einmal 7580 als Maskulinum), 7112—7581. — Hauptgestalten in der klassischen Walpurgisnacht -- werden mit menschlichem Oberkörper gedacht, der in einen Löwenleib ausgeht. In der ägyptischen Mythologie sind sie männliche Wesen, in der griechischen, in der ursprünglich nur eine Sphinx angenommen wird, meistens weiblich. Diese griechische S., bekannt aus der Oedipussage, ist Tochter des Typhaon und der Schlange Echidna, ihre Geschwister sind die Hunde Orthros und Cerberus, der nemeische Löwe, der Drache Ladon. Man sieht leicht, daß Goethe die Mythen beider Völker vermischt. — Weitere Erwähnungen der S.: P. 123 S. 124, St. S. 75 f. „Faust hat sich ins Gespräch mit einer auf den Hinterfüßen ruhenden Sphinx eingelassen, wo die abstrusesten Fragen durch gleich räthselhafte Antworten ins Unendliche gespielt werden". Dies ist wenigstens für Faust nicht zur Ausführung gekommen; in der Dichtung selbst kommt nur Mephistopheles mit den Sphingen in längere Unterredungen (7112—7248). P. 124, St. S. 82 „Sphinxe zum Entstehen des Berges" — mit Bezug auf 7523 bis 7549, wo ihr Verhalten bei demselben geschildert wird. In demselben Sinne P. 125, St. S. 85 „S. incomodirt". P. 147, St. S. 49 Worte, die Faust beim ersten Anblick der S. sprechen sollte: „Wie wunderbar der Anblick thut dem Herzen" — der (?) große tüchtige Zug (offenbar die frühere Fassung von 7181 f.). Vergl. außerdem P. 99, St. S. 74.

Spiegel, m., 2429 f. „Welch ein himmlisch Bild zeigt sich in diesem Zauberspiegel"; 2599 „Laß mich nur schnell noch in den Spiegel schauen"; P. 11, St. S. 12 Gegenfrage, wo der schaffende S. sey. — Es ist ziemlich natürlich, anzunehmen, daß der S., in dem Faust in der Hexenküche die schöne weibliche Gestalt erblickt, mit dem schaffenden S. identisch sei. S. auch **Zauberspiegel**.

Spiegelglas, n., 2287, U. 743 = Spiegel, so schon mhd.: «schoener denne ein spiegelglas.»

Spielmann, 4992 „Da liegt der S., liegt der Schatz". Sprichwörtlich verwandt sind Ausdrücke wie: „Da liegt der Hund begraben," womit man die Schwierigkeit bezeichnen will, die sich in einer Sache zeigt, oder „Hier liegt ein Schuster begraben," wie man von einem Platze sagt, an dem man schlechte Karten bekömmt.

spindelförmige Gestalten, P. 52, St. S. 33. S. **Schlucker**.

Spintisirerei, f., St. S. 7, das Grübeln Faust's vor seiner Verbindung mit Mephisto.

spitzbögig — Stein der Weisen 129

spitzbögig, 6929, Eigenschaft der Baukunst im Norden, die dem Homunkulus mißfällt, während der nordische Architekt (6413) die Antike tadelt und sagt: „Spitzbögiger Zenith erhebt den Geist."

spitze Pein, f., 11952, die Liebesbrunst des Mephistopheles.

Spitzenkragen, m., 6731 — zum modernen Kostüm des Baccalaureus gehörig.

spitzig, 11755 „Weit spitziger als Höllenfeuer". S. spitze Pein. P. 142, St. S. 89 Alpen steigen f. auf (durch Seismos).

spoussiren, 5774, Mephistopheles will getrost f. gehen, d. h. Liebesabenteuer aufsuchen.

Spoussirer, 5187 = Liebhaber, Courmacher; 5663 S. der buhlerischen Frau; 5539 Knabe Lenker als künftiger S.

Spottgeburt, f., 3536 — nach der Analogie von Frühgeburt, Mißgeburt, Fehlgeburt u. f. w. gebildet = Spott erregende Geburt.

Spritzbierlein, U. 295, Name der Hauswirthin, die Mephistopheles dem Studenten empfiehlt.

spuken, 3661, als Vorgefühl von etwas zu Erwartendem. Dem Mephistopheles spukt die bevorstehende Walpurgisnacht in den Gliedern; 4161 von Geistererscheinungen: „dennoch spukt's in Tegel" (f. d.).

spüren, 2327 — ausspüren, aufspüren.

Stab, m., 5675, 5739, 5796, den der Herold als Amtszeichen hat; 10698, 10707 der des Obergenerals (Marschallstab); 9117 der goldne des Hermes als Geleiters der Todten.

Stabat mater. 3587—3601, U. 1278 bis 1310. Den berühmten Kirchengesang des Jacoponus von Todi, namentlich die erste Strophe desselben, hat Goethe benutzt. Die schöne Uebersetzung desselben von Wieland (Teutscher Merkur, Februar 1781 und Wielands Werke (Hempel'sche Ausgabe 6, 43) ist der Zeit nach später, als diese Partie in Faust, wenn die Uebersetzung auch schon 1779 verfaßt ist.

Stäbchen, n., 4590, U. S. 88 Z. 98: „Das St. bricht". — Nach dem hochnothpeinlichen Gerichtsverfahren im Teutschen Reiche war es Gebrauch, daß der bei der Hinrichtung vorsitzende Richter einen weißen Stab zerbrach und dem Verurtheilten vor die Füße warf, zum Zeichen, daß sein Leben verwirkt sei. S. L.², D., Sch. — Daher der Ausdruck „den Stab über jemand brechen."

Stabreim. S. frei und krauß.

städteverwüstend, 8839 f. „Werd' ich's künftig sein, das Traum- und Schreckbild jener Städte verwüstenden?" Helena spielt darauf an, daß der Dichter (Aeschylus) ihren Namen deutend, sie als Schiffe, Städte und Männer nehmend ἑλένας ἕλεπτος ἕλανδρος gekennzeichnet habe.

starr — häufig und in verschiedener Bedeutung angewendet: 1537 das Mäntelchen von starrer Seide; 4192 vom starren Blick erstarrt des Menschen Blut; 7021 der starre Lorbeer; 7400 (Frauenschönheit) ist gar zu oft ein starres Bild; 7704 Mit starrem Fuße (Mephistopheles); 7851 Dein starrer Sinn will sich nicht beugen; 8120 Ein Riesenleichnam (Troja), starr nach langer Qual; P. 180, St. S. 123 starres Gebirge. Vor 10039 starre, zackige Felsgipfel — Verbesserung nach der Handschrift in W.-A. (bisher „starke").

starren, 8987 — zum Ausdruck der Fülle und Menge. „(Menelas) Mit Beute wiederkehrend, wie sie drinnen starrt."

statt, Praepos., 9192 f., unmittelbar nach einander mit Genitiv und Dativ: „Statt feierlichsten Grußes, statt ehrfurchtsvollem Willkomm". Statt, f., 9656, substantivisch „an seiner Statt" im Sinne von „anstatt seiner".

Staub, m., 334, freissen — wird der Schlange zugeschrieben, weil sie sich am Erdboden bewegt; 11680 St. beleben — bezeichnet das Aufnehmen des Irdischen in den Himmel.

stauben, 8702, das staubende (Staub erregende) Tosen der Krieger.

stauchen, 7303 intransitiv — wird vom Wasser gesagt, das sich immer mehr emporhebt, ohne überzuströmen.

stehen, 10452 (Er trug uns auf) bei dir zu stehn = dir beizustehn. Vgl. auch **Wort stehn.**

Stein der Weisen, m., 5060 (auch

Panacee des Lebens genannt). Mit ihm wird der rothe Löwe oder das große Elixir hervorgebracht, als Heilmittel aurum potabile, das trinkbare Gold, während man mit dem weißen Löwen, dem geringeren Magisterium, nur Verwandlungen in Silber vornehmen konnte. Vgl. Leu, rother, und Lilie.

Steinregen, m., P. 123 S. 207, St. S. 77. Vgl. dazu 7938—7941.

Steiß, m., 4174, der Körpertheil, den der Proktophantasmist (s. d.) mit Blutigeln behandelt.

Stempel, m., 11662, der des Mephistopheles, mit dem er die Seele Faust's besiegeln will, wenn er sie hat.

Stern der Stunde, Sternenstunde, sterngegönnte Stunden, 6415, 6667, 6832. Die Sternenuhr bestimmt sich nach dem je alle vierundzwanzig Stunden stattfindenden Durchgang des Firsterns durch den Mittagskreis.

d. **Sternschnuppe,** f., 4379-4382. Mit ihr werden ebenso wie mit den Irrlichtern (s. d.) politische Emporkömmlinge bezeichnet.

steter, 10998. S. fetter.

Stiefeln, m., P. 178, St. S. 121. Für die Pluralform s. Pedellen, Sinnen u. a.

Stiefstiefbruder, P. 176 V. 5 f., St. S. 114: „Sie nennen ihn Euphorion, so hieß einmal sein St." — Der Sohn des Achilles und Helena's hieß Euphorion; also ist der ebenso genannte Faust's und Helena's sein Stiefbruder; die Verdoppelung in der Bezeichnung deutet wohl auf die zahlreichen Liebesverhältnisse Helena's hin.

still, 6953, in still- und feuchten Buchten. S. Inn- und Aeußeres.

stillen, 6244 „gestillte Meere".

Stilling, P. 47, St. S. 81. S. Jung.

Stimmen ungenannter Personen in der ersten Walpurgisnacht, 3962—3999, meistens zur Bezeichnung von solchen, welche hinter ihrer Zeit zurückbleiben, also auch nicht fähig sind, an deren Verirrungen und Schlechtigkeit vollständig theilzunehmen.

stimmig, 7097 — als Simplex sonst kaum nachweisbar, in Zusammensetzungen

häufig, so tausendstimmig (4687), mehrstimmig, vielstimmig u. s. w.

stinkig, P. 50, St. S. 36 — als Eigenschaft der Ziegenböcke.

stinken, 2524, 3548, U. 1241, P. 65, St. S. 61. Von den dort auftretenden Geistern wird als eine auszeichnende Eigenschaft hervorgehoben, daß sie nicht st. — 2524 rühmt die Hexe ihren Trank aus demselben Grunde.

stocken, 1633, Sinnen und Säfte st.; 6578 in dem Rohre stockt ein Tröpfchen Blut; 8233 Proteus stockt (ist verborgen); 9724 am Boden st.

Storcher, U. S. 22 Z. 59 „Wer ist der St. da?" — Dafür 2173 „Für was siehst du die Fremden an?" — Das Wort fehlt in den Wörterbüchern, deutet aber augenscheinlich auf den Wandertrieb des Storches hin, so daß es den Sinn von „Herumtreiber", „Vagabund" hat.

stören, 4824, ins Wespennest = sich viele Feinde machen.

strack, 11672 „die Arme st." (ausgestreckt); 11870 „der Stamm trägt sich st. in die Lüfte".

stracks, 2867, U. 721 gerade zu, ohne zu zögern — wie Sprüche Salom. 5, 6 „sie gehet nicht stracks auf dem Wege des Lebens; unstät sind ihre Tritte, daß sie nicht weiß, wo sie gehet".

sträflich, 10985 = strafend. „Schnell wird er st. richten." — S. schmeichelhaft.

Strahl, 10986, der heilige Bannstrahl des Pabstes; 9450 im Sinne von Licht, Glanz. Die Kriegsschaar, welche vorüberzieht, ist „in Stahl gehüllt, vom St. umwittert".

Strahlblitz, m., 10546 = Blitzstrahl.

Strandeszunge, f., 8270. Siehe Zusammensetzungen A.

Strang, m., 5344 — gewöhnlich „Strähne", das Bündel Garn, wie es von der Haspel genommen wird (Schneller, Schröer).

sträubig, 8492 „auf st. hohem Rücken (des Meers)"; sonst gewöhnlich „straubig", wie auch in einer Handschrift steht.

strecken, 11365 = niederstrecken, tödten — Jägerausdruck.

streichen, 3628 (Ich) streiche lächelnd meinen Bart (U. 1380 striche); **sich st.**, 3657, um (U. 1405) an die Mauern — als Ausdruck für leise, den Augen sich entziehende Bewegung.

streifen, 7478, ohne Objekt und örtliche Bestimmung: „Streifst du noch immer unermüdet."

streng, 7444 „Nun ist — mein Wesen st. umfangen" — „ich bin durch eine unbedingte Nothwendigkeit gebunden".

strengen, 9648, Einwickeln eines Kindes in Wickelbänder (Wickeln).

streuen, 4403, U. 1440 „Sie (die Hexen) streuen und weihen" — darin liegt eine Verspottung des kirchlichen Gebrauchs. Die Hexen streuen nicht Weihrauch, sondern verderbliche Stoffe, Asche, Zauberkräuter — und weihen sie, indem sie ihren Segen, d. h. Hexensprüche über dieselben aussprechen. 11947 gleichfalls ohne Objekt, auf das Streuen der Rosen durch die Engel bezüglich.

Stroh, n., 2075, U. 447 nasses St.; 2953, U. 807 halbverfaultes, halbgefaultes St.; 2868, U. 722 Martha als verlassene Frau (Strohwittwe) ist auf dem St. allein.

Strohmann, m., 5670 — Mephisto als Abgemagerter.

Strudel, m., 62 — die Verwirrung und Unruhe des täglichen Lebens; Zeitenstrudel, 643.

Strudelei, f., 10104 — gewaltsame Bewegungen im Innern der Erde.

strudeln, 5255 — Ausdruck für die Bewegung der Flüssigkeiten beim Kochen und Braten.

Strumpfband, n., U. 514, 2662. Vgl. dazu C. 1 S. 48.

Strümpfen, m., P. 27, St. S. 27 „roth und weiße St." = Strümpfe.

Studiofi, Studiosos, U. 286, U. 296. S. **Lateinische Worte** ꝛc.

studirt, 10426 „(Das Bergvolk) ist in Natur= und Felsenschrift st." — Siehe **Gallicismen.**

stümmeln, 9058 = verstümmeln.

stund, U. 990, dafür 3138 stand.

Stunde, f., 4949 „In Kreis = um Kreise kennt er (der Astrolog) Stund' und Haus". S. **Haus und Stern der Stunde.**

Sturz, m., 4718 „Von Sturz zu Stürzen". — Der Plural ohne Umlaut kommt auch sonst vor.

stutzen, P. 50 V. 55, St. S. 38: „Ich stutze die Ohren (zum Zwecke des Hörens)." — Das Wort ist zugleich eine Verbesserung von W.-A.; bisher stand „spitze", was allerdings in dem hier erforderlichen Sinne üblicher ist.

Stygischen, die, 8653, d. h. die Götter der Unterwelt; He. 101 steht nur „die Götter".

Stymphaliden, f., 7220, Vogelschaaren am Sumpfe Stymphalis in Arkadien. — P. 123 S. 205, St. S. 78: „Die stymphalidischen Raubvögel, scharf geschnabelt, mit Schwimmfüßen, schnurren einzeln pfeilschnell hintereinander vorbei."

subalterne Wesen, P. 42, St. S. 34 — die Thiere.

Sud und Gluth, 5741. S. **Hendiadys.**

Sudelköcherei, f., 2341 — die Herstellung des Hexentrankes. — S. **Köcherei.** — Das Wort wurde später von Dyk und Manso in ihrer Gegenschrift gegen die Xenien benutzt, in denen beide hart angegriffen waren. Diese erschien noch 1797 unter dem Titel „Gegengeschenk an die Sudelköche zu Weimar und Jena von einigen dankbaren Gästen".

Sukkurs, P. 178 Z. 21, St. S. 122, Hülfleistung mit Truppen.

Sünderhemdchen, n., 3569, U. 1260. — Bei der Kirchbuße (f. d.) war der Büßende nur mit dem S. bekleidet.

Superlativ statt **Komparativ**, 6037 ff. „Ich dacht' in meinem Leben vom schönsten Glück Verkündung nicht zu geben als diese" (Verkündung von keinem schöneren Glück als diese). Verwandt ist der Ausdruck: 8904 ff. „Daß der Königen Seele . . . festhalte die Gestalt aller Gestalten, welche die Sonne jemals beschien". Hier ist aus „Gestalt aller Gestalten" der Superlativ „die schönste" zu entnehmen, auf den sich dann der Relativsatz bezieht.

Supernaturalist — Teufelsbrücke

d. Supernaturalist, 4355—4358 — der, welcher an Geister glaubt.
süße, 8467, 11532. S. alleine.
Symbol. S. Adler, Halbmond.
Symbolik, f., P. 176, St. S. 115: „Wir sagen's auch und unseres tiefen Sinnes wird der neueren Symbolik treuer Schüler sein."

Symptom, 8470 „Es sind die Symptome des herrischen Sehnens." — Homunkulus schwebt zum Muschelwagen der Galatee empor; sein herrisches Sehnen besteht aber doch nur darin, daß er Mensch werden, eine menschliche Körperlichkeit gewinnen will.

T.

Tag, m., 2641 „vierzehn Tag" ist als Singularform zu fassen, ebenso wie C. 1, 181 V. 19 „Reit't sieben Tag und sieben Nacht".
Tageswelt, f.. 6035, das Leben in seiner gewöhnlichen Gestalt.
Tagewerk, n., 3287 „alle sechs der Schöpfung". Vgl. 2441.
Tagslauf, m., 8293 — die Sonnenfahrt des Phoebus nach antiker Vorstellung.
tänzeln, 3143, U. 995, Bewegung der Wärterin, um ein Kind in Schlummer zu bringen.
d. Tänzer, 4331—4334. Die Strophe ist an zwei Personen vertheilt zu denken; die beiden ersten Verse enthalten die Frage, die zweite die Antwort.
d. Tanzmeister, 4335—4338.
täppisch, 5733 — wird die Volksmenge gescholten und sollen nach der Anweisung vor 5215 die Pulcinelle auftreten.
Tauben, f., 8339—8354 — die liebesbrünstigen von Paphos auf Cypern als Begleiterinnen der Galatee, die als ein Mondhof erscheinen. 10677 — werden im Frieden zu Briefsendungen benutzt.
taumlich, 10035, ebenso C. 1 S. 20.
Tausend Eine Nacht, 6032. Siehe Scheherezade.
tausendfärbig, 3901, dagegen ohne Umlaut im Gedicht „Harzreise im Winter" (C. 2 S. 67).
Tausendkünstler, m., 6072, die Buchdrucker, deren Kunst als eben erfunden zu denken ist; P. 63 S. 175, St. S. 73 Mephisto, der Helena herbeischaffen soll.
Taygetus, 8996 — Berg zwischen Lakonika und Messene.

Te Deum laudamus. S. Herr Gott, dich loben wir.
Tegel, 4161 — Lustschloß der Familie Humboldt bei Berlin. Der Spuk, welcher dort 1797 vorgekommen sein soll, und über den die Berliner Blätter vom 6. Nov. des Jahres berichten, wurde von Nicolai später ausführlich in einem Vortrage in der Berliner Akademie behandelt.
Telchinen, 8275-8302, P. 124, P. 125, St. S. 83 und 84 — der Sage nach die ursprünglichen Bewohner von Rhodus. Sie erscheinen auf Hippokampen und Meerdrachen und preisen in einem Chorliede ihre Kunst als Bildhauer. Den Sonnenkoloß, den sie für sich in Anspruch nehmen (Apollo als Riesen), hat in Wirklichkeit Chares von Lindos zwischen 292 und 280 vor Chr. errichtet.
Tempe, U. 332, ein Thal voll frischer Quellen — das des Peneus, hier indessen nur allgemeine Bezeichnung für ein schönes Thal überhaupt.
Tempelbau, m., 6404, ein antiker in der Dekoration für das Erscheinen von Paris und Helena.
Tempelhaus, n., 7477 — wird die Wohnstätte der Seherin Manto genannt.
Teufel, m., 565, U. 212, ein armer T. (Mensch). — 1675 Mephistopheles, also der wirkliche T.; 7725 als Fluch: „Wer T. möchte T. sein"; 10123 — wie T. die Natur betrachten. Vergl. 10075—10121.
d. Teufelchen, n., W.-A. 14, 241 ff., St. S. 18 ff. „Zwei T. und Amor"; 10562 „die T., die in den alten Ritterrüstungen der Zeughäuser stecken"; St. S. 43 eine Schaar schwarzer T., die Mephisto folgen.
Teufelsbrücke, f., 10121 — als häufig vorkommende Benennung.

Teufelsfauſt, ſ., 1381.
Teufelsfeſt, n., 10777.
Teufelsliebchen, n., 6201 — im Vergleich mit Heroinen.
Teufelspack, n., 4160 — die Geſellſchaft in der Walpurgisnacht auf dem Blocksberg.
Teufelsſchrot und -Korn, 11639 „(Ihr Herrn) vom alten T. u. K." In der Anrede liegt eine Art Anerkennung des Verdienſtes der lange thätigen Teufel.
Teufelsſtein, m., 10121. S. **Teufelsbrücke**.
Teufelstheile, m., 11813 — die Glieder des Mephiſtopheles.
Thal und Grund, 7042. Siehe **Hendiadys**.
thalaus, thalein, 4688. Siehe Adverbien.
Thalamos, m., 8685, Schlafgemach.
d. **Thales**, 7836-8487, P. 123 S. 207, P. 124—126, P. 127, St. S. 77, 84 — Griechiſcher Philoſoph, geboren ca. 640 vor Chr., alſo faſt anderthalb Jahrhunderte vor Anaxagoras, mit dem er in der klaſſiſchen Walpurgisnacht zuſammen auftritt und ſtreitet, iſt Repräſentant der von Goethe ſelbſt vertretenen Naturanſchauung, daß das Waſſer (Ocean) der eigentliche Grund und das treibende Mittel für die Bildung der Erde und die Veränderungen ſei, die auf ihr vorgehen. Daher die Worte „Im Feuchten iſt Lebendiges erſtanden". Goethe iſt in dieſer ſeiner Auffaſſung ein Schüler des Geologen A. G. Werner (1750—1817), von deſſen Syſtem er ſich nur ſelten entfernt. Daher wird denn auch Thales von ihm mit einer gewiſſen Vorliebe behandelt und ſelbſt Homunkulus muß eine Art Zärtlichkeit für ihn empfinden. Mit den Worten „Was ſagt mein Thales" (7881), fragt er ihn um Rath, ob er auf das Anerbieten des Anaxagoras eingehen ſolle. Ebenſo muß Proteus ihn loben (8334ff.) als einen Mann, deſſen Wirkſamkeit von langer Dauer und Nachwirkung geweſen ſei.

thät, U. 1269, 3578. S. **thun**.
d. **Theaterdichter**, 33—242, im „Vorſpiel auf dem Theater" iſt ſo gehalten, daß Goethe ihn mit ſich zu einer Perſon macht, ihn ſeine perſönliche Auffaſſung der Aufgabe des Dichters vertreten läßt.
d. **Theatermeiſter**, 4223—4226, führt in den Walpurgisnachtstraum ein.
Theatervorſtellung, P.65, St. S.59 ff., am kaiſerlichen Hofe — nur bruchſtückweiſe vorhanden, ſo daß ſich über den Inhalt und Gegenſtand derſelben kaum etwas Sicheres und Zuſammenhängendes angeben läßt.
Theil, m. und n., 7062 „Auch ich bin hier an meinem T." — nämlich um helfen zu können oder Rath zu ertheilen. Weniger empfiehlt ſich die Erklärung: „Ich will auch mein Vergnügen haben"; 2967, U. 821 „mein T." als Neutrum.
Theilbeſitz, m., 9062 = Theilung des Beſitzes, getheilter Beſitz. S. **Zuſammenſetzungen A**.
Theophraſtus, 5137, Schüler des Plato und Ariſtoteles, auch Neffe des letzteren, Verfaſſer zahlreicher naturhiſtoriſcher Schriften, unter ihnen der „Naturgeſchichte der Pflanzen ($περὶ\ φυτῶν\ ἱστορία$) und einer Phyſiologie derſelben ($αἴτια\ φυσικά$).
Theorben, f., vor 5158 — tieftonige Lauten mit langem Halſe und vierzehn bis ſechzehn Saiten, den Baßgeigen ähnlich.
Theorie, f., 2038, U. 432 — die wiſſenſchaftliche Behandlung der Dinge im Allgemeinen, hier im Gegenſatz zu der aus dem einzelnen Fall ſich ergebenden praktiſchen.
Therſites, 5457—5470. Siehe **Zoilo-Therſites**.
Theſeus, 8848 ff. — König von Athen, entführt die zur Zeit zehnjährige (ſ. **zehn**) Helena. Vergl. 6530, 7426. P. 163, St. S. 102 **Helena Kind Theſeus**.
Theſſalien, P. 123 S. 202 als Oertlichkeit für die klaſſiſche Walpurgisnacht.
theſſaliſch, 7920 ff., 8034 ff. — theſſaliſche Zauberfrauen, die durch Geſang und Beſchwörung den Mond herabzuziehen vermögen; 6979 theſſaliſche Hexen, zu denen ſich Mephiſtopheles hingezogen fühlt; 9963 altheſſaliſche Vettel. S. **Manto** und **Phorkyas**.
Thetis, 6025, Meergöttin, Tochter des Nereus, Gattin des Peleus.

d. **Thiere, die**, 2450–2460 — Gesammtbezeichnung für Meerkater, Meerkätzin und ihre Jungen.

Thronen, m., 9572, als Pluralform. S. **Sinnen, Pedellen** u. s. w.

Thum, m., P. 27, 1, St. S. 27 = Dom. „Im Thume steht die Rosenblume." Vgl. Grimm's Mythologie 3, 504, wo die fünf Verse des Fragments aus Carpzow abgedruckt sind.

thun, 385, U. 32, zur Umschreibung des eigentlichen Verbums: „(Ich) thu nicht mehr in Worten kramen. Ebenso **(thät)** 2869 f., U. 724 f., 2880, U. 736, 3578, U. 1269; 6181, 9873 = handeln: „Ich bin gequält zu thun," „Er hat im Geiste schon gethan"; 4771 zur Ausführung bringen „Geschehen ist's, so sei's gethan"; 5748 = geschehen: „Es ist um uns gethan." Aehnlich 9563 = abgethan: „Vergangenheit sei hinter uns gethan".

Thürner, W.-A. 14, S. 227 Z. 76, U. S. 82 Z. 63 (auch im Götz von Berlichingen und sonst vorkommend); 11340 **Thürmer**, in einer Hs., wenn auch undeutlich, „Thürner".

Thyrsus, m. In P. 179, St. S. 120 steht als vereinzelter, schwer lesbarer Vers: „Ihr (der Bacchantin) Th. blinkt als schärfste Schwert."

Thyrsusstange, f., 7777 — langer mit Epheu und Weinlaub umwundener Stab, der oben in einen Pinien- oder Fichtenzapfen auslief. In eine solche verwandelt sich eine Lamie, die Mephisto festhalten will.

tiefauflauernd, 8894. Siehe **Zusammensetzungen B.**

tiefer tief, U. 166 „Nun werd' ich t. zu nichte". Dafür 519: „Es wird mein schönstes Glück zu nichte." Vergl. **Doppelungen.**

tiefstens, 7989 = aufs Tiefste — nach bekannter Analogie gebildet, wie reichlichstens u. a.

tiefverruchten, 11689 f.: „wie wir, in t. Stunden Vernichtung sannen menschlichem (Geschlecht). — Der Ausdruck weist auf den Abfall Lucifer's von Gott hin und ist im Munde des Mephistopheles ironisch zu nehmen.

Tigerblick, m., P. 68, St. S. 63 — des Mephisto.

Tinke, tinke, 5268 — durchgehender Refrain in dem Liede des Trunkenen.

Tiresias, P. 99, P. 123 S. 210, St. S. 72, 79 — der Seher von Theben, Vater der Manto (s. d.).

Tisiphone, 5381–5392. S. **Furien.**

Titanen, die, 7560–7563, als Gefährten des Seismos (s. d.), wie denn auch ebendaselbst die Titanenschlacht als Naturereigniß geschildert wird.

d. **Titania**, 4147–4150, Königin der Elfen. S. **Oberon.**

Titel, m., 2029, U. 423 „Ein T. muß sie erst vertraulich machen". Man möchte hier nicht an einen ärztlichen T. denken, sondern eher an die Bedeutung von titulus als Anspruch und Anerkennung desselben, woraus Ansehen und Berühmtheit hervorgeht. So rühmt sich Medea (Ovid Metamorph. 7, 56) ihres Anspruchs, die Argonauten gerettet zu haben (titulus servatae pubis Achivae). 11613 T. — als Bezeichnung oder Aufschrift eines Aktenstücks „Ich zeig' ihm rasch den blutgeschriebnen T."

toasten, 5292 — mit den Gläsern beim Trinken anstoßen.

Toback, m., 830, ebenso in „Hermann und Dorothea" C. 40 S. 299 V. 13, 16, sonst bei Goethe gewöhnlich „Tabak".

Todtenbein, n., 417, U. 64. S. **Bein.**

top, 1698, 3634, U. 1386, als Interjektion.

Töpfe als Götter, 8219 f. „Die Ungestalten (s. d.) seh' ich an als irden-schlechte T." S. **Kabiren.**

d. **Trabanten des Kaisers**, 10345 ff., als stumme Personen; 10817–10848 vier an Zahl, im Dialog mit den drei Gewaltigen.

trachten, 1330, in der Wesen Tiefe, d. h. sich bemühen, dort hinein zu gelangen.

trächtig, 9544 „Der Ahorn mild, von süßem Safte t."; — aus einer Art desselben (acer saccharinus) wird namentlich in Kanada Zucker bereitet.

tragen, 10804. S. **heben.**

Tragelaph, P. 123 S. 204, St. S. 76, „Bockhirsch", der den Griechen nur aus Abbildungen des Orients als fabelhaftes Ungethüm bekannt war, ist nicht zur Verwerthung gekommen.

tragisch, P. 158 V. 12 „Die Frauen lieben allermeist die Tragische[n]?" — könnte sich auf Persephone beziehen, zu der Faust von Manto geführt werden soll. P. 176 V. 22 f., St. S. 115 „Gespenstisch spinnt der Dichtung Faden sich immer fort Und reißt am Ende tragisch". — Hindeutung auf den Schluß des dritten Aktes, der mit dem Tode Euphorion's und dem Verschwinden Helena's endet.

Trallern, n., 7175 — der Gesang der Sirenen nach der Bezeichnung des Mephistopheles.

Trank, m., 2578, 2603, der von der Hexe bereitete Verjüngungstrank; P. 22, St. S. 16 „Geschichte des Tranks" — die indessen weder dort noch irgendwo sonst gegeben wird.

trauen, 8856 „Vaterwille traute dich an Menelas", nicht in dem Sinne von vermählen, sondern in dem von „anvertrauen". Vgl. 8867.

Trauergesang, m., 9908—9938, auf Lord Byron († 1824) bezüglich, der erst in ihm mit Euphorion wirklich identificirt wird.

Trauerhöhle, f., 1587 ff. „So fluch ich allem was die Seele ... in diese T. ... bannt". — Nicht die Erde ist gemeint, wie man oft erklärt hat, sondern der Leib des Menschen. Namentlich scheint dies auch aus 11626 ff. hervorzugehen.

traulich, 4705 = vertrauend, vertrauungsvoll. Vgl. **schmeichelhaft, sträflich**.

Traum, m., 5592 „Kleinode schnippt er wie ein T." — richtige Lesart statt des bisherigen im T.; 11413 **Traumgespinnst**, n.

traun, 6169, Interjektion = fürwahr.

Trident, m., 9669 — der Dreizack des Neptun.

Triglyphe, f., 6447, der Dreischlitz (τρίγλυφος) über dem Architrav, wie er in der dorischen Säulenordnung angewendet wird.

trinken, 2779, U. 631. Der im Wasser versinkende Becher füllt sich allmählig. „Ich sah ihn stürzen, t."

trippeln, 5840 — Bewegung der Gnomen; 4265. S. **Pärchen**.

Tritonen, 8044—8218, P. 123 S. 205, P. 124, P. 125, St. S. 76, 83 — treten hier überall mit den Nereiden zusammen auf, sind aber sowohl männlichen als weiblichen Geschlechts zu denken. Aus Triton, dem Sohne Poseidon's und der Amphitrite, bildete die Phantasie für die Kunst ganze Tritonengeschlechter aus. Auch sie werden als Mischgestalten, der Oberkörper menschlich, der untere in einen Fisch auslaufend, dargestellt.

d. **Tröbelherr**, f., 4096—4109. Sie dient zur Verspottung der Sammelwuth, einer immerhin unschuldigen, wenn auch unter Umständen lächerlichen Neigung und man sieht eigentlich nicht, wenn man nicht eine Art Selbstironie annehmen will, was Goethe, der auf vielen Gebieten ein leidenschaftlicher Sammler war, für einen Grund oder Anlaß hatte, diese Neigung auf dem Blocksberg bloßzustellen. Man vgl. auch 6579 ff.

troglodytisch, 5903, d.h. unter der Erde bauen sich die Gnomen an.

Tropfenei, n., 9310, Metapher für den Smaragd.

Trümmern, 1614. Ueber die Pluralform f. **Sinnen, Pedellen** u. s. w.

d. **Trunkener**, 5263—5290, in der Mummenschanz.

Trutz, m., 8837, 9469, Ausdruck für feindseliges Entgegentreten oder Auflehnen gegen eine andre Macht, ebenso **trutzen**, W.-A. 14, S. 225 Z. 11, U. S. 80 Z. 7.

Trutten Schn, P. 29, St. S. 28 u. 30. S. **Alp**.

tüchtig, 11571 f.: „so verbringt ... hier Kindheit, Mann und Greis sein tüchtig Jahr." — S. Adverbien statt Adjektiven am Schluß.

Tüchtigen, die drei, P. 178, St. S. 122. S. **Gewaltigen**, die drei.

tüchtighaft, 8249 f. „ihm (Homunkulus) fehlt es ... gar zu sehr am greiflich Tüchtighaften". — Neubildung.

tugendlich, 3658, U. 1406 — auch sonst üblich.

tupfen, 6324 „Im Mai getupft wie eure Pantherkätzchen". Vgl. **betupfen**.

Tupfen, m., 6328 — die Sommersprossen. 6994, St. S. 86 **Tüpfchen**, n. — der Punkt auf dem J.

Turban, m., 5565 — zur Maske des Plutus gehörig. Vgl. auch P. 104, St. S. 55.

Türkei, f., 862 f. „Wenn hinten, weit in der Türkei die Völker auf einander schlagen". — Mit Beziehung auf den türkisch-russischen Krieg 1769—1774, der mit dem Frieden von Silistria seinen Abschluß fand. Auch diese Erwähnung spricht für ein frühes Entstehen der Scene „Vor dem Thor", das ohnehin höchst wahrscheinlich ist.

Tyndareos, 8497, He. 9, 8990, P. 162, P. 174, St. S. 101, 110 — der Vater Helena's nach ihrem eigenen Worte. Dagegen 8647: „Der Tochter Zeus' geziemet nicht gemeine Furcht."

U.

übelfertig, 5792, fertig, bereit Uebles zu thun.

überallmächtig, 3057, U. 909. Siehe Zusammensetzungen B.

überbleiben, U. 1212 (3520 übrig bleiben).

überbleicht, 7009, bleich überdeckt, d. h. weiß von Zelten.

überbreiten, sich, 1127 = sich weit ausdehnen.

überbrüten, sich, 4781 „(Wenn) ... Nebel sich in Nebeln überbrütet". Damit wird zugleich die Menge der brütenden und ausgebrüteten Nebel bezeichnet, also die Quantität, und das Bestreben der einzelnen Nebel, in ihren Wirkungen immer noch schädlicher zu werden, als sie es bisher waren.

überdrang, 4489. S. **dringen**.

überfliegen, 10220, transitiv: „Da wagt mein Geist sich selbst zu ü."

überflüssig, 12048 ff. „Bei der reinen ... Quelle, die ü., ewig helle ... fließt" = überfließend, reichlich fließend, nicht mit dem sonst gewöhnlichen Nebensinn des Unnöthigen.

übergessen, 2836 ff., U. 692 ff. „Die Kirche hat ... noch nie sich ü. = mehr gegessen als sie vertragen kann. S. **gessen** als Particip.

überglänzen, 10063 = an Glanz übertreffen.

überlästig, 6410 — im ursprünglichen Sinne des Wortes = überlastet, eine zu große Last tragend.

überleben, 1072 „der Tag ist überlebt" = zu Ende gelebt, gebracht.

übermächtig, 3306, als starke Steigerung „Sie hat dich ü. lieb"; 10453 „Da wirkt Natur so ü. frei"; 7375 f. mit nachfolgendem Dativ „Er (Orpheus) schlug die Leier, allen übermächtig".

Uebermensch, m., 490, U. 138. Ebenso im Gedichte „Zueignung" C. 1 S. 5, V. 61.

übermorgen, 3661, in der Valentins-Scene — die demnach zwei Tage vor der Walpurgisnacht auf dem Blocksberg zu denken ist.

Uebermuth, m., 9349, hoher Muth ohne tadelnde Nebenbedeutung.

überquer, 9131, 9262 = schräg hinüber, in der Richtung der Diagonale bei einem Rechteck — auch sonst bei Goethe nicht selten. Vgl. das Gedicht „Der ewige Jude" V. 100.

übersinnlich, 3534, U. 1226 „Du übersinnlicher, sinnlicher Freier." Siehe **Oxymoron**.

übersittlich, 11798 — nennt Mephisto das lange Faltenhemd der Engel.

überspringen, 1859 f. = unbeachtet lassen.

überstechen, 9521 „Helena überstach, als sie leuchtend aus der Schale brach (geboren wurde) den ihrigen das Licht der Augen". Der Ausdruck, augenscheinlich vom Kartenspiel hergenommen, kann nur bedeuten, daß ihre Augen heller glänzten als die der Leda, des Kastor und Pollux.

übertäubt, 10035 „Alle Sinne wirbeln taumlich, gräßlich ü. das Ohr". Eine dreifache Satzkonstruktion ist möglich, entweder durch Ergänzung von „ist", oder durch Auflösung der zweiten Hälfte des Satzes „indem das Ohr übertäubt ist" oder endlich — und das scheint das Richtige — indem man „das Ohr" auch als Subjekt nimmt und „wirbelt" dazu ergänzt, das dann im Sinne von „sausen", nach der Vorstellung des Ohrensausens, zu fassen ist.

überteuflisch, 11754 „ein ü. Element". Die Liebe, welche die Engel hegen, ist stärker als die Macht des Teufels, der gleichzeitig unter seiner auf sie gerichteten Liebesbrunst leidet. Vgl. 11784.

überthronen, 9476 „Sparta soll euch ü.", d. h. einen höheren Thron, eine größere Herrschaft haben.

übertisch, 114 — von einem Mahle gesagt, das übermäßig mit Speisen besetzt ist.

übertrümmert, 3950, mit Trümmern bedeckt.

überüberwallen, 9172. Siehe Doppelungen.

überzählig, 6081 = unnöthig, überflüssig.

ufernetzend, 7512. S. Zusammensetzungen C.

Uferzug, m., 10010. Der Zug, gewissermaßen der Weg, den sich der Fluß und mit ihm seine Ufer machen.

Uhu, m., 3889. S. Schuhu.

Ulyß, Ulixes, 7186, 7203, 7210, P. 156 „Statt daß Ü. sich binden ließ, Laß einmal unsern (guten) Rath dich binden" — Alles auf sein Erscheinen vor den Sirenen bezüglich. — Die bei P. 156 angeführten Verse, die übrigens der Sphinx und nicht wie in W.-A. geschieht, dem Nereus zu überweisen sind, bilden eigentlich nur eine Variante zu 7210 f. — 8122 erzählt Nereus nur, daß er Ulyß die Gefahren vorausgesagt habe, die er würde zu bestehen haben.

um, 4658 „Wunsch um Wünsche zu erlangen", d. h. einen nach dem andern. Ebenso 7497 „Lied um Lieder anzustimmen"; 9451 „Reich um Reich zerbrechen"; 11031 ff. „Ein wackres Paar, das u m heut mir zu begegnen, alt schon jener Tage war". Hier wird kein Zweck, keine Absicht ausgedrückt, sondern eine Folge: „das Paar war damals schon so alt, daß ich kaum erwarten konnte, ihm heute noch zu begegnen."

um alles in der Welt, 2905, U. 795 — wohl mehr Ausdruck der Verwunderung als der Betheuerung.

um und um, 4086, 10077, ringsherum: 3090, U. 972: „So um und um frei durch die Welt zu streifen" = „wiederum und wiederum", die Wiederholung des Streifens ausdrückend.

umarten, sich, 12099 — aus dem Loose der Menschen sich zu dem der Seligen umwandeln, also in eine andre Art von Wesen übergehen.

umbauwt, 6953 — umbuscht, u. ist der Peneios. Man sieht, wie das erste Wort das zweite hervorgerufen hat.

umbestellen, 10163; Wald, Hügel, Wiesen u. s. w. werden in einen Garten verwandelt.

umfangen, 1591 f. „Die hohe Meinung, womit der Geist sich selbst umfängt", d. h. bindet, in Fesseln schlägt; ebenso 7444. S. unter streng.

umflechten, 5186 = sich um jemand bewegen und seinen ganzen Körper umgeben.

umfriedet, 7479, d. h. schützend eingeschlossen — ist der Wohnsitz der Manto.

umführen, 10612 = herumführen mit dem Nebensinn des Feierlichen.

Umgang, m., 5747 = Umhergehn.

umgaukeln, 1510 = Traumgestalten u. Faust nach Mephisto Geheiß.

umher, 4878 f. = ringsum; „den Glanz u. zu schauen", wo die drei letzten Worte nicht zu einem vereinigt werden dürfen.

umnebeln, 3458, U. 1150. — Der Name einer Sache, hier die Bezeichnung, die man für Gott und das Göttliche braucht, hat keinen Wert, da er die innerlichen Em-

umronnen — Unerforschliche

pfindungen für die Himmelsgluth um=
nebelt, nicht zur deutlichen Erscheinung
kommen läßt.

umronnen, 8478 „rings ist alles vom
Feuer u." — das Feuer bewegt sich in
einer von ihm schon angefüllten Rinnsal.

umrungen, 11577. Die starke Ab=
wandlung statt „umringt" ist auch sonst
nicht selten.

umschranzen, 6329, sich um Jemanden
nach Art der Hofschranzen (Höflinge) dienst=
fertig bewegen, ähnlich wie umschwänzen,
umkredenzen. Vgl. GH. 3, S. 244 B. 4 u. 5.

umschreiben, 9566 = begrenzen, um=
zirten (circumscribere). S. **Mondscheibe**.

umschuppt, 5680 f. „Entrüstet schütteln
sich der Drachen umschuppte (rings mit
Schuppen umgebene) ... Rachen". Das
Wort fehlt bis jetzt in den Wörterbüchern.

umstecken, 402 ff. „Den Bücherhauf —
umsteckt ein angerauch Papier" (U. 49 ff.
Bücherhauf mit angerauchtm Papier besteckt).
Die Bibliothek Faust's ist so zu denken,
daß aus den Bücherreihen überall ver=
räucherte Papiere hervorblicken, Rollen,
Manuskripte, Denkzettel, vereinzelte No=
tizen u. s. w.

umsunst, U. 885. Vergl. GH. 3, 172
V. 2100 „Da loben sie den Faust und was
noch sunsten" u. s. w.

umthun, sich, 1874, U. 255 — sich um=
sehen, Bekanntschaften machen.

umwinden, 741, 754. An der ersten
Stelle von den erblichen Mängeln ge=
braucht, die den Sterblichen u., d. h. fesseln,
in seinem Thun und Wollen hemmen; an
der zweiten von den Tüchern und Binden,
welche die Weiber um Christus winden.

umwittern, 8, Ausdruck für den ge=
heimnißvollen Einfluß des Wetters, der
Luft; 9450 „vom Strahl (Licht, Glanz)
umwittert"; 496, U. 144 desgl. vom Hauch
des Erdgeistes, da in dem Hauch gleichfalls
eine Luftbewegung liegt.

umzirkt, 4074, rings eingeschlossen von
etwas, also mitten darin. S. **Saus**.

d. **Una poenitentium**, 12068 f., 12084,
Gretchen.

unanschaulich, P. 173 S. 232 Z. 10,

St. S. 109. Das Wort ist nach den Hand=
schriften nicht ganz sicher.

unbedingt, 1855 — nicht in der ge=
wöhnlichen Bedeutung des Wortes von
„sicher", „auf alle Fälle", sondern mit Be=
ziehung auf die Bedingungen des zwischen
Faust und Mephistopheles geschlossenen
Vertrages.

unbegreiflich, 775 „ein u. holdes Seh=
nen". S. Adverbien statt Adjektiven.

Unbehauste, der, 3348, U. 1411 — auch
von Rückert gebraucht.

d. **Unbehülflichen**, die, 4371—4374,
Personen, die bei einer Veränderung der
Verhältnisse, des Hofes, der Regierung
u. s. w. nicht beibehalten werden, weil sie
nicht geschickt zu schmeicheln verstehen — im
Gegensatz zu den unmittelbar vorher auf=
tretenden „Gewandten".

Unbetretene, das, 6222 — die niemals
betretene Stätte der „Mütter", die eigent=
lich unter Vermeidung der Vorstellung des
Raumes gedacht werden soll.

und so fortan, 4936. S. so fortan.

Undene, 1274, 1286. **Undinen**, 10712.
P. 29, St. S. 30 „Undenen, ohne Seele;
das Bündniß gibt die Seele, Das mindere
genießt des mehreren". Ein Unterschied
zwischen „Undene" und „Undine" ist nicht
zu machen. Im ersten Falle ist mehr ein
Wassergeist im Allgemeinen verstanden, der
sein ganzes Element repräsentirt; im zwei=
ten sind es die einzelnen Undinen, die zu
dem dort angenommenen Bergsee gehören.
Sie werden übrigens in den Schriften von
Paracelsus, Praetorius, Carpzow gewöhn=
lich nur Nymphen genannt und gelten als
Wassergeister — neben den Sylphen, Pyg=
mäen, Salamandern, als den Geistern der
Luft, der Erde und des Feuers. Daß die
Undinen keine Seele haben, bezeichnet keine
besondere Eigenschaft, sondern ist ihnen mit
allen Elementargeistern gemein. Eigen=
thümlich für sie ist nur die Vorstellung,
daß wenn sie durch die Verbindung mit
einem Menschen ein Kind bekommen, sie
nachträglich auch eine Seele erhalten.

Unerbetene, das, 6223 — dasjenige,
um das noch niemals jemand gebeten hat.

Unerforschliche, die, 9969 — Perse=
phone als Göttin der Unterwelt.

Unerhörtes hört sich nicht, 4674. Was die Elfen bisher nicht haben hören dürfen, dürfen sie auch jetzt nicht hören.

Unflath, m., 8819. S. **Harphien.**

ungefähr, 1405 und a. a. O. S. **ohngefähr.**

Ungeheuer, n., 7194 — adjektivisch 7866, 7916.

Ungesetz, n., 4785 — schon bei Klopstock vorkommend (Sanders).

Ungestalt, f., 5677, 8219; adjektivisch 5788.

Ungethüm, n., P. 28, St. S. 44 „Grausam wilde Menschen Ungethüm" — wo die beiden letzten Worte als ein Begriff zu fassen sind.

Unglücksmann, 4620 = der Unglückliche.

unison, 4334, eintönig, aus dem Italienischen.

Universum, n., P. 50 V. 104. St. S. 40 — wird das Wort zu einer sehr starken Hyperbel benutzt.

unpräjudicirlich, P. 65, St. S. 60 „was wir andre Hexenmeister sagen, ist ganz u.", d. h. dadurch braucht Niemand sich bestimmen zu lassen. S. auch **Gallicismen.**

unsäglich, 8270 = so schön, daß man es nicht sagen kann, so daß der hier angewendete Komparativ „unsäglicher" eigentlich undenkbar ist.

unser Drei, n., 8001 — die Phorkyaden als Kollektivbegriff, daher mit der Singularform des Verbums: „hat unser Drei noch nie gedacht". S. **Drei.**

unser einer, 1780 — Mephistopheles als zur Gattung der Teufel gehörig.

uns nicht so, 4903. Man ergänze „darf man" oder „dürft ihr" und „kommen". S. **Auslassung D.**

unterbrechen, 595. Wir müssen's diesmal u."; U. 242 „müssen" — also ohne Objekt.

untersaugen, 3167, U. 1015, mit abhängigem Dativ und Akkusativ „Was sich die Frechheit u."

unterschworner Zwist, 8229 — ein Zwist, der innerlich fortschwört. Unterschworne (d. h. innerlich vergiftete und übertünchte) Familienverhältnisse — aus einem Briefe Goethe's an Zelter (6. Nov. 1827) citirt v. Loeper.

unterweil, 2991, U. 845 = unterdessen.

Unthier, n., W.-A. 14, S. 225 Z. 20, U. S. 80 Z. 14.

Unveraltete, f., 7902, Anrede des Anaxagoras an Luna.

unverlor(e)n, 74; P. 50 S. 308 V. 99, St. S. 40 — an der ersten Stelle in der Bedeutung „sicher", an der zweiten „darüber bin ich unverlor(e)n" = ohne Sorge (securus).

unwiderbringlich, W.-A. 14, S. 225 Z. 12 f. — U. S. 80 Z. 8 „im unwiderbringlichen Elend" — ein solches, aus dem man nicht wieder herausgebracht, gerettet werden kann.

urberühmt, P. 151, St. S. 148, von Alters her berühmt.

Urhofmeister, P. 123 S. 208, St. S. 78 — Bezeichnung für Chiron.

Urian, 3959 — scherzhafte Bezeichnung einer Person, die man nicht mit Namen nennen will. Vergl. die Stellen bei Adelung und das bekannte Gedicht von Matthias Claudius „Urians Reise um die Welt" mit dem Refrain: „Verzähl' Er doch weiter, Herr U." — Daß auch der Teufel so genannt wird, ist allgemein bekannt.

Urmenschenkraft, f., 10317 „Aus Urgebirgs U." — also die Kraft der Urmenschen, nicht eigentlich die Menschenkraft in ihrer ursprünglichen Größe, obgleich beides ziemlich auf dasselbe hinauskommt.

Urquell, m., 324 — ist für den Menschen das Göttliche.

Ururahnen, die, 9038. S. **Zusammensetzungen A.**

Urur älteste, f., 8950, wird Phorkyas-Mephistopheles von der Chorführerin angeredet.

Ururenkelin, f., 8818. Eine Choretide bezeichnet das hohe Alter der Phorkyas, indem sie Orion's Amme zu seiner U. macht.

urverworfen, 7973, sind die Sünden, gegen die schon in den ältesten Zeiten der Menschheit Verbote gegeben sind.

Urväter-Hausrath, m., 408, U. 55. S. **Zusammensetzungen A.**

V.

Vagant, vagiren, P. 11, P. 14, St. S. 11 und 14. S. **Scholastikus.**

d. **Valentin,** 3620—3775, U. 1372 bis 1397. — Von der Valentins=Scene stehen in U. nur die hier bezeichneten sechsundzwanzig Verse, in F. fehlt sie ganz, vollständig findet sie sich von Goethe eigenhändig geschrieben mit der Jahreszahl 1800 auf der Königlichen Bibliothek in Berlin, dann in den Ausgaben seit A.

Vampyr, m., Scenarische Angabe nach 5298; vgl. **Nacht- und Grabdichter.** — **Fledermaus-Vampyren** — mit solchen werden 7981 die Phorkyaden verglichen; 8823 **Vampyrenzähne.** — Wegen der Pluralform s. **Giebeln, Pedellen** u. a.

Väterchen, n., wird 6879 Wagner von Homunkulus angeredet, während nach 6684 und 7003 f. Mephisto auch einen Antheil an dem Entstehen desselben für sich in Anspruch nimmt.

Vehikel, n., 4328 — Hülfsmittel, Mittel, um in Erreichung seiner Zwecke weiter zu kommen.

venedisch, 10921 — sonst „venetisch", „venetianisch".

Venerabile, n., 1021 — die geweihte Hostie, das Hochwürdige.

Venus. Vgl. auch **Cypria, Cythere.** 4957 f. Frau V. — als Metall das Kupfer bedeutend, wobei zugleich auf ihren Glanz als Planet (s. d.) hingewiesen wird; 7999 vergleicht Mephistopheles spöttisch die Phorkyaden mit ihr; 8144 ihr Muschelwagen, auf dem Galatee fährt; P. 84, St. S. 99 „Helena jammert, daß V. sie wieder betrogen" — mit Beziehung auf Ilias 3, 399 ff.

veracht't, 5860. Gleiche Elisionen finden sich 2128, U. S. 21 V. 28 angemäßt (angemäßet); 2651, U. 503 zugericht't, an der letzten Stelle auch noch „geknät" (geknätet).

verblättert, U. 1314 „im verblätterten Büchelgen", dafür 3779 „aus dem vergriffenen Büchelchen".

verborgen, 6766 „aus v. goldnem Schatze". Siehe **Adverbien** statt Adjektiven.

verbräunt, 6928: „v. Gestein." Siehe **bebräunt.**

Verderber, m., 1334 ($\text{o } \dot{\alpha}\pi o \lambda \lambda \acute{\iota} \omega \nu$) als Benennung des Teufels. S. **Fliegengott.**

verdumpft, P. 202, St. S. 136. Vereinzelte Worte in folgender Zusammenstellung: „Gethan geschehn sogleich, v. verschrumpft und wie die Leiche bleich."

verengen, 656 f.: „Ist es nicht Staub, was diese hohe Wand aus tausend Fächern mir verengt?" — Man könnte fragen, was es Faust helfen würde, wenn er die hohe Wand frei sehen könnte, aber es soll nur ausgedrückt werden, daß die Menge der mit Staub bedeckten Gegenstände den überhaupt vorhandenen Raum enge macht.

verfangen, 5194 f. = helfen, nützen: „Pfänderspiel und dritter Mann wollten nicht v."

verfänglich, 10354, 10655 = bedenklich, gefährlich.

verflechten, 5942 „Ein Maskenzug ist in das Element (das Feuer) verflochten. Aehnlich in dem Gedichte C. 47 S. 119: „Des Menschen Tage sind v."

verflüchtigen, 11862 f. „Daß ja das Nichtige alles verflüchtige", also intransitiv statt des gewöhnlichen Reflexivums.

verfügen, sich, 7208. Die Aufforderung der Sirenen an Faust, sich ans grüne Meer zu v. ist dem Wortlaute nach etwas auffällig; man erwartet weder einen feierlichen Ausdruck noch auch den trivialen Sinn, den der Sprachgebrauch häufig in das Wort legt.

Vergebue (in's), 8833 „in's V. schelten" = in's Vergebliche, vergeblich.

vergilbt, 6574 — braucht Goethe neben „vergelbt".

Verguldung, f., 6529 — die Helenas, die zuvor ein Kleinod genannt wurde; **vergulden.** S. C. I, S. 100.

verhaftet, 1354. Das Licht liebt v. (festgeheftet) an den Körpern.

verjährt, 9477 = uralt, durch die Länge der Jahre bestätigt und gesichert, während sonst auch gerade das Gegentheil durch dasselbe Wort ausgedrückt wird.

verklären, 7453 = aufklären — den Sinn der Aerzte; 8165 verklärte Meeresfrauen — sind Galatee und die Doriden, weil sie in wunderbarem Lichte auf dem Meere erscheinen.

verkörperlicht, 8252, wünscht Homunkulus zu werden.

verkümmern, sich 6693 — nicht zum Genuß des Lebens kommen — als Reflexiv sehr selten.

verlängen, 10147, 11556 = „verlängern" und „sich verlängern".

verlebt, 9415 — kommt Helena sich vor, nicht im Sinne von „abgelebt", für das weitere Leben unempfänglich, sondern weil sie viel gelebt und ein reiches Leben geführt hat.

verlechzen, 11108 = verschmachten.

verlegen, sich, 4112 „Verleg' sie sich auf Neuigkeiten" (an die Trödelhexe gerichtet) - sie soll ihre Thätigkeit auf ein andres neues Gebiet übertragen.

verleihen, 7165 „Wenn ihr euer Ohr verleiht" = leihen.

verlutiren, 6852, chemischer Ausdruck -- mit Lehm verschließen oder verstopfen (eine vox hybrida aus dem Lateinischen lutum mit deutscher Vorsilbe und Endung).

vermag's, 11965. S. f.

vermaledeien, 3699, 3763 = verfluchen, verdammen. Die Wortbildung aus maledicere wie bei „verlutiren".

vermessen, sich, 710, 1710, etwas unternehmen oder versprechen, was man nicht ausführen oder erfüllen kann, an der ersten Stelle mit der schwachen Imperativform „vermesse dich" wie 10800 „nehm'". Vgl. auch **anmessen**.

vermummen, sich, 9932, mit abhängigem Dativ. S. Dativ, **poetischer Gebrauch**). 5737 „vermummter Plutus" — heißt Faust in der Maske des Plutus.

vermünzen, U. 527 f. „Hätt' Luzifer so ein Dutzend Prinzen, die sollten ihm schon was v." Das Wort bedeutet sonst Metalle zu Münzen ausprägen; hier hat es den Sinn, daß mit den geprägten Münzen verschwenderisch umgegangen wird.

verneinen, 6683 „Sollt' er den Zutritt mir v.?" — auf meine Anfrage nein sagen, also gleichbedeutend mit versagen, verwehren.

vernichtigen, 4800 — verschieden von „vernichten", indem es nur eine Aufhebung der Wirkung und der Wirksamkeit des Wirkenden ausdrückt, nicht aber dessen volle Vernichtung ausdrückt.

Vernunft, L., 284—286, 1851 f. Die beiden Stellen stehen in gewisser Weise mit einander in Widerspruch. An der ersten erklärt Mephistopheles die V. als eine Gabe der Gottheit an die Menschen, die für sie schädlich wäre, da sie von derselben nur einen falschen Gebrauch machten, an der zweiten, wo er eigentlich aus seiner Rolle fällt, erkennt er den Werth derselben für alles menschliche Streben an.

verpuffen, 2862, U. 176 — Ausdruck für die Verschwendung, wird in eigentlicher Bedeutung vom nutzlosen Schießen gebraucht.

verquälen, sich, 11886 — auch sonst bei Goethe vorkommend, so C. 4 S. 366, 371 „gegen die obsturen Kutten, die mir zu schaden sich b."

verrammelt, 4849 „Die Goldespforten sind v.", d. h. die Einkünfte sind uns versperrt, unmöglich gemacht.

verrannt, 11442 „Nach drüben ist die Aussicht uns v." — nur im Sinne von „versperrt" — ohne daß an Jemanden gedacht wird, der dies gethan hat.

verrückt, 7447, 7481, wird Faust von Chiron genannt, da er Helena gewinnen will.

verrufen, 7482 „die verrufne Nacht" — nennt Chiron die klassische Walpurgisnacht.

versäumt, 6237 = verlassen.

verschimmelt, 6077 — ist die Residenz des Kaisers, die sich vor der Herstellung des Papiergeldes in Noth und Armuth befand.

verschränkt, 7258, die Lauben (Laubgänge), die nicht in gerader Linie, sondern als unregelmäßig ineinander übergehend angenommen werden; 10443 die mit Pech und Schwefelruthen vermengten Holzscheite zum Scheiterhaufen.

verschrumpft, P. 202, St. S. 136 — Ausdruck für die Wirkung der Verwesung auf den menschlichen Körper; 7179 — das Herz des Mephistopheles wird mit einem ledernen, verschrumpften Beutel verglichen.

verschüchtert, 6913, fliehen die Mädchen, die in Leda's Begleitung sind; 7225 Mephistopheles ist wie v. beim Anblick der fliegenden Köpfe der Lernäischen Schlange; 11418 der Mensch wird durch die Einwirkung der Magie v.

verschwemmt, U. 1376, 3624 „Mit vollem Glas das Lob v.", d. h. „zu dem Lobe wacker gezecht" (Sanders).

verschwenderisch, 9846, „v. eignen Bluts" erscheint als Nachbildung von Horaz (Carm. 1, 12, 37), «animae magnae prodigus», wie dieser von dem in der Schlacht bei Cannä gefallenen Aemilius Paulus sagt.

Verschwendung, f., P. 102, St. S. 55 „V. vor ihm (Plutus) wirft aus Gefieder, Grillen, Farfarellen". Sie ist hier als Person gedacht, aber im Gedichte selbst tritt der Knabe Lenker (s. d.) an ihre Stelle (5573) und identifizirt sich mit ihr.

verschwören, sich, 4817, mit dem Imperfektum „verschwuren", a. a. O. „verschworen".

versitzen, sich, 3273 — sich durch vieles Sitzen schaden, sich krank machen.

verstauben, P. 27, 1, St. S. 27, 1 „so müssen die Hufdinger v. und zerfahren" — doch wohl „sich in Staub verwandeln, zerstieben", während das Wort gewöhnlich die Bedeutung „mit Staub bedeckt" hat.

verstärken, 11921 „Gottes Gegenwart verstärkt" — ohne Objekt, als welches der Mensch oder der menschliche Geist zu denken wäre.

verstrahlen, 6827, transitiv — nach verschiedenen Richtungen hin (Blitze) strahlen lassen.

versühnen, 5051, in der älteren Sprache allgemein üblich, dagegen 5368 versöhnen.

vertheuern, 6273 „Wie auch die Welt ihm das Gefühl vertheure", d. h. einen hohen Preis dafür fordert, also das Festhalten desselben schwer macht.

verthun (verthan) — in ziemlich abweichenden Bedeutungen: 4759 der hat v. (es ist mit ihm zu Ende); 4828 die halbe Welt ist v. (unnütz weggeben); 11837 ebenso „Ein großer Aufwand ist v."; 5057: So sei die Zeit in Fröhlichkeit v. (hingebracht).

vertiefen, 11527 (ein längliches Quadrat) — in der Tiefe des Erdbodens anlegen.

vertrackt, 7793, bezeichnet sowohl körperliche Entstellung als geistige Verirrung. Für die Wortbildung vergl. verlutiren, vermaledeien.

vertraulich, 2029, U. 423 = vertrauend. S. schmeichelhaft.

vertrippliftreicheln, U. 284 — seine Zeit im Verkehr mit den Mädchen — scherzhafte Neubildung.

verwohnt, U. S. 83 Z. 5 v. u. „Es fasst mich ein längst verwohnter Schauer". Dafür 4405 „Mich fasst ein längst entwohnter Schauer" (s. entwohnt). — Das erste Wort mit gleicher Bedeutung vermögen wir sonst nicht nachzuweisen.

verzetteln, 2938, U. 792 „sein Geld", d. h. es unnütz in kleinen Dingen ausgeben.

Vettel, f., 9963, altthessalische. — Für die Deutung s. Manto und Phorkyas.

Vetter, 7002. Herr V. nennt Mephistopheles den Homunkulus wegen seiner dämonischen Abkunft; ebenso Empuse 7739 jenen, nachdem er sie vorher als „Mühmichen" angeredet; 10711 desgleichen derselbe die im Kriege ihm Dienst leistenden Raben „schwarze Vettern"; 7743 Meph. findet „Vom Harz bis Hellas immer Vettern".

Victoria, 5455, 5460, die Siegesgöttin (Nike).

Vieleck, n., St. S. 6 — Kopfbedeckung Faust's in einem Maskenzuge.

Vier graue Weiber — „Mangel", „Schuld", „Noth", „Sorge" — 11384 bis 97, P. 194, St. S. 133. Bei diesen Allegorien hat Goethe schwerlich an die für

vierzehn Jahr — Vorhängel   143

dieselben vorliegenden Beispiele im Alterthum gedacht, außer vielleicht bei der am häufigsten personifizirten „Sorge", die in der Mehrheit gebraucht sich auch an der bekannten Stelle in Virgil's Aeneis (VI, 274, ultrices Curae) neben der Fames, der Egestas und andern findet. Vielleicht gab indessen auch die letztere Veranlassung, den Mangel zu einer weiblichen Person zu machen. Vergl. Allegorien.

vierzehn Jahr, U. 479, 2627 — als Zeit der weiblichen Reife.

Vision, f., P. 179, St. S. 119 „Faust Wolke. Helena. Gretchen." Vgl. 10046 ff. Bei der Theilung der Wolke, die dort berichtet wird, hat Goethe ursprünglich daran gedacht, daß in der einen Helena, in der andern Gretchen zu finden sein sollte. Später hat die Sache die Wendung genommen, daß er wenigstens 10060-10066 Faust vergessen und an seine eigene Jugend sich erinnert hat. S. **Aurora**.

visiren, 2991, U. 845 = sich nach etwas umsehen.

Vließ, n., 8215, das goldene, welches die Argonauten aus Kolchis raubten; 6629, 6716 das alte, rauhe V. Faust's, das Mephisto angelegt hat; 8888 schafwolliges V.

Vögel, 11217. S. **Bunte Vögel**.

vogelfrei, 1958, U. S. 29 Z. 190. An der letzten Stelle steht noch: Ein Zauberer ist v.! Nach den Reichsgesetzen v.! — Das Wort gilt als Bezeichnung für denjenigen, der zum zweiten Male in die Acht erklärt war, in die Abracht oder Oberacht. In der gesetzlichen Formel kommt der Ausdruck vor, daß dessen Leib und Fleisch den Thieren in den Wäldern und den Vögeln in den Lüften zugetheilt wird.

Volant, 4023 „Junker V. kömmt" — alter Name für den Teufel. S. **Junker**.

d. Volk, n., 3718 ff., in der Valentinscene als redend eingeführt.

Volksgewicht, n., 9283 „ein langes und breites V.", d. h. eine mächtige Volksmasse. S. auch **Inn- und Aeußeres**.

vollbringen, 11437, aktivisch und ohne Objekt: „Ich habe nur begehrt und nur vollbracht", 11594 intransitiv: „Es ist vollbracht", d. h. zu Ende.

vollenden, sich, 3574 „der Poet, der sich vollendet", zu der höchsten Stufe seines Könnens gelangt.

vollertheilen, 9400. S. **Zusammensetzungen C**.

vollführen, W.-A. 15 b, S. 314, St. S. 44 — ein Trauerspiel zu Ende bringen.

voran, 1445 = vorher: „Bereitung braucht es nicht v."

vorausspeisen, 4871 f.: „Der (Jude) schafft Anticipationen, die speisen Jahr um Jahr voraus." — Das Vorherverbrauchen noch nicht fälliger Einnahmen ist auf die Anticipationen selbst (f. d.) übertragen.

vorbei, 1706: „Es sei die Zeit für mich v."; 11595 „Es ist v." — Beide Stellen stehen in genauester Beziehung zu einander, indem sie den Anfang und den Abschluß der ganzen Handlung bezeichnen.

vorbeireisen, 2191 transitiv: „Heut sind wir ihn vorbeigereist."

vorbei sein, 4565 transitiv: „Wären wir nur den Berg vorbei."

voreinst, 6495 = dereinst, mit dem Unterschiede jedoch, daß es mehr als dies die Länge der Zeit ausdrückt, die seit dem angenommenen Zeitpunkte verflossen ist.

vorempfinden, 8968, ein Schicksal, das jemandem bevorsteht, hier das Gehängtwerden.

vorerst, 1954, U. 385 = für das erste, aber vor allem andern.

vorflammen, 263, „Der Blitz (ein blitzendes Verheeren) geht dem Donnerschlag voran".

vorfühlen, 4652: „Fühl' es vor, du wirst gesunden," ähnlich wie vorempfinden, ein Gefühl haben oder in sich erwecken, das geschehen ist, was dasselbe hervorrufen kann. Etwas verschieden, aber doch verwandt ist der Sinn in dem Gedichte „Vermächtniß" (C. 22, S. 262): „edlen Seelen vorzufühlen, ist wünschenswerthester Beruf". Hier wird diesen der Weg, die Art und Weise gezeigt, wie sie dereinst empfinden werden.

vorgegessen Brot, n., 4875 — aus vorweggenommenen Einnahmen bezahltes.

Vorhängel, n., nach 2895 und U. 749.

vorliebnehmen, V. 928, dafür 3075 „fürlieb".

vormachen, 2892, V. 718. Jemandem etwas v., vorreden in der Absicht ihn zu täuschen.

vornen, 1523, ebenso **vornen an** 5769 = vorne, auch a. a. O.

vorübergänglich, 9185, im Sinne des Particips vorübergehend, für eine gewisse Zeit.

vorüberhaben, 6787, „dreißig Jahre".

Vorwerk, n., 10900. Ein Grundstück, Land und Gebäude, die zwar in sich ein Ganzes bilden, aber wieder zu einem größeren Landgute gehören.

W.

Wachfeuer, n., 7025 — vielleicht richtiger Wachtfeuer, wie in einer Hs. stand, aber gestrichen ist.

wagen, 11379 transitiv, 7967 reflexiv. Vgl. sich hineinwagen.

d. **Wagner**, 522—601, V. 169—244, 903—1177, 6819—7000. Außer für diese drei Scenen war noch eine weitere Verwendung von Wagner in Aussicht genommen nach P. 11, St. S. 11, wo er als Opponent bei der Doktor-Promotion auftreten sollte. Nach P. 123 S. 201 u. 203, St. S. 75 f. wird er auf die klassische Walpurgisnacht mitgenommen und bemüht sich aus allerhand von Homunkulus zusammengesuchten Atomen ein weibliches Menschlein herzustellen. — In P. 1, St. S. 3 wird er charakterisirt, indem ihm „helles, kaltes, wissenschaftliches Streben" zugeschrieben wird. Daß er im zweiten Theile als Professor nicht mehr denselben Charakter beibehält wie er ihn als Famulus im ersten hatte, ist ohne Begründung behauptet worden. Nur das Feld seiner Thätigkeit hat sich geändert; er ist von der Alterthumsforschung, von Philologie und Geschichte zur Naturwissenschaft übergegangen und bringt seine Kenntnisse in Lösung eines Problems zur Anwendung. Vergl. außerdem die Erwähnungen P. 123 S. 201, St. S. 74 f., sowie **Schwärmer**, **Schleicher**.

Wahl, f., 10901, der Lieblingsspeise W. d. h. die gewählte Lieblingsspeise.

wähnen, 8819 ohne den Nebenbegriff des Irrthümlichen, in gewöhnlicher Bedeutung 9650.

wahrhaft, 9127 „Vorschnell und thöricht, echt wahrhaftes Weibsgebild". Die beiden ersten Worte als Charakteristik des weiblichen Wesens überhaupt, nicht allein nach dem Urtheile, das Panthalis über den Chor ausspricht, sondern nach dem, welches sie über ihr Geschlecht hat.

wahrnehmen, 1955, mit abhängigem Genitiv. „Nehmt ja der besten Ordnung wahr" (U. 386 „Nehmt euch" u. s. w., wo das Pronomen als ethischer Dativ zu fassen ist).

Waldvögelein, n., 4419, U. S. 84 V. 11. Im Märchen vom Machandelbaum, das Goethe zu seinem Liede benutzt hat, wird die Seele des getödteten Mädchens zu einem W.

Wall und Schutz, 9467. S. **Hendiadys**.

Wallestrom, m., 7256, der wallende Strom — Neubildung.

Walpurgis, 2590 — als Zeitbestimmung. S. den folgenden Artikel.

Walpurgisnacht, im ersten Theil 3835 bis 4222. **Walpurgisnachtstraum**, 4223 bis 4398. Der Name kommt von der Aebtissin Walpurga oder Walpurgis im 8. Jahrhundert, deren Heiligsprechung und das sich daran anschließende Fest die Kirche auf den ersten Mai verlegte, denselben Tag, an welchem seit alter Zeit das große Frühlingsfest gefeiert und die Maiversammlungen abgehalten wurden. Die Vorstellung der Hexenfeste auf dem Blocksberge und an andern Orten, die an diesen Tag sich heftete, geht bis ins fünfzehnte Jahrhundert zurück. — Zu dieser Walpurgisnacht, die auch die romantische genannt wird, gehört die Mehrzahl der Paralipomena des ersten Theils (P. 27 bis P. 62). Vgl. ferner 2590: Mephistopheles ist sicher, diese Hexe aus der Hexenküche „auf Walpurgis", also am 1. Mai wieder zu treffen. 3661 hat derselbe in der

Valentinsscene ein Vorgefühl der Walpur=
gisnacht, so daß jene der Zeit nach kurz
vor dieser zu denken ist.

Walpurgisnacht, klassische, 7005-8487.
Der Name ist nur nach der ersten W. ge=
wählt; das vom Dichter angenommene Fest
fällt in die Nacht vor der Schlacht von
Pharsalus, also in die vom 8. zum 9. August.
— In ihr gehören die Paralipomena 99,
Theile von 123 und 125, sowie 126—156,
St. S. 71—91.

Wams, n., 2485, rothes W. (vgl. 1536)
als Kleidung des Mephistopheles, so auch
im Puppenspiel, bei Widmann u. A.; daher
P. 10, St. S. 10: „Ich komme lustig an=
gezogen."

Wandel, m., 3279 „[Verstehst du, was]
mir dieser W. in der Oede schafft" = das
Umhergehen. Ebenso 6331: „[Ein erfror=
ner Fuß] verhindert mich am Wandeln."

Wanderjahre, 6863 — die des Mephi=
stopheles. Es liegt Humor darin, daß auch
der Teufel zu seiner vollständigen Ent=
wickelung wie Wilhelm Meister nach den
Lehrjahren „Wanderjahre" nothwendig ge=
habt hat.

d. **Wandrer,** 11043-11106, in der fol=
genden Scene als stumme Person; 11364 f.
wird sein Tod erzählt.

Wangenroth, n., 9312, während „ba=
denroth" (853) adjektivisch gebraucht ist.

Wanst, m., wanstig: 1838 Herr Nach=
bar W.; 10036 überfüllt sind Kopf und
Wänste; 11656 heißen die Dickteufel „wan=
stige Schuften".

Wappen, n., 9030—9043 — werden
von Mephistopheles, der als Phorkyas in
der Archäologie gut bewandert ist, dem
Chor erklärt, indem er das Entstehen aus
den Schildzeichen des Alterthums herleitet.

**Wären die dunkeln Wolken zer=
ronnen,** 1452 f. = So wären denn, so sind
denn u. s. w.

Was, n., W.-A. 14, S. 319, St. S. 23:
„Ich will kein ander W."; 5572: „Sag von
dir selber auch das Was und Wie"; 6992:
„Das W. bedeute, mehr bedeute Wie." Der
substantivische Gebrauch des Wortes ge=
schieht in philosophischem Sinne. Wagner
soll die Stoffe, die er benutzen will, zum

Gegenstände seiner Erkenntniß machen, sie
genau prüfen und mehr noch darüber nach=
denken, wie er sie zu mischen hat. 11185:
„Man fragt ums Was und nicht ums
Wie." Hier drückt das Wort nicht nur das
Quantität, sondern auch die Qualität, den
Werth des Erbeuteten aus.

was = etwas, sehr häufig, 524, U. 171,
1235, 2443, 2589, 2952, 7969, 8563 und
a. a. O. — In U. 806 und 524, zum Theil
auch 2443, 2806 und 2892 findet sich noch
die Schreibweise „was", die auf die Ab=
leitung von „etwas" hinweist. Dieselbe ist
erst in C. 1 und Q. gänzlich getilgt. — **was,**
122 = warum. 11175 Was große Dinge
= Was für g. D.

Was? hinkt der Kerl auf einem Fuß?!
— Das Fragezeichen an der ersten Stelle,
in Q. steht das fast ebenso richtige Aus=
rufungszeichen — ist zuerst in L.² einge=
setzt, aber in den späteren Ausgaben un=
berücksichtigt geblieben. Die Einsetzung
eines solchen hat bei der sonstigen Un=
genauigkeit der Interpunktion in den Aus=
gaben zu Goethe's Lebzeiten nicht das ge=
ringste Bedenken und ist für den Sinn sehr
zweckmäßig.

Was Rath, 8106 = „Wozu Rath er=
theilen" oder „Was hilft Rath?" — Aus=
druck der Unzufriedenheit des Nereus, daß
die Menschen seinen Rath mißachten.

Wasser, n., 3631 ff., U. 1385 f.: „Ist
eine im ganzen Land, die meiner Schwester
das W. reicht?" — d. h., die mit ihr ver=
glichen werden kann. Dienende Personen
stehen unter denen, die sie bedienen, denen
sie das Wasser reichen. Daraus ergiebt sich
denn der Sinn: „kein andres Mädchen ist
werth sie auch nur zu bedienen."

Wasserdrachen, Meerdrachen, m.,
8141 und vor 8275. S. Hippokampen.

Wasserfräulein, n., 10717 – die 10712
erwähnten Undinen (s. d.)

Wasserlügen, f., 10734 – die optischen
Täuschungen mit vermeintlichen Wasser=
fluthen, welche Mephistopheles durch die
Undinen hervorbringen läßt.

Wasserteufel, m., 11547, nennt Mephi=
stopheles den Neptun, indem er ihn seinem
eigenen Wesen assimilirt.

weben, U. 151, in den Worten des Erd=
geistes „ich webe hin und her", ebenso in
der Ausgabe des Fragments und in A.,
desgl. überall 1119 (Geister) „die zwischen
Erd und Himmel herrschend weben". Seit
B. ist an der ersten Stelle „wehen" ein=
geführt und auch in W.-A. beibehalten.

d. Wechselgeschrei der Menge, 5715
bis 5726.

weder — weder, 2607, U. 459, 5499
= weder — noch.

wegen, sich, 8374 „(Wie es) sich wech=
selnd wegt und regt". Ebenso C. 11 S. 8
„(Die Liebe) wegt sich und regt sich".
Vgl. Hesek. 38, 20; w. ist Stammwort zu
„bewegen".

wegfluchen, 7191, etwas durch Fluchen
von sich entfernen.

weggekrümmt, 498, U. 146 — in re=
flexivem Sinne; der Wurm hat sich w.

wegpaschen, 11831 = heimlich bei Seite
bringen; dem Worte liegt die Vorstellung
des Schmuggelns zu Grunde.

Weh und Ach, n., 2024, U. 418, Um=
stellung. S. **frei und frank**, **her und hin**.

Wehen, f., 51 — die der Menge, welche
sich ins Theater drängt.

wehren, 4463, mit abhängigem Dativ
(s. Schiller in der Glocke „sie wehret den
Knaben").

d. Weibergeklatsch, 5640-5645, Weiber
in Masse 5670—5674; Hauptweib 5666
bis 5669.

Weiberkünste, f., 10714 f. — darin
bestehend, daß sie den Schein als die Wirk=
lichkeit erscheinen lassen, werden hier nicht
den Undinen allein, sondern den Weibern
überhaupt zugeschrieben.

Weibsgebild, n., 9127, nicht ganz mit
„Weibsbild" gleichbedeutend, sondern kol=
lektiv zu fassen, da der ganze Chor durch
den Ausdruck bezeichnet wird. Vergl.
Frauengebild. 5646 **Weibsgeschlecht**, n.
— die zahlreich anwesenden Weiber be=
zeichnend.

weichwollig, 9161 — das Barthaar der
Jünglinge wird mit dem Flaum der Pfir=
siche verglichen.

weidlich 1326 = schön, tüchtig.

Weise, weisen, 5335-5337 = „Haspel"
und „der Haspel die rechte Richtung geben"
(für das erste Wort steht oft in den Texten
„Weise", obgleich es frühzeitig verbessert
ist).

weihen, 4403, U. 1440. S. **streuen**.

weiland, 12045 = vor alten Zeiten, seit
langer Zeit — althümlich, in Luther's
Bibelübersetzung noch häufig.

Weile, f., W.-A. 14, S. 226 Z. 1, U.
S. 80 Z. 16 — früher „Weise". Die alte
Konjektur von Düntzer ist jetzt auf Grund
des Textes von U. auch in W.-A. aufge=
nommen.

Weinfaß, n., 2308 — nennt Mephi=
stopheles den Studenten Siebel.

Weinstein, m., 5026 „Der W. schuf
dem Wein ein Faß" — durch die Krusten,
welche sich beim Gähren und Lagern bilden
und in größerer Masse das Faß ersetzen
könnten.

Weise, der, 442, U. 89. Wer mit ihm
gemeint ist, hat sich bis jetzt nicht fest=
stellen lassen. Nur Vermuthungen sind
ausgesprochen.

weißer Dornbusch, P. 27, St. S. 28. —
Dieser und dazu „drey gelbe Stecknadeln"
geben ein Zaubermittel. Man muß es dem=
jenigen, den man schädigen will, vor die
Hausthür werfen.

Weißnichtwie, n., 6445, wie un je ne
sais quoi. — Vergl. 3538, U. 1230 „In
meiner Gegenwart wird's ihr sie weiß nicht
wie."

weit ins Weite, 4755. Siehe **Doppelungen**; weiten, von, 532, 8160.

Weiteröffnen, n., 8503 „euer gastlich
ladendes W." S. **Zusammensetzungen** C.
Dafür stand He. 15 „weit einladendes Er=
öffnen".

Welle, f., 9855. — Druckfehler statt
„Wälle", sowohl in C. 4 S. 297 als auch
C. 41 S. 240.

wellen, 7305 „Welle selbst auf Wogen
wellend" = sich als Welle bewegend.

Wellengeflechte, n., 8367 — das Ge=
kräusel der Wellen.

Welsche Geschicht', f., 2652. U. 504. Italienische und Französische Novellen und Romane.

Welt, f., 9565 — die erste, da Helena als Tochter des Zeus geboren wurde; Faust verlangt von ihr, sie solle ihre übrige Vergangenheit als abgethan ansehn und nur jener Welt und in ihr ihm angehören.

d. **Weltkind**, f., 4327—4330, im Walpurgisnachtstraum. — Haß gegen Pietismus und jede Absicht, die angebliche Frömmigkeit zum Deckmantel andrer Zwecke zu mißbrauchen, liegt in Goethe's Wesen, so daß er gewiß unter dem Weltkinde sich selbst gedacht hat. Vielleicht erinnerte er sich auch an sein Gedicht „Diné zu Koblenz" (C. 2 S. 283).

weltweise, 8243 — als Adjektiv: „w. Kniffe sind dir noch bewußt."

Wendehals, m., 7233 „Macht euch zum W." W. ist eigentlich der Vogel iynx torquilla, dessen Eigenschaft auch das italienische torcicollo und das Französische torcol ausdrücken. Der Vergleich mit den Empfindungen des Mephistopheles paßt hier um so besser, als der Vogel selbst zu allerhand Liebeszauber gebraucht worden ist.

wenn, 248 = da, während. Vgl. 268.

Wenn, n., als Substantivum 4925.

Wenn ich ein Vöglein wär, 3318, Anfang eines Volksliedes (s. Herder, Hempel'sche Ausg. 5, 290), das Goethe auch in den „Vögeln" (C. 14 S. 108) citirt.

wer, 4823 = jemand.

Werdelust, f., 789, Christus gewinnt durch die Auferstehung ein höheres Leben; das Streben nach demselben ist W.

wesen, 8198 = sein, sein Wesen treiben: „Dort west auch wohl der achte" (der Kabiren) — auch sonst von Goethe gebraucht.

Wette, wetten, 312, 331 — die für die ganze Dichtung bedeutungsvolle W. des Mephistopheles.

Wetterbuben, m., 11767, halb Kosewort, halb Scheltwort, das Mephistopheles bei den Engeln anwendet.

wetterleuchten, 7888 „Verhängnißwetterleuchtet schon". Diese Lesart (früher Verhängnißwetter leuchtet), die seit Q. angenommen ist, wird auch durch die Hs. bestätigt.

wetterleuchtend Wittern, 6623. S. wittern.

Wetter machen, P. 27, St. S. 28. — Dies lernen die Hexen vom Teufel. Carpzow berichtet aus dem Bekenntniß einer Frau Mühllehna: „(Es) hätte ihr der Teufel gelehret Wetter machen, so sie auch dieses und voriges Jahr gemacht und dadurch zu Wege gebracht, daß immer dürre Zeiten gewesen."

Wettern, n., 9423 „Fühlt ihr nicht ein dumpfes W." Ausdruck für die Bewegung in der Luft, die Sturm, Gewitter, überhaupt Veränderungen des Wetters erwarten läßt.

Wichtchen, n., 4260 — Diminutiven. S. Geist, der sich erst bildet.

Widerdämon, 9072, Uebersetzung von κακοδαίμων. Helena erkennt oder empfindet das Uebermenschliche, das Dämonische und dabei Feindselige in der Phorkyas.

widerlich, vor U. 130. Nach der ersten Bestimmung, die später aufgegeben wurde, sollte der Erdgeist in widerlicher Gestalt erscheinen; 11194 = unzufrieden, mißwollend.

widern, 6949, 9782 = zuwider sein, an der ersten Stelle mit dem Akkusativ, an der zweiten mit dem Dativ.

widerwärtig, 9798 = widerstrebend. Vgl. schmeichelhaft, sträflich.

wider-widerwärtig, 10780. S. Doppelungen.

wie, 4841 f.: „Auch auf Parteien, wie sie heißen, ist heut zu Tage kein Verlaß", wo denn „wie" für „wie auch" steht. Offenbar sollte die Wiederholung des eben gebrauchten Wortes vermieden werden. — **Wie** als Substantiv (n.), 4925, 11185, während es 6992 „Das Was bedenke, mehr bedenke wie" — nicht gut möglich ist dies anzunehmen. Vgl. auch **Was**.

wieder herkehren, 8640 f. = wieder zurückkehren.

wilde, W.-A. 14, 318, St. S. 9 = wild. S. alleine. 5964 w. Männer, s. Riesen.

Wilderniß, f., 6236 = Wildniß — von Sanders aus Christian Gryphius nachgewiesen.

Wildfang, P. 26, St. S. 25 „als erfahrner Gouverneur weiß ich den W. zu regieren". Die Verse lassen keine andre Beziehung als auf Faust zu; daß dieser von Mephistopheles W. genannt wird, bleibt jedenfalls auffällig.

Wildgesang, m., Bezeichnung für 5815 bis 5818. Vgl. „Getümmel und Gesang" 5801–5806. — An beiden Stellen werden nicht die Worte des Gesanges gegeben, sondern der Dichter erläutert den Zuschauern das Geschehende.

willen, 1714 „Um Lebens oder Sterbens w." ist formelhaft; 6675 w. nur als Präposition: „des großen Wertes w."

Willens-Kür, f., 11225 f. „Des Allgewaltigen Willens-Kür bricht sich an diesem Sande hier". — So die bisherigen Ausgaben, nur daß der Bindestrich mit Ausnahme von Sch. in ihnen fehlt; W.-A. „allgewaltigen". Das letzte Wort muß indessen auf Faust bezogen und „Willens-Kür" als ein Begriff gefaßt werden. — „Kür" bedeutet in der älteren Sprache sowohl die Wahl als auch den Entschluß zu derselben, so daß „Willens-Kür" den freien Entschluß, d. h. den des eigenen Wollens, bezeichnet. Die Bedeutung von „Willkür" als eines Mißbrauchs der eigenen Macht gehört erst späterem Sprachgebrauch an. Es ist demnach nicht anzunehmen, daß Goethe das Wort in seine beiden Bestandtheile hat auflösen und doch den sonst mit demselben verbundenen Begriff hat beibehalten wollen, etwa so wie er (Gelbschnäbel und Irrlichter (s. d.) in „die gelben Schnäbel" und „die irren Lichter" auflöst.

wimmelhaft, 5845 „Wie Leuchtameisen w." — vermuthlich Neubildung.

Wimmelschaar, f., 7599. Siehe Zusammensetzungen A.

winden, W.-A. 14, S. 226 Z. 31, U. S. 81 Z. 24 „in seiner windenden Todesnoth" = sich windenden.

Windes Regel, f., 8162 - das Naturgesetz in seiner stets einwirkenden Kraft.

Windsbraut, Windesbraut, f., 3936, 5612.

d. **Windfahne, f.**, 4295—4302. Sie spricht nach der einen und andern Seite Entgegengesetztes aus. Man bezieht die Verse gewöhnlich auf Fr. Leop. Grafen Stolberg, nach Andern ist der Komponist J. F. Reichardt oder der Archäologe K. A. Böttiger unter der W. zu verstehen. Eigentlich überzeugend ist keine dieser Annahmen.

Windgethüm, n., 7927, Neubildung nach der Analogie von „Ungethüm". Vgl. auch **Dreigethüm**.

Winter, m., 907, ist als Person gedacht, wie es bei den Römischen Dichtern häufig geschieht. Vgl. z. B. Ovid. Metamorph. 2, 30.

Winterwind, m., 7218. Siehe Zusammensetzungen A.

Wirkenskraft, f., 384; U. 31 Würtungskrafft.

Wirklichkeiten, f., 32, 6553. S. Abstrakta im Plural.

Wirrwarr, m., W.-A. 15a, S. 344, St. S. 44 — der W. des Gefühles; 11490 W. netzumstrickter Qualen.

Wissenden, die — vor 10554 — sind das gereiste zuschauende Publikum im Parterre.

Wissensqualm, m., U. 43, 396. Der Vergleichungspunkt bei der Metapher liegt in dem Benebelnden, Verwirrenden, welches das angehäufte einzelne Wissen bei dem verursacht, der nur an ihm haftet und nicht von ihm zu höheren Gesichtspunkten kommt.

Wittern, n., 7254 „ein grauslich W." (Luftbewegung); 6623 ebenso „ein wetterleuchtend W."; P. 176, St. S. 115 „Man wittert (vermuthet) wohl Mysterien." S. **hineinwittern, umwittern**.

Witterung, f., 9128 f. „Spiel der W. des Glücks und Unglücks" — nicht etwa so zu fassen, daß Witterung eine Metapher für „Glück und Unglück" wäre, sondern es soll die Vorempfindung ausgedrückt werden, welche die hier angeredeten Frauen für beides haben und daß sie dann vollständig beherrscht.

witzeln, 4981 — schwache Witze über etwas machen.

witzen, 5211 = seinen Geist (Witz) anstrengen.

wo, 6703 f. = wohin: „Wo ich . . . war als guter Fuchs gekommen."

wo nur, 63 f. „Nein, führe mich zur stillen Himmelsenge, wo nur dem Dichter reine Freude blüht". — Hier ist „nur" direkt an „wo" anzuschließen, nicht auf das Folgende zu beziehen.

Wochenblättchen, n., 3012, U. 866. — Die Annahme eines solchen, für den Anfang des sechzehnten Jahrhunderts ist sicher ein dem Dichter bewußter und vielleicht gerade beabsichtigter Anachronismus.

Woge, f., 9204, die der Heerden. Der Vergleichungspunkt für die Metapher liegt in dem Eindruck der Bewegung von Heerden, wenn sie aus der Ferne gesehen werden.

wogen, 8412, transitiv „Die Welle, die euch wogt".

wogenhaft, 10046 — nach Art der Wogen des Meeres.

Wohlempfang, m., 9138, Neubildung.

wohlgemuth, 10360 — w. zu streiten; 10971 = freudig gestimmt.

Wohlgericht, n., 10904, Neubildung.

Wohlgestalt, f., 6495 — das Bild, das Faust in der Hexenküche im Spiegel sah.

wohlstimmig, 8831 — mit dem Nebensinn des Zufriedenstellenden. — Der dem Diener gegebene Befehl soll sich zu der auszuführenden Handlung wie der Ton zu seinem Echo verhalten.

wöhnlich, 10774, sonst meistens „wohnlich".

Wölbebach, blaues, n. — Metapher für „Himmel".

Wolke, f., P. 179, St. S. 119 „Faust Wolde. Helena. Gretchen." Später: „Die Wolke steigt als Helena doch verhüllt in die Höhe, Abschied von dieser Vision." Diese Stelle ist aber später in folgender Weise verbessert: „die Wolke steigt halb als Helena nach Süd=Osten, halb als Gretchen nach Nord=Westen." — Vergleicht man hiemit die wirkliche Ausführung des Motives (10039 ff.), so scheint es, daß die Hindeutung auf Gretchen, deren überhaupt im zweiten Theile erst bei der Himmelfahrt gedacht wird, mit Absicht getilgt ist.

wölken, sich, 468, U. 115. Druckfehler einzelner Ausgaben: „es wölbt."

Wolkenart, f., 6441 f. Die einzelnen Arten der Wolken werden ziemlich genau nach der Theorie des englischen Meteorologen Luke Howard beschrieben. Vgl. das Gedicht „Howard's Ehrengedächtniß" C. 3 S. 104—106.

Wonnezeit, f., 10895 — die Zeit des Festmahls.

wornach, 10177, 10908 = wonach.

Wort, n., 1224—1237, Uebersetzung des entsprechenden griechischen Logos durch „Wort", „Sinn", „Kraft" und „That".

Worte, geflügelte. — Eine große Anzahl solcher ist bereits in dem gleichnamigen Werke von G. Büchmann (Sechzehnte Auflage von Robert=tornow. Berlin 1889.) gesammelt worden. Es sind sechzig aus dem ersten Teil von Faust, zwölf aus dem zweiten. Die ersten sollen hier nicht wiederholt, sondern nur die zweiten, aber um sechsunddreißig vermehrt, damit dadurch eine gewisse Vollständigkeit gewonnen werde. Maßgebend ist bei der Auswahl nicht allein der Umstand gewesen, daß alle schon wirklich in dieser Eigenschaft gelten, sondern auch die Erwägung, ob sie nach Inhalt und Form den Anspruch machen können und zu der Erwartung berechtigen, solche in kürzerer oder längerer Frist zu werden.

10664 f. (Mephisto zum Kaiser): „Da kommen meine beiden Raben; was mögen die für Botschaft haben?"

4916 (Mephisto zum Kanzler): „Daran erkenn' ich den gelehrten Herrn."

8813 f. (Proteus zu Homunkulus): „Das Erdetreiben, wie's auch sei, ist immer doch nur Plackerei."

12110 f. (Chorus mysticus): „Das Ewig=Weibliche zieht uns hinan."

12106 f. (Chorus mysticus): „Das Unzulängliche, hier wird's Ereigniß."

11509 f. (Faust): „Daß sich das größte Werk vollende, genügt ein Geist für tausend Hände."

5106 f. (Gärtnerinnen): „Denn das Naturell der Frauen ist so nah mit Kunst verwandt."

7488 (Manto zu Chiron): „Den lieb' ich, der Unmögliches begehrt" (mit Beziehung auf Faust).
10703 f. (Kaiser zu Mephisto): „Den Stab kann ich dir nicht verleihen, du scheinst mir nicht der rechte Mann."
8224 (Thales zu Homunkulus): „Der Rost macht erst die Münze werth."
6205 (Faust zu Mephisto): „Der Vater bist du aller Hindernisse."
10188 (wie das Vorige): „Die That ist alles, nichts der Ruhm."
6770 (Mephisto zum Baccalaureus): „Du weißt wohl nicht, mein Freund, wie grob du bist?"
10073 (Faust zu Mephisto): „Es fehlt dir nicht an närrischen Legenden."
11583 f. (Faust für sich): „Es kann die Spur von meinen Erdetagen nicht in Aeonen untergehn."
10620 (Faust zum Kaiser): „Freiherzige Wohlthat wuchert reich."
6902 (Wagner zu Homunkulus): „Fürwahr, du bist ein allerliebster Knabe."
10259 (Faust zu Mephisto): „Genießen macht gemein."
8402 f. (Nereus zu den Doriden mit Beziehung auf die von ihnen geretteten Jünglinge): „Hoch ist der Doppelgewinn zu schätzen: barmherzig sein und sich zugleich ergetzen."
6480 (Mephisto beim ersten Hervortreten Helenas): „Hübsch ist sie wohl, doch sagt sie mir nicht zu."
6771 (Baccalaureus zu Mephisto): „Im Deutschen lügt man, wenn man höflich ist."
5082 (Mephisto zum versammelten Hofe): „Im Finstern sind Mysterien zu Haus."
12094 (Mater gloriosa zu Gretchen): „Komm, hebe dich zu höhern Sphären."
7963 f. (Mephisto zur Dryas): „Man denkt an das, was man verließ; was man gewohnt war, bleibt ein Paradies."
6565 f. (Mephisto ad spectatores): „Mit Narren sich beladen, das kommt dem Teufel selbst zu Schaden."
4897 (Kanzler zu Mephisto): „Natur und Geist — so spricht man nicht zu Christen."
11575 f. (Faust für sich): „Nur der verdient sich Freiheit wie das Leben, der täglich sie erobern muß."

6807 (Mephisto beim Abgehen des Baccalaureus): „Original, fahr' hin in deiner Pracht!"
10833 f. (Erster Trabant zum zweiten): „Sag', warum gabst du nicht sogleich dem frechen Kerl einen Backenstreich?"
10769 f. (Mephisto beim Ende der Schlacht): „Schon schallt's von ritterlichen Prügeln wie in der holden alten Zeit."
4660 (Chor der Elfen zu Faust): „Schlaf ist Schale, wirf sie fort."
10467 (Kaiser zu Faust): „Selbst ist der Mann."
6922 (Mephisto zu Homunkulus): „So klein du bist, so groß bist du Phantast."
10197 (Mephisto zu Faust): „Vertraue mir dem Umfang deiner Grillen."
7743 (Mephisto zur Empuse): „Vom Harz bis Hellas immer Vettern!"
7397 f. (Faust zu Chiron): „Vom schönsten Mann hast du gesprochen, jetzt sprich auch von der schönsten Frau."
7930 (Thales mit Beziehung auf Anaxagoras): „Was dieser Mann nicht alles hört' und sah."
10477 (Faust zum Kaiser): „Was ohne Haupt, was förderten die Glieder?"
4889 (Mephisto am kaiserlichen Hofe): „Wem fehlt's nicht irgendwo auf dieser Welt?"
7847 (Mephisto zu Homunkulus): „Wenn du nicht irrst, kommst du nicht zu Verstand."
6791 (Baccalaureus zu Mephisto): „Wenn ich nicht will, so darf kein Teufel sein."
6813 f. (Mephisto allein — auf den Baccalaureus bezüglich): „Wenn sich der Most auch ganz absurd gebärdet, es giebt zuletzt doch noch e' Wein."
6809 f. (Mephisto allein): „Wer kann was Dummes, wer was Kluges denken, das nicht die Vorwelt schon gedacht?"
5056 (Astrolog in der Scene „Kaiserliche Pfalz" — Mephisto bläst ein): „Wer Wunder hofft, der stärke seinen Glauben."
6604 (Mephisto allein): „Wie überraschend mich die junge Schöpfung freut!"

Wortspiele kommen nur selten vor und selbst von den hier aufgezählten sind einige nur unter der Voraussetzung der weitesten Auffassung des Begriffes „Wortspiel" als solche anzuziehen: 99 „Gebt ihr ein Stück, so gebt es gleich in Stücken." 4174 f. „Wenn Blutegel sich an seinem Steiß ergetzen, ist er von Geistern und von Geist turirt." 4192 „Vom starren Blick erstarrt des Menschen Blut." 4217—4220 „Ein Dilettant hat es (das Stück) geschrieben, und Dilettanten spielen's auch . . . Mich dilettirts den Vorhang aufzuziehn." 5411 „Ihr lächerlichen Lacher." 6231 f. „Mußt ich nicht . . . das Leere lernen, Leeres lehren?" 6386 f. „Auch Liebchen hat . . . zur Seite Liebchens lieblich Platz genommen." 6414 „Solch ein Gebäu erbaut uns allermeist." 6659 „Bescheidenheit ist sein beschieden Theil." 6735 „Ganz resolut und wacker seht ihr aus, kommt nur nicht absolut nach Haus." 6983 „Zum Besuch, Versuch." 7092—7096 wo mit der Etymologie des Wortes „Greif" gespielt wird. 7479 ff. Chiron: „Wohnst du noch immer still umfriedet, indeß zu kreisen mich erfreut." — Manto: „Ich harre, mich umtreist die Zeit." 7671 die Reiher als Reihenwanderer des Meeres. 7953 „Auf meinem Harz der harzige Dunst." 9419 ff. „Buchstabirt in Liebesfibeln, tändelnd grübelt nur am Liebeln, müßig liebet fort im Grübeln." 10315 „Kriegsunrath hab' ich längst verspürt, den Kriegsrath gleich voraus formirt." 11283 ff. „Morgen giebt's ein Flottenfest — Ein flottes Fest ist uns zu Recht." 11557 f. „Man richtet . . . von keinem Graben, doch vom Grab."

Wort stehen, 6180 = Rede stehen.

Wortstellung. Bei der außerordentlich freien Behandlung derselben ist es geboten unter Verzicht auf Vollständigkeit sich auf einzelne besonders in die Augen fallende Beispiele der Abweichung vom gewöhnlichen Gebrauch zu beschränken. Dieselben folgen hier nach bestimmten Kategorien geordnet:

a. Vorgeschobene Satzglieder: 785 bis 788. Hat der Begrabene schon sich nach oben lebend Erhabene herrlich erhoben. 801-806 Thätig ihn preisenden, Liebe beweisenden . . . Euch ist der Meister nah. 3769 Auf deiner Schwelle wessen Blut? 6473 Zum Weihrauchsdampf was duftet so gemischt? 7510 ff. Zudem . . . Feste, blintend wo die Zitterwellen usernetzend leise

schwellen. 8846 In Lebensreihe sahst nur Liebesbrünstige. 8927 Ach! und uns, was wird begegnen. 8953 sage, was du möglich noch von Rettung weißt. 9023 himmelan sie strebt empor. 9399 f. Ueber die schwellenden Glieder vollertheilen sie gleiches Recht. 11234 Das eben, leidig lastet's mir.

b. Abhängige Kasus: 263 f. Da flammt ein blitzendes Verheeren dem Pfade vor des Donnerschlags. 5130 f. Das Erwünschteste dem Nutzen sei als eure Zierde schön. 8105 Sie deinem Rath ergiebt sich ganz und gar. 9407, 9410 Nicht versagt die Majestät heimlicher Freuden vor den Augen des Volks übermüthiges Offenbarsein. 9642 was liebliche Lüge . . . von dem Sohne sang der Maja.

c. Adverbia und Konjunktionen, 6885 Du aber Schalk, Herr Vetter, bist du hier? 2939 M a u ch er bereute seine Fehler sehr. 4834 f. Auch, Herr, in deinen weiten Staaten an wen ist der Besitz gerathen? 5355 Auch sie (die Furien) verlangen nicht den Ruhm als Engel. 5872 Auch kommt er an (Pan). 8864 f. Auch jene Fahrt, mir frei gebornen Kreterin Gefangenschaft erscheint sie ze. (wo „auch" zu „mir" gehört). 11759 Auch mir was zieht den Kopf auf jene Seite? U. 671, 2817 die Frau hat g a r einen feinen Geruch. U. 869, 3015 Habe noch g a r einen feinen Gesellen. 4847 Wer jetzt will seinem Nachbar helfen? 2743, U. 595 „Ich hoff' nicht, daß ihr geizig seid", wo „nicht" in den abhängigen Satz gehört. Das erscheint natürlich als hoffen in der Bedeutung von „erwarten", „annehmen" aufzufassen. P. 67, St. S. 64 „Ein Charlatan bedarf nur Ruhm zu haben". 11751 f. Liebe nur Liebende führet herein. U. 660, 2808 So fein Gesicht sah ich in meinem Leben. 6776 f. wo bewegt das Blut sich wie ein Jüngling so? 7511 f. Blintend wo die Zitterwellen usernetzend leise schwellen.

d. Interjektionen. 3715 Seht hier, o hin. 9524 f. Dem Erdkreis, der dir angehöret, dein Vaterland, o zieh' es vor.

e. Pronomina, 793 f. Ließ er die Seinen schmachtend uns (Akkusativ) hier zurück. Aehnlich die bereits unter a. erwähnte Stelle 801—806. 8124 das Zaudern sein (sein Zaudern). 8586 die Sterblichen wir ertragen das.

f. Verba, 3495 ff. Das übermannt mich so sehr, daß, wo er nur mag zu uns treten, mein' ich sogar, ich liebte dich nicht mehr. 4333 f. Wie der und der, so sehr es ihn erschreckte (so sehr erschreckte es ihn) sein Liebstes da= und dortwohin versteckte. 5465 f. wo was Rühmliches gelingt, es mich sogleich in Harnisch bringt. 5979 Wöltchen träufelt (träufelt Wöltchen). 8190 f. Ein Gott den andern Gott macht wohl zu Spott. 9160 Dort irren mag er, rauben, lauern. 9485 f. Schmeichelnd wohl gewann er sich was auf Erden das Höchste. 11211—11214 Berechnet er alles mehr genau, er sich gewiß nicht lumpen läßt. 10371 f. Das Steingeklipp, das jetzt von Waffen blitzt, den wichtigen Paß der engen Klause schützt.

Wucherklauen, f., 6041 — sind beschwichtigt, indem sie gefüllt sind.

Wunder, n., 5056 — in biblischem Sinne. 5476 die Auflösung des Zoilo-Thersites in seine Bestandtheile; 5688 das Erscheinen der Kiste mit „Gold und Geiz" zu den Füßen des Plutus; 8687 Bezeichnung der Phorkyas als einer für Helena unerklärlichen Erscheinung; 11109 ff. Die Bauten Faust's ins Meer hinein; P. 120, St. S. 68 Zum Einfangen des Dreifußes mit dem glühenden Schlüssel wird Faust von Mephisto durch die Worte ermuthigt: „Durch W. nur sind W. zu erlangen." Vgl. auch 6518.

Wunderhorn, n., P. 47, St. S. 32. S. Entiner.

Wundermann, m., 8152, Proteus, weil er jede Gestalt annehmen kann; P. 61, St. S. 15 „Die bloße Wahrheit scheint euch zu gering und sie befriedigt nicht den W."

— also hier nicht derjenige, der selbst Wunder vollbringt, sondern der sie von Andern haben will, weil ihm die natürliche Lösung der Dinge nicht genügt.

Wünschelruthe, f., 5900 „die kluge". P. 10, St. S. 10, P. 100, St. S. 56. Mephisto legt ihr ebenso wie den Alraunen keinen Werth bei.

würdigen, W.-A. 14, S. 226 Z. 45, U. S. 81 Z. 37: „Großer herrlicher Geist, der du mir zu erscheinen würdigtest." Das fehlende Objekt ist aus „mir" zu ergänzen.

würgen, sich, 7577, Ausdruck für das gewaltsam aus dem durch Seismos erschütterten Erdboden hervortretende Gebirge.

Wurm, m., 403, U. 50, mit der Pluralform „Würme", die nur in C ff. und D. in „Würmer" verändert ist. — 2176 „Jemand die Würmer aus der Nase ziehen" = ihm sein Geheimniß abloden, tirer les vers du nez à quelqu'un (U. S. 23 Z. 65 Würme).

wurzelauf, 9993. S. Adverbien.

Wurzelkräfte, f., 7458 — mit ihnen soll Manto Faust von seinem verrückten Begehren, Helena zu erlangen, heilen.

Wurzelweiber, n., 7352 — üben die Medizin aus.

Wurzen, U. S. 23 Z. 77, Stadt im Königreich Sachsen.

wuseln, 5846 — bezeichnet die Bewegung der Gnomen, die der der Ameisen ähnlich ist.

Wust, m., 2339 W. von Raserei; 6614 W. und Moderleben — unter einem Haufen von ungeordneten Sachen. 6925 W. von Ritterthum und Pfäfferei. 7045 W. und Graus des Nordens.

X.

d. **Xenien**, 4303—4306, die Schiller-Goethe'schen, personifizirt im Walpurgisnachtstraum. P. 40, St. S. 31 mit etwas dunklen Beziehungen. In die papiernen Flügel der Kinderbibliothek des Rattenfängers von Hameln sind ein paar Löcher hinein gebrannt: „Das haben die verfluchten X. gethan."

Z.

zacken, sich — 9543 „Eigensinnig zackt sich Ast an Ast" — der eine haft sich in den andern ein.

Zackenhaupt, n., 9527 — das der höchsten Bergspitzen.

zählen, 5343 „Stunden z." = füllen eine Zeit aus.

Zahn, m., 8396 — der grimme der Brandung, die Schiff und Menschen hatte vernichten wollen.

Zähnklappen, n. — U. S. 85 Z. 34 „Heulen und Z." — nach dem biblischen Ausdruck Ev. Matth. 8, 12; 22, 13 und a. a. O.; 4467 Heulen und **Klappen**, wo es nach dem letzteren Worte nahe liegt, an das Oeffnen und Schließen des Höllenrachens (11644 ff.) zu denken.

zappelich, U. 987, dafür 3135 **zappelte** — Ausdruck für die ersten noch nicht selbständigen Bewegungen eines Kindes.

Zauberbild, n., 4190 — ein durch Zauberei entstandenes Bild.

Zauberblätter, n., 6157, das Papiergeld.

Zauberblendwerk, n., 10800. S. Zusammensetzungen A.

Zauberchor, n., 3992 — das der Hexen, wie denn auch ursprünglich „Hexenchor" geschrieben stand. Vgl. Hexenchor.

Zauberduft, m., U. 573, 2721 — der in Gretchens Zimmer.

Zauberei, f., 4982 — Z. verklagen, d. h. den Zauberer.

Zauberer, m., 6142, P. 76, St. S. 71 Faust, 10988 der Netromant von Norcia; P. 63 S. 176, St. S. 75 der Kastellan des verzauberten Schlosses in Palästina. Außerdem P. 113, St. S. 67 eine in ihren Beziehungen unklare Stelle: „Er mag sich, wie er will, gebärden, er muß zuletzt ein Z. werden."

Zaubergesang, m., 3955 — ein wütender — der Hexen in der Walpurgisnacht.

Zauberhauch, m., 8 — Ausdruck für das Reizvolle, das für den Menschen in der Erinnerung an die Jugend und die Erlebnisse in derselben liegt.

Zauberkreis, m., P. 113, St. S. 67: „Ach, in den Z. gebannt, bis auf die Knochen ausgebrannt." Auf 5748—5756 zu beziehen, wo die Menge des Volks in der Mummenschanz sich von dem glühenden Stabe des Plutus verbrannt glaubt.

Zaubermantel, m., 1122, wird von Faust gewünscht; P. 63 S. 174, St. S. 54 Kaiser Max in Augsburg wünscht Faust's Z., um in Tirol jagen zu können; 2065, 6933 — einfach „Mantel", 6985 von Homunkulus „Lappen" genannt. Vgl. auch Filzmantel.

Zauberpferde, W.-A. 14, 227 Z. 79, U. 82 Z. 65 — die des Mephistopheles.

Zaubrisch Geschoß, n., P. 27, 5, St. S. 28. — Z. G. von Gänsefedern und Stecknadeln in ein schwarzes Lederlein gebunden — als Hexenmittel.

Zauberspiegel, m., 2430, in der Hexenküche. **Zauberspiegelung**, f., 6496. Siehe Spiegel.

Zaubersphäre, f., 3871, die Traum- und Z. der Walpurgisnacht.

zaubertoll, 3868, ist der Brocken in der Walpurgisnacht.

Zaubervolk, n., 11034 — nennt der Kaiser Faust, Mephistopheles und deren von ihm geahnte Helfer.

Zauberwort, n., 6375, 11423 — ein Wort von magischer Bedeutung, das den Menschen mit Geistern in Verbindung bringen kann.

Zeche, f., 2954, U. 808 — etwas auf die Z. haben. Ausdruck für dasjenige, was man verschuldet hat, also zahlen und verbüßen muß.

Zecher, 2775, U. 627, der alte Z. im „König von Thule", in demselben Sinne wie Schiller im Siegesfest Nestor „den greisen Z." nennt.

zehen, 361, U. 8, 7426. Früher stand an der letzten Stelle „sieben". Die Veränderung wurde indessen noch von Goethe selbst gebilligt und für die zukünftige Ausgaben empfohlen. Vergl. auch 8850.

Zehnte, m., 11024, 11038, Abgabe des zehnten Theils des Ertrages, den die Geistlichkeit zu erhalten hat.

Zeichen, n. Vor 430 und U. 77 das des Makrokosmus; vor 460 und U. 130 das des Erdgeistes, das nur eine Erfindung des Dichters ist; 6082 „in diesem Zeichen wird nun jeder selig" — das von Mephistopheles erfundene Papiergeld mit Beziehung auf das Kreuz, welches dem Kaiser Konstantin am Himmel mit der Inschrift «In hoc signo vinces» erschien.

zeichnen, 8580 = bezeichnen; wie denn auch He. 74 steht: „(nichts) Lebendiges bezeichnet mir der Ordnende."

Zeilen, f., 9830 „Reden in Z.", d. h. in Reihen, in geraden Linien; 5998 der Völker lange Z.

zeitig, 6789 = frühzeitig, schon nachdem man das dreißigste Jahr erreicht hat; 7658 (Es) ist noch nicht z., d. h. an der Zeit, an der rechten Zeit.

Zeit des Tages, n., 6434, als Gegensatz zum „Gewölb der Nächte". S. d. und Himmelszelt.

Zelten, 7010, 7033. Wegen der Pluralform s. Sinnen ꝛc.

Zenith, n., 6413 — spitzbögiger — charakteristisch für die gothische Baukunst.

zerbrechen, 9451 „Reich um Reich". Die Berechtigung für den Ausdruck liegt darin, daß ein Reich als ein Ganzes in Stücke getheilt, gerissen, gebrochen werden kann.

zerfahren, P. 27, 1, St. Z. 27 — auseinandergehen, sich in seine Theile auflösen — wird von den „Hufdingern" (s. d.) gesagt.

zerknirschen, 11650 „kolossal zerknirscht sie die Hyäne" — in ursprünglicher Bedeutung vom Zermalmen mit den Zähnen des Höllenrachens gebraucht.

zerplagen, sich, 11630 — auch sonst vorkommend, z. B. bei Luther.

zerscheitern, 1775, wie das Vorige (von Personen).

zerschlagen, 1612 transitiv „die Welt" 930 reflexiv von der Volksmenge gebraucht, die sich nach allen Richtungen hin vertheilt und ausdehnt.

zerstieben, 10043 „Die Wolke löst sich langsam, nicht zerstiebend, von mir ab."

zerstückeln, sich, 4799 „alle Welt will sich z." — sich in viele Theile auflösen.

zerstücken, 3385, U. 1077 „mein armer Sinn ist mir zerstückt" — sehr häufig bei Goethe, sowohl in der eigentlichen wie der metaphorischen Bedeutung.

zerzerren, 10635 — wird auch von J. H. Voß in der Uebersetzung der Ilias angewendet.

Zeug, n., 7225 — Ausdruck für die dem Mephistopheles unbekannten Köpfe der Lernäischen Schlange.

Zeugma, Verbindung eines Verbums mit zwei oder mehreren Subjekten oder Objekten, von denen es nur zu einem paßt. So 11744 „Es klemmt wie Pech und Schwefel mir im Nacken"; 3228 „Wenn der Sturm im Walde braust und knarrt". Vgl. auch 2611, U. 463 sitt- und tugendreich.

Zeus — wird erwähnt 7137 von den Sphingen; 8411 von Nereus; 8647 von Helena als ihr Vater; 9673 als Vater Merkur's; 8277 als Donnerer. — Vergl. Juppiter.

zickzack, 3862, als Adverbium; der Lauf der Irrlichter geht z.

Ziegenfüßler, Ziegenfüßlerinnen, 10032, Satyrn (capripedes), aber weibliche Satyrn kennt die Antike nicht.

ziehen, 1174 — von der Dressur des Hundes, 1400 von den Linien des Pentagramms gebraucht.

Ziel, n., 1000 „der Seuche Z. setzen" (ohne Artikel); 1760 „Euch ist kein Maaß und Z. gesetzt."

zieren, 9742 „ziere den Plan" = zur Zierde gereichen.

zierlich-zarte Frau, 5399 — die Klugheit als Lenkerin des Elephanten- Siehe Hoffnung und Allegorien.

Zigeunerwesen, n., 3030, U. 884.

Zihim, die. S. P. 20 und P. 82, St. S. 14. S. **Chim**.

Zipfel, m., 5735f. „Dumpfen Wahn packt ihr an allen Zipfeln an"; 10087 „Nun haben wir's an einem andern Zipfel". Die erste Anwendung der Metapher ist jedenfalls bedenklicher als die zweite. Mit „Wahn" läßt sich die Vorstellung eines Zipfels nicht leicht durch einen Vergleichungspunkt in Einklang bringen, während „es" im zweiten Falle wenigstens unbestimmt gehalten ist und infolge dessen alle denkbaren Verbindungen zuläßt.

Zirkel, m., P. 18, St. S. 14. Siehe **quadriren**.

Zirkeltanz, m., 2163.

zirken, 4567 ff. „Noch zirkt für uns zu wonnevollem Bleiben Arkadien in Sparta's Nachbarschaft". Das Wort, als Simplex sonst schwerlich nachweisbar, scheint die Lage Arkadiens in der Mitte des Peloponneses zu bezeichnen, also einen Bezirk, der annähernd kreisförmig gedacht werden kann.

Zitterperle, f., 4698 — Metapher für die Wassertropfen auf den Blättern.

Zitterwellen, f., 7511, ähnlich 8038 **Zitterwogen**, sind zitternde Wellen und Wogen. S. **Zusammensetzungen** A.

Zoilo-Thersites, 5456-5470. In dessen Maske tritt Mephistopheles zuerst in der Mummenschanz auf, um sie später mit der des „Abgemagerten" zu vertauschen. Zoilus, im dritten Jahrhundert vor Chr., ist bekannt als schmähsüchtiger Tadler der Homerischen Dichtungen; Thersites ist der bösartige Schwätzer in der Ilias, der von Odysseus durch Schläge zur Ruhe gebracht wird.

zu Recht, zurecht, 11285 „Ein flottes Fest ist uns z. R. 1602 **zurechte**. Siehe **alleine**.

zubringen, 736, Faust bringt seinen letzten Trunk, wie er meint, dem Morgen dar; 987 Der Bauer überreicht ihm den gefüllten Krug, daß er daraus trinke; 7317 „Wüßt' ich nur, wer dieser Nacht schnelle Botschaft zugebracht"; P. 27, 4, St. S. 26 — Ueber das Zubringen der „Elben", s. d.

zucken, 4593 f., mit den Formen zuckt und zückt in zwei unmittelbar auf einander folgenden Versen.

zudringlich, 5083 = zudringend, so daß damit kein Tadel ausgesprochen wird. Vgl. **schmeichelhaft, sträflich, vertraulich**.

zufrieden, 8788, des Dienstes, wofür He. 255 den gewöhnlichen Ausdruck „mit dem Dienste" hat.

zugericht't, 2651, U. 503 mit dem Sinne „zur Verführung vorbereitet". In Betreff der Elision vgl. **find't, veracht't, genäht**.

zugestaltet, 9358 „So war Apoll den Hirten z.", d. h. ihnen ähnlich an Gestalt.

zumal, 5801, 7679 = zusammen auf einmal.

zumeist, 9158 = am meisten.

zuringen, sich, 4705, mit nachfolgendem Dativ „dem höchsten Wunsche".

zurück, 9458 f., mit nachfolgendem Dativ, indem „zu" wieder seine Kraft als Präposition gewinnt: „Drängt ungesäumt von diesen Mauern jetzt Menelas dem Meer z."; **zurücke**, 141, 628, 3689, 8727, 12056. S. **alleine**.

zusammenhalten, 382 f., U. 29 „Daß ich erkenne, was die Welt im Innersten zusammenhält". Ganz derselbe Ausdruck findet sich in einem Gedichte an Merck (GH. Th. 3, S. 240 B. 16).

zusammenkneipen, P. 176 B. 16, St. S. 115 = eng verbinden mit der Vorstellung des Gewaltsamen. Das Wort steht nur in einer Handschrift, in der andern „zusammenfassen".

zusammenschmeißen, 3644, U. 1396 = auf einen Haufen zusammen werfen.

Zusammensetzungen aus mehreren Wörtern sind hier in größerer Anzahl gesammelt, weil viele derselben von Goethe selbst herstammen und aus der Menge sich Schlüsse über seine Behandlung der Sprache ergeben. Darauf indessen, in jedem einzelnen Falle seine Autorschaft als sicher hinzustellen, mußte Verzicht geleistet werden, ebenso wie auf eine hier unnöthige Vollständigkeit.

A. Substantiva. a. aus zwei Theilen, 2318, U. S. 21 B. 38 Aengstesprung; 9199 Augenblik; (9279 der Augen

Blitz); 6087 Blitzeswink; 5956 Brüllgesang; 7975 Dreigethüm; 3865 Flackerleben; 9995 Flatterhaare; 5815 Flitterschau; 9992 Flüsterzittern; 9009 Freigeschenk; 11308 Funkenblicke; 3908 Funkenwürmer; 6199 Geipenft-Gespinnste; 10745 Gezwergvolk; 5547 Glitzertanz; 8828 Herrscherherr; 6199 Hexenfexe; U. 1030, 3182 Himmelsangesicht; 9147 Hochbegrüßung; 11156 Hochbesitz; 8050 Hochentzücken; 9383 Hochgewinn; 8771 Hochpalast; 8288 Hochverehrung; 6613 Hohlauge; 4452 Jammerknechtschaft; 4074 Jugendbraus; 9157 Jünglingsknaben; 7829 Kleingeselle; 7221 Krächzegruß; 7236 Lächelmund; 12081 Lebechöre; 8304 Lebestrahlen; 5845 Leuchtameisen; 5000 Lügenschäumte; 9601 Lustgejauchze; 10702 Rabentraulichkeit; 7671 Reihenwanderer; 6351 Neuestich; P. 47, St. S. 32 Ruhmgespinnste; 9992 Säuselschweben; 11380 Schauerwindchen; 10488 Schemeltritt; 8532 Schöngestalt; 3904 Schwärmezüge; 700 Spiegelsluth; 8270 Strandeszunge; 9062 Theilbesitz; 10010 Uferzug; 4785 Ungesetz; U. 549, 2697 Väter-Thron; 7256 Wallestrom; 9072 Widerdämon; 7599 Wimmelschaaren; 7218 Winterwind; 5880 Wölbedach; 7511 Zitterwellen; 8038 Zitterwogen. b. aus drei und mehreren Theilen. 1070 Abendsonne=Gluth; 10151 Ameis-Wimmelhaufen; 11263 Bim=Baum=Bimmel; 244 Brudersphären-Wettgesang; 10137 Bürger-Nahrungs-Graus; 5679 Doppel=Flügelpaar; 5474 Doppel-Zwerggestalt; 7669 Fettbauch-Krummbein=Schelme; 11663 Feuerwirbel-Sturm; 5987 Flammengaukelspiel; 4708 Flammenübermaß; 7981 Fledermaus-Vampyren; 7661 Flügelflatterschlagen; 6546 Fratzengeisterspiel; U. 315 Gänsestuhlgang; U. S. 20 Z. 16 Hammelmauspastete; W.-A. 14, S. 310 Z. 147 Hochgerichtserscheinung; 10760 Irrfunken=Blick; 10362 Morgennebelduft; 7252 Pappelzitterzweige; 8857 Seedurchstreicher; 1907 Sommerfeiertage; 8150 Vaterfreudenstunde; 10391 Unthätigkeits=Entschuldigung; 10317 Urmenschen-Kraft; U. 55, 408 Urväter-Hausrath; U. 354, 193 Weber=Meisterstück; 10300 Zauberblendwerk.
B. Adjektiva. 3313 affenjung; 9478 alleinzeln; 7598 allemsig; 6571 allunverändert; 6647 allwißbegierig; 7988 altwürdig; 853 backenroth; 10751 blickschnell; 7903 dreinamig=dreigestaltet; 6712 dunkelhelle(Uebersetzung von clair-obscur); 9123 dunkelgräulich; 4706 flügeloffen; 10620 freiherzig; 9276 fürstenreich; 9363 gränzunbewußt; 8896 holdmildest; 10059 jugenderstes; 9154 jungholdest; 10138 trummeng; 9106 lang=schön=weißhalsig; 7235 luftfein; 9123 mauerbräunlich; 3917 morgenröthlich (als Adverbium); 5224 pantoffelfüßig; U. 196, 549 schellenlaut; 8888 schafwollig; 9660 selbstwillig; 9660 sonnedurchstrahlt; 5792 übelfertig; 3057 überallmächtig; 7973 urverworfen; P. 173 (W.-A. 15, S. 232 Z. 9) unanschaulich (als zweifelhaft anzusehen); 8177 uraltverehrt.

C. Verba (zum Theil als Participien oder substantivirt). 8720 angstumschlungen; 8627 armausbreitend; 8671 Eiligthun; 7575 Emporgebürgtes; 9119 grautagend; 8783 marktverkauft; 8039 mildeblitzend; 433 neuglühend; 8985 raubschiffend; 8894 tiefausfauernd; 7512 usernetzend; 9400 vollertheilen; 8503 Weiteröffnen.

zwacken, 4989, vom körperlichen Schmerz gebraucht. Anders „abzwacken", s. d.

Zwei, n., 9769 f.: „Liebe, menschlich zu beglücken, nähert sie ein edles Z." Vergl. Drei. Zweie, 6408, s. alleine.

Zwei Teufelchen und Amor. Vollständig ausgeführte Scene, die vor der „ein Gartenhäuschen" bezeichneten ihre Stelle finden sollte. — Für ihren Inhalt vergl. W.-A. 14, S. 241—245, St. S. 18 bis 22; sie ist übrigens schon 1828 in C. 4 S. 220—228 gedruckt.

Zweifelei, f., 7723. Vor ihr warnt sich Mephisto in einem besondern Falle selbst.

zweighaft, 9541, wohl Neubildung = mit vielen Zweigen. „(Es) erhebt sich z. Baum an Baum."

Zwerge, m., 7606 ff. — die schon bei Homer vorkommenden Pygmäen. 6200 kieltröpfige Z. — nach der Volksvorstellung Teufelskinder; 10745 Gezwergvolk der Schmiede.

Zwienatur, f., 11958—11962 „Wenn

starke Geisteskraft die Elemente an sich ge=
rafft, kein Engel trennte geeinte Z. der
innigen beiden". Das neugebildete Wort
bezeichnet die geistigen und materiellen Ele=
mente, die bei einem besonders reichbe=
gabten Menschen noch inniger verbunden
zu sein scheinen als bei andern. Selbst die
Macht der Engel reicht anfangs nicht hin,
diese für Fausts Himmelfahrt nothwendige
Trennung herbeizuführen.

Zwietracht, f., 8704 f., He. 152 f.:
„Fürchterlich rufen hört ich der Z. eherne
Stimme". — Der homerischen Eris wird
keine gewaltige Stimme beigelegt, wohl
aber dem Ares ($\chi\alpha\lambda\kappa\epsilon\acute{o}\varphi\omega\nu o\varsigma$) und dem
personifizirten Schlachtenlärm ($\kappa v\delta o\iota$-
$\mu\acute{o}\varsigma$).

Zwischenkunft, f., 8590, He. 85 —
auch sonst vorkommend, wenn auch „Da=
zwischenkunft" üblicher ist.

Zwitterkind, n., 4902 — der Zweifel
ist das mißgestaltete Z. der Sünde und
des Teufels. Ursprünglich war ein noch
mehr drastischer Ausdruck gewählt.

www.ingramcontent.com/pod-product-compliance
Lightning Source LLC
Chambersburg PA
CBHW030301170426
43202CB00009B/830